编校实务指导丛书

百科全书编辑丛稿

傅祚华 / 著

中国书籍出版社
China Book Press

·北京·

图书在版编目（CIP）数据

百科全书编辑丛稿 / 傅祚华著. — 北京：
中国书籍出版社，2021.2
（编校实务指导丛书）
ISBN 978-7-5068-7842-5

Ⅰ.①百… Ⅱ.①傅… Ⅲ.①《中国大百科全书》—编辑工作 Ⅳ.
①G237.4

中国版本图书馆CIP数据核字(2020)第071452号

百科全书编辑丛稿

傅祚华　著

责任编辑	杨铠瑞	
责任印制	孙马飞　马　芝	
封面设计	闽江文化	
出版发行	中国书籍出版社	
地　　址	北京市丰台区三路居路 97 号（邮编：100073）	
电　　话	（010）52257143（总编室）　　（010）52257140（发行部）	
电子邮箱	eo@chinabp.com.cn	
经　　销	全国新华书店	
印　　刷	三河市顺兴印务有限公司	
开　　本	710毫米×1000毫米　1/16	
字　　数	534千字	
印　　张	39.75	
版　　次	2021 年 2 月第 1 版	
印　　次	2021 年 2 月第 1 次印刷	
书　　号	ISBN 978-7-5068-7842-5	
定　　价	78.00 元	

汗水洒在百科全书的字里行间

龚 莉

前些日子，傅祚华找我，说他的《百科全书编辑丛稿》要出版了，能不能写个序。我虽然担心自己力有不逮，但还是欣然应允。原因有两个。

首先，傅祚华是我敬重的专家型编辑，能向读者推荐他，是我的荣幸。

20世纪80年代初，与中国改革开放同时起步、作为第一部大型现代综合性百科全书的《中国大百科全书》编纂，声势浩大，工程全面展开。全国两万六千多名专家学者集结起来。百科社调入一批学识不凡的老编辑，同时还在各高等院校招募毕业的大学生、研究生，仅1982年就达五六十名之多。我们这批年轻人进社后分属两大部类系统：理科和文科，在各自的学科卷忙得昏天黑地，很少照面。但傅祚华明亮的眼睛，敦厚、沉稳的个性，特别是很快就以学术功底和文字能力崭露头角、屡受表扬，让人印象深刻。

他一度被抽调到总编室任职，领导应该是看中了他知识面广、文理兼修、质量上死磕的特点。果然，那个时期全社的编校质量，创造了向好的新纪录。后来，他又成为核心编辑部门的掌门人。策划、承接了若干重要的出版项目。

忙碌工作的同时，他笔耕不辍，想到什么，就随手记下来，有问题，就去研究，钻下去，钻透它。百科社的学术刊物《探讨》，从最初的油印本，到后来的铅印本、激光照排本，他都是热心撰稿人之一。后来，他的研究成果陆续登上了《语文建设》《中国编辑》《辞书研究》

《科技与出版》《出版与印刷》等专业性刊物，获得全国出版科学研究优秀论文奖。

2006年，傅祚华退休了。但是，我发现他比在职时更忙了。不但社里大型百科全书，以及其他疑难书稿工作会找他，而且，国家新闻出版总署（后更名国家新闻出版广电总局、国家新闻出版署）、国家标准化制定机构、兄弟出版社、各地编辑培训班等也纷纷找上门来。为什么？职业素养过硬、有真才实学的专家型编辑难得，所以他大受欢迎。

其次，《百科全书编辑丛稿》这本书，我认为来得非常及时。

本书为作者有关《中国大百科全书》第一、二、三版及其他百科全书编辑工作文稿的结集。分为"全书工程探讨""编写体例研究""书稿审读报告""编辑能力提升"四辑。

百科全书，存世已有两千多年，是试图向人精确解答一切问题的书。百科全书历来为各国所重视，成为衡量一个国家科学、文化发展水平的重要标志之一。《中国大百科全书》的编纂，犹如一座精密的巨型建筑工程。知识浩如烟海，文明繁如乱丝，作者成千上万。怎样搭建条分缕析、科学合理的框架，怎样组织专业、性格迥异的众多专家遵循共同的规范，内容怎样萃取、设目、阐述、导引、美化、保质、传播，融媒体时代带来怎样的变革，问题多多，学问多多。"全书工程探讨"从多角度进行探索，做出解答。

不以规矩，不成方圆。有位专家曾经说：体例就是制服，所有条目穿上制服，就像百科全书了。然而，越是精密、准确的百科全书，体例越是繁复，巨细无遗。而且，体例还会随着时代变迁、科技进步、百科全书形态变化而有所变化。这就需要深入、细致地研究，给出应对之策。作者是出版行业标准制定的领军人物，这也使得他在"编写体例研究"方面有着更为严谨的思考。

审读报告，真实呈现了编辑发现问题、解决问题，从而使出版物达到质量规范要求的过程。如果应该做的工作没有做，又如果虽然做了但没有用心去做，或者没能有相匹配的素养和能力去做，那、审读报告不是空洞无物、流于形式才怪呢。所以，在环节众多的内容生产流程中，审读报告虽然看似那么微观、细小，却是加强出版质量管理的"切入点"。作者的"书稿审读报告"，正在点上。

本书的压轴篇是"编辑能力提升"。信息化时代，对编辑作用的看法，社会上形成了撕裂。有人认为，编辑的作用越来越大，有人认为，编辑将被智能机器人取代。我持谨慎的乐观态度。怎么讲？编辑的基本职能是对内容的评价、选择、优化、推介，而人类社会对内容的需求永无止境，所以，编辑这个职业是会长期存在的，基本盘是乐观的，但也有前提，即只有顺应时代变化、不断提升素养和能力的编辑，才能将基本职能发挥到极致，才能在波谲云诡的时代潮流中立于不败之地。怀着能力提升渴求的年轻编辑，看看作者的文章，一定会有所裨益。

当今出版，面临着激烈的市场竞争，以及融合发展的变局，提升出版物质量和编辑人员素养，成为胜出的关键。百科全书，学科齐全，建构复杂，打磨精细，是最完备的工具书。它面临的编辑问题和解决方案，可以为绝大部分图书品类和从业人员提供有益借鉴。编辑工作的特点是实操性，而《百科全书编辑丛稿》正是作者在几十年编辑实务中对具体问题的研究积累，实用性成为它显著的特点。

如今誉满书界的傅祚华，已然满头白发，但我们仍然习惯叫他小傅。这称呼被老师们、老同事们叫到现在，快40年，改不过来了。

时间都去哪儿啦？一册册散发着墨香的书，字里行间洒落着编辑的汗水、智慧、苦痛、欢欣，凝结了编辑的生命岁月。如今，为他人作嫁一辈子的人，又有自己的研究专著出版，这怎不叫人盛赞呢？

2020 年 5 月 16 日写于北京小舍东窗

目　录

书稿审读报告

一 全书工程探讨

百科全书的编辑和出版，是一件复杂的和科学的事情。

——姜椿芳

谈谈百科全书 [1]

一、工具书、辞书、百科全书

在林林总总的图书之中，有一大类是工具书。"工具书是将一定问题的必要资料汇集起来，按某种次序排列，便于读者查考的书籍。" [2] 工具书与其他书的最大区别，在于工具书的检索性。美国《图书馆学和情报学百科全书》将现代工具书分为十三类：百科全书、词典、书目、报刊目录、索引、年鉴、指南、便览、手册、传记性资料（人名录等）、地理性资料（地图集和地名辞典等）、政府文件集、视听资料（缩微胶片和磁带等）。国内则有专家主张将工具书分为六大类四十四小类，包括辞书类工具书（分十八小类），资料性工具书（年鉴、表谱、手册），线索性工具书（书目、索引），图录类工具书（地图、历史图谱、文物图谱）和其他工具书。 [3]

辞书是"汇集词语、概念或独立的知识主题，按照一定顺序编列，并按不同要求逐一提供必需的信息，供人寻检查阅的工具书" [4]。曾有人认为"辞书和百科全书是工具书家族中有着最紧密关系的相邻两类，……百科全书和辞书作为不同的工具书，性质和功能有所不

---

[1] 本文最初为给 2003 年新入职百科编辑培训撰写的讲稿，后来多次培训，屡有增补。收入本书时有删节。

[2] 杨祖希. 辞书的类型和辞书学的结构体系//辞书研究编辑部. 词典和词典编纂的学问. 上海：上海辞书出版社，1985：22.

[3] 同 [2] 23.

[4] 巢锋. 辞书//中国大百科全书·新闻出版. 北京：中国大百科全书出版社，1990：70.

同"①。但人们通常认为："在中国，辞书是字典、辞典和百科全书的总称，或辞典和百科全书的总称（因字典是语文辞典的一种类型，可归入辞典）。"《辞海》（1999 年版）"辞书"条的释文为："以条目为单元，按一定方式编排和检索的工具书，是字典、词典和百科全书的统称。"有人将辞书类工具书分为六大类十八小类，包括百科全书（综合性百科全书、专科性百科全书、百科辞典、类书），专科辞典（学科专科辞典、人名辞典、地名辞典、政书），语文辞典，双（多）语辞典，综合性辞典，特种辞典。② 中国辞书学会的业务范围就涵盖了字典、词典、百科全书。

百科全书是"概要介绍人类一切门类知识或某一门类知识的工具书，供查检所需知识和事实资料之用，但也具有扩大读者知识视野、帮助系统求知的作用"③。

百科全书与词典有着特殊的密切的关系。最初，百科全书指的就是科学和艺术词典（区别于语文词典）。德尼·狄德罗（Denis Diderot，1713-10-05~1784-07-31）主编的历史上第一部现代综合性百科全书《百科全书，或科学、艺术和工艺详解词典》（*Encyclopédie, ou dictionnaire raisonné des sciences, des arts et des métiers*），通称《百科全书》（*Encyclopédie*），名称也叫"词典"。1768~1771 年出版的《不列颠百科全书》第一版封面也标有"或艺术与科学词典"的字样，第二版也叫《不列颠百科全书，或全新设计编纂……的艺术与科学词典》。

美国百科全书编纂家肖尔斯（Louis Shores）关于词典与百科全书的关系曾有一个简单而又通俗的说明："词典的作用是划定词义

---

① 金常政.百科全书·辞书·年鉴.北京：奥林匹克出版社，1994:28-29.
② 杨祖希.辞书的类型和辞书学的结构体系 // 辞书研究编辑部.词典和词典编纂的学问.上海辞书出版社，1985:8.
③ 姜椿芳、金常政.百科全书 // 中国大百科全书·新闻出版.北京：中国大百科全书出版社，1990: 8.

范围或下定义，而百科全书则在下定义之后还要对内容加以阐释。形象地说，百科全书是接着词典说下去的。词典回答的问题是'什么'（What），而百科全书除了'什么'还要回答'什么时候'（When）、'怎样'（How）、'什么地方'（Where）和'为什么'（Why）等问题。"定义和展开叙述成为百科全书条目的特点。

在这里，咬文嚼字地谈论工具书、辞书和辞典等，是因为这每一个术语代表着一种特定的体裁。每一种特定的体裁都是经过千百年时间的锤炼，经过编撰者、使用者的反复实践，逐步形成的一种模式。每一种模式都包含着对读者及其使用目的的定位，内容和表达方法的选择，整体编排和配置的格式等。

我们不希望编出的东西四不像，不希望编出来的东西让读者看着别扭，用着不方便。所以要吸取前人的成熟经验。当然，也不是说已有的模式就不许有丝毫改变了，但已有的模式毕竟凝聚了无数人的经验和教训，已经得到人们的认可，参照已有的模式做，可以事半功倍，少走弯路。

显然，百科全书，跟教科书，跟学术论文是截然不同的。

2011年5月参加两个卷的统稿会（职业卫生、社会医学）。巧的是，都是百科全书会与教材会连开的。专家们对编教材是轻车熟路，对百科全书还比较陌生。百科全书与教材有原则性的区别。

百科全书与教材的读者是完全不同的。教材是给本专业的人看的，百科全书则通常是给其他专业的人看的，是给外行人看的。

百科全书与教材的结构不同。教材一般是篇章节的结构。每个章节一般以之前的章节作为铺垫。默认读者在学习本章节之前已经掌握了之前的章节。而学过本章节之后还会学习其后的章节。百科全书则以条目为单元。对读者来说，它们是独立的、平行的。

自然，百科全书与教材的使用方法也不同。教材的章节是循序渐进学习用的，百科全书的条目是给读者检索的。条目每一个都可以第一个检索，甚至是唯一检索的。一个条目就是一个独立、完整的主题，不能把一个主题分割成几块（某某的分类、某某的意义），也不宜一个筐装一堆各自有检索价值的东西。

1.百科全书的结构

百科全书最基本的结构单元是条目。条目之前通常有前言、目录、凡例等，条目之后有索引及各种附录，有些还有大事年表。

前言 一般是就编撰缘起、宗旨、编撰过程做简要说明。

目录 一般有总目录和条目目录。《中国大百科全书》第一版各卷前设分类目录。《中国百科大词典》则不设条目目录。

凡例 对于工具书来说，凡例是必不可少的。举凡条目的选收原则、编排方式、释文格式、符号使用等有关编纂体例的事项都需要在凡例中详细说明。凡例是读者的向导，也是作者撰稿的依据。

条目 由条目标题（条头）和释文组成。条目要根据其内容、使用方法和使用者，选择适当的方法排序。国家标准《文字条目通用排序规则》（GB/T 13418—1992）涉及十几种排序规则，主要的有5种：汉语拼音排序、偏旁部首排序、笔画笔形排序、笔形排序、四角号码排序。其中后四种通常用于语文辞典。百科全书、专科辞典常用汉语拼音排序。专业百科全书和专科辞典也常按知识体系采用分类排序的方法。

索引 作为工具书来说，百科全书的索引也是必不可少的。许多百科全书还往往不止一种索引。多种索引，使得有不同检索习惯的读者，在遇到不同问题时可以选择最方便的渠道。

附录 各种工具书通常都有多种附录。主要是围绕本工具书主题的常用资料。说"常用"，一些附录的检索率比许多条目还高。说"围绕主题"，其实往往单看附录，我们就能大致知道这本工具书是什么类型的。比如外国人名译名问题，是人们常常遇到的问题。在大篇幅的书和多人共同编撰的书中，这个问题是难以回避的。在专著和论文中，可以采用在外国人名第一次出现时在译名后括注原文的办法来解决。在工具书中，这个办法就不行了。在一个条目中注明，不解决其他条目的问题。每个条目都注明，势必浪费太多篇幅。解决的办法只能是，要求作者撰稿时在每个外国人名后都注明原文，统编时进行核对、统一，形成外国人名译名对照表，作为书后的附录，条目内不再注原文。这种办法也用来解决地名、组织机构名等问题。

大事年表 正文后设大事年表是《中国大百科全书》第一版各卷的一个特色。有些专业百科全书和专科辞典也设大事年表。

2. 百科全书的内容及其特性

百科全书的内容应包括：学科和分支学科的概述，基本理论和学说，重要事件，基本事实，常见现象，基本概念，常用术语，重要学派和流派，重要团体和机构，重要著作和出版物，重要人物，以及为保证本学科完整性应有的其他内容。

百科全书内容的特性，当然体现着图书的共性，包括政治性、科学性、可读性等。而就其个性，从技术上须注意以下几点。

检索性 这是工具书的共性。任何工具书，都要从头到脚地体现检索性。就条目本身而言，检索性体现在：这个主题或概念能不能构成被检索的对象，如果这一点没有问题，还要考虑所设计的条头能不能被人想到是表示这个主题或概念的。不能制造无人检索的"死条"。

知识性 知识性是百科全书的中心。这是它释疑解惑的任务所决定的。人们曾批评一本失败的辞书稿子"三多三少"：空洞议论多，具体知识少；反面批判多，正面介绍少；题外之言多，基本内容少。这值得我们借鉴。知识性也决定了百科全书的内容必须准确。名称、年代、引文、数字、符号等容易出错的东西要特别注意。

规范性 不止是科技名词统一，严格执行有关量和单位、数字用法、标点符号的国家标准，还要注意条目结构的规范性，乃至句式、用词的规范性。

客观性 表现为客观地对待反映某一问题各个方面的不同观点，客观、真实、朴素地介绍人和事。客观性与政治倾向性并不矛盾。《中国大百科全书·航空航天》中对"不明飞行物"的处理具有典型性。设条："飞碟"，参见条："不明飞行物"，实条。定性叙述："未经查明来历的空中飞行物。国际上通称UFO，俗称飞碟。"释文："据目击者报告……"小标题："关于不明飞行物的争论""目击事件分类""对不明飞行物的解释""研究现状"。

稳定性 百科全书编纂时间长，难得修订，使用时间更长。如果刚出版，内容就过时了，或者证明是错的了，显然不妥。另外，稳定性也是客观性的要求。需要说明的是，有的问题尚未"盖棺论定"，但已形成人们熟知的话题，就可以选为条目。有的事物已被否定，但在历史上产生过重要影响，像天文学中的"地心说""日心说"，也必须承认它是"稳定的"。

时代性 时代性与稳定性是一对矛盾的两个方面，不能单单强调一个方面。应该在稳定的基础上求新，反映时代的发展动向。

简明性 百科全书文字要有简明性。作为工具书，收条动辄成千上万，如果每条多写一个字，全书增加的篇幅就很可观。因此，释文必须言简意赅。就是说，意思要明白完备，文字要简短扼要。为此，一要避免穿靴戴帽，不用套话；二要掌握释义范围，不越界限；三要认真推敲文字，删除赘余词语。释文中句子的主语，如果就是条头，一般可以省略。当然，简明性不光是释文的问题，选条也要体现简明。

专业性 专科辞典、专业百科全书当然要有专业性。一些多义词语，在专科辞典中，与本学科无关的义项，就不必管它。"牙"在《现代汉语词典》中列有5个义项，在《辞海》中列有8个义项。如特指象牙的，指官署的，指经纪人的，在医学百科全书里，就不必涉及。

二、国外的百科全书

Encyclopaedia 一词最早出自希腊语 ἐνκύκλιος（拉丁语转写：enkyklios，意为"循环的，周期性，平常的"）和 παιδεία（paideia，

指"教育"），含义是"普通教育，从字面上说就是一个想接受通才教育的人所应该学习的艺术和科学知识"。古罗马学者昆体良在其《演说术教程》（*Institutio oratoria*）中用该词表示综合教育。在抄录过程中谬传为新拉丁语词 encyclopaedia，随后又进入英语，最先记载于 1531 年。在新拉丁语中，该词被选中作为一本覆盖各科知识的参考著作的书名。这个词首次出现在一般文学作品的记录见于 1532 年法国作家弗朗索瓦·拉伯雷的《巨人传》，仍然是教育之意。1559 年，斯卡利杰（或称 Pavao Skalić）在巴塞尔出版的《百科全书，或神与世俗学科知识》（*Encyclopaedia seu orbis disciplinarum tam sacrarum quam prophanarum epistemon*）中首次使用"百科全书"作为书名。但是这本书知者甚少，因此也有人认为是拿骚的约翰·海因里奇·阿斯特德（Johann Heinrich Alsted）在 1630 年出版的《七卷本简明百科全书》（*Encyclopaedia, Septem Tomis Distincta*）第一个把"百科全书"用作书名。[①]

1. 古希腊时期

百科全书的历史可以追溯到古希腊时期。亚里士多德最早把知识进行分类，并编写了全面讲述当时学问的讲义，这些讲义被认为是百科全书的萌芽。也由此被西方比较多的学者奉为"百科全书之父"。也有人认为亚里士多德的老师柏拉图才是"百科全书之父"。还有人认为留下了记述各种学问的残篇的斯彪西波是"百科全书之父"。俄国学者则认为德谟克利特是"百科全书之父"。

百科全书型的作品在人类历史上并不少见，古罗马瓦洛《学科要义九书》和《圣俗事物古迹》、罗马时代老普林尼《博物志》皆为西方具有百科性质之著作。

---

① 维基百科. 百科全书 .https://zh.wikipedia.org/wiki/%E7%99%BE%E7%A7%91%E5%85%A8%E4%B9%A6.（该条目自 2003 年 4 月 27 日首发，至 2019 年 7 月 9 日已修改了 518 个版本）

2. 中世纪

中世纪时的百科全书大多是修道院的神父们编写的教科书性质的大部头作品。到了后期，百科全书的编纂受到培根科学分类法的影响，书的作者也逐渐演变成多人合作的形式。

中世纪有《世界宝鉴》、博韦的樊尚（Vincent of Beauvais）编著的《大宝鉴》（*Speculum majus*），其中《大宝鉴》是 18 世纪前世界上最大的百科全书，共有 80 卷。但直到 16 世纪的西方，才开始出现"百科全书"这个名词。最早将"百科全书"用于书名的，是德国人斯卡利杰（德语：Paul Scalich）在巴塞尔出版时。16~17世纪培根所著的《伟大的复兴》影响了后世百科全书的分类和编纂。

3. 现代

最著名的早期百科全书要属法国的《百科全书，或科学、艺术和工艺详解词典》，由狄德罗和达朗贝尔等人编写，并于 1772 年完成，共 28 卷，71818 个条目，2885 幅插图。也因此狄德罗被称为现代百科全书之父。而在此前比较受欢迎的一部百科全书——英国的伊弗雷姆·钱伯斯的《百科全书；或艺术与科学通用字典》则开创了百科全书的"参见"系统。

18 世纪法国学者阿莱兹（Alletz）在 1766 年编纂出版了一部 4.5英寸 ×7.5 英寸的袖珍本《小百科全书》（*Petite Encyclopédie*），是当时最小的百科全书。《不列颠百科全书》最早时也十分朴素：从1768 年到 1771 年只出版了三卷。

《不列颠百科全书》1974 年第 15 版对中国百科全书的编纂有很大影响。其他比较有影响的还有美国的《美国百科全书》、法国的《拉鲁斯百科全书》、德国的《布鲁克豪斯百科全书》、日本的《世界大百科事典》《万有百科大事典》、苏联的《苏联大百科全书》等。

Encyclopedia Britannica Online 于 1994 年正式上网，包括了完整的《不列颠百科全书》印刷本的全部内容，包括了《韦氏大学字典》及 *Britannica Yearbook*，还包括最新的修改和大量印本中没有的文章，

可检索词条达到 98 000 个。收录了 322 幅手绘线条图、9 811 幅照片、193 幅国旗、337 幅地图、204 段动画影像、714 张表格等丰富内容。还精心挑选了 200 000 个以上的网站链接，并提供 150 种全文期刊的内容，拓展了知识获取渠道。作为互联网上第一部百科全书，受到各方好评，多次获得电子出版物有关奖项。2012 年 3 月，宣布纸质版《不列颠百科全书》（又称《大英百科全书》）停止印刷。

2001 年，自然出版集团推出两部网络版百科全书——《生命科学百科全书》（*The Encyclopedia of Life Science*）、《天文学百科全书》（*Encyclopedia of Astronomy*）。

三、中国的百科全书

民国时期著名学者李煜瀛是较早进行西方百科全书研究，将这一书体介绍到中国并产生广泛影响的。关于百科全书的名称，他在《世界学典书例答问》中说："四十年前煜首译'encyclopedia'为'百科类典'，后中国因受《四库全书》命名的影响，改译为'百科全书'。"

1. 古代

类书是古代具有百科全书性质的著作。汉朝初年的《尔雅》，是中国百科全书性质著作的渊源。公元 220 年魏文帝时期的《皇览》是最早的类书。明清时期的《永乐大典》《古今图书集成》为古代类书高峰之作。

2. 近代

百科全书进入中国是 19 世纪的事。1868 年筹建江南制造局翻译馆，从英国订购了《泰西大类编书》，即《不列颠百科全书》。根据《不列颠百科全书》第 8 版的条目，翻译出版了多种数学、天文、气象、军事等多种著作。[①] 我们编纂自己的百科全书则要晚得多。

---

① 傅祚华.《不列颠百科全书》中译史略 [J]. 辞书研究，1999(6):126-136.

3. 当代

1978 年 11 月 16 日，国务院转发国家出版局关于编辑出版《中国大百科全书》的请示报告和补充报告，宣告"国家出版局、中国科学院、中国社会科学院关于编辑出版《中国大百科全书》的请示报告和补充报告，已经华主席、党中央批准"，中国大百科全书出版社正式组建起来。随后国务院各部委和相关学会组织相继发出支持《中国大百科全书》编辑工作的通知。1980 年 12 月《中国大百科全书》首卷《天文学》出版，中国由此掀起长盛不衰的现代百科全书热。1994 年 8 月《中国大百科全书》第 74 卷《总索引》出版，《中国大百科全书》第一版全面完成。多年来百科全书热积累了丰富实践。

（1）题材

早在《中国大百科全书》启动不久，一些学科领域的人们在组织编纂《中国大百科全书》的本学科卷的同时，就开始酝酿本专业百科全书的编辑。《中国医学百科全书》是动手较早的。它由 4000 多名专家编写，1983 年起，至 1992 年，陆续由上海科技出版社出版，4000 万字，92 分册，共二万余条目。内容包括中医学、基础、临床、预防和特种医学等学科和专业。《水利百科全书》编纂 6 年，1991 年 3 月由水力水电出版社（现为中国水利水电出版社）出版。《中国农业百科全书》（1993.12，中国农业出版社）也是出版较早、影响较大的专业性百科全书。

在编辑综合性百科全书的过程中，人们也较早想到地域百科全书（又称地区百科全书）的编纂。1991 年 5 月，受新闻出版署委托，中国大百科全书出版社组织了全国地区百科全书研讨会。会议交流了出版社和各地编纂地区百科全书的设想和出版社的百科全书编辑经验，推动了地域百科全书的工作。1991 年 6 月，《北京百科全书》（奥林匹克出版社）率先出版，组织者是几位参加过《中国大百科全书》前期编辑工作的有心人。中国大百科全书出版社《黑龙江百科全书》（1993）、《潮汕百科全书》（1994）、《广西百科全书》（1994）

等相继问世。

在《中国大百科全书》编辑出版工作进展顺利的情况下，中美合作编译的《简明不列颠百科全书》（10卷）于1986年出版。当《中国大百科全书》一版出齐的时候，似乎已出现了以综合性百科全书为骨干、专业百科全书和地域百科全书两翼齐飞的局面。

如今，又过十余年。在中国大百科全书出版社编辑出版的图书目录上，综合性百科全书又有了《中国大百科全书》（简明版，12卷，1996、1998）、《中国大百科全书》（青少年版，10卷，1996）、《新世纪中学生百科全书》（1997）、《中国百科大辞典》（10卷，1999）、《不列颠百科全书》（国际中文版，20卷，1999）、《中国儿童百科全书》（4卷，2001）、《中国大百科全书》（精粹本，2002）等；专业百科全书则有《中国烹饪百科全书》（1992）、《中国商业百科全书》（1993）、《自然辩证法百科全书》（1994）、《材料科学技术百科全书》（1995）、《世界市场全书》（1995）、《能源百科全书》（1997）、《中国儒学百科全书》（1997）、《中国武术百科全书》（1997）、《中国人权百科全书》（1998）、《中国性科学百科全书》（1998）、《市场经济百科全书》（1998）、《中国旅游百科全书》（1999）、《中华人民共和国国史百科全书》（1999）、《中国资源科学百科全书》（2000）、《奥林匹克运动百科全书》（2000）、《质量 标准化 计量百科全书》（2001）、《中国海关百科全书》（2004）等；地域百科全书又有《广州百科全书》（1994）、《福州百科全书》（1994）、《广西百科全书》（1994）、《广东百科全书》（1995）、《江门五邑百科全书》（1997）、《青海百科全书》（1998）、《云南百科全书》（1999）、《大连百科全书》（1999）、《澳门百科全书》（1999）、《海南百科全书》（1999）、《烟台百科全书》（1999）、《青岛百科全书》（1999）、《新疆百科全书》（2002）、《吉林百科全书》（2003）等。

各地区、各行业出版百科全书的出版社已有几十家，出版《中国军事百科全书》（1997，军事科学出版社）、《计算机科学技术百科全书》（1998，清华大学出版社）等百科全书上百种。

各种媒体评介百科全书也蔚成风气。在百度搜索引擎中点击"百科全书"，显示相关网页达 57 100 000 篇（2012-11-28）。

（2）读者群

传统上，百科全书被认为是"有学问的人"查阅的书。《中国大百科全书》第一版的读者定位为"高中以上、相当于大学文化程度的读者"，这也反映了早期人们对百科全书读者群的认识。专业百科全书和地域百科全书原来也是设定给相关方面的研究者和较高文化层次的读者的。

1991年，浙江教育出版社率先推出《中国少年儿童百科全书》（1~4卷），受到读者的广泛欢迎，也拓宽了百科全书编辑们的思路。很快，面向中学生的、妇女的、离退休人员的，乃至面向婴幼儿的百科全书纷纷推出。今天，可以说，任何专业行业、任何文化层次、任何年龄层次的人群都是百科全书的读者。百科全书成了全民读物。

（3）语言

传统的百科全书语言追求简洁、明了、客观、规范。为节省一个字、一个符号下工夫，以至形成特殊的句式，有"辞书体"一说。

随着部分百科全书读者群向低龄、低文化层的扩展，内容精简，信息量缩减，百科全书语言的"解禁"也就成为必然。追求生动、活泼，通俗化、口语化成为这部分百科全书语言的特征。《新概念自然百科全书》（2004，海燕出版社）中使用白描、比喻、拟人、排比等各种修辞手法介绍各种动物、植物，满篇生动活泼，受到读者的喜爱。

（4）版面

这里想说的是版式设计、图文比例和图片设计的问题。

传统的百科全书像辞典一样，为了在有限的篇幅之中容纳更多的信息，通常采取大版心、小字号的版式设计。《中国大百科全书》曾提出平均每面一幅图，但看起来还是密麻麻、黑压压的。

20世纪90年代的一本《阶梯新世纪百科全书》（1994，中国友谊出版公司）让人眼前一亮：全彩色印刷，大量精美图片，赏心悦目。尽管价格不菲，可通过直销还是取得了不错的销售业绩。

现在"好看的"百科全书是越来越多了。如《新概念自然百科全书》（精装5册），图片就占了书的多半篇幅。它每一对开面通常有一幅跨页的"主打图"。版面构图讲究，显得匀称、大气，有韵律感。加上照片精细，手绘图片传神，页面色彩艳丽，确实有夺人心目的功效。

（5）知识创新

《中国大百科全书》最初问世，就在知识内容方面做了多方面创新，例如，打破"盖棺论定"的习惯，给在世名人设条目，即"活人上书"，取得了成功。

这里想强调两点：一是新的百科全书要力求跟踪、介绍新知识，二是百科全书需要及时再版并在再版时注意知识更新。

百科全书以梳理、介绍成熟、稳定的知识见长。跟踪、介绍新知识也是必要的、可行的。近年受到关注的人类基因组、9·11恐怖袭击事件、SARS、神州飞船都在新出版的百科全书中得到反映，这是可喜的。

百科全书编纂出版不易，要保住品牌、服务读者，适时修订再版是不可忽略的工作。《不列颠百科全书》1768~1771年出版第一版。历经约160年，到1929年出版第14版。随后的45年间，第14版重印42次，中间不断有小的修改。1974年出版第15版。随后仍在重印时做小修改。

《中国大百科全书》第二版2009年出版。

这项工作动作较快、影响较大的是《北京百科全书》。2002年11月新版《北京百科全书》开始出版发行。原版为单卷本，新版则为20卷，1700多万字，上万个条目，1万多幅插图。1994年原版《广西百科全书》为单卷本，《广西大百科全书》2008年11月出版，13卷，

2100 万字。

（6）介质

传统的纸介质百科全书因其卷帙浩繁，难免有汗牛充栋之累，价格也不免昂贵。

容量大，轻便、廉价的光盘一问世，便被用于百科全书的出版发行了。20 世纪 80 年代初，美国生产最早的电子出版物便是康普顿多功能百科全书光盘。

1999 年《中国大百科全书》图文数据光盘（24CD）面世。2000 年又制作了《中国大百科全书》图文数据光盘 1.1 版（4CD）、1.2 版（4CD），受到读者欢迎。2003 年年底，中国大百科全书又出版了《新世纪百科全书》（2004）光盘。

实际上，目前光盘版的百科全书已有很多，如《中国军事百科全书》光盘、《新世纪中学生百科全书》光盘等。

随着整个社会信息化进程的加快，与用于 PC 机的光盘不同，针对图书馆和机关、学校这类大型用户群研制开发的网络版已显露出优越性。它可以采用功能更加强大的检索引擎，支持多用户同时在线检索使用，页面提供打印、下载、复制功能，可由出版社提供更新数据，具有扩展性。

《中国大百科全书》（网络版）2004 年推出。

以百科全书为名的网站也出现了许多，例如"国家百科全书网"（Countries-Book.com）、"奥林匹克百科全书网"（OlinpicNet. com）、"维基百科"（Wikipedia.org）。后者是一种全新的、另类的东西——它由大家撰写，倒是颇有网络特色。"百度百科"现在已经为人们所熟悉了。

（7）创新与固本

百科全书不只是一个名字，叫作百科全书，它总要有一些区别于非百科全书的特性。否则，什么书都可以叫百科全书，那也就不是百科全书了。所以，创新，还要"固本"，也就是说，不能放松对百科全书根本属性的把握。

抛开具体的技术性的问题不说，这里特别想强调，百科全书应该是权威的书，它的知识表达必须科学、严谨。

百科全书应该是可查阅的书，它的检索系统、参见系统必须完备、准确。如果没有索引，或虽有索引，但一些索引词页码填得不对，或干脆某些索引词在正文中就没有，又叫读者如何查看呢？

（8）创新与维权

百科全书编纂难，创新难。《中国大百科全书》第一版自 1978 年启动，到 1994 年《总索引》出版，历时 16 年，动员作者 2 万余人，先后参与其事的出版社（含上海分社）编校人员 1 300 人。74 卷书中凝结了改革开放时代整个国家和学术界的巨大投入。它一问世便成了盗版者觊觎的对象。

2000 年 11 月 25 日，北京市工商局执法大队在丰台区南苑旧宫国家气象局大院内，查获北京飞辰工贸有限公司盗版《中国大百科全书》光盘包装加工线，查获盗版光盘 11.84 万张。

某些挂着国家正规出版单位牌子的机构也加入了觊觎者的行列。早年团 × 出版社所谓《中国小百科全书》剽窃《中国大百科全书》的官司是人所共知的。2003 年又有印 × 工业出版社《新编中国大百科全书》（4 卷）出笼，声称该书"是在《中国大百科全书》的基础上进行编写的，编写的原则是删繁就简，改写精缩，编写面对的对象是一般单位和个人"。曾以出版伪劣辞书《现代汉语辞海》出了名、挨了批的吉 × 摄影出版社，2004 年 4 月又抛出了一个《新编中国大百科全书》，声称"该书取《中国大百科全书》之精华，除旧布新，披沙拣金，删繁就简历时五载而成"。一个地方"摄影"出版社，有何资格、何能力"新编"《中国大百科全书》？纯属欺世盗名！

四、百科全书编辑流程

中国大百科全书出版社 1982 年曾制定《〈中国大百科全书〉编辑出版流程细则试行稿》。在这里，流程被分为 8 个阶段：调研准备、组织编写队伍、拟定框架和选条、组稿和编写、审稿、编辑加工、成书编辑、发稿。

1. 调研准备

《中国大百科全书》各卷的调研与普通图书的调研明显不同。因为编撰的目标已经明确了。从它要求提供的调研报告的内容就可以看出来：对外国百科全书和其他资料的调查情况及分析；对国内有关工具书资料的调查情况和分析；对本学科框架（包括配图）的设想；对于学术力量的分析及组织编写队伍的设想；提出对本卷工作安排的意见。

2. 组织编写队伍

在《中国大百科全书》总编委会之下，编写队伍包括学科编委会、分支编写组和条目撰稿人。《中国大百科全书》的编委会不是挂名的，而是干实事的。

对撰稿人，早在启动第一版时就曾提出"最适当的人撰写最适当的条目"的口号。但实践中也有作者比较分散，天南海北，组织工作分量很重的问题。因而，后来又提出在贯彻"最适当的人撰写最适当的条目"的原则基础上适当集中撰稿人队伍以便协调管理的建议。

3. 拟定框架和选条

要编百科全书，拟定框架是必经的阶段。通过拟定框架，不但要解决收什么条目的问题，还要解决条目的层次关系和内容的分划问题。经过学科编辑组与分支主编草拟、学科编写组讨论、征求各方面意见、学科编委会审定等多道程序，明确分支条目比例、条目编写提纲、预定字数、配图等。各卷框架普遍经过三稿、四稿才得以确定。一版有的学科，几度推倒重来，才制定出各方比较认可的框架。

4. 组稿和编写

编辑向撰稿人宣传《编写条例》，在编写阶段与撰稿人保持密切联系，是百科全书撰搞的一个特点。

5. 审稿

按出版局规定，出版社内实行三审制，即以责任编辑为主的编辑组初审，编辑部主任复审，总编辑终审。鉴于百科全书的复杂性，我社又规定社外编写组与本社编辑组交叉审稿，学科编委会与本社编辑部交叉审稿。社内终审一般在成书加工后进行。后来还有"社外三审、社内三审"的说法。

6. 编辑加工

这个阶段要按分支学科或条目组加工全卷书稿，解决交叉重复问题；审定学术内容；核定书写格式；建立参见系统；进行名词术语、事件、单位符号的统一工作；审定配图，等等。

7. 成书编辑

这个阶段要完成全卷统排，完成参见和索引的编制，分专项全面复核书稿质量，确认附件的齐全。由于这个阶段工作头绪特别繁多，1986 年 3 月 6 日总编辑会议通过了《〈中国大百科全书〉成书编辑体例》，作为系统的操作依据。

审稿、编辑加工和成书编辑有相通之处。在百科全书这种特定的情况下，分为三个阶段，又各有侧重。审稿首要的是保证学科内容的正确无误；编辑加工以分支加工为主；成书编辑以专项审核为主体。

8. 发稿

要求"齐、清、定"。"齐"，指书稿各部分包括正文、图稿、封面、附件一次发稿。"清"，指书稿便于识别，公式符号的文种、大小写、正斜体、黑白体、上下角都要标注清楚。"定"，是说发稿后不能再有大的增删。

发稿之后，编辑的工作并没完。读长条校样，协助拼版，看拼版样，都是耗神费力的工作。如果发稿时的"齐、清、定"成色不足，那么校样时期的工作就更重了。

《中国大百科全书》第一版印厂在上海。北京编辑发稿后都要到上海处理校样。往往一住就是几个月。

《中国大百科全书》（第二版）出版，2009年8月中国辞书学会百科全书专业委员会和中国编辑学会工具书和百科全书专业委员会联合举办2009年年会暨学术讨论会。笔者曾撰写《一"超"三"全"——〈中国大百科全书〉（第二版）质量保障工作》，并做了大会发言。一"超"三"全"指：超常编辑流程、全书体例控制、全员研究培训、全程质量监督。

五、百科全书编纂中编辑部的角色定位

一部百科全书的编纂，通常是一项宏大的系统工程。工程的参与者通常有出版社编辑部、学者专家组成的编委会、条目作者等。其中，编辑部的角色，往往与普通图书编纂出版中的角色有质的区别，需要厘清。简单地说，编辑部可以是选题的策划者、全书的作者、体例之父。

1. 选题的策划者

百科全书工程宏大，选题的策划难度很大，与普通图书不同。

全书的规划、人员的组织、资金的筹集，往往是由出版社编辑部承担的。从这个意义上说，选题的生命往往是编辑部赋予的。

有时，是专家们创意了一部百科全书的编纂。而具体操作，往往还是要编辑部来做。

《中国大百科全书》第一版编纂之初，中共中央宣传部曾明确同意中国大百科全书出版社以中国大百科全书总编辑委员会名义对外联系工作〔中共中央宣传部《关于中国大百科全书出版社以中国大百科全书总编辑委员会名义对外联系工作的批复》，1982年9月23日，中宣发函（82）119号〕。

2. 全书的作者

（1）条目不是书

论文、专著的作者是简单、明确的。全书的作者是谁，就不那么简单了。需要指出的是，全书的作者不等于条目的作者。具体条目的作者，是明确的，有些百科全书在条目后面注明条目作者的名字，也有些百科全书集中列示条目作者。而全书的作者，在有些人心目中是模糊的。

如果把百科全书比作一座建筑物，条目就是其中的砖瓦、砌块、梁柱。有了材料，还需要建筑师。是建筑师决定着建筑物的总体模样，决定着建筑物的风格和灵魂。需要什么样的材料，也还要建筑师说了算。

通常百科全书编辑过程中有一个阶段，短则几个月，长则一两年。这是在条目经编委会审定无误后，由编辑部进行的工作。这个阶段叫作"成书编辑加工"阶段。这也意味着，条目还不是书。

（2）全书的两个作者

《中国大百科全书》第一版各卷的作者署名为"中国大百科全书总编辑委员会　××编辑委员会　中国大百科全书出版社编辑部编"，也就是说全书的作者是两个：社外专家的委员会，社内的编辑部。

通常，专家的委员会是松散的、业余的组织，社内的编辑部是常设的、专业的班子。因此，全书的整体工作，编辑部不能不承担更多的责任。

通常，社外专家的委员会侧重于保证条目内容的科学性。或者说，较多承担"建筑材料"的制造；而从全书总体配置的角度思考问题，承担建筑师职能的，主要是编辑部。

如果说具体条目的著作权主要归专家作者的话，那么全书的著作权实际上是由出版社掌握的。

3. 体例之父

百科全书的条目出自多人之手。要想成为一个统一的整体，必须有一套完整、细致的体例作为标尺、准绳。

（1）体例的研究

这套体例通常在百科全书编纂工作启动之初就要先行研究。并且这种研究会贯穿全书编辑工作的始终。全书编纂的每一个阶段，都需要有比较具体的体例规范。大家需要总结、整理出条目表修改细则，这是很有必要的。后期，条目撰写、审稿、编辑加工阶段，也会有类似的需要。

这项研究，编辑部责无旁贷。

（2）体例的宣贯

在条目撰写之前和撰写过程中，编辑需要向条目作者介绍、解说体例，或者叫宣贯体例。

（3）体例的执行

当然，在条目审稿、学科审稿、成书加工等阶段的工作中，编辑都是体例的执行者。

编辑部，作为体例的研究者、宣贯者、执行者，对于全书编纂的成败和全书质量的高低，起着决定性的作用。

4. 百科全书编辑的自信

编辑们多数比较年轻，在昔日的导师或导师辈德高望重的专家面前执弟子礼应该是自然的，这是中华传统美德。然而，只是如此，是不够的。

编委会的专家都是某个学科的权威人物，然而对于编辑工作，对于百科全书的编辑，他们完全有权做一个外行，这不影响他们应有的权威。当然，其中有人对编辑百科全书有兴趣，进行研究，也会成为业余的百科全书编辑专家，不过终归是业余的。

年轻的硕士、博士，走进了百科全书编辑部，就不是一名医生、一名工程师或一名教师，你的职业是编辑，你的专业是编辑学。你需要尽快进入角色，胜任角色，成为一名有医学或其他专业背景的、有研究素质的编辑专家。显然，专业的、职业的百科全书编辑，应该对百科全书的编纂工作有更深入的研究和理解。当然，成为编辑专家，并不排除你继续向医学专家咨询、请教医学问题或者向工程技术专家咨询、请教技术问题。

但是，应该明确，对于百科全书编纂的各个阶段，编辑需要在进行了必要的咨询之后拿出自己的意见。要有主意，否则就是不称职。不能把自己摆在"仅供参考"的位置上，把全书编辑的决定权推给社外专家。

通常，编辑部会与专家在反复磋商的基础上达成一致。但是，万一出现了双方各持己见、相持不下的局面，怎么办？窃以为，还是得局部服从整体，应该以编辑部的意见为准。

（2013-10-28）

《不列颠百科全书》中译史略 ①

一

1868 年 3 月 18 日，一份列有 52 种英文书籍的订购单由上海英华书馆馆长、1861 年来华的传教士傅兰雅（J. Fryer）寄往英国。书单中赫然列着 "*Encyclopaedia Britannica*"，即《不列颠百科全书》（当时译称《泰西大类编书》，后也译称《大英百科全书》）。

《不列颠百科全书》是一部历史悠久、声名卓著的英文百科全书，初版 1768~1771 年出版于英国爱丁堡，分为三卷。随后 50 多年间，先后出版了 6 版及补编，从一部一般的文理科词典发展为一部学术性的工具书巨著。执笔者都是当时英国的一流学者。1852~1860 年，《不列颠百科全书》出版第 8 版，共 21 卷，17957 页文字，402 页插页。[1] 早期《不列颠百科全书》奉行"大条目主义"，一个条目对一个学科或一个专题的知识进行系统、完备、概要的叙述，相当于一部著作。

第二次鸦片战争后，中国兴起以学习西方科学技术为主要内容的近代化运动。1865 年在上海办起了江南制造局。1867 年，曾在安庆军械所造出中国第一艘蒸汽船"黄鹄"号的著名学者徐寿"决意久居上海，以便与西士考证西学"[2]，得两江总督曾国藩之命，到上海襄办江南制造局。到上海后，徐寿条陈四事，第一件就是"译书"。他提出："设一便考西学之法，至能中西艺术共相颉颃。因想一法，

---

① 本文发表于《辞书研究》1999 年第 6 期。获第四届全国出版科学研究优秀论文奖。收入《第四届全国出版科学研究优秀论文获奖论文集》，北京，人民教育出版社，2003。

将西国要书译出，不独自增识见，并可刊印播传，以便国人尽知。[3]

徐寿会同数学家华蘅芳，英美学者傅兰雅、伟列亚力（Wylie Alexander）、玛高温（Daniel Jerome Macgowan）等筹划此事。先由徐寿之子徐建寅与傅兰雅译出《运规约指》、徐寿与伟列亚力译出《汽机发轫》等几种图书。曾国藩大为赞赏，会同湖广总督李鸿章、江苏巡抚丁日昌上奏折说："盖翻译一事，系制造之根本。洋人制器，出于算学，其中奥妙，皆有图说可寻。特以彼此文义扞格不通，故虽日习其器，究不明夫用器与制器之所以然。本年局中委员于翻译甚为究心，……拟俟学馆建成，即选听颖子弟，随同学习。妥立课程，先从图说入手。切实研究，庶几物理贯通，不必假手洋人，亦可引申，另勒成书。"[4]傅兰雅于 1868 年 5 月因英华书局聘任期满而转到江南制造局任职。

1868 年 6 月，江南制造局翻译馆正式开馆。7 月傅兰雅又向英国订购图书 98 种。

傅兰雅作为翻译馆最重要的骨干，在馆任职 28 年，共译书 77 种。[5]他最早打算翻译的就是《不列颠百科全书》："初译书时，本欲作《大类编书》，而英国所已有者虽印八次，然内有数卷太略，且近古所有新理新法多未列入，故必察更大更新者始可翻译。后经中国大宪谕下，欲馆内特译紧用之书，故作《类编》之意渐废，而所译者多零件新书，不以西国门类分列。"[6]按傅兰雅的说法，"平常选书法，为西人与华士择其合己所紧用者"。实际上，最初决定性的意见来自"中国大宪"，即总督、巡抚们。所谓"紧用"，最初乃是"与水陆兵勇武备等事有关"的。

不过，《不列颠百科全书》并没有白白买来。1873 年，据《不列颠百科全书》第 8 版条目 algebra 译成的《代数术》［英国华里司（W.Wallace）著，25 卷］一书出版，由傅兰雅译、华蘅芳述。值得特别说明的是，当时通行的翻译方法为"西译中述"。由于没有同时精通中西两种文字的人才，翻译要由两人合作进行：由一位西方人用汉语口述原文的意思，再由一位并不懂西文的中国学者记录下来，整理、润饰成文。《代数术》从加减乘除开始，列述乘方、开方、方程、根式、对数、代数、几何等内容，是当时很受欢迎的数学入门书，号称"编辑既精，译笔尤佳，为算学家必读之书"。

1874年，据《不列颠百科全书》第8版条目fluxions译成的《微积溯源》（华里司著，8卷）出版，由傅兰雅译，华蘅芳述。此书前4卷介绍微分学，后4卷介绍积分学。

1876年，据《不列颠百科全书》第8版条目fortification译成的《营城揭要》（储意比撰，2卷）出版，由傅兰雅译、徐寿述。这是一部军事著作。

1877年，侯失勒（J. F. Herchel,1792~1871，英国著名天文学家，今译赫歇尔）著、金楷理译、华蘅芳述的《测候丛谈》（4卷）出版。此书也译自《不列颠百科全书》第8版，内容包括论日光为地球热源，空气成分、含水量、气压与风向，风、雨、霜、露、雾、雹、雪、雷电，天气变化的因素，霓虹、海市蜃楼等，是晚清所译最好的气象学书籍。梁启超在《读西学书法》中说："地文之书，《测候丛谈》最足观。"

清末有人称道，徐寿"创议翻译泰西有用之书，以探求根柢。……阅数年，书成数百种，泰西声、光、化、电、营阵、军械各种实学，遂以大明。此为欧西文明输入我国之滥觞"[7]。①

二

1978年11月，经中共中央和国务院批准，中国大百科全书出版

---

① 本文发表后，黄鸿森先生曾来信告知中国现代出版家王云五与《不列颠百科全书》相关的史实：王云五青年时期曾把一部《大英百科全书》（即《不列颠百科全书》）从头到尾读了一遍，1921年任商务印书馆编译所所长，筹划的《百科小丛书》1923年开始出版，多数是从《大英百科全书》分条译出的。

社在北京成立，中国自己的第一部大型现代综合性百科全书《中国大百科全书》的编撰工作全面展开。顺应改革开放的大好形势，《不列颠百科全书》的中译显露了新的契机。

此前，自 1875 年第 9 版起，《不列颠百科全书》由于扩大条目范围，分邀英国之外的欧洲和美国学者撰稿而进一步提高了在学界的地位。20 世纪初，该书由英美人士合编。1929 年出版了面向更广泛读者的第 14 版。这一版加收了许多短条目，便于读者检索。1943 年，该书版权归美国芝加哥大学。1974 年，面目一新的第 15 版问世，它由 3 个部分组成：《类目》（1 卷）是知识的概览，《简编》10 卷，102214 个短条目，每条平均 137 个单词，是"便捷的参考和索引"，《详编》19 卷，4207 个中、长条目，是知识的详解。第 15 版强调权威性、客观性和国际性，撰稿人 4277 人，来自 131 个国家和地区。

为探索《不列颠百科全书》中译的可能性，不列颠百科全书公司 1977 年曾与中国驻美联络处进行过接触，1979 年又通过一位美籍华人向中国国家科委情报所提出建议。根据胡乔木的意见，由中国大百科全书出版社作出了回应。

1979 年 11 月，以不列颠百科全书公司编委会副主席 F. 吉布尼为首的代表团应中国大百科全书出版社之邀访华，并得到邓小平接见。当时，许多人对在涉及意识形态的领域内能否实现中美合作还抱有疑虑。但当美国客人谈到希望与中方合作出版《不列颠百科全书》中文版时，邓小平说："这是个好事情。"关于中文版的内容，邓小平提出："外国的部分搬你们的就是了。中国部分可能还有许多议论、争论和一些不同看法。将来中国的部分我们自己来写。"

1980 年 8 月，邓小平将美国客人赠给他的一套羊皮精装《不列颠百科全书》转送给中国大百科全书出版社。同月，中国大百科全书出版社负责人姜椿芳、刘尊棋等访美，与不列颠百科全书公司签订了出版《简明不列颠百科全书》中文版的协议书。这是改革开放后出版界的第一个中外合作项目。协议规定，中文版发行后中方按定价5%付给美方"咨询费"，实际就是版税。为此，美国女记者G.A.盖耶在《洛杉矶时报》上撰文称之为"重要的承认版权法的突破性协议"[8]。

作为项目实施的决策机构，双方各出4人，成立了联合编审委员会。美方主席吉布尼；中方主席刘尊棋，委员钱伟长、周有光，秘书徐慰曾。一批在反右派斗争和"文化大革命"中历经磨难的饱学之士，有的刚刚解放出来，有的尚未落实政策，这时汇聚到北京北郊安定门外中国大百科全书出版社几间简陋的办公室里。社外参加这项工作的有京、津、沪等地的专家、学者和翻译工作者约500人。

《简明不列颠百科全书》主要根据原版《简编》翻译，同时将原《详编》中的学科概述、重要人物、事件编译后补入。限于篇幅，自然科学类条目字数删节约20%，社会科学类条目字数删节约30%，实行"只译不改"原则，保持原著精神。

《不列颠百科全书》15版有关中国的条目计2056条，是在美国与新中国隔绝多年的情况下撰写的。撰稿者多为日本人、欧美人。也有部分条目是由居住在香港的人士撰写的。资料不免陈旧、残缺，观点显得保守、臆断。如原书"蔡伦"条，只说他是公元2世纪中国政府官员，没谈他对造纸术的贡献；"杨虎城"条，只说他是"陕西省政府主席"。经商定，要更新已有的中国条目，并增补409条。

由于中美意识形态的差异，双方对许多人物、事件看法相左，表述相去甚远。为此，自1981年至1985年，先后举行3次编审委员会会议，8次工作会议，日常函电往还无数，就有关条目释文中的分歧交换意见，乃至反复争论、解释。按协议，对某一条文产生重大分歧时，须以两位联合主席都能接受的方式来解决，否则该条文不得采用。

原稿讲鸦片战争，认为起因是林则徐烧了英国商人的鸦片，中方则指出鸦片战争是"英国为强行输入鸦片对中国进行的侵略战争"。美方接受了中方的提法。美方要求在中国领导人条目中加写他们的家庭情况，中方接受了美方的建议。

有些问题双方意见尖锐对立，寻找都能接受的提法颇费周折。如"朝鲜战争"条，几次会商，双方都在"谁先发动战争"的问题上各执一词，互不相让。最后刘尊棋提出，问题已争论了好久，看来不可能有统一的看法了，但有一点双方是相同的看法，即战争确于某年某月某日清晨爆发。为什么我们不能用周总理在万隆会议上提出的"求同存异"的名言来结束这个争论呢？结果达成双方都能接受的提法："自 1949 年以来，朝鲜南北两方的小规模战斗始终未停，1950 年 6 月 25 日，酿成巨大冲突。"

最终因无法取得一致而删除的，全书只有"斯大林主义"一条。

1985 年 9 月，《简明不列颠百科全书》第 1~3 卷出版。9 月 10 日邓小平第三次接见中美双方有关负责人，对该书出版表示祝贺，并指出："这部百科全书是非常有用的。这是知识读物。"

1986 年 8 月，《简明不列颠百科全书》（中文版）10 卷出齐，共收条目 7.1 万条，2400 万字，图片 5000 幅。9 月 10 日，中共中央总书记胡耀邦接见了来访的美国不列颠百科全书公司董事长 R.P. 格温、编委会副主席吉布尼等。他指出："本着真诚的愿望，中美双方可以在各个方面友好合作，包括经济、科技、文化、出版。"9 月 13 日，在上海举行《简明不列颠百科全书》全套发行仪式。时任上海市市长的江泽民出席仪式并会见了美国客人。随后，在新加坡、美国和中国香港等地举行了该书的发行招待会、座谈会、讨论会等。

1991 年，又出版了作为增补的第 11 卷。1993 年，《简明不列颠百科全书》获首届国家图书奖提名奖。截至 1997 年，《简明不列颠百科全书》在海内外共发行了 17 万套。

三

在北京的中国大百科全书出版社正紧锣密鼓地组织专家学者编

译《简明不列颠百科全书》之时，台湾的出版机构也在筹划《不列颠百科全书》的翻译。1983年起，台湾中华书局总经理熊纯生即为此"透过各种管道""辗转探询"，一度径自上马，又因版权问题而被迫宣告下马。直到《简明不列颠百科全书》出齐后的1986年年底，各方面才真正"开始研究在台湾译印出版之可能性"。这前后，还发生了台湾丹青出版公司盗印《简明不列颠百科全书》，美方赴台打官司，祭出"301条款"法宝，台湾当局查处丹青的风波。

熊纯生后来谈到："吾人就纯学术立场所敦请之专家学者，曾就此书大陆版试作评估，咸认为动员中国大陆500余位优秀学者及翻译工作者从事译述，其基本态度为忠于原著，保持大英百科固有之传统风格——公正、客观、权威，将西方文化之精华，呈现于国人眼前，尤其五年余之功力，成此巨构，洵属难能可贵，殊堪尊崇。"

1987年9月，美国不列颠百科全书公司编委会副主席吉布尼、行政副总裁F.H.斐基等到台北，与台湾中华书局董事长苗玉秀、总经理熊纯生签约，授权台湾中华书局在《简明不列颠百科全书》的基础上编译出版《简明大英百科全书》（中文繁体字版），并请中国大百科全书出版社参加合作。1987年冬，徐慰曾代表中国大百科全书出版社参加了在东京召开的三方代表会议，提供了《简明不列颠百科全书》的各种资料。

台湾中华书局邀约专家学者200余位，从事译述，或担任审订校正，或提供参考资料。

1988年3月~1989年10月，《简明大英百科全书》20卷陆续出版。该书共有条目近8万条，2800万字，图片7000余幅。而总经理熊纯生却在第1卷出版之前，写下中文繁体字版"序言"10天后的1988年3月11日，抱病在香港出席由梅益（中国大百科全书出版社总编辑）、吉布尼、熊纯生分别率团的三方正式会议后，因心脏病发作而去世。

《简明大英百科全书》推出的速度是一个奇迹。惊叹这个奇迹的出现，不能不提到《简明不列颠百科全书》。《简明不列颠百科全书》的"前言"和"附录说明"中申明，"……数字资料均由美国不列颠百科全书公司提供"，"凡文、图、表中涉及疆界、政治、领土等问题均按照原书的观点，不代表中国大百科全书出版社"，"在编辑过程中，除个别数字曾与不列颠百科全书核实或经其同意修改外，其余均照录原数字，未经核对"。在《简明大英百科全书》中，这几段话里的"不列颠"改成了"大英"，"中国大百科全书出版社"改成了"台湾中华书局"，余则一字未改。

与《简明不列颠百科全书》的条目按条头汉语拼音排序（汉字后附英文）不同，《简明大英百科全书》的条目像原书一样，按条头的英文字母排序。这就使它不必像《简明不列颠百科全书》那样全书条头全部确定之后才能进行首卷排版，而有可能编出一卷，排印一卷。

这里以"Li"字头条目为例，管窥两部书的异同。

英文没有"Li"一词，因此中文版"Li"字打头的条目都是编译者加的。在《简明不列颠百科全书》中，这样的条目约有50条。其中有"鬲"（中国古代炊器）、"理"（中国哲学术语）、"礼记"之类的名词术语条目，大量的则是人物条目，如古代的李悝、李清照，近代的李鸿章，现代的李大钊、李先念等。《简明大英百科全书》"Li"字打头的条目84条，除《简明不列颠百科全书》的条目全部采用外，增加的大多是参见条。如《简明不列颠百科全书》有"李白Li Bai"条目，《简明大英百科全书》则设"Li Po 李白"条目，增设"Li Bo"和"Li T'ai-po 李太白"两个参见条；《简明不列颠百科全书》设"李自成Li Zicheng"条目，《简明大英百科全书》则设"Li Tzu-ch'eng 李自成"条目，另设"Li Zicheng"为参见条。增加的实条有现代人物"李惠堂"（足球名将）、"李卓皓"（"中央研究院"院士）、"李国鼎"（政治经济家）等。

这里应该注意到，两书采用的中文拉丁化拼法是不同的，如"李先念"，《简明不列颠百科全书》按汉语拼音拼作 Li Xiannian，《简明大英百科全书》则按威妥玛氏拼法拼作 Li Hsien-nian。在《简明不列颠百科全书》中，"澧水"拼作 Lishui River，"历代名画记"拼作 Lidai Minghua Ji，不在这里所说的"Li"字头条目的范围之内。而在《简明大英百科全书》中，这两条分别拼作 Li River, Li tai ming hua chi，是在 84 条之中的。因此，这里所作条目的比较只能是粗略的。

条目释文，与《简明不列颠百科全书》相比，《简明大英百科全书》所作改动很少。有些条目一字不改。大部分条目，包括"李达"（中国当代马克思主义哲学家）、"李济"（考古学家，在台北去世），都保留了《简明不列颠百科全书》释文的原貌。唯"李大钊"一条被改写了。"礼记"一条的书影之下，《简明不列颠百科全书》注有"中国大百科全书出版社供图"的字样，在《简明大英百科全书》中变成了"CEB 供图"。"李翱"条，"甘肃秦安"在《简明大英百科全书》中成了"甘肃泰安"，或许是校对之误。

四

1987 年 11 月，北京阜成门立交桥畔，一座乳白色的百科全书编辑大楼竣工启用了。十几年间，中国现代百科全书园地已呈现一派百花争艳的景象。《简明不列颠百科全书》的修订及时提上了议事日程。

自 1992 年起，人们开始研究新版的有关问题。1995 年 2 月，中国大百科全书出版社着手组建不列颠百科全书编辑部，年近古稀、退休多年的徐慰曾众望所归，挑起了主持修订的重担。1996 年 9 月，中国大百科全书出版社与美国不列颠百科全书公司正式签订协议，用三四年时间，根据《不列颠百科全书》最新英文版大幅度修订《简明不列颠百科全书》，出版《不列颠百科全书》国际中文版。开头没有资金，编辑部设法从美国不列颠百科全书公司购进一批原版《不列颠百科全书》，在各方的理解和支持下，推销出去，解决了工程的启动问题。

三年的忘我工作，将不列颠百科全书编辑部锤炼成新闻出版署精神文明先进集体，主编徐慰曾两次被评为署直系统优秀党员。1998年春节，编辑部及外聘专家共三十多人一起签名给徐慰曾制作了一张贺卡，表达了对带头人的敬佩，也显示了这个集体的凝聚力。

《不列颠百科全书》国际中文版1998年初陆续发排，于1999年4月出齐。全书共20卷，81600条，4300万字，图片15300幅。与《简明不列颠百科全书》相比，文字增加近一倍，图片增加两倍。书中《简明不列颠百科全书》原有的条目都对照英文《不列颠百科全书》1995年、1997年、1998年新版进行了增补、订正。另外增加了反映十多年来新科技成就和社会变化的条目。其中有关中国的条目由2465条增至4000条。为方便特定读者的查阅，国际中文版正文的条目按照条目标题的英文字母顺序编排。国际中文版有2卷索引，包括《条目标题笔画索引》和按汉语拼音音序排列的《条目标题和内容索引》。后者在中、英文条头后，还附有简短的定性分类，本身亦成为一部简明百科词典。

国际中文版"Li"字头的条目有77条。它吸收了《简明大英百科全书》的"李惠堂""李国鼎""李卓皓"等实条，却没有设许多参见条。国际中文版另增设了一批条目，如古代人物"李冰""李诫"，近现代人物"黎锦熙""李可染""李苦禅""李四光""李宁""李鹏""李岚清""李瑞环""李登辉"等。

原有条目经过了全面修订，"充实内容，补充更新资料以及纠正疏漏和错误"（徐慰曾语）。如"李达"，除论定他为"中国当代马克思主义哲学家"外，国际中文版还提到他是"中国共产党创始人之一"。"李大钊"，《简明不列颠百科全书》释文开头是："中国最早的马克思主义者、中国共产党主要创始人之一。字守常。"

国际中文版释文开头则为："中国共产主义运动的先驱、中国共产党主要创始人之一。字守常，笔名孤松、猎夫。"信息量增加了，用词也更确切了。品味国际中文版的条目释文，觉得它更好地体现了资料完备周详、表述真实准确、评价客观公允的百科全书特色。

国际中文版的配图值得称道。图片数量增加了。许多新增条目带图，如"李瑞环""李登辉"。一些原来无图的条目加了图，如"李翱""李济""李善兰"。一些原来的图片也更换了，如"鬲""李白"。"李白"原有一图，为工笔头像，换为两图，一为李白字帖，一为写意全身像。国际中文版图片的信息量，图片信息与释文主题的切近，都胜过《简明不列颠百科全书》。又由于国际中文版使用70克胶版纸印刷，其效果更是远优于《简明不列颠百科全书》。

国际中文版与《不列颠百科全书》的英文、法文、日文、土耳其文、希腊文、西班牙文、葡萄牙文、韩文、匈牙利文、波兰文版一起，将增进中国人民与世界人民的相互了解，它的出版为中国的改革开放增添了一块铺路石。国际中文版作为中国现代百科事业中的宏大工程，作为中美合作的新成果，它的出版也必将为改革开放的中国树立起一座丰碑。

附注：

［1］The New Encyclopaedia Britannica. 15th ed..Chicago:Encyclopaedia Britannica. Inc., 1993.（Vol.4）487.

［2］［3］［6］傅兰雅．江南制造总局翻译西书事略．原载：格致汇编．1880.转引自：张静庐辑．中国近代出版史料初编．上海：上海杂志出版社，1953.

［4］曾国藩．新造轮船折．见：曾国藩文集·奏稿．长沙：岳麓书社，1991.

［5］熊月之．西学东渐与晚清社会．上海：上海人民出版社，1994.

［7］杨寿枢,等.再上学部公呈.见:锡金四喆事实汇存.转引自:徐寿和中国近代化学史·附录.

［8］徐慰曾.这是一件大事.见:不朽的忠诚——刘尊棋纪念文集.北京:中国大百科全书出版社,1994.

多媒体："大百科"可否有所作为[1]

一、多媒体技术是对中国出版业的挑战

多媒体技术（Multimedia Technology）的出现，是 20 世纪 90 年代计算机领域的一场革命。1985 年美国发明集文字、图像和声音于一体的交互式光盘系统（Compact Disc Interactive），1991 年正式提出"多媒体"这一术语。短短几年多媒体风靡世界，在美国、日本、欧洲飞速发展和普及，新加坡以及中国台湾、香港等地也在大举向多媒体进军。有人估计，欧美多媒体销售额 1990 年 5 亿美元，1994 年将达 270 亿美元。增长势头令人惊叹。

在多媒体的广泛应用领域中，除教育、演示、咨询服务、办公自动化、家庭娱乐系统以外，电子出版物尤其值得我们注意。只读光盘（CD-ROM）已开始在我国形成市场。

一张直径 12 厘米、厚 0.15 厘米、重 15 克的只读光盘容量达 680 兆位（MB），可容纳 3 亿多文字，或上万幅图画，或几十分钟活动图像，并且可以在数秒内从这庞大的信息中查寻并显示人们检索的资料。

光盘可以存储多媒体信息，而且查找使用方便，适于容量很大又要求检索快捷的手册、年鉴、辞典，特别是百科全书。

CD-ROM 被当成内容丰富、印刷精美的图书，在发达国家作为新一代信息传播媒体，大受青睐。

---

[1] 本文原载于中国大百科全书出版社内部刊物《探讨》1994 年第 5 期。署名为：傅祚华、王渝丽。

《康普顿百科全书》（*Compton's Multimedia Encyclopedia*）的多媒体光盘版，已销售拷贝 40 万片以上。

最近英国朗文出版集团主席及行政总裁 Paula Kahn 估计，到 2000 年时，仅亚洲就将有 5 千万到 6 千万台光盘驱动器运作。

多媒体技术于 1991 年进入中国，开发并推出各种多媒体计算机产品和应用项目的单位超过 50 家。1991 年中国出版了第一种英文版 CD-ROM 出版物 "Chinese Business"。1992 年出版了第一种中文版 CD-ROM 出版物 "中文科技期刊 CD-ROM 光盘库"。目前国内出版的 CD-ROM 已有十余种。

光盘出版物进入中国，是对中国出版业的挑战，是对传统出版模式的冲击。尽管国内现在拥有 CD-ROM 驱动器只有千余台（我社有一台），但增长速度是极快的。国家新闻出版署非常重视多媒体技术，发展电子出版物，为此成立了中国电子出版协会，多次举办研讨会和展示会，大力宣传，提高出版业对电子出版物的认识，并有意投资以形成开发的实力。

二、"大百科"的优势

我社作为以编辑出版百科全书为主的大型专业出版社，具有开发电子出版物的特殊优势。

我们的《中国大百科全书》（第一版）早已被行家看中。《中国烹饪百科全书》《中国古代小说百科全书》《中国儒学百科全书》《中华传统文化大观》《材料科学百科全书》等一大批专业百科全书、地区百科全书，具有开发价值和潜力。我社具有学科齐全、人才又广的优势；有一批对多媒体感兴趣，又做过广泛探讨的人员。

随着改革开放，我社整体实力显著增强。特别是新闻出版署投资建立的"中国百科术语数据库"，不仅对于编辑《中国大百科全书》第二版和各种工具书有利，而且对编辑电子出版物提供了相当的装备条件和技术人才条件。根据我社制订的2000年前的发展规划，2～3年内将达到编辑自动化。大多数学科编辑将能在计算机上编辑条目，修订内容。计算机的普及和网络技术的发展必将促进我社电子出版物的发展。

三、若干具体问题

近一年来，有十几家计算机公司（包括国内外）与我社接触，表示愿意合作出版（或买版权）《中国大百科全书》《中国烹饪百科全书》等。接触中涉及如下问题。

1. 版权问题

这是一个各方意见纷纭、尚未形成定规的问题。在与北大方正集团所属北大计算机科技研究所多媒体室商讨《中国烹饪百科全书》（多媒体版）的过程中，对方就认为"你们提供材料，真正编辑出版的是我们"，因而要求版权双方共享。我们则希望版权独占，愿意采用著录为"中国大百科全书出版社编辑出版，某某设计制作"，经济利益双方共享的方式。这种方式，北大方正不接受，而另外一些多媒体研究制作单位如中科院计算所多媒体研究室、大松集团等，则愿意接受。

也有人愿意出全部资金、技术、设备，负责编选、制作，只要中国大百科全书出版社提供版权，利益共享。从近期看对我社十分有利，但从长远看，我们将损失资源。

2. 市场

国内市场尚在发育之中。近二三年国内市场将会有大的发展。特别是计算机进入家庭后，这一趋势要充分估计到。

阅读CD-ROM，必须在计算机上配置光盘驱动器（价值千元）。在目前已出光盘很少的情况下，备有光盘驱动器的用户显得更少。

1994年初，先科公司与我们商谈《中国烹饪百科全书》（多媒体版），当时估计国内装备驱动器的有 400 余家。

1994 年 3 月，德国贝塔斯曼图书有限公司表示愿意与我们合作出版 CD-ROM。

4 月华光集团与我们商谈合作；5 月大松集团机电总公司电脑部先后与我们商谈，最后都因考虑到市场尚不成熟而却步。

7 月，先科公司再次派人与我社商谈合作出版光盘事宜。

8 月，汉声电子有限公司派人商谈合作。

9 月，多家计算机公司与出版公司表示愿与我们多种方式合作出版 CD-ROM。

近一两年市场主要在国外，但很快就会转向国内。

3. 技术

计算机研究所认为目前多媒体技术已经成熟，已有各种软件。只要有好的题材，就可以制出好光盘。他们掌握的技术，只要输入总谱，就可自动配上背景音乐。

台湾汉声电脑有限公司负责人谈到台湾许多出版公司自己搞多媒体开发。这没有什么神秘的。有了编辑题材、脚本和计算机设备，三四个人即可完成样盘的制作。

在建立"中国百科术语数据库"的同时，要培训多媒体制作人员，社内、社外同时进行。只要将此事列入议程，二三年后，我社将有一支掌握多媒体制作技术的队伍。

4. 价格

据先科公司总工介绍，国外光盘价格一般在 50 ~ 700 美元，也有更高的；台湾普及型光盘则只要人民币 200 元。

目前国内光盘价格在几百元至上千元间。如深圳先科公司《北京的中国菜》990 元、《中国药典》2900 元；北京金盘公司《邮票》700 元。

而光盘制作费，压 1000 片，国外需 2000 美元，母盘制作 2000 美元，每片合计只 4 美元。实际所需费用主要在资料收集和拟脚本、录入、编辑加工等开支，资料费用约需 20 万元以上，编制约 20 万元。

5. 合作，还是独立干？

从充分利用自己的资源的角度出发，立足于长远，我们应该独立开发多媒体。

有同志提出《中国大百科全书》第二版同时出光盘，给大百科树立一个新的里程碑。这是好主意，为此在调研、收集资料时就应全盘考虑。从积累经验、培训队伍的角度出发，目前合作项目也是可以考虑的。

多媒体所涉及的题材很广，现在与金盘公司合作出版《中国大百科全书·美术》CD-ROM，也是一种样板。

四、抓住机遇

多媒体技术在世界上发展迅猛，据新闻出版署于永湛副署长预测，随着我国信息技术水平的发展，三四年后多媒体出版物将在我国飞跃发展。国内多数有实力的出版社（包括外商）已看到这一形势。美编室、文教部、科技二部、数据库等部门的同志为此多次商讨，都认为发展自己的多媒体出版物是必然之路。当然，在电子出版的时代，我社也存在着与电子信息时代不协调的人员结构和管理方面的问题。另外，在国内电子出版物市场尚不成熟时，大量的投资，会使我社承担较大经济风险。但是，作为中国第一家百科全书出版社，应该利用我们的优势抓住这一机遇，组织好人力、物力，积极调研，看准机会，组织好选题，给以必要的投入，以开拓这一市场，而绝不能再等待观望。

百科全书与电子出版物 ^①

本文简述了中国大百科全书出版社对于电子出版挑战的思考和规划。

1. 多媒体技术是对中国出版业的挑战

随着科学技术的迅猛发展，出现了以电子技术为核心的新文字载体电子出版物。尽管传统的纸张图书和电子出版物各有特点和各自的使用价值，后者在将来也难以完全取代前者，但电子出版物的出现必将给出版业的发展带来一次深刻的革命。在磁带、软磁盘、激光视盘和光盘四大类型电子出版物中，光盘（CD-ROM）因其体积小、存储信息量大、检索便捷、具有良好的交互性、能采用视听声像多媒体技术等特点，而发展尤为迅速。由于它的这些特点能弥补尤其像百科全书、词典等大型工具书存在的卷帙宏大、检索不够便利、文字难以完全反映所介绍知识的全部信息等方面的不足和缺陷，因此它特别适用于这一类图书。

近一两年来，计算机逐渐进入家庭。有关专家预测，电子出版物也将受到家庭的欢迎。不久的将来，电子出版物会在出版市场占有较大的比例。制作出版光盘图书已经引起中国出版界，特别是以出版百科全书和辞书为主的出版社的重视。

---

① 本文由本人起草，经中国大百科全书出版社社长单基夫、中国大百科全书出版社术语中心主任王渝丽修改、审定，提交'94国际电子出版研讨会，署名为：单基夫、王渝丽、傅祚华。文章收入《'94国际电子出版研讨会论文集》，科学出版社，1994。1995年4月转载于《计算机世界》报。

2."百科全书"的优势

中国大百科全书出版社是以出版百科全书和辞书为主的国家级出版社。经过 16 年努力，1994 年 8 月，我社完成了规模宏大的《中国大百科全书》（74 卷）的编纂出版工程。《中国大百科全书》由各方面专家学者两万多人参加编撰，内容覆盖哲学、社会科学、文学艺术、文化教育、自然科学、工程技术等 66 个学科及知识领域。按学科分卷，每卷字数 160 万上下，黑白图约 1000 幅，彩色插图数百幅。同时还出版了多种专业百科全书、地区百科全书，如《世界经济百科全书》（1987）、《中国家用电器百科全书》（1991）、《中国烹饪百科全书》（1992）、《中国古代小说百科全书》（1992）、《黑龙江百科全书》（1992）、《中国商业百科全书》（1993）、《潮汕百科全书》（1994），即将出版的有《简明中国大百科全书》（10 卷，2000 万字）、《简明中华百科全书》（3 卷，500 万字，专门介绍有关中国的知识）、《儒学百科全书》、《中国武术百科全书》、《京剧百科全书》，等等①。这些百科全书内容丰富，资料翔实，有权威性。特别是有一批中国传统文化和民族特色的资料，富有收藏价值，非常适合制作多媒体光盘。

为了进一步开放和利用《中国大百科全书》第一版的权威性资料和提高中国图书的质量，国家新闻出版署投资，在中国大百科全书出版社建立了"中国百科术语数据库"。此数据库是面向概念的多功能综合性术语数据库。它以 74 卷《中国大百科全书》为基础，搜集、存储、处理的术语数据库是综合的，其范围与综合性百科全书的收条相当，既收录自然科学、工程技术方面的术语数据，也收录哲学、社会科学、文学艺术、文化、教育等方面的术语数据。它按专业分为若干子库，如"天文学子库""中医学子库""力学子库""中

---

① 据 2017 年不完全统计，我社已出版有 XML 数据的百科全书就有 130 余种，41138.4 万字。

国文学子库"等。我社的大部分编辑人员能借助计算机参与该库的建设和利用库中的资料为编辑服务。现在建库工作正在进行。因此，我社在应用先进的计算机技术建立"中国百科术语数据库"的同时，还将充分利用数据库资料，积极发展电子出版物。我社具有各学科专业人才齐全的优势；有一批对多媒体感兴趣又做过广泛探讨的人员，这些都为开发电子出版物提供了优越的条件。

3. 版权问题

近一年来，国内外有十几家计算机公司与我社接触，表示愿意合作出版（或买版权）《中国大百科全书》和《中国烹饪百科全书》等。经过一段工作，对若干问题进行了一定深度的探讨，突出的为版权问题。

这是一个各方意见纷纭的问题。我社编辑出版一部百科全书直接投入编辑费用 25 万人民币上下，版权著录一般为"××编辑委员会，中国大百科全书编辑部编，中国大百科全书出版社出版发行"。我们出版百科全书多媒体版，不仅要提供一部书，而且要提供更多的图片、音像资料，并参与编辑脚本和合成。因此，我们希望版权独有，愿意采用著录为"中国大百科全书出版社编辑出版，××设计制作"，经济利益双方共享的方式。这种方式，对于保护百科全书的版权是有利的。但是，有些多媒体制作单位愿意接受，有的则不接受。

也有人愿意提供全部资金、技术、设备，负责编选、制作，只要中国大百科全书出版社提供多媒体版权，利益共享。从近期看，此方式对我社十分有利，但从长远看，我们将损失资源。这不是我们希望的事情。

4. 抓住机遇

电子出版在国内外发展很快，多媒体技术已经成熟，各种制作多媒体的软件已应运而生。作为出版社要参与电子出版就必须配有自己的技术设备和人才。在技术设备上，我们要充分利用"中国百科术语数据库"的计算机系统，建立技术设备网络，选用科学的设计方案。

多媒体的魅力在于综合利用图文声像资料。它编辑量大、涉及面宽，这要求编辑人员不仅要有专业知识，而且要具备文艺创作的思想，即有创意。这对传统的编辑工作是个挑战。因此，多媒体编辑人员的素质和管理人员的水平将是至关重要的问题。我社是集自然科学、社会科学、文化教育为一体的综合性出版社，有各个专业的编辑，队伍比较齐整，又有技术力量强的美术编辑部，只要认真调研、学习，组织好转向工作就会接受这一挑战。现在，我们已制订了计划，开始培养多媒体编辑人员。

多媒体的制作是个系统工程。从现在国内和我社的情况看，合作开发制作多媒体还是可行的。现在与金盘公司合作搞《中国大百科全书·美术》、与北大方正集团合作搞《龙的故乡——中国烹饪》的光盘就是个样板。10卷本的《简明中国大百科全书》也正在筹划制作成电子版。我们在继续欢迎和寻找国内外的电子出版公司与我社合作。他们在电子出版物的制作和电子信息产品市场营销方面更有经验。这种合作对于发展电子出版是有益的。从充分利用自己的资源角度出发，立足于长远，我们应该独立干。这需要充足的经费和时间。虽然现在还有困难，例如我社在人员结构、管理方面还与电子信息时代不协调，还没有建立开发电子出版物的机构，还缺乏符合条件的电子出版设备和技术人员。另外，由于国内电子出版物的市场尚不成熟，大量的资金投入要承担经济风险。特别是像我们一样以前一直靠新闻出版署拨款支持的单位，正面临经济转轨问题。因此，多途径地解决资金将是一个重要问题。我们通过一段实践，相信会摸索出经验。

多媒体技术在世界上发展迅猛。据新闻出版署预测，随着我国信息技术水平的发展，3～4年后多媒体出版物将在我国飞跃发展。多数有实力的出版社和计算机公司已看到了这一形势，包括一些外商。新闻出版署为更好地发展电子出版，已组织了多次调查和研讨会，并即将制定有关保护政策。

　　作为中国第一家百科全书出版社，我们一定要利用自己的优势，抓住这一机遇，组织好人力物力，积极调研，看准机会，给予必要的投入，以开拓这一市场。另外，我们也要积极与外单位合作，将优秀的电子出版物推向市场。为了迎接出版业的电子时代的到来，我们应注意了解世界电子出版物的发展水平和动向，重视学习先进技术，并期望通过这次在中国首次举行的电子出版研讨会及展览向国内外的同行学到更多的东西。

《中国大百科全书》的修订与创新①

一、呼唤《中国大百科全书》第二版

大型辞书编纂周期长，使用时间长，修订再版是一个通例。

《不列颠百科全书》1768~1771 年出版第一版，历经约 160 年，到 1929 年出版第 14 版。随后的 45 年间，第 14 版重印 42 次，中间有小的修改。1974 年出版第 15 版。随后仍在重印时做小修改。目前正进行修订，将推出第 16 版。

《辞海》1936 年初版问世，1979 年、1989 年、1999 年正式出版修订版，成为国内影响最大的综合性辞书之一。

《中国大百科全书》第一版上马之初，设想 10 年出齐。为了"比较易于有节奏地组稿和出版，也符合实现四个现代化的迫切需要"，即为了早见书，决定按大类分卷出版。当时，已考虑到随后出版按字顺编排的第二版的问题。第一版各卷是陆续出版的。正文的最后一个学科卷《财政、税收、金融、价格》（1993.8）出版时，第一卷《天文学》（1980.12）已出版 13 年，早出的各卷内容已显得陈旧。（《总索引》卷 1994 年 8 月出版）

《中国大百科全书》第一版的面世，填补了中国现代出版事业的一个空白，引发了 20 年不衰的"百科热"，也在百科人心中生出

---

① 本文为 2001 年 8 月中国辞书学会辞书编辑出版专业委员会第三次学术研讨会论文。收入商务印书馆辞书研究中心编.《辞书的修订与创新》.北京：商务印书馆，2003.本文在撰写过程中参阅了孙关龙、黄鸿森、金常政、周志成、胡人瑞、孔凡明、戴中器、丁日昕、楼递等先生发表在本社内部刊物《探讨》上的文章，谨此致谢。

了出版更完美、更适用的百科全书的许多设想。到如今，《天文学》已面世 21 年，《总索引》也已完成 7 年。人们呼唤一套新的《中国大百科全书》的尽快出世。

二、第二版的筹备和起步

1980 年 12 月，在《中国大百科全书》第一版"前言"中就已明确提出了有关第二版的一些设想。

在《中国大百科全书》第一版之后，陆续编辑出版了《中国大百科全书》（简明版）、《中国大百科全书》（青少年版），出版了几种《中国大百科全书》图文数据光盘，编辑出版了《世界经济百科全书》《科学社会主义百科全书》《中国烹饪百科全书》《自然辩证法百科全书》《材料科学技术百科全书》等数十卷专业百科全书，《黑龙江百科全书》《潮汕百科全书》《广州百科全书》等十余卷地区百科全书，这期间还翻译出版了《不列颠百科全书》（国际中文版）、《苏联百科辞典》，编辑出版了《百科知识》和《小百科》杂志。这些都为《中国大百科全书》的修订积累了经验，积累了素材。

1994 年 2 月，在研究室及总编室百科青少年版编辑组的基础上组建了《中国大百科全书》第二版编辑部。

1994 年 3 月 13 日，总编辑梅益撰写《关于〈中国大百科全书〉第二版编辑工作几个重要问题的设想》。

1994 年 5 月，中国大百科全书出版社内部刊物《探讨》复刊，改由第二版编辑部《探讨》编辑组编辑。至 2001 年 7 月底，共出版 55 期，刊出分析总结《中国大百科全书》第一版和构想《中国大百科全书》第二版的文章 200 多篇。

1995 年 3~7 月，第二版编辑部成立读者调查组，向 44 个有代表性的单位发出 3092 张问卷，收回 1078 张，获有效票 741 张；召开座谈会 2 次；收集了读者对《中国大百科全书》第一版的评价。

《中国大百科全书》第二版的工作得到了国家新闻出版署的关心和支持，被列入国家"九五""十五"重点图书规划。

经过几年工作，制定了《〈中国大百科全书〉（第二版）总体设计纲要》、《〈中国大百科全书〉（第二版）编写体例》《〈中国大百科全书〉（第二版）编纂工作程序、方法和要求》《〈中国大百科全书〉（第二版）选条原则》，拟定了全书总条目表第二稿。

三、第二版的几点创新

《中国大百科全书》第二版是在第一版的基础上进行设计的，它要继承第一版的成果，同时也利用第一版的丰富经验，并听取读者的意见，在诸多方面有所创新。主要的，可举出如下几点。

（一）编排方式

国外大型综合性百科全书一般按字母顺序统编。

从实际情况出发，1978年5月21日姜椿芳起草、胡乔木审改过的，以国家出版事业管理局党组、中国科学院党组、中国社会科学院党组名义上报中央的《关于编辑出版〈中国大百科全书〉的请示报告》中设想："先出分科性百科丛书，分科分类编写，编好一本即出一本，先在国内流通，请有关方面和广大读者提意见，修改后再出版综合性百科全书。"在《中国大百科全书·前言》中就此做了清楚的说明："因为这是中国第一部百科全书，编辑工作的困难是可想而知的。但是，由于读书界的迫切要求，不能等待各门学科的资料搜集得比较齐全之后再行编辑出版；也不能等待各学科的全部条目编写完成之后，按照条目的汉语拼音字母顺序，混合变成全书，只能按门类分别邀请全国专家、学者分头编写，按学科分类分卷出版，即编成一个学科（一卷或数卷）就出版一个学科的分卷，使全书陆续问世。这不可避免地要带来许多缺点，但是在目前情况下不得不采取这种做法。

我们准备在出第二版时，再按现在各国编辑百科全书一般通行的做法，全书的条目不按学科分类，而按字母顺序排列，使读者更加便于寻检查阅。"

分类分卷出版的好处是明显的：①迅速出书。从中央批准设立中国大百科全书出版社到《中国大百科全书》第一卷出版，只有26个月。而后至1993年8月除《总索引》外各卷出齐，平均每年出版6卷。②兼作专业百科。我国以往专业辞书相当缺乏。比如《天文学》卷出版前就没有一本天文学的辞典。《考古学》卷出版前也没有考古学的辞典。《中国大百科全书》分类分卷出版，缓解了专业辞书缺乏的状况。③进入家庭。按1993年的价格，一套《中国大百科全书》乙种本定价相当于一个教授一年的工资。甲种本和特种本还更贵一些。显然，绝大多数读者无力购置一套《中国大百科全书》。买最需要的一卷或几卷还是可能的。

缺点也同样明显：①规划不周。立卷层次不平衡；有些卷拼合多个学科，卷名过长；各卷厚薄相差悬殊。②内容重复。卷和卷有重复，如《财政·税收·金融·价格》与《经济学》。相关卷有成分支的重复，如《教育》卷和《心理学》卷都有"教育心理学"分支。条目的重复就更多了。如亚里士多德，就在12个卷设条。③留下缺口。主要是小学科、小门类难以归类，导致遗漏，如计量科学、杂技、科学总论等。④信息离散。如没有国家条目。虽然若干卷有关于国家的内容，却凑不起国家的完整面貌。

（二）读者对象

《中国大百科全书》第一版为自己的定位是"适于高中以上，相当于大学文化程度的广大读者使用"。然而出书后相当一些专家反映内容偏专、偏深。这里原因除了按学科分卷，就在于这个定位了。其实，就具体行业的专家来看，《中国大百科全书》第一版恐怕还是不解渴的。然而，综合性百科全书，主要面对的应是查阅非本人专业知识的读者。1993年《美国百科全书·前言》就讲，必须执行"为非专业读者撰写"的方针，以"向多方面的读者传达信息。青年学生可以找到他们所寻求的知识并能理解所读内容。教师、图书工作者和一般成年人可以查到自己所需要的资料和知识"。

经研究，去掉了"大学文化程度"的提法。现在拟定的第二版《总体设计纲要》的提法是"以高中及其以上文化程度的读者为对象"。其实这里的"及其以上"也可以去掉。综合性百科，应面向接受过普通教育的读者。某个专业的大学生，对于其他专业，实际是高中程度。何况我国现在普及九年（初中）义务教育，高中并不算低。

当然，定位读者文化程度是高中，可不是说这套书的内容是高中水平的。事实上，《中国大百科全书》是为已经具备高中毕业文化程度的读者向更广阔、更高深的领域求索而准备的。

（三）规模指标

主要体现为卷数、条目数和字数。《中国大百科全书》第一版总计74卷，79541条，13070万字。

《不列颠百科全书》15版（1994年本）：32卷，81653条，约合汉字8316万字。

《美国百科全书》1980年版：30卷，约45000条，约合汉字5670万字。

《苏联百科全书》第三版（1978）：31卷，约100000条，约合汉字6400万字。

日本《新世界大百科事典》（1988）：35卷，约90000条，约合汉字6200万字。

《中国大百科全书·前言》谈道："全书第一版的卷数和字数都将超过现在外国一般综合性百科全书，但与一些外国百科全书最初版本的篇幅不相上下。我们准备在第二版加以调整和压缩。"

考虑到可以去掉一版部分偏专、偏深的内容，去掉重复的内容，二版规模的压缩是切实可行的。目前设计的《中国大百科全书》第二版为 32 卷，约 60000 条，5000 万字，配图 30000 幅，其中地图约 1000 幅。

（四）内容比例

作为一部大型的综合性百科全书，内容的比例问题是不能回避的，它必然体现在多方面。《中国大百科全书》第一版的一个原则是："既关注基础，又偏重前沿；既回顾过去，又重视现代；既侧重中国，又涵盖世界。"这个原则将为二版所继承。而在社会科学与自然科学两大部类的比例上，二版将与一版不同。

《中国大百科全书》第一版的编辑方针中提到"为我国的社会主义现代化建设服务"。当时人们心目中的现代化建设，即"四个现代化"，又似乎可以归结为一个"科学技术现代化"。因而，第一版对自然科学方面的内容给予了较多关注。据调研，世界几家重要百科全书科技内容所占比例为：《不列颠百科全书》第 14 版，25% 左右，第 15 版，40%；《美国百科全书》，30%；《苏联大百科全书》，44%。《中国大百科全书》第一版与众不同：自然科学（含工程技术）37 卷，字数占 56%；社会科学（含人文科学）36 卷，字数占 44%。[①]

后来，人们对科学、对现代化的认识当然是深入、广泛得多了。1994 年梅益总编辑在《关于〈 中国大百科全书〉第二版编辑工作几个重要问题的设想》中就谈道："第一版自然科学所占比重大于社会科学，第二版打算把比重倒过来。"

从目前设计的条目数目来看，自然科学和工程技术占

---

① 此数据有误。经核对，自然科学（含工程技术）35 卷，6295.2 万字，占全书总字数 13036.6 万字的 48.29%；社会科学（含人文科学）38 卷，6491.8 万字，占全书总字数的 49.80%，《总索引》249.6 万字，占全书总字数的 1.91%。

40%~45%、社会科学和人文科学占 55%~60%。

（五）综合性

《中国大百科全书》第一版尽管从总体上说包括了哲学、社会科学、文学艺术、文化教育、自然科学、工程技术等各个学科和领域的内容，但具体而言，"离真正综合性的要求仍有相当大的距离"，曾有"半专业、半综合"的说法。第二版在选条和条目内容的综合性方面将比第一版有重大改进，表现为从组合型到统编型的变化。这个问题有其他同志作专门探讨，这里不再赘述。

（六）检索系统

《中国大百科全书》第一版各学科卷设有条目分类目录、条目汉字笔画索引、条目外文索引和内容索引，大事年表、彩图插页目录、条目内参见系统也都有检索功能。堪称检索渠道众多。《总索引》卷则仅以正文条目标题为索引主题。又有同志探讨过简式、复式（内容）索引的问题。考虑到复式索引工作量太大，这次修订难以编制，因此第二版检索系统较第一版不会做大的改动。

近 20 年来，中国和世界都发生了巨大变化，各学科、各知识领域涌现大量新的现象、概念、理论、事件、实物、人物、团体等，显然，《中国大百科全书》的修订版必然设立相当一批新条目。对第一版原有的条目则将慎重地分别情况采取留、删、合、分、移、改的办法处理。

《中国大百科全书》的修订工作才刚起步，就有关情况和构想做了以上一点介绍。为了这项工作能做得好一些、快一些，希望辞书界同行给予批评和指点。

关于《中国大百科全书》第二版工作的几点想法

1994年2月，我社在社研究室和《中国大百科全书（青少年版）》编辑组基础上正式组建了中国大百科全书二版编辑部。当时计划，分筹备、编写、统编、排印四个阶段，用七年时间完成二版工作，即2000年出齐，或延到2001年出齐。1998年年底，全书编辑部调整了领导班子，工作思路不变。1999年5月安排的计划是，分总体设计、组稿撰稿、学科审稿加工、统编审稿加工、检查出版五个阶段，2004年出齐。到目前，2002年1月，进展情况是，总体设计开始攻坚，重点条目开始组稿撰稿。

为了落实社领导"抓得更紧些，安排更均衡些"的指示，实现"在保证质量的前提下加快进度"的目标，进行了一些思考，有几点想法，写在下面。

1. 修订重编版与修订统排版

原来设计的第二版蓝图，工作量过大、过重。"修订重编版"（《总体设计纲要》），把修订落脚在"重编"上，要求新条目达到1/3，加上审核、修改原有条目，再加上因统编而增加的巨大工作量，总工作量将可能超过一版的一半。

一版，我社举全社（在职人员曾多达500人）之力，在国务院各部委、全国众多科研院所、著名大学的大力支持下，组织作者2万余人，投资8000万元，历经16年才完成。上书的特约编辑和本社编辑人员计1600人次。

在当前的社会环境下，我们为二版能抽调多少编辑，组织多少作者，投入多少资金？恐怕难以达到一版时的 1/3，甚至 1/5。

最近合成的二版总条目表审议稿，有条目 59991 条，其中新条目 19955 条。仅算新条，就相当于一版 20 个卷（一版每卷 1000 条左右）。旧条目 40000 条，改编工作量不能低估，或可计为 20 个卷。全书编辑部现有人员则仅相当于一版的 3 个编辑组。余下时间只有一版的一半。如此算来，任务与条件之比岂不是 80 ：3？这还没考虑大环境、软环境的变化。

八年来，人们做了许多研究，写了许多论文，勾画了百科全书的理想蓝图。但我们真的有条件、有能力一下子把理想变成现实吗？

大百科全书的修订是一项长期的事业。《不列颠百科全书》正在搞第 16 版。《中国大百科全书》的修订也不必指望"毕其功于一役"。我们该掂量自己的力量，把有限的力量放在最需要做，也能够做得成的事情上。

二版与一版相区别的，最关键的东西，应该是"统排"。此外，时隔 20 年的修订，免不了要做内容和资料的更新。做到这两条，就可以"及格"了。此外的事情，凡一时做不了的，都可以留到第三版再做。

事实上，"统排"，是崭新的、繁重的、困难的工作。当年做单卷书的统一、核对工作，已经让我们尝了不少苦头，留了不少遗憾。如今要做 30 卷书"统"的工作，工作量将是难以想象的。人们对这一点还估计不足。

在这里，应该继承和借鉴《中国大百科全书（青少年版）》《中国大百科全书（简明版）》《中国百科大辞典》和《中国大百科全书（精粹本）》的经验，借鉴《辞海》和《不列颠百科全书》（国际中文版）的经验。

建议考虑将"修订重编版"的目标改为"修订统排版"，把二版工作量压缩到可以承担的程度。具体地说，建议把纯新撰条目由"1/3"压缩到 5% 左右，把综合性条目的改写和各卷同名条目的综合改编列为工作重点之一。

2. 健全队伍

第二版分为 75 个学科。以全书编辑部现有 19 名（包括编务 3 名）在职人员，十几名离退休老同志（其中 4 名可以坐班），安排起来未免捉襟见肘。一位退休返聘的同志，最近分出 4 个学科（尚未找到人接手），手里还有 7 个学科。工作一旦铺开，如何控制得过来？编辑部主任吕×× 调离，留下的学科一直无人接手。近日蒋×× 另有重用，还有几个人提出调离。这个问题若解决不好，势必留下扯后腿的学科，全书的发排、出版就要落空。近一两年，接谈的找工作的应届学士、硕士、博士不少，但限于房子、工资待遇、人事关系等问题，鲜有谈成的。新人真的来了以后，了解编辑工作、了解百科体例，到能够独当一面，也还需要相当一段时间。

建议采取实际措施，吸引人才，特别是要让人们看到二版成功的希望，从而稳定全书部人心，重振士气，组成决心以二版成败为荣辱、心无旁骛的骨干队伍（需要进行编辑业务和百科全书编辑专业知识的培训和研讨），同时组织其他部门编辑兼任二版学科工作，聘请本社和外社退休编辑参加审稿和加工工作。

3. 滚动前进与齐头并进

其实，第一版各学科正是滚动前进的。利之首，在于早出了书；弊之一，在于后出的学科问世时，先出的已显得陈旧。第二版既然要统排，就要求各学科同时发稿。要同时发稿，就要求各学科同时"成熟"。在已有的多年酝酿、研讨、试验、滚动的基础上，应该考虑在适当的时候"吹响冲锋号"，采取齐头并进的方式。

建议在人员齐备、分兵把口的基础上组织"收容队"，必要时由编辑部负责人亲任收容队队员，协助解决进度拖后而又不能舍弃的学科和条目群。

4. 工作流程与时间表

"推着干，走到哪儿算哪儿"的状况应该改变，否则可能走了好久，定睛一看，还在原地。1994 年提出的计划，完成无望。按笔者 1998 年 11 月提出的设想，由 1998 年 12 月开始，总体设计、修订体例、组织队伍；1999 年 4 月开始，分学科拟条目表、论证、调整；1999 年 10 月开始，条目表统排、论证、调整；2000 年 4 月开始，筛稿、改稿、撰稿；2001 年 2 月开始，学科审稿、补稿；2001 年 8 月开始，统编、审稿、补稿；2002 年 8 月开始，发排、校对；2003 年 6 月开始，拼版、印刷；2004 年 9 月，完成。到现在看，进度已经延迟了两年半。

按全书部 1999 年 5 月拟定的《〈中国大百科全书〉第二版编纂工作程序、方法和要求》，二版工作分五个阶段：总体设计阶段（1996～1999），任务包括成立总编委会、聘请学科主编和特约编辑、制定编纂条例、制定全书框架和条目表、组织培训编辑力量、建立第二版计算机平台等；组稿撰稿阶段（2000）；学科（门类）审稿加工阶段（2001）；全书统编审稿加工阶段（2001～2002）；通读检查出版阶段（2003～2004）。以上程序、方法和要求拟定并打印成册后，似乎就放到了一边。目前，2002 年 1 月，属于第二阶段的，有少量条目组稿了。但总编委会未成立，主编和特约编辑未聘任，总条目表未确定，编辑队伍远未健全，第二版计算机平台不知是什么样子，也就是说，属于第一阶段的任务还有不少尚未完成。

建议再研究一下流程，取尽可能简明、快捷的路子，编制并通过一个明晰、具体的时间表。这个时间表应该是工作量与人力相匹配的、切实可行的，随时可以检查、监督执行情况的。

5. 框架条目表

2001 年上半年的框架和各学科条目表验收，有两个遗留问题。一个问题是，遇到人物、书刊、学科、组织机构之类明显需要各学科平衡的条目，当时说"回头再处理"。此类（不止这几种）条目的平衡和综合工作，实际是二版框架与一版框架的主要区别之所在，应是二版框架工作的重点，是需要花主要力量解决的问题。另一个问题是，验收会议没有学科责任编辑参加。专家、编辑、验收组对诸多条目取舍的不同意见未曾直接交锋。缺少沟通和论证，内外意见的统一，作为框架工作的难点，也就没有得到处理。想绕过这个难点，却有可能埋下日后各行其是的隐患。

建议调动全部门力量，解决平衡与综合问题。现在花一点时间和力量，可以节省以后几倍、几十倍的时间和力量，避免日后走弯路、做无用功，甚至陷入泥潭，难以收拾。

6. 组稿

从某种意义上讲，组稿将决定日后工作量有多大。开弓没有回头箭，组稿不能不谨慎。

对于抽出一部分条目（"重点条"）做第一批组稿（而非整个学科条目表审定之后一起组稿），组稿时附详细提纲和主题词表的做法，部门内部意见并不一致。有人提出：做详细提纲，非本专业的编辑难以胜任，专家看了又觉得受到轻视。有的条目约了稿，又得删掉。

建议考虑，总条目表确定后一次性组稿（附条目表）。由作者参照框架中条目的"四至"撰稿。

7. 充分利用计算机

编二版要利用计算机，这早就是人们的共识。1997年胡人瑞曾发表过题为《编纂程序·编纂方法·调控管理·计算机系统——关于〈全书〉第二版编纂工作的若干构想》的文章。社里组织过使用计算机的初步培训，为绝大多数编辑配备了计算机。然而，目前条目表上大量存在的明交叉和暗交叉问题清楚地显示，计算机还远远没有充分用起来。

建议就如何把计算机的使用落到实处，进行具体的研究。建立全书部与数据库的经常性联系。请数据库技术人员对全书编辑进行跟踪培训，在工作的不同阶段，针对不同的任务和课题，进行有针对性的指导。

8. 经费

二版正式上马，财政部决定拨给 1200 万元编辑经费（自 1996 年起，每年拨 150 万元）。2000 年又争取到以"设备改造款"名义拨下的编辑经费 500 万元。据统计，实际已支出的钱数不到 240 万元。应该说，二版编辑费用是有保障的。

2001 年创收部门任务列有"二版"项目。有些创收部门的人来指责全书部的人。一时全书部的人似乎成了"寄生阶层"，矮人一截似的。有人想出去"自食其力"，大概也是提出调离全书部的原因之一吧。

建议对各方作适当解释，解除创收部门的误解，也解除全书部的压力。

当然，印制费用数量很大，着手筹措是必要的。

9. 总编委会和学科主编

组织总编委会，对于调动各方面的力量和人才通力合作，加快编撰进度，提高编撰质量是有益处的。

相对于靠声望，靠在学术界的号召力支持大百科的总编委会，配合编辑部约稿、催稿、统稿的学科主编的配置更加重要。一版总编委会不曾开过一次全体会议，并不影响一版的出版。学科主编则必须是能与编辑部亲密合作，事无巨细，可以得到其帮助的。能否选到有学术水平、有实干精神、懂百科体例的学科主编，关乎二版的成败。

10. 版权

版权问题，是二版操作不能回避的问题之一。具体说来，可分为两个问题：一个是涉及全书总体的，出版社与编委会关系的问题；另一个是涉及具体条目的，二版与一版关系的问题。

关于出版社与编委会方面，著作权属于作者，这是没有疑问的事。总编委会是作者，这也没有疑问。或许，有人据此认为《中国大百科全书》的版权就属于总编委会，与出版社无关。但历史的考察会告诉我们，大百科全书出版社正是总编委会的化身，是总编委会的实体化。因此，真正握有《中国大百科全书》著作权的，是中国大百科全书出版社。

1978 年 11 月 18 日国务院国发〔1978〕239 号转发的《关于编辑出版〈中国大百科全书〉的请示报告》中提到："成立一个编委会，下设总编辑部……编委会是咨询机构，总编辑部是执行机构。"这里的"总编辑部"就是出版社的编辑部。

1982 年 9 月 23 日，中共中央宣传部中宣发函（82）119 号批复文化部党组，"同意大百科全书出版社以中国大百科全书总编辑委员会的名义对外联系工作"。

有人说新修订的《著作权法》撤销了"编辑作品由编辑人享有著作权"的规定，百科没了保护伞。这是误解。

1990 年《著作权法》第十四条规定："编辑作品由编辑人享有著作权，但行使著作权时，不得侵犯原作品的著作权。"请注意，这里用到"原作品"和"编辑作品"两个术语，其实并不包括百科全书。正是考虑到这两个术语的指代有些模糊，2001 年《著作权法》第十四条把它明确起来了："汇编若干作品、作品的片断或者不构成作品的数据或者其他材料，对内容的选择或者编排体现独创性的作品，为汇编作品，其著作权由汇编人享有，但行使著作权时，不得侵犯原作品的著作权。"但从"……汇编作品，其著作权由汇编人享有"来看，立法思想并没有变，并没有出现任何不利于百科的"退步"。

百科全书，属于《著作权法》第十一条所说"由法人或者其他组织主持，代表法人或者其他组织移植创作，并由法人或者其他组织承担责任的作品"。这在 1990 年和 2001 年都是一样的。

《中国大百科全书》各卷的署名都为"中国大百科全书总编辑委员会《××》编辑委员会、中国大百科全书出版社编辑部编"。请注意这里的"责任人"，一虚一实，实体是出版社；"责任方式"

是"编"。

关于二版和一版方面，首先，可以认为，一版条目版权已被出版社买断。一版的出版时间为1980～1994年，跨越了《著作权法》出台的1990年。按1990年《书籍稿酬暂行规定》，在普通著作稿基本稿酬10～30元的情况下，"百科全书词条编撰，每千字24～30元另增加20%～30%的基本稿酬，不付印数稿酬"。《中国大百科全书》实付稿酬为每千字40元，一次付清。这与1999年《出版文字作品报酬规定》中"一次性付酬"（即买断）是一致的。

显然，一部已经买断的书进行修订再版，没有必要重新进行版权谈判。事实上，辞书，特别是百科全书，普遍作者数量很大，修订又很频繁，一些人所设想的谈判是缺乏现实可操作性的。

从实践上看，《中国大百科全书》已经作过多次修订，出版了《中国大百科全书（青少年版）》《中国大百科全书（简明版）》和《中国百科大辞典》，还出过若干单卷修订本，有哪几位原条目作者提出过异议呢？《中国大百科全书（精粹本）》不久就要推出，是否会遇到麻烦呢？即使有，也只会是个别人，不必过分担心。

建议在签订撰稿合同时申明，《中国大百科全书》的整体著作权归总编委会，即归中国大百科全书出版社所有，条目作者所撰条目由出版社一次性付酬，可以根据需要进行改编。

（2002-03-10）

关于《中国大百科全书》（第二版）专项检查工作的意见

一、任务

主要解决重复交叉和歧异舛误两类问题。

1. 重复交叉

条头层次。包括明重复和暗重复。明重复，指不同学科、不同分支设的同名条目。《中国大百科全书》（第一版）按学科分卷，"亚里士多德"在12个卷中分别设条。第二版同一人物（或主题）只能设一个条目。此类重复虽已不多，但仍存在，需要消除。暗重复，指从字面上看有区别，实际上是同一个名词（或主题）。如"徐霞客"和"徐宏祖"，"侯赛因"和"萨达姆·侯赛因"。前一例，可作一实条、一参见条处理。后一例则须删掉一个，设两个实条就错了。

释文层次。明重复和暗重复都是大量存在的，必须处理。

2. 歧异舛误

浅层次的，表现在名词术语、数据的不统一，有些是不规范的，有些是错误的。深层次的，则表现为定性、表述口径、观点的不同。

二、项目

主要有以下15项：

（1）条头；

（2）条头汉语拼音（此项第二版拟免）；

61

（3）条头外文；

（4）人名；

（5）机构名；

（6）书刊名；

（7）地名；

（8）术语；

（9）事件（年代、数据）；

（10）公式和符号；

（11）图题图注；

（12）表格题目和序号；

（13）参见；

（14）参考书目；

（15）署名。

此外，引文，必要的繁体字、特造字，人物的民族、学衔、军衔、爵位、职务等项由相应学科或分支的责任编辑负责核查，不列入专项检查范围。

三、"全自动"检查处理可作为远期目标

理想的工作方式是设计出专用的软件，由计算机进行搜索、比对、处理。这势必要求以庞大的语料（资料）库作为支撑。例如人物，对于"孙中山"，要把"孙文""孙逸仙""中山樵"乃至"孙大炮""总理"都检出。显然，类似语料的搜集整理工作量是相当大的。而方方面面语料（资料）的搜集整理齐备，在《中国大百科全书》书稿的齐备之前是不可能的。因此，计算机"全自动"地检查处理只能作为远期目标。

四、"半自动"检查处理方式目前可行

这种方式是指，只编制针对各种专项的检查软件。操作时，由编辑现时输入系列检索词，搜索后，进行人工甄别处理。这样做，效率自然比不上全计算机化的方式，但毕竟可以早一些开动起来。面对《中国大百科全书》第二版这样的大部头，用原来采用的纯手工方法当然是无法操作的。这些"系列检索词"积累起来，日后可形成语料库。

这种检查软件，只须参照原来手工专项检查时的程序，列出相应的逻辑式，即可由专业技术人员编制出来。

五、原来手工专项检查程序的回顾整理

手工专项检查说起来简单，其实有许多事是在脑子里不留意间"运作"的。要让没做过这项工作的编程人员理解，需要静下心来，把原来脑子里的过程条分缕析，形成逻辑化的链条，落到纸面上来。

现在全书部和其他编辑部还有一批参加过《中国大百科全书》第一版的"青少年版""简明版""精粹本"及《不列颠百科全书》等大型百科全书专项检查工作的同志，可以组织大家分工进行回顾和整理。

（2003-07-17）

利用一版资源

——学科审稿质量检查小结之一 ①

2004 年 9 月底，部门布置 78 个学科各提交一个分支的稿件，准备对学科审稿的质量进行检查。11 月 22 日正式成立质量监督组，成员包括黄鸿森、戴中器、杨小凯、邓茂等部内外老编辑，随后工作全面铺开。到 2005 年 2 月 7 日为止，共收到 51 个学科 56 个分支的稿件。已检查完 47 个分支，分别以书面意见的形式与学科编辑进行了沟通。从已检查的稿件看，多数总体质量不错。存在一些具体问题，大致可分几类，包括一版资源利用问题、体例问题、组群问题、数据问题、编辑加工不到位问题等。《学科审稿质量检查小结》呈送领导之后，领导要求分专题与大家见面。

今天先汇报一下有关一版资源利用的情况和想法，希望作为一版资源利用问题研讨发言，抛砖引玉。

一、一项共识与两个着眼点

社内有一项共识：二版应充分利用一版资源。《〈中国大百科全书〉（第二版）总体设计纲要》规定："对第一版的条目慎重地采取'留（保留条目）、删（删除条目）、合（合并条目）、分（分设条目）、移（学科或分支学科间移动）、改（改条目标引词或部

---

① 这里关于质量检查的四篇文章曾作为中国大百科全书编辑部 2005 年 3 月几次业务培训的讲稿。刊载于出版社内部刊物《探讨》2005 年第 3 期。

分改变条目主题）'的方针，并增补必要的新条目。"十年前孙关龙先生在《对〈中国大百科全书〉第二版总体设计及有关工作的若干初步探讨之四》一文中曾讲：一版"就各卷和绝大多数条目而言质量都是高的或比较高的，这是座宝库。是否可以这样说，二版的条目质量的高低，很大程度上取决于我们是否善于取宝。因为二版从拟写条目编写提纲，到具体撰稿，及至审稿、定稿，都需要很好地研究一版。研究一版条目释文的长处。哪些需要保留？哪些需要更新？哪些需要充实？研究清楚了，二版条目释文的质量就能提高一大步。"（《探讨》1995 年第 6 期）

从这次检查的稿件看，需要提请注意两个着眼点：一是"充分利用"，二是"有时不能照搬"。前者是进行质量检查的老先生们反映比较普遍、比较强烈的问题，后者也是不能忽略的、确实存在的问题。

先说"充分利用"。我们需要在一版的基础上，删减过偏、过专和过多重复的内容，要更新资料，补充学科新进展，而一版经过反复锤炼，仍然有用的成果应该尽可能继承下来。这也是二版早日完成的唯一可行途径。但从这次检查的一些条目看，有些作者似乎还没有理解这一点。有的条目是抛开一版条目另起炉灶写的；有的条目是在一版条目基础上修改的，但好像是刻意与一版不同似的，抛开一版精练明了的句子不用，改得烦琐蹩脚。不止一个检查者提到某些改写或重写后的条目不如一版。

再说"有时不能照搬"。这里有几个原因：一是全书统排与学科分卷有别，条目的环境变了，不能刻舟求剑；二是时过境迁，一些条目介绍的事物已经发生变化了，这些条目也得"与时俱进"；三是一版也有疏漏和错误，需要改正。

二、几个具体问题

举几个实例，请大家一起琢磨一下。

1. 设条

一版有"大气污染""大气污染源""大气污染监测""大气污染防治工程""空气污染气象学"等条目。二版设有"大气污染监测""大气污染防治"等条目，但没有"大气污染"条，改设"空气污染""空气污染指数"。这种设条改动是不是值得商榷？附带说一句，"空气污染"条目内容还是"大气污染"条的内容，释文中没有一处说"空气"，而有十几次说到"大气"，明显不妥当。

"控制""后勤"，都是二版与一版同名的条目。看条头，大家是否知道它们的内容？或者说，读者遇到什么问题会来查这两个条目呢？作为二版条目，可能有些人会感到困难。在一版，并没有问题。"控制"是《自动控制与系统工程》卷的条目，"后勤"是《军事》卷的条目，它们的内容都是明确的。这就提示我们，有些条目，在一版，条头有卷名管着，内容是明确的；到了二版，如果条头不加点限定词，内容可能就难以琢磨了，严重的，有变成"死条"的风险。

从内容看，"后勤"条是军事学科组的稿，写的完全是军事后勤，并没有讲其他行业的后勤，所以条头应加"军事"。

2. 撰写角度

"食品工程"条，一版是以"工程"定性写的。可能这些年学科有发展，因此，二版想以"学科"定性写，但没有写清楚。其实仍然利用一版的条目简化一下就可以了。

"辐射防护"条，原来一版介绍的是具体的防护知识，现在讲了一些制定法规的原则。对于一般读者来说，原来一版的内容似更实用。可以以一版为主补充一点东西。

3. 定义、定性语和定性叙述

"管理"，一版定义为："为了充分利用各种资源来达到一定目标而对社会或其组成部分施加的一种控制。"二版改为"管理者"如何如何，逻辑上就有问题了（违反了不能同语重复的定义规则）。

"动物交往"，一版定义为："动物之间传递信息、交流感情和互相影响的联系过程。"二版改为："一个动物将信号传递给另一动物，对其行为产生影响的过程。"双向变成了单向，显然不妥。

"体育社会学"条，定义称"把体育作为一个不断变化发展的整体"，释文说"由于社会的急剧变化，体育与人类最基本的实证活动越来越远……"，简直不知所云。一版"体育学"条中对体育社会学的定义就好理解得多："体育社会学是研究体育的社会属性的学科，其中包括体育与社会的关系、体育对社会的作用、体育的社会结构等。"

"工程"条："应用科学知识使自然资源最佳地为人类服务的专门技术。"这里只想挑一下这个"最佳的"的刺。许多"烂"工程难道就不是工程吗？辞书不能想当然、愿望化，还是要客观、公允地描述。

"X射线"条，一版定性叙述说"开始不知其本质，故称为X射线"。二版改为"开始他并不知道这一射线的本质，因此称为X射线"。增加1/3的字数，并不增加任何信息，倒不像书面语，像口语了。

"辐射加工技术"条，对同一对象，一版在定性叙述直接称"γ射线和加速器产生的电子束"；二版第一段定性叙述中称"电离辐射"，第二段称"高能辐射"。对于外行读者，比一版还增大了理解难度。

"鸵鸟"条："鸟类中的最大鸟类"，显得啰唆。

4. 内容安排

"致癌物"条，检查者认为：

> 写得有点文不对题。本来……只要回答什么是致癌物就可以。但此条在二三百字中去解说"癌"包括良性肿瘤和恶性肿瘤，肿瘤诊断的依据是什么。这些内容是"致癌物"这条该讲的吗？

此外，后面又讲致癌机理，又讲研制抑癌剂和阻断剂等防治措施，唯独不讲哪些物质是致癌物。这样写条目真是连命题作文的常识都不顾了。

查一下一版的同名条目，写得蛮好的。条目解说了化学性致癌物、生物性致癌物，完全致癌物、不完全致癌物、助致癌物，直接致癌物、间接致癌物，确证致癌物、怀疑致癌物。文字集中、简练，为何不用呢？

这是改得不妥的例子。

"汪克尔"条，开头有生年"1902 ~ "。一版这样没问题，二版照搬就不行了。因为汪克尔在 1988 年 10 月 9 日就已经去世了。这在几年前出版的《中国大百科全书》（精粹本）上已经注明了。

类似的条目可能有一批，不处理说不过去。

5. 术语

农业兽医有些条目把"防治技术"一律改为"防制技术"。戴中器先生认为：

> "防治技术"在上下文语境中是可以有两种解释的：一指"预防和治疗"，二仅指"预防"，不必再杜撰一个"防制（技术）"出来。……最后的两条人物条中，都有"对防治研究作出贡献"被改为"对防制研究作出贡献"的例子……一下子把人家的贡献减少了一半。

据了解，2002 年 1 月卫生部成立中国疾病预防控制中心，各省市防疫站也先后改为疾病预防控制中心。所以"防制"（预防控制）可用，但不能取代"防治"。应是"防治"（技术）与"防制"（工作）并用。

"基督教"条目改写后，使用了"基督新教（Protestantism）""基督公教（Catholicism）""基督正教（Orthodoxy）"三个词，作为基督教属下三个教派名称的"首选词"。黄鸿森先生感觉这三个词陌生，于是做了一番查证工作，写了《"基督教"条定性叙述之比较》，文中说：

> 查了《辞海》和《宗教词典》（上海辞书出版社 1981 年版）以及《中国大百科全书·宗教》卷的索引，都没有"基督新教""基督公教""基督正教"条目，连索引主题词都没有。《不列颠百科全书》（国际中文版）（中国大百科全书出版社 1999 年版）对上述三个英文词的解释是：
>
> Protestantism 基督教（新教）　基督教新教，为基督教三大支之一，又称抗罗宗，在中国通称基督教。
>
> Catholicism 天主教　参阅 Roman Catholicism。
>
> Roman Catholicism 天主教（罗马公教）　基督教中信徒人数最多、历史最悠久的单一教会。
>
> Eastern Orthodoxy 东正教　基督教三大教义及组织集团之一，其特色是继承使徒教会传统，采有自己的礼仪和地域性教会。

中国社会科学院世界宗教研究所基督教研究室编、卓新平主编的《中国基督教基础知识》说：

> 广义的基督教是指凡是信奉耶稣基督为救世主的所有教派，即包括了罗马公教（Catholic）、正教（Orthodox）、新教（Protestant）三大教派及其他一些小教派在内，也就是英语中的 Cristianity 之意；狭义的基督教是指其中的新教。

从上述各种工具书和专业书籍来看，都没有出现"基督新教""基督公教""基督正教"这三个术语，看来是新创的。我们赞成创新，但是创新可以写论文，必须经过社会的认可之后，才能写进百科全书，因为百科全书是"述而不作"的。……因此《全书》二版仍应继承一版，仍以条头名称"天主教""东正教""新教"作为首选词，作为条目，别称亦以一版释文中提及的为限，如天主教又称"公教""罗马公教"，东正教又称"正教""希腊正教"，新教在中国称"基督教""耶稣教"。

在这里详细引述黄先生对这几个术语的研究，考虑的不只是这几个术语的问题。

客观地说，宗教专业性比较强，外行看这个条目，恐怕都看不出这几个术语的毛病。但看了黄先生的工作，你信服不信服？我们常常会遇到内容不熟悉的稿子，会遇到人们对同一份稿子的不同意见。听谁的？这是学科编辑无法回避的问题。恐怕前提是相信谁的。最可相信的不是某个人的头衔，而是他的研究方法，是他所提供的证据。

就这个术语问题来说，宗教专家会错吗？专家会有疏忽的时候，会有随意的东西拿出来。专家有某一方面的专长，在另一方面可能并不擅长。这次恰恰是宗教专家遇上了术语学专家。

中国大百科全书出版社在国内术语学界是颇有影响的。一版选择的许多术语被国家确定为规范术语，一版推敲出来的定义被全国自然科学名词审定委员会（1996年12月更名为全国科学技术名词审定委员会）选定为规范名词的定义。全国术语标准化技术委员会的一分会（术语学理论分委员会）多年挂靠在我社，我社许多老编辑参与了这个委员会的工作。真的希望这项工作后继有人。今天，更想说的是，希望大家学习黄先生的治学方法。

6. 文气的衔接

有少数条目写得像老师讲课，反复强调同一问题，不知是不是由几个一版条目拼凑起来的，这不符合体例，须大刀阔斧删削。

一个条目由一版到二版，文字可能有增补，一般则要有删节。增删处理后，文气的衔接就成了一个问题。若不注意，会留下半句话。这次检查就遇到几处半句话的情况。

戴中器先生在检查报告中有一段话谈"植物生理学"条目：

第二页 6~9 行一大句，既有语病，又不知所云，上下文也不连贯。此句以前一直写得很好，有大手笔的气势，但到此句突然出现障碍。我查看一版同名条，发现到此句为止一直是用的一版原稿，作者在此只加了一句自己的话，就加出了这么大毛病。这反映出二版的作者队伍与一版相比是有很大落差的（不说是天壤之别吧！）。这个问题在其他学科中也有发生。

三、一条建议

看来需要学科编辑把改写的条目都与一版的对照着读一读，比较一下。

俗话说"不怕不识货，就怕货比货"。相信比较之后，多半问题可以得到解决。

（2005-03-02）

维护体例统一

——学科审稿质量检查小结之二

编工具书不能没有体例，编百科全书也不例外；集体编书不能没有体例，像二版这样作者成千上万的巨著更不能没有体例。体例是约束作者和编辑的，没有体例就编不出一个完整的、统一的、像样的东西来。体例也是为读者服务的，没有体例就没有读者查阅的方便。

《中国大百科全书》一版编纂期间，全社上下十分重视体例。1983 年 9 月修订本《〈中国大百科全书〉编写体例》俗称"黄皮书"。1986 年 3 月 6 日总编辑会议通过的《〈中国大百科全书〉成书编辑体例》俗称"白皮书"。当时人手一套，看稿时总在手边。

现在的《〈中国大百科全书〉（第二版）编写条例》（2002 年 1 月）和《〈中国大百科全书〉第二版编写体例实施细则（试行）》（2003 年 3 月）两个体例文件，是《中国大百科全书》一版体例的继承和发展，是全书编辑部同人十多年心血及全社有关人士热情关注的结晶，是经社委会正式认可、印发实施的二版编纂指导文件。这两部体例文件内容比较全面、规定比较具体，是二版条目撰写、审读和加工的共同准绳，是所有作者和编辑都需要认真阅读、研究的。

一、体例的内容

《〈中国大百科全书〉第二版编写体例实施细则（试行）》5 万余字，分列 31 项，内容覆盖了百科全书编纂的各个方面。我们的体例条文是从哪里来的？弄清这个问题，会帮助我们理解如何执行体例。

1. 有关国家标准

这是体例的重要基础内容。中国标准出版社的《作者编辑常用标准及规范》收录了有关数字、文字的国家标准，如《出版物上数字用法的规定》（GB/T 15835—1995）、《标点符号用法》（GB/T 15834—1995）、《汉语拼音正词法基本规则》（GB/T 16159—1996）等；收录了有关量和单位的标准，如《有关量、单位和符号的一般原则》（GB 3101—1993）、《物理科学和技术中使用的数学符号》（GB 3102.11—1993）等；收录了图书、期刊、论文的编排和辞书编纂的国家标准等。许多标准的内容融化在体例文件的条文中。

应该承认，有些标准的条文是有争议的。标准不是绝对的，有关出版的标准现在都是推荐标准。

标准也需要修订，修订当然说明原来的某些条文有不当之处，不一定要绝对执行。

现行标准之间还有"互相打架"的情况，让人对其权威性产生一点怀疑。其实国家标准局也注意到了这一点，已在组织力量进行协调。遇到这种情况，我们需要记录、研究，拿出处理意见。

但标准毕竟是标准，它的地位和影响是无可匹敌的。而百科全书不是学术论文，不承担学术探讨的责任。在学术争议面前，我们应持客观的态度、稳健的立场。所以除非有特殊情况，还是要执行国家标准的规定。

2. 权威机构的规范

比如全国科学技术名词审定委员会审定公布的各学科"名词"，国家语言文字工作委员会发表的《简化字总表》，还有地名委员会审定的《世界地名录》，新华社编、商务印书馆出版的《英语人名译名手册》等。

3. 出版惯例和权威出版物的先例

包括借鉴《辞海》《现代汉语词典》《不列颠百科全书》等大型辞书的一些做法。

4.《中国大百科全书》编纂以来积累的体例规定

实践中，往往感觉有关标准和规范规定得还不够细致、具体，缺乏可操作性；也有许多事项根本就找不到正式的标准和规范。一版积累了许多具体体例规定，例如关于"历史时期和朝代""中国近代、现代历史上时期和政权的提法"的规定等。

当然也有许多是百科全书编辑特有的、一版工作经验的结晶，例如关于定义、定性叙述，关于参见系统，关于大事年表的规定等。

5. 根据需要提出的体例约定

一版各卷在工作中随时提出一些体例约定，这是一个好传统，有些已吸收到我们的体例中。在二版工作中还可以用；也应该陆续提出一些新的体例约定，来丰富我们的体例文件。

在制定体例的过程中，我们优先采用国家的正式标准和规范。对于不执行标准和规范的事项，采取原则上可以研究，必须充分说明理由，审慎决定的态度。没有正式标准和规范的，尽可能采用一版《体例》条文；一版《体例》也无规定，或者其规定确实需要修改的，研究拟订新的条文。

二、强化体例意识

这次检查的稿件中，还有相当一部分内容不同程度地存在着不符合体例的问题，因此有必要强化体例意识，维护体例的权威性。首先要考虑三条：理解、探讨、执行。

1. 理解

体例是控制所有稿件、约束所有人的，但《体例》只能是妥协的结果。很难想象，拿出一部《体例》，100% 的人 100% 地赞同。

争议不可避免。要么，体例拿不出来；要么，拿出来一个妥协的产物。所以，你需要执行一部可能并不完美的《体例》，需要执行某些你并不赞同的条款。

2. 探讨

体例的探讨有可能贯穿全书编纂的始终。任何时候，发现未尽事项，或有不同意见，都可以提出来探讨。事实上，部门也多次开会，研究体例的补充、修正、完善。我们希望出现一个人人热心研究体例的局面。

当然，任何改动都必须慎重从事。不希望出现朝令夕改，让人无所适从的局面。希望《体例》能够尽可能保持稳定。

3. 执行

没提意见，《体例》没改，那就得坚决执行。熟视无睹，是不行的。不允许出现脱离《体例》，各行其是的局面。

对《体例》某个条文有异议而不执行，这种情况可能有。对一些条文没留意、不知道而没执行，这种情况可能相对多一些。也有些是知道条款，但加工时疏忽了。

三、几个涉及体例的具体问题

这里只能举例谈几个这次检查遇到次数较多、印象比较深的问题。

1. 名词

大百科历来重视名词（包括术语、专名）的规范和统一。《〈中国大百科全书〉第二版编写体例实施细则（试行）》（下称《体例细则》）要求"一个概念有不同的名词时要力求统一"。

有些名词条目在定性叙述中提到"又称××"，接下来在释文中又以这个"又称"为主语介绍主体内容，这样不妥，还是应该以选定为条头的词做主语，否则，何不用那个"又称"做条头呢？

"割裂脑"条，提到："切断连接大脑两半球的胼胝体和前连合，就几乎切断了连接大脑左右半球的所有神经纤维。处于这种状态的大脑称为'割裂脑'，又称'分离脑'。"接下去的释文则一再说分离脑如何如何，就属这种情况。

2. 人物条的提法需要规范

人物的原籍与出生地有时不同。李铁映原籍湖南长沙，生于陕西保安（今志丹），不能笼统地称其为湖南人或陕西人。廖承志原籍广东惠阳，生于日本东京。应写清楚原籍和出生地。

人物生卒年的起止使用浪纹（～），有的编辑改用一字线（—），不符合《体例细则》规定。

标注帝王在位起止年代的，须特别注明"在位"。

历史人物曾任职的提法。一些反面人物条常用"原……副主席"或"前……委员"，而"原"或"前"一般指已不存在或解体的国家和机构，如原（前）苏联、原（前）南联盟。因此，人物历史上确实担任过这些职务，原机构也仍存在，不应加"原"或"前"，应改用"曾任……"。

有些人物定性中有学历记载，如"大学学历""在职研究生学历"，有的没有学历记载，不如都改在正文内写清简历。

3. 防止阿拉伯数字使用过滥的倾向

"中国机械工业史"条中"第1"，按国家标准，应该是"第一"。类似的还有"数10个"（数十个）、"17、18个"（十七八个）等。

问题的产生应追溯到1987年1月1日《关于出版物上数字用法的试行规定》。其中提出"总的原则"是："凡是可以使用阿拉伯数字而且又很得体的地方，均应使用阿拉伯数字。"这是有很强针对性的——那以前出版物上很少使用阿拉伯数字。这个试行规定得到广泛响应。

1995年制定国家标准《出版物上数字用法的规定》时，阿拉伯数字的使用已经比较普遍。其中提出的"一般原则"变为两条。第一条是："4.1 使用阿拉伯数字或是汉字数字，有的情形选择是唯一而确定的。"下面分为两款："4.1.1 统计表中的数值，如正负数、小数、百分比、分数、比例等，必须使用阿拉伯数字。""4.1.2 定型的词、词组、成语、惯用语、缩略语或具有修辞色彩的词语中作为语素的数字，必须使用汉字。"第二条："4.2 使用阿拉伯数字或是汉字数字，有的情形，如年月日、物理量、非物理量、代码、代号中的数字，目前体例尚不统一。对这种情形，要求凡是可以使用阿拉伯数字而且又很得体的地方，特别是当所表示的数目比较精确时，均应使用阿拉伯数字。遇特殊情形，或者为避免歧解，可以灵活变通，但全篇体例应相对统一。"可见，口径与《试行规定》已明显不同。

又是 10 年过去了，阿拉伯数字使用更加广泛，有些图书干脆凡遇数字都用阿拉伯数字，倒省得费脑筋了。据说连当初制定《规定》的厉兵先生也觉得阿拉伯数字使用过滥了。其实，即使是在最早的《试行规定》中，也还是有"很得体"的限制的。

所以，遇到数字，还是需要我们费点脑筋，掂量一下该用阿拉伯数字，还是该用汉字。

4. 文体

一些条目写得不像说明文体，倒是像论文，事实少，分析议论多。如"民族一体化""民族分离主义""文化多元主义"等。如果难改，不如尽量精简篇幅。

我们有"辞书体"的说法。按百科全书行文惯例，释文开头无须重复条头，也无须用"是""指"之类的词引导。

在清楚、无疑义的前提下，释文中用条头做主语的句子，主语往往可以省略。这是辞书的习惯写法。

5. 参见

文内参见有两个问题。

一是设置应平衡。《体例细则》11.2 对设置参见的情况有具体的规定。但现在有的条目见着条目词就设，导致参见过滥；也有的需要提示读者应设参见的却没设。

二是参见标注应规范。据《体例细则》11.4，被参见条目名在文中出现，可直接充当参见词，改字体即可。但有些条目另外又加括注参见词，就画蛇添足了。

顺便说一个参见条问题。

"考斯加可夫"，纯参见条，没有一点释文。它要参见的"《土壤改良原理》"二版并没有设条，这就"空对空"了。这种情况必须尽力避免出现。

6. 层次标题

对于长条目和特长条目，设置层次标题，使释文眉目清楚是有益的。但有的条目层次设置过多，无端割裂释文；有的设置级别过高，浪费许多篇幅。

"道观"条设了一个三层标题。《体例细则》10.5提到："任何一层标题必须有两个或者更多个同层标题才能设立。"这也是需要注意的。

7. "展望"

据《体例细则》2.1，释文中不要求包含"展望""趋势"等段落，这是二版体例与一版体例的不同之处。一版《编写体例》和《成书编辑体例》都规定有"展望"。制定二版体例时则考虑"展望和评论明显带有主观色彩，与百科全书客观介绍的要求不符"而将其删除了。因此，"展望""趋势"层次标题可以撤销，需要保留的少量内容可并入其他段落。实际上，现有一些条目"展望"层次标题之下讲的内容大部分是"现状"。

"邮政网"条，"展望"层次标题之下主要讲2002年年底的情况，就不能称其为"展望"了。

8. 推荐书目的格式

目前出版物书目格式相当混乱。国家标准《文后参考文献著录规则》(GB/T 7714—1987)也没有得到普遍采用，作者各有各的习惯。

二版需要做到本书书目格式统一。

四、12 月体例讨论会

质量检查期间，2004 年 12 月 2 日，曾开过一次《〈中国大百科全书〉第二版编写体例实施细则（试行）》讨论会。会上达成了几项共识。

应防止阿拉伯数字使用过滥的倾向。

人物条头括号中的生卒年应是具体年代（含大约年代和存疑年代）。生卒年不详的，可在正文中说明朝代。

按照《体例细则》13.1 条，"……只在十分必要时才使用引文"的原则不变，但可不限于《细则》所列的四种。

重申《体例细则》22.1 条规定，释文中原则上不使用非法定计量单位。但在遇到《体例细则》所列"科学实验结果原先用的英制度量衡、钻石用的克拉、金子用的盎司、农作物用的亩产……"以及有关中国古代度量（古代用的尺、斤等单位与现在的市制单位不同）的描述时，可以使用习用单位而不换算。

会上对引号与引号、书名号与书名号之间用不用顿号的问题，外国人物条头采用什么形式的问题进行了讨论。

五、有待研究的问题

1. 平方千米和公里

一版都使用"公里"这个单位。现有二版条目多使用"平方千米"，但计量学科"米"条中明确说"不能说平方千米，应说平方公里"，是这位计量专家错了？查国家标准，并无规定。百度搜索，"平方千米"，得 113000 篇；"平方公里"，得 2890000 篇。约为 1：26。

2. 年代

"精神障碍疾病"分支采用"1960 年代"的写法，戴中器大为赞赏。这种模式的年代表示在英语中是惯用的，中文传统上则采用"20世纪60年代"的写法。目前二版大部分稿子采用的还是后者。该如何统一？还是两种表示方法并存？

3. 单位形式

在二版条目中使用了不同形式的单位，如米／秒，米·秒$^{-1}$。按国家标准《有关量、单位和符号的一般原则》（GB 3101—1993），几种形式都是正确的。那么，我们在这同一部书中，要不要统一采用一种形式？还是根据不同情况，多种形式并存？

（2005-03-04）

加强资料核实

——学科审稿质量检查小结之三

资料核实是百科编纂的重要基础工作。

《体例细则》中开列了资料核实的 7 个项目：①各种名称，包括人名、地名、书刊名、职官名、组织机构名、国家名、民族名、事件名、条约名、学科名及各种学术名词等；②时间，包括人物生卒时间、国家朝代兴亡时间、事件起止时间等；③事件、史实、断语；④数据、公式；⑤计量单位、符号、代号等；⑥引文；⑦图像、表格。

以上是按内容分的；若按其形态，则可分为数据、文字、符号、图表四类。下面分别就检查遇到的问题实例做一点说明。

一、数据

数据，是"进行各种统计、计算、科学研究或技术设计所依据的数值"。

数据对书的面貌有十分直观的影响。工具书往往要在前言或凡例中说明采用数据的截止时间。正文实际情况如何，也就一向颇受读者注意。

1. 更新

《中国大百科全书》一版已出版多年。最早的《天文学》（1980）已有 25 年，最迟的《财政·税收·金融·物价》（1993）也已过去 12 年。数据更新，显然是无法回避的任务。事实上，一版之后出的"青少年版""简明版""精粹本"和《不列颠百科全书》（国际中文版）

都采用了不少新数据。

在新数据唾手可得的情况下，还使用旧数据是说不过去的。当然，也不是有了新数据，旧数据就都不要了。有时，有了新数据，还要保留旧数据。不过，首先还是要尽可能采用新的数据。

"阿根廷"条说："至 1991 年年底，已同 110 多个国家建有外交关系"；"精粹本"已提到"至 2000 年年底，已同 137 个国家建有外交关系"。现在应该可以找到更新的数据。

2. 数据年代

统计数据一般有时效性，在可能的情况下应标明数据年代，否则数据的资料性、研究价值会大打折扣，甚至隐藏差错。

"阿根廷"条说："全国发行报纸 2062 种、周刊 96 种，还有 250 种外文出版物。……广播公司 151 家，电视台 71 家。"这里都没有标明统计时间，是何时的数字？事实上，1996 年"简明版"已经使用这些数字，实际情况肯定早就有变化了。

"韩杼滨"条原稿定性为"1998 年任最高检察院检察长"，"1998 年"又被删去了。其实，不但不应删任职年代，还应补离职年代。

3. 关于"目前"

百科全书原则上不用报刊常用的"目前""现在""近年来"一类词语。一版《天文学》1980 年出版，到 2006 年，使用时间跨度是 26 年。《辞海》修订机制很成熟，间隔也要 10 年。二版之后，到三版问世不知要多少年。说"目前"有何意义？个别特殊情况，时间模糊，需要用的，建议掂量一下这个词能否管它 10 年。

"埃塞俄比亚"条："森林覆盖率已从 1900 年的 30% 减少到现在的 2.3%。"显然，这里的"现在"应明确具体年份。

"厄立特里亚"条："原有 306 千米窄轨铁路，目前仅修复了 60 千米。"不知依据的是何时的资料。"目前"还是 60 千米吗？

同上条目还写到："现任总统……1993 年 5 月 22 日当选，1997 年连任。本届政府 1997 年上半年组成，2000 年 11 月第三次改组。"

这样琐碎、容易过时的信息不必收录，是可以删去的。

二、文字

人名、地名、术语、引文等都容易出错，需要专项核实。

1. 人名

人名一向是十分敏感的文字，不能搞错。条目中有些知名人物名字也出了错，就更不应该了。

"中国台湾电影"："归亚雷"，应为"归亚蕾"。

"中国香港电影"："周星弛"，应为"周星驰"。

"《续书谱》"："余绍宋"，一版《美术》卷为"余绍宗"。这是一版错误，二版纠正了的。

2. 地名

"燕肃"条，原写"青州益都（今山东青州）人"，有人改为"青州益都（今山东益都）人"，并问"今山东哪来的青州？"实际上，青州一名起自《尚书·禹贡》，为我国古九州之一；1912年称"益都县"；1948年解放，设青州特别市；1949年恢复益都县；1986年撤益都县，设青州市（县级市），省辖；1995年改由地级潍坊市代管。

地名变化是经常遇到的事。较早的，比如1937年肤施县改为延安市和延安县，1953年迪化市改称乌鲁木齐市。近期的，如2002年辽宁铁法市改名为调兵山市；2004年黑龙江省撤销呼兰县，设立哈尔滨市呼兰区。有的不止改过一次，如江陵县，1949年析出沙市镇，设沙市市；1994年撤销荆州地区、沙市市、江陵县，设荆沙市；1996年改荆沙市为荆州市。

近年撤县设市、撤地设市、撤县设区形成一股风潮。2005年1月24日有报道说，太原市1000多条街巷重新命名。这实在是给我们出了一道难题，我们不得不留意。

3. 术语

有些错别字难以识别，容易给读者造成误导。

"刑法"条中，"极应刑主义"应是"报应刑主义"。

"张作梅"条中，"球墨铸铁"被改为"球磨铸铁"，错了。

三、符号

1. 符号字体

公式有拉丁字母、希腊字母、俄文字母，大小写、正斜体、黑白体等多种易出差错的事项，需要反复查对。

2. 公式等号两侧相等

乘除、相等关系需要核对。

"光"条："这样光的速度便为 $c = l/2t$"，其中公式应为"$c = 2l/t$"

3. 符号含义

公式中使用的符号通常要说明其含义。

"空气污染指数"条中列了计算公式，但公式中许多符号的含义没有说清楚。如 $A(I)$，$A(I\text{-}1)$ 中，I，$I\text{-}1$ 表示什么？F 是斜率，是什么斜率？区间斜率是什么？区间的上下值是什么意义？这些不交代清楚，公式放在那里就毫无意义。

四、图表

插图是条目的重要组成部分，也是全书不可缺少的组成部分。《体例细则》对配图原则，线条图、照片、地图，图题，图注等各个方面都有比较细致的规定。

对插图的思想性、科学性、知识性、文献性和艺术性，学科编辑当然要审核，而由于二版许多条目的文字和图片不是一个人同时提供的，又是分别加工的，所以容易发生不匹配的问题，这需要学科编辑给予特殊的注意。

1. 图文对应

"工业 CT"条释文说"数十个乃至数百个探测器组成的装置（见图）"，可图上并没有表示出来，因此费解。

"光的双折射"条："……下面的字都变成双影，如图 1 所示。……在冰洲石内产生两条折射光线，如图 2 所示。"实际的图 1，显示的却是"产生两条折射光线"的内容。

2. 图号

一个条目只配一幅图，再给出"图 1"序号，没有必要。

3. 提示语

《体例细则》规定，"条目中插图，凡在释文内有说明文字的，在释文中要括注（见图）或（图 1）（图 2）等"。看到有的条目释文中有"（见彩图××××）"的，显然是一版遗迹，应改。

4. 表格

全书表格用三线表，单元格内文字最后不用句号，这是我们的常规，须遵守。

序号、表头、单位、数字都是容易出错的，需要注意。

五、核实与核对及其他

《体例细则》用到了"资料核实"和"资料核对"两个措辞。

"核实"与"核对"，人们常常混用。仔细品味，还是可以发现它们的差异。

核实，是"审核是否属实"；核对，是"审核查对"。提起核对，我们首先想到的是"对账"，看看两方账目数字是否一致，从中可以发现问题。也就是说，通过"核对"，有时可以判断数据是否属实。从这个角度看，可以用"核实"作为我们这项工作的名称，把"核对"看作"核实"的手段。

我们要求撰稿人和主编核实条目中的数据和其他资料。他们占有资料优势，有义务、有能力承担有关条目资料核实的首要责任。

然而，资料，包括数据，毕竟是差错高发区，编辑必须为减少以至消灭其差错下大力。资料核实，是编辑工作不可缺少的程序之一。

起码，核对是编辑能做的且不可不做的工作。把涉及同一内容的不同条目放在一起，有些简单问题就显露出来了。

一个分支有"阿空加瓜山"条，称它为"安第斯山脉第一高峰……海拔6959米"。另一个分支也有一个"阿空加瓜山"条，称它为"西半球最高峰……海拔6960米"。一版《世界地理》卷有"阿空加瓜山"条，称它为"南美洲安第斯山脉第二高峰……海拔6960米"。另有"汉科乌马山"，说是"南美洲安第斯山脉第一高峰……海拔7010米"。据总条目表，二版也有"汉科乌马山"条。这个条目我们还没看到。不过，发现了问题，毕竟有了解决问题的基础。

当然有些资料的错误是无须核对就该发现的，需要的是细心和动动脑。

"肯尼亚"条："大于65岁的人口……占……53%。"把这句话摆在这里，相信谁都能发现它的错误。

更多的核实工作还是要通过多种有价值的资料来寻找线索和寻求证明的。这里所说的"有价值的资料"，包括一版各卷、《不列颠百科全书》和我社出版的各种专业百科全书、地区百科全书及其他工具书，还有《辞海》、各类年鉴、有关各学科的专著等。

（2005-03-08）

着手组群问题

——学科审稿质量检查小结之四

现在谈组群问题，已经不早了，甚至觉得已经迟了一点。

二版与一版的最大不同，在形式上是改学科分卷为全书统排，编辑工作的难点则是单卷统一扩大为全书统一。这项工作即便不是无底洞，也是可以耗去大部分编辑力量的一个编辑环节。这个统一，具体化为许许多多、大大小小的组群问题。我们常说要检查明交叉、暗交叉，就是为了解决这个问题。

一、遗留问题：设条平衡

工具书的设条平衡是一个大问题，需要从各种角度加以考虑。丁日昕先生曾谈到："既要保持大门类的平衡，也要注意小的系列平衡。"

人物、著作、组织机构的设条必须小心平衡轻重，否则很容易惹恼一片。一版有的卷上书人物众多，有的卷一个活人不上，受人诟病，还可搪塞一番，若二版出现此类问题则无法逃避指责。

"《当代中国的文字改革》"释文说到，"这是《当代中国丛书》150卷之一"。其他卷是否设了条？

"国际计量测试联合会"，够不够档次？

专业性与综合性也须注意平衡。"舞蹈结构""舞蹈动机""舞蹈力效""舞蹈呼吸"等条就似乎太专，无须分别设条。"舞谱"无条，倒是该增设的。

地域性平衡不能不考虑。旅游学科设有"澳门赌场"，那么该不该设"拉斯维加斯赌城"？

二版设有 16 个水电站条目，却没有任何核电站条目，是否算个缺陷？

二、下阶段重点：跨学科的组群问题

跨学科的组群问题是大量存在的。发现问题，有一定难度。这次检查，还是撞上了一些。

管理学科中"管理学"条目释文提到的"泰罗"（另设有"泰罗"条），与计量学科"工业计量"条提到的 F.W. 泰勒，标准化学科设条目的"泰勒"，是同一个人，须协调。

外国文学有"欧玛尔·海亚姆"条，与数学的"奥马·海亚姆"写的是同一个人，须统一、合并。

中国历史有"西部大开发"条，经济学有"西部大开发战略"条，都是新写的长条，应合并。

经济学有"世界贸易组织"条（短条）、"关税及贸易总协定"条（中条），中国历史有"中国加入世贸组织"条（长条），应协调。

经济学有"农业社会主义改造"条，中国历史有"农业合作化"，内容多有重复。

以上例子，条目层次的问题居多。实际上，像第一个例子那样（"管理学"条中的"泰罗"与"工业计量"条中的"泰勒"）的隐藏在条目之下的问题会更多。

此类问题，下一阶段要做专门安排，集中解决。

三、当务之急：学科内组群问题

学科范围内的组群问题当然比学科间的组群问题多。显然，要解决跨学科的组群问题，首先该解决好学科内的组群问题。《体例细则》提到："各学科首先要处理好本学科内部不同条目之间的交叉。"这是当前需要完成的紧迫任务。

1. 条目内容的分割

上下层条目和相关条目的内容要适当分割。《体例细则》要求："搞好条目之间的分工，防止遗漏和不必要的重复。"较高层条目应立足较高层次，概括地写，写共性；较低层的条目可以具体写，写特性。有的高层条目为贯彻"综合性"，把子条目内容加起来，甚至写得比子条目还细。把子条目变成参见条属下策，上层条目自己"减肥"才是上策。

"邮政"条中，关于邮驿、邮政网的文字写得跟专条"邮驿""邮政网"一样细，就没有必要了。

乞力马扎罗山"海拔 5895 米"，这一数据在专条"乞力马扎罗山"中当然是必不可少的，在"非洲"条中可能也是必要的，那么在"东非""东非高原"等多个条目中是否有必要重复呢？全书有限的篇幅应该用来提供更多的信息，而不是用来重复"重要"信息。

"食品微生物"条（食品）有一大段"分类和命名"，似应移入"微生物"条（生物）。

2. 条目内容的协调统一

《体例细则》要求："内容有交叉的条目要做好统一工作，包括观点统一、资料统一、用语统一等，防止出现矛盾。"实际问题是，一个术语或知识点在不同条目出现，稍不留意，就会出现"撞车"乃至"打架"的情况。

《资料核实》中提到的"阿空加瓜山"条的问题，也可以看作这方面的一个明显的例子。

"童牛奖"条称：童牛奖"由中国国家教委、文化部、全国妇联、共青团中央、广播电影电视部发起创办，委托中国儿童少年电影学会举办"，"于蓝"条则说她"1985 年创办中国儿童少年电影童牛奖"。

琢磨一下，也会发现二者口径不一致。

3.条目内容的呼应

《体例细则》提到："内容有交叉的条目要注意相互照应，防止脱节。"还提到了相互照应的不同方式。

"食品保藏"定性叙述说它是"食品工业的重要内容之一"，"食品工业"条中却没有提。应在"食品工业"条中补这一点。

4."多胞胎条目"的格式统一

对双胞胎，人们习惯给他们同样梳妆打扮，穿一样的衣服。几年前编辑部曾下很大力量组织编写分类条目编写提纲，以求"通过释文结构和程式的规范化，保证条目类型之间的分工，防止内容要素遗漏，便于审稿，方便读者检索"。这些提纲是否都认真使用了？有些小组群的条目估计是没有提纲的，但对它们，也应有类似的要求。

人物条，涉及评价，总是要反复权衡褒贬的轻重，不单单表现在措辞推敲上。什么人的篇幅多长，都要量一量。

同类条目内容配置、结构次序、层次标题应有所照应，做到大体统一。特别是定义或定性叙述应尽量取相同模式。

如"红外线""可见光""紫外线""X射线""γ射线"一组条目，前四个条目按波谱段落定性，"γ射线"却按来源定性。

四、前提：条目内的统一

组群问题，本质上是统一问题。

"研究性反应堆"条，对同一对象，有三种不同的说法："重水型试验堆""重水型实验堆""重水型实验性堆"应统一。

"辐射加工技术"条，对同一对象，第一段定性叙述中称为"电离辐射"，第二段称为"高能辐射"，应协调处理。

如果条目之内就不统一，组群工作就无从谈起了。

（2005-03-08）

统编设想

全书统编在学科定稿和组群审稿合格的基础上进行。

学科定稿存档。建立全书统编库，装入全部学科定稿，作为统编工作的基础平台。统编库支持全文检索。

时间约需 5 个月，110 个工作日。

一、任务

确保稿件全面符合《体例》各项要求，重点寻检、解决学科交叉矛盾和相关条目内容重复问题。

完成专项审核。

配齐所有附件。

二、分工与质量要求

主要分为两条线进行工作：专项审核和通读审稿，同时统编库进行处理。

1. 专项审核

各专项都对全部条目负责。每个专项尽量配备两个人，以便遇事商讨。专项人员以全书编辑部人员为主，19 个专项可由 14 组人员分别负责。

专项人员利用统编库工作。

（1）中文条头。应符合规范，有检索性。

（2）汉语拼音。 拼写、分词、大小写正确。重点处理多音字辨析问题。"中文条头"和"汉语拼音"两项可由一组人员负责。

（3）外文条头。 概念的对应，使用英文或拉丁文拼写。

（4）定义和定性叙述。要求揭示事物内涵，准确、严谨、简明。

（5）人名。 准确。

（6）组织机构。 简称和全称的合理使用。首次在条目中出现用全称。"人名"和"组织机构"两项可由一组人员负责。

（7）地名。 以最新出版的《中华人民共和国行政区划简册》（2005年）、《世界地图集》为准。

（8）著作。 项目基本齐全，格式统一。

（9）术语。规范术语。"著作"和"术语"两项可由一组人员负责。

（10）事实。 重要事实的口径一致。

（11）数据。 同一数据在不同条目出现，应保证统一。"事实"和"数据"两项可由一组人员负责。

（12）参见。 避免"参而不见"或参见词与被参见词有异。

（13）索引。 确认具有索引内容。

（14）公式。 字母大小写、正斜体，脚标正确。

（15）符号。 符合符号和文字使用的规定。"公式"和"符号"两项可由一组人员负责。

（16）表格。 格式统一规范。

（17）图片。 保证图片的科学性、艺术性，避免一图多用（一景多图的情况不算）。

（18）造字。 避免缺漏、错误。

（19）层次标题。 避免一个层次只有单个层次标题。

2. 通读审稿

组织两组人员分字头通读。每组应有15~20人。每人250万~330万字工作量。以离退休老编辑和其他编辑部骨干为主。分组时适当考虑人员文理专长和知识面，以尽量避免出现疏漏。

出一套纸样，分给两组通读人员流水使用。

通读人员要全面把握体例尺度，"拾遗补阙"。

重点处理相关条目的重复、协调问题。

注意政治、宗教、保密、台港澳等有关问题。

保证语言通顺、规范，编校质量合格。

3. 统编库处理

学科定稿、组群审稿阶段转下来的问题，如推荐书目格式、连续书名号、引号间顿号问题等，此时即可系统处理。

三、程序

各项工作都可从 A 字头开始进行，有余力的再从中间插入。

专项和通读人员发现问题，书面提出具体修改和处理意见。

经统编工作会议或质量组和有关学科编辑认可后，统一修改。

由 A 字头起，完成一卷，即可付排一卷（拼版样上还会做小的改动）。此项工作约可从统编的第二个月开始。

四、要求

全面执行体例规定。

利用数据库，发挥计算机优势。

遇到问题，及时提交部门统编协调会议。

部门将随时监控进度和工作效果，避免走过场。

统编质量控制

一、书稿情况

全书统编在学科定稿和组群审稿合格的基础上进行。这里首先回顾一下书稿的编辑、加工、审定过程。

全书编辑部 1994 年 2 月成立后，进行了广泛、深入的调研、探讨。在此基础上，全书二版于 2002 年 6 月正式约稿，同年底开始陆续收稿，在条目、分支和学科的层次上对稿件进行了一审和二审。参与这项工作的有本部门的编辑，也有本社其他编辑部和离退休的老编辑，有的学科还请了社外专家参与这项工作。

2004 年 9 月底开始进行学科审稿质量检查。部门布置 78 个学科各提交一个分支的稿件，由质量组组织部内外一些老编辑对学科审稿的质量分头进行检查。2005 年 2 月，检查完成 2/3，召开了阶段小结会，就充分利用一版资源、维护体例统一、加强资料核实、着手组群问题等进行了交流。随后进入学科定稿阶段。2005 年 4 月，部门制定了《学科定稿标准》，列有十项重点内容。

2005 年 7 月中旬以后，各学科陆续交稿。质量组聘请资深编辑人员抽查部分条目，按照《体例细则》进行衡量，重点检查《学科定稿标准》所列事项。分别提出了书面检查报告或验收抽查意见。部分学科经简单处理通过；多数学科须做少量修改而后通过；也有部分学科有颠覆性意见，或检查意见与学科编辑意见分歧较大，又进行了反复磋商和修改。

2005 年 8 月，部门开会，布置组群审稿的任务和步骤，全面转入组群审稿阶段。重点解决学科群范围内各学科之间的条目相关问题。9 月，先行一步的生农医学科群介绍了组群审稿的经验。

应该说，经过以上程序的工作，目前，全书稿件已经达到了一定的水准，已基本具备了转入全书统编的条件。

从另一个角度来看，书稿中仍然有问题，问题的数量是少了，种类却不会少。也就是说，各种问题都可能存在。统编要找出这些问题，解决它们。

二、统编的特点

与此前的一审、二审、学科定稿、组群审稿相比，统编工作有两个明显的特点。

第一个特点，统编的对象是全书的全部 6 万个条目。从面对一个条目、一个分支、一个学科、一个学科群，到面对全书，这是一个很大的跨越。应该说，我们还缺乏实行这种跨越的经验。前几年的编辑工作在程序上与一版的分卷编辑区别并不明显。有几位老编辑在质量检查和学科验收之后反映，有的书稿比一版还要专深。这可能是极个别的现象，但值得我们警惕。说到底，现在要做的这个大统编，才是二版与一版的根本区别所在。能不能在综合性、统一性方面有一个质的提高，或者说，统编的质量如何，是关乎二版成败的最重要的指标。

统排之后，会暴露出一些原来没发现的问题。实际上，许多不同学科条目之间的交叉重复问题只有在统排之后才能发现。这些问题只能在这个阶段发现和解决。这是统编工作的突出重点。

一版时，我社有专门的综合统一编辑室。某个卷进入成书阶段，统一编辑室就派几个统一编辑进去，专门负责各项统一工作。二版在这方面，一直是一个薄弱环节，甚至是空白。

特别需要指出的是，一版的一卷不过 1000 条左右，最大的《生物学》三卷也不过 3534 条。显然，二版统编的工作量和难度都要大大超过一版，不知要超过多少倍。

我们有一批参加过全书一版的同志，有些人参加过"青少年版""简明版"和《不列颠百科全书》的工作，多数人参加过"精粹本"的工作。希望可以吸取以往的经验，借鉴以往的教训，用于这次统编工作。

不管是哪一个人，分工哪一项工作，都要想着：全书6万个条目。看哪一个条目，都要把它跟6万条联系起来。

第二个特点，统编是全书编辑加工的最后阶段。再往后就是出版阶段了，虽然出版阶段还有编辑参与，但工作性质就不同了。既然是最后阶段，就有个"收容队"的责任。以往哪个阶段的遗留问题，你碰上了，都不能放过。

设想统编工作分为三条战线：主要人力用于专项审核和通读审稿，同时统编库进行处理。

最初考虑统编问题，对专项审核注意比较多。这个稿子的初稿送审后，负责同志指示应以通读为主。我理解，这是考虑现在的人员构成与安排，考虑时间的限制，考虑可操作性、可控性的举措。

三、专项审核

前面说到，解决交叉问题是统编的突出重点。从大的范围来说，解决这个重点的优势在于专项审核。

2005年5月，学科定稿阶段，领导曾提出19个专项。现在考虑可操作性，筛选部分项目，适当归并，设立中文条头、汉语拼音，外文条头，人名，地名、组织机构，著作，参见、索引6个专项组，重点进行专项审核。加上附件组，实际是7个专项组。

各专项都对全部条目负责。

专项人员利用统编库（容纳全部6万条）工作。进行全书范围的联系、比对，发现问题，解决问题。

专项人员工作中发现其他专项的问题，最好做记录，并转告有关专项人员。

专项组分工时，已经考虑了人员的专长。许多人都是对所分工的专项素有研究的。对于如何做好专项审核工作，最有发言权的无疑是承担该项工作的人员。这里只是想从体例要求和学科验收抽查的少数条目中提出的问题，及某些一版的实例出发提一点建议，供承担专项的同志参考。

1. 中文条头、汉语拼音

"中文条头"和"汉语拼音"原来是两个专项，现在由一组人员负责。

中文条头应符合体例规范，强调检索性，避免明交叉。

学科验收和组群审稿阶段都发现一些无须设条或不该设条的设了条，应该设条却没有设的问题。这种问题在统编阶段还会发现。存在的设条不当的问题，应提出来，研究处理。

学科验收时有人提出"立功"条的问题。这是《法学》刑法分支条目，讲罪犯立功的。显然，放在综合性背景下，检索性就成了问题。一般人不会想到这个立功是讲罪犯立功的。这个条后来平衡掉了。事实上，有些在学科卷中含义明确的条头，合到一起之后就可能成为问题。

汉语拼音拼写、分词、大小写要正确。验收报告提到这方面问题的不少。

有的条目，汉语拼音与汉字不一致。例如"鸟类"条目，汉语拼音是"niaogang"。可能是条目改自一版，中文条头改了，汉语拼音没改。

拼写，要注意处理多音字辨析问题。例如"水杉"（shān）、"杉（shā）木"；"瓦窑堡"（bǔ）、"十里堡"（pù）。涉及传统的标准读音与当前通行俗音的选择，建议参照《现代汉语词典》（第5版）执行。

有些汉语拼音没有按词划分，或划分不当。

大小写，主要是专名、通名的问题。有的学科，汉语拼音全没有大写，需要分别处理一下。

条头排序规则需要研究。

2. 外文条头

概念的对应，使用英文或拉丁文拼写。

一份验收意见提到，"西安碑林"，应该是 Steles in Xi'an。这里的 Steles 本身就有"很多碑刻"的意思，而不必翻译成为"'碑刻的树林'，或'碑刻的森林'"。

俄罗斯人物条，一版使用俄文，二版来稿也有许多是俄文。现在有些学科已做了拉丁化处理，有些还没动，有待处理。

有的学科外文条头还有一些缺漏，需要补上。"外汇调剂制度"之类，应该不是不可以补上的。

中国部分内容，很多条目没有条头外文，一版时规定"中国人名、地名和无通用译法的中国古籍、古物、中国文物、作品条目的条头可不附外文"。二版曾提出要全部配齐外文条头，这就需要组织力量攻关。

字母的正斜体、黑体使用也需要注意。

除条头外文，释文内还有少量外文，也要看一下。外文设一个专项组。

3. 人名

人名必须准确。注意中国古代人名用字的繁简体，外国人名的一名多译问题。如一位德国物理学家、生理学家，有的条目叫"赫姆霍兹"，有的条目叫"亥姆霍兹"。质量检查的时候已经发现这个问题，做了统一处理。学科验收，发现还有这两种不同译名存在。可见，需要进行全书搜索。泰勒、泰罗也是相同问题。

2001 年、2002 年搞"精粹本"的时候，曾检查一版上书活人，发现已去世的有上百人。现在仍需注意这个问题。

4. 地名、组织机构

"地名"和"组织机构"原来也是两个专项,现在由一组人员负责。

以最新出版的《中华人民共和国行政区划简册》(2005年)、《世界地图集》等为准,注意"地改市""县改市"的连锁反应。

组织机构要注意简称和全称的合理使用。首次在条目中出现用全称。

一版有"卢佛尔宫""卢浮宫",二版仍有"卢浮宫""罗浮宫"的译名不统一情况,需要找出来,加以处理。

5. 著作

推荐书目项目基本齐全,格式统一。释文涉及著作,名称应统一。

"推荐书目"与通常的"参考文献"有所不同。向读者推荐的进一步了解条目主题知识的图书,应该是读者可以找到的。有的学科外国人物条目的推荐书目几乎全部是外文的,似乎不妥。

应注意引文无误。过于古奥的引文应以白话代替。

6. 参见、索引

"参见"和"索引"原来是两个专项,现在由一组人员负责。

参见要求设置得当。设了参见条或文内参见,被参见条目中却没有相关内容,即"参而不见"的情况应该避免。《体例》规定"参见条目没有实质性内容,不能成为参见对象",也有这种意思。例如,"张绳武"为参见条,释文为"见乐亭影戏",在"乐亭影戏"中写到"张绳武"时用楷体字就没必要了。

一个参见词在同一个条目中多次参见(用楷体)的情况也应尽量避免。一般只在一个条目中首次出现时参见。

参见词与被参见条目名称应该完全一致,不能多字、少字。

索引应确认具有索引内容。有些应设索引而没设的,须补划。

四、通读审稿

组织两组人员分字头通读。通读组以离退休老编辑、其他编辑部骨干和全书部人员混合编组。分组时考虑人员文理专长和知识面，以尽量避免出现疏漏。

前面提到，曾提出过 19 个专项。现在有 6 个专项组处理 9 个专项，其余的 10 个专项还是需要通读时给予注意的。

通读审稿有"一大任务、三项注意"。

1. 一大任务：全面把握体例尺度，"拾遗补阙"，堵塞漏洞

前面说过，统编要起收容队的作用，这个"收容队"的任务主要由通读人员来承担。收容的依据是体例。

目前的稿件中，还有相当一部分内容不同程度地存在着不符合体例的问题。问题的产生，可能有两种原因：一是没有吃透体例，没有注意到相应的体例规定；二是对体例有异议，不愿执行有关的体例规定。因此这里想说，要强化体例意识，要维护体例的权威性。

这里所说体例，包括《〈中国大百科全书〉第二版编写条例》、《〈中国大百科全书〉第二版编写体例实施细则（试行）》（2003.3）、《〈体例细则〉修改和增补》（2005.3）。

《中国大百科全书》一版编纂期间，全社上下就十分重视体例。当时有"黄皮书"和"白皮书"。

现在的《〈中国大百科全书〉（第二版）编写条例》和《〈中国大百科全书〉第二版编写体例实施细则（试行）》，是《中国大百科全书》一版体例的继承和发展，是全书编辑部同人十多年心血及全社有关人士热情关注的结晶，是经社委会正式认可、印发实施的二版编纂指导文件。

《〈中国大百科全书〉第二版编写体例实施细则（试行）》5万余字，分列 31 项，内容覆盖了百科全书编纂的各个方面。

体例内容涉及有关国家标准，包括有关数字、文字的国家标准，如《出版物上数字用法的规定》（GB/T 15835—1995）、《标点符号用法》（GB/T 15834—1995）、《汉语拼音正词法基本规则》（GB/T 16159—1996）等；有关量和单位的标准，如《有关量、单位和符号的一般原则》（GB 3101—1993）、《物理科学和技术中使用的数学符号》（GB 3102.11—1993）、等；有关图书、期刊、论文的编排和辞书编纂的国家标准等。

体例内容涉及有关权威机构的规范，比如全国科学技术名词审定委员会审定公布的各学科"名词"，国家语言文字工作委员会发表的《简化字总表》，还有地名委员会审定的《世界地名录》，新华社编、商务印书馆出版的《英语人名译名手册》等。

体例内容涉及有关出版惯例和权威出版物的先例，包括借鉴《辞海》《现代汉语词典》《不列颠百科全书》等大型辞书的一些做法。

体例内容涉及有关《中国大百科全书》编纂以来积累的体例规定。例如关于"历史时期和朝代""中国近代、现代历史上时期和政权的提法"的规定等。

当然也有许多是百科全书编辑特有的一版工作经验的结晶，例如关于定义、定性叙述，关于参见系统，关于大事年表的规定等。

在制订体例的过程中，优先采用国家的正式标准和规范。对于不执行标准和规范的事项，采取原则上可以研究，必须充分说明理由，审慎决定的态度。没有正式标准和规范的，尽可能采用一版《体例》条文。一版《体例》也无规定，或者其规定确实需要修改的，研究拟订新的条文。

应该承认，有些体例的条文是有争议的，就是国家标准也不是绝对的，也有争议。

百科全书不是学术论文，不承担学术探讨的责任。在学术争议面前，我们只能持客观的态度、稳健的立场。

体例是控制所有稿件、约束所有人的，但《体例》只能是妥协的结果。所以，你往往需要执行一部可能并不完美的《体例》，需要执行某些你并不赞同的条款。

体例的探讨有可能贯穿全书编纂的始终。任何时候，发现未尽事项，或有不同意见，都可以提出来探讨。事实上，部门也多次开会，研究体例的补充、修正、完善。然而，任何改动都必须慎重从事。尤其是到了统编阶段，《体例》需要尽可能保持稳定。

没提意见，《体例》没改，那就得执行。千万不要出现脱离《体例》，各行其是的局面。

2. 三项注意

体例千头万绪，能否提出若干重点？感觉有点难。这里试着提出以下三项。

（1）协调统一

注意处理相邻条目和相关条目的交叉重复，观点和数据的协调统一问题。

前面提到，这是统编工作的特殊重点。处理相邻条目的交叉重复，这应该是通读审稿的拿手节目。比如，"X射线""X射线管""X射线造影检查"等15个"X射线"开头的条目，来自物理学、现代医学、电子学、天文学、机械、核科学等6个学科。又如"澳门""澳门回归""澳门文学""澳门元"等相邻的17个条目，来自中国地理、中国历史、博物馆、教育、交通、新闻、宗教、法学、中国文学、经济10个学科，进行统一处理，既有必要，也有便利。不言而喻，"通读"不止是"读"。"瞻前顾后"本来就是做编辑的基本功。概念的一致、数据的统一、详略的安排、篇幅的平衡都需要考虑。

所说"相关条目"，是在全书6万条目的范围内说的。一些条目的内容与其他字头的条目相关，这是很普遍的现象。

"欧洲"条说西欧包括6国，"西欧"条却说包括7国。"欧洲"条说南欧包括"17国及直布罗陀（英）"，"南欧"条则说"共17个国家和地区"。——核对，原来"西欧"条中列有摩纳哥，"南欧"

条中无摩纳哥，但在"欧洲"条中，摩纳哥被列在南欧。

要通读的人解决相关条目的交叉重复，难以完全做到。但发现线索，提出来，交有关人员在6万条范围搜索处理，是可以做，也有必要做的。

a. 定义和定性叙述

要求揭示事物内涵，准确、严谨、简明。

力学设"应力—细胞生长"条目，定义是："生命过程中的基本。"验收的先生提出疑问："'基本'是什么？是'现象'，是'学科'，是'原理'，是'方法'？"

同类型条目的定义、定性语、定性叙述应有可比性。

"梅兰芳"（1894~1961），"京剧演员"。"周小燕"（1918~　），"中国女高音歌唱家、声乐教育家"。"丁西林"（1893~1974），"现代剧作家、物理学家、社会活动家"。三人都是中国现代人物，用词有点不平衡的问题。

b. 术语

规范术语，以经过权威机构审定的术语为准。

译名，有个统一的问题，条目中提到美国"糖税法"，有的地方又写作"糖蜜税法"，应该统一。

c. 事实

学科质量检查时就提出资料核实的问题。这是个很大的问题，涉及范围很广，现在解决的还很不够。

d. 数据

确认使用较新数据。同一数据在不同条目出现，应保证统一。

例如，关于夏商纪年，"中国哲学"条说：夏王朝（约前22~前17世纪），殷商（约前17~前11世纪）；"天"条说：夏（约前21~前16世纪），商（约前16~前11世纪）。而"夏商周断代工程"宣布：夏（前2070~前1600），商（前1600~前1046）。三者明显不一致。

e. 层次标题

层次设置合理。同类型的篇幅相近的条目，所用层次应有可比性。避免在一个层次内出现只有单个层次标题的情况。

（2）敏感问题

注意党派、政治、外交、民族、宗教、保密、台港澳等敏感问题的处理情况。这是任何出版物都要重视的问题。

印度占领中国领土 9 万多平方公里。其自称 328 万平方公里，我们承认其 298 万平方公里。

有验收报告提到，"美国历史"条目中"北越"应改为"越南民主共和国"；"中国共产党第十三次代表大会"，应改为"中国共产党第十三次全国代表大会"；"党的十六大"，应改为"中共十六大"。

（3）消除硬伤

要使二版成为合格品，首先要消除知识性硬伤，消除文字硬伤。有的条目苏丹总统"尼迈里"成了"尼万里"，缺个走之儿，就差远了。"遥感信息获取"中"全天候"写成"全天侯"，"气候"成了"王侯"。这都是硬伤。

"唯一"与"惟一"的使用经过一点反复。这组异形词是《第一批异形词整理表》并未涉及的。

《辞海》1989、1999 年版本设有"唯一者"词条，释文中使用"唯一"一词。《新华词典》2001 年版以"唯一"为推荐词形设条。"惟一"条释为："同'唯一'。"《现代汉语词典》2002 年第 4 版及之前版本设"惟一"词条。2005 年 5 版《现代汉语词典》与 2001 年《新华词典》一致。近一两年，仍常见编辑在书稿上批注，将唯一"改为惟一"，不妥。

a. 图片

保证图片的科学性、艺术性，避免一图多用（一景多图的情况不算）。

确认图文一致。特别是线条图中所用符号要与释文一致。

b. 公式

字母大小写、正斜体，脚标正确。等号两端相等。有的学科验收人就注意到，一些公式是作为图片植入文稿的，有张冠李戴的情况，文图对不上。

c. 符号

符合符号和文字使用的规定。

总条目表中有"60CO 源"条。其中的"60"应该是上脚标，"O"应该是小写的。

"联合国教科文组织（VNESCO）"，其中的 V 应是 U。类似的 v 与 u，v 与 γ，t 与 l，容易混淆的字母需要注意。

d. 造字

避免缺漏、错误。目前平台条目中许多需要造的字还空缺着，需要查清、补齐。

五、统编库处理

除了专项审核与通读审稿之外，负责管理统编库的编务组也要同时工作。

统编阶段开始后，首先处理学科定稿、组群审稿阶段转下来的问题，如推荐书目格式问题，连续书名号、引号间顿号问题，条头外文括号的问题等。

为了抢时间，在专项和通读初步完成一卷后，即开始统一处理，经学科编辑和质量组认定的修改，开始排版工作。

（2006-03-24）

关于二版质量监督工作的意见

十年半来，二版编辑学研究学术成果累累，论文数百万字。现在需要进一步把它们变成全体编辑人员的共同思想，进而通过工程操作的设计，变成统一的行动，堵塞可能存在的种种漏洞，争取拿出一部合格的产品。

一、态势

二版6万条目，其中新条目就占2万，其他也有不同程度的修改，工作量之大可以想见。新人多，编辑经验少，书稿水平估计会参差不齐。按照2005年底见成果的要求，时间实在紧迫。

二、任务

质量监督组人力有限，不可能进行全面复审，只能通过抽查、分析、评议、商讨，与学科编辑、复审人员达成共识，起到"校准标尺"的作用（还要看以往编辑培训打下的基础如何），达到全面提高质量的目的。

三、关口

把住学科质量关，是当务之急。要把成堆的不合格条目解决在分支、学科、学科群编辑阶段，混排之后再想解决这种问题就难了。

四、切入

纲举目张，由抓二审稿件质量入手。

五、计划

1. 学科抽查

组织人员抽查二审通过的条目，并进行综合性检查。每科2~3篇，10月上班第一周收齐，两周内陆续审完，提出具体审读意见，与二审、责编沟通。而后，编辑自查审改条目与监督抽查同时进行。

2. 学科验收

学科条目齐全后，经一、二审通过，由监督组检查，提出验收意见。

3. 统排后专项监督

统排后可以组织学科编辑检查本学科条目与相邻条目的关系。

组织专项核查、统一、加工。

进行专项抽查、验收。

（2004-09-21）

一"超"三"全"

——《中国大百科全书》（第二版）质量保障工作①

《中国大百科全书》（第二版）正式出版发行了。《中国大百科全书》是我国第一套全面介绍人类各门学科知识、符合国际惯例的大型现代综合性百科全书，是国家标志性的文化工程。《中国大百科全书》（第二版）在一版基础上，适应时代发展变化和要求，重新撰写大量条目，替换更新过时条目，归类合并重复条目，修改保留稳定条目，对原书做了进一步完善。

《中国大百科全书》（第二版）总卷数为32卷（正文30卷，索引2卷），共收条目约6万个，约6000万字，插图3万幅，地图约1000幅。

二版工作从1994年2月二版编辑部成立算起，至2009年3月全书第二版出版，历经15年2个月。作者（含一版作者）30300余人，先后参与二版编辑工作的出版社编辑近180人。这是一项宏大的文化工程。

《中国大百科全书》是权威性的大型工具书。而无论按照工具书的属性，还是权威性的体现，都必须以高质量为基础。质量是它的生命。质量保障工作，是一项极其重要的工作，这是不言而喻的。

百科全书的质量，有着丰富的内涵，涉及整体结构的配置，文图内容的科学性、知识性、文献性、思想性和艺术性，以及表达的

---

① 本文是提交中国辞书学会百科全书专业委员会和中国编辑学会工具书和百科全书专业委员会2009年年会暨学术讨论会的论文，曾作大会发言。

准确、简明等诸多方面，这不在本文探讨的范围。本文想探讨的是质量保障工作的程序性侧面。

笔者在参加二版工作之前，曾参加过 12 年《中国大百科全书》（第一版）工作，参加过《中国大百科全书（青少年版）》《中国大百科全书（精粹本）》的全程工作，参加过《中国大百科全书》（简明版）、《不列颠百科全书》的部分工作，参加过一些专业百科全书、地区百科全书的工作，编辑过一些普通图书。比较起来，觉得《中国大百科全书》（第二版）的质量保障工作是最复杂的，其经验值得总结。但是真的琢磨起这个题目来，却自觉力有不逮了。本文只能谈一点印象，即一"超"三"全"：超常编辑流程、全书体例控制、全员研究培训、全程质量监督。

一、超常编辑流程

"一版"上马之初，在决定按大类分卷出版时，已考虑随后出版按字顺编排的"二版"。1993 年 8 月，一版 73 个学科卷出齐（总索引卷 1994 年 8 月出版），国家高规格庆贺《中国大百科全书》出版的同时，将第二版的编纂提上了日程。

二版编纂历时久，说其"超长"——长短的长，是毫无问题的。但情况不止于此。"超常"，可以说是超越常规的。超越普通图书的编辑常规，也超越一般辞书的编辑常规。流程异常复杂，远远超过普通图书通常执行和以往各种百科全书执行的三审流程。《中国大百科全书》一版编辑过程中曾形成"外三审，内三审"的模式。二版的编辑流程实际上超过了一版。

1994 年 2 月，在中国大百科全书出版社研究室和中国大百科全书青少年版编辑组基础上组建二版编辑部。二版编辑部成立后，组织力量总结一版的经验教训，就"二版"总体设计进行了广泛、深入的探讨。至 1998 年，已经陆续在《探讨》上发表了 150 多篇文章，并草拟了外国历史和考古文物等条目表。

1996年，国家财政部开始为"二版"拨款，计划拨款8年，每年150万元。

2002年，进行学科条目框架审议。与一版相比，有重大变化。

2003年，确定学科编写组主编及作者人选，正式约稿。陆续收稿，一审、二审稿。同年正式成立总编委会。

2004年，进入成书编辑阶段。

国家首次拨款计划完结后，再次拨款。

计算机编辑平台的使用，对二版后期工作的顺利进行发挥了重要的作用。

2005年5月，专项检查。学科定稿。

2005年8月，开始组群审稿。

2006年1月，开始通读审稿。同时组织专项通审组，有中文条头、汉语拼音、外文、人名、地名、机构、著作、参见、索引、附件等。

2007年10月，专项处理全书索引。

2008年3月，进入三审阶段。在总编室组织资深编审进行审读的基础上，社级领导亲自出马进行审读。提出问题，返还编辑部系统处理。

2009年3月，《中国大百科全书》第二版出版。

二、全书体例控制

《中国大百科全书》编辑工作历来重视体例控制。早在1978年11月，最早进行《天文学》卷组稿时即宣讲"参考体例"，被称为"口头体例"。1979年8月，即《天文学》卷进入编辑加工之前，起草了比较原则的"试行本"体例。1981年春起，陆续组织修订体例各部分。1982年3月印发了《中国大百科全书编写条例》。阎明复在1982年6月12日全社职工大会上做《关于〈中国大百科全书编写条例〉的说明》时提出："《编写条例》是我们编辑百科全书必须遵守的'宪法',根本大法。"当年还制定了《〈中国大百科全书〉编辑出版流程细则试行稿》。在那里,流程被分为8个阶段:调研准备、组织编写队伍、拟订框架和选条、组稿和编写、审稿、编辑加工、成书编辑、发稿。1983年9月制定《〈中国大百科全书〉编写条例》(修订本)(时称"黄皮书"),对编辑方针、编写体例、撰稿人注意事项、学科编辑委员会职责范围和审稿程序做了系统规定。随后制定了《〈中国大百科全书〉编写条例的补充规定》,分别规定全书各部件及各类问题的处理细则,同时制定了《〈中国大百科全书〉配图条例》(修正稿)、《〈中国大百科全书〉地图编制工作条例》。1986年3月6日总编辑会议通过《〈中国大百科全书〉成书编辑体例》(时称"白皮书"),作为系统的全书编辑工作操作依据。

借鉴一版经验,1999年5月制定了《〈中国大百科全书〉(第二版)编辑出版条例》(试行稿),对《中国大百科全书》(第二版)的总体设计纲要,编写体例,编纂工作程序、方法和要求,选条要求分别提出了设想。2002年1月制定了了《〈中国大百科全书〉(第二版)编写条例》,内容包括《〈中国大百科全书〉(第二版)总体设计纲要》《〈中国大百科全书〉(第二版)编写体例》《作者注意事项》等,吸纳了《中国大百科全书》(第一版)出版后多种百科全书的体例控制的经验。2003年3月制定《中国大百科全书》第三版编写体例实施细则(试行)》。

2004年进入成书编辑阶段后,根据遇到的新问题,多次召开体例研讨会,又陆续制定《编写体例实施细则补充规定》。2004年4月就《全书》二版在编纂过程中常遇到的同义的术语和普通用语选择问题,制定了《〈全书〉二版体例约定用词表》。

三、全员研究培训

编辑部始终注重编辑精神建设，持续开展业务研究。

《中国大百科全书》第一版的编纂，留下了"大百科精神"："是一种执着的爱国主义精神，是一种高尚的集体主义精神，是一种主动开拓的创业精神，是一种实事求是的科学精神，是一种无私的奉献精神。"百科全书第二版编辑部注重"大百科精神"的传承，作为编辑精神建设的重要方面。

二版编纂历经15年。编辑部建立初期的成员多为参与过一版工作的老编辑，在二版编纂过程中陆续退休了。大批新人陆续补充进来。这些人普遍具有硕士、博士学历，但编辑经验不足。出版社加强了岗位培训和业务研究工作，还特别成立了百科全书研究所，以发挥新人学术素质较高的特点，与老编辑共同研究，共同提高。曾经实行新编辑导师制培养，有效地促进了新编辑的快速成长。

出版社内部刊物《探讨》由二版编辑部编辑，成为百科全书编辑研究的阵地。

编辑部利用与学术界广泛联系的便利，组织不定期学科讲座，对出版社形成学术氛围起了积极作用，对本编辑部编辑开阔视野，追踪学术前沿作用更加显著。

研究所编辑出版了国家社会科学基金项目《大型综合性百科全书编纂的理论与运作》论文集，收录9个专题，40篇论文，出版了专著《回顾和前瞻——百科全书编纂思考》（黄鸿森）、编辑了《孙关龙百科全书论集》等。

也利用中国编辑学会工具书和百科全书专业委员会、中国辞书学会百科全书专业委员会等平台开展研究活动。2004年10月的长沙年会全书编辑部有十几位编辑撰写论文与会。

在二版编辑工作的每一个新的阶段，都组织专题培训。新老编辑一起就面对的工作进行研究探讨，给工作的顺利开展提供了保障。

四、全程质量监督

《中国大百科全书》（第二版）约 60000 个条目，分属 80 个学科，由几十名编辑分头组织编纂、审稿。由于各人业务水平参差不齐，责任心也不尽相同，如何保障各学科稿件达到划一的标准成为一个难题。为此，出版社实行了编辑全程的质量监督工作。

出版社实行全书月会制度，社领导亲自出面，具体指导编辑工作。

2004 年进入成书编辑阶段，9 月成立质量监督组，在出版社和编辑部领导下，具体实施质量监督工作。对各学科完成二审的书稿的样稿进行质量检查，对学科稿件进行验收。

学科定稿之后，全书统审之前，加入了学科组群审稿环节。进一步梳理各学科在定稿环节中遗留的问题，在组群的层面上审视各学科的稿件，重点解决相关学科之间条目内容的交叉矛盾和统一的问题。

2008 年，发稿之前，出版社总编室组织人力对书稿进行系统质量检查。

重要条目稿件分送审查。敏感条目分送中宣部、统战部、中央文献研究室、外交部、台办、社科院等机构进行特别审查。保证条目政治正确、表述准确。

在此基础上，社领导们出马进行三审。编辑部则对书稿再次进行处理。经过一年时间，使全书的质量得到进一步的保障。

回顾二版质量控制工作的历程，分析其成败得失，会给百科全书编纂留下一份宝贵的财富。希望能就《中国大百科全书》（第二版）质量保障工作做进一步探讨，这篇总结文章，需要大家一起写。

（2009-08-19）

第三版《体例》意见

一、《体例》的定位

9 月中旬，接到三版内容中心寄来征求体例意见的材料，名为《〈中国大百科全书〉第三版网络版作者撰稿手册》。《手册》中有《作者撰稿要求》和《〈中国大百科全书〉第三版体例文件》。《体例文件》分为"条目的概念"和"条目的内容"两部分。

回复了一些关于具体条文的意见。过后回味起来，又有点不是滋味，好像《体例》成了《作者撰稿手册》的下级文件。若是那样，不合适吧？

《体例》作为全书编纂的规尺，既是作者撰稿的指南，也是编辑审稿和编辑加工的依据。它应该是全书编纂的"宪法"，是最高规范文件，内容应尽可能全面、完备。

后来看到了《〈中国大百科全书〉第三版编写体例（草案）》，内容包括条目，框架，条目编写提纲，参见系统，引文，资料核对，名词统一，多媒体要求，人物设条，外国人名格式，地名格式，年代写法，数字写法，繁体字、异体字、俗体字，计量单位名称、符号、代号的使用，书写格式，大事记等十七章。

这个内容比前述《〈中国大百科全书〉第三版体例文件》丰富得多，看来是现有三版《体例》的真身了，但仍感觉有些单薄。有些一版、二版体例文件中的好经验也没有充分吸收过来。

一版曾制定《〈中国大百科全书〉编写条例》（1983 年 9 月修订本）、《〈中国大百科全书〉成书编辑体例》（1986 年 3 月）、《〈中国大百科全书〉整体设计中有关版面设计的规定》（1980 年 5 月）、《〈中国大百科全书〉正文版面设计的补充规定》（1983 年 6 月），二版有《〈中国大百科全书〉（第二版）编写条例》（2002 年 1 月）、《〈中国大百科全书〉第二版编写体例实施细则（试行）》（2003 年 3 月）等。

有同志提出体例应与《苏联大百科全书》体例媲美。这是个好主张。我想到了《芝加哥手册》。它是芝加哥大学出版社的一份体例，作为出版规范，风靡英语世界。现已出版了中文版，141 万字，一大本。国内这两年制定新闻出版行业标准《学术出版规范》也拿它来做参考。中国大百科全书出版社的体例能不能达到这种地位？ 国内科学出版社有体例，我们编一版就曾借鉴。人家也正式出版了《科学出版社作者编辑手册》。

我们的三版《体例》应该成为三版编纂的"宪法"。重要的是，不应该只是作为一部书的体例，而应该为形成《中国大百科全书出版社体例》或《中国百科全书体例》做积累。

二、继承和发展

三版体例应该充分体现大百科全书体例的继承性，同时重点体现三版网络版的创新性。

大百科全书是一个好品牌。大百科全书的体例也应该成为一个好品牌。品牌是具有延续性的。一、二版体例凝聚了两代人的心血，记录了百科全书的足迹。三版体例应该充分吸收一、二版体例的有益内容，不妨在二版体例的基础上充实、细化、增补、修改，不必另起炉灶。

三版体例要做好升级的文章。三版的网络版与以往的纸质版相比，容量极大扩展。表现力有质的提升，条目的形态也会有所变化。这是三版的亮点，也应该是体例研究的重点。

音视频的配置。三版网络版的多媒体性是与之前纸版相比最显著的不同。如何给条目配置适当的音视频，是体例文件必须考虑的问题。

扩展阅读。随着条目的多媒体化，条目原有的"推荐书目"将因资源多元化而升级为"扩展阅读"，相关的设置规则需要有新的设计。

条目形态。网络版会在很大程度上摆脱纸版的版面限制，页面形态会有较大变化。例如层次标题使用规则就需要调整。

三、《体例》的功能

《体例》应该回答作者如何写、编辑如何编、读者如何查的问题。三者是有区别的，可以适当分工。

网络版有目录吗？主页什么样？此类问题，也应在《体例》中做出交代。

四、《体例》的架构

一版的《〈中国大百科全书〉编写条例》（1983 年 9 月修订本）首列《〈中国大百科全书〉编辑方针》，《〈中国大百科全书〉（第二版）编写条例》（2002 年 1 月）首列"总体设计纲要"。这样便于对全书工作有个整体把握，避免只见树木，不见森林。三版体例是否保留这个板块？

总体设计涉及本书定性、本版特色、学科安排、条目设计、字数设计、条目构成、读者对象等，可以对网络版与纸版的差异做些阐述。内容应包括：

学科框架；

条目表；

条头；

释文（文体，标点符号，数字用法，量与单位，名词术语）；

配图；

音视频；

扩展阅读；

参考文献；

署名；

书写格式。

（2016-12-04）

再议《三版网络版体例》的修订

在 2016 年 11 月体例研讨会上曾谈到三版体例应该充分体现大百科全书体例的继承性，同时重点体现三版网络版创新性的问题，提出不断积累，制订与《芝加哥手册》比肩的《中国百科全书体例》的愿景。这里，就《三版网络版体例》的具体修订做进一步的讨论。

一、《体例》的功能

《体例》应该回答作者如何写、编辑如何编、读者如何查的问题。三者有区别，又有联系。可以在主要给编辑使用的完备《体例》的基础上，分别抽取部分内容，定为给作者的《撰稿手册》和给读者的《网络版使用说明》（相当于纸版的《凡例》）。

二、编制原则

三版网络版体例应该是一、二版体例的修订版。如果觉得"修订增补"不够的话，可以考虑"修订重编"，但不宜远离一、二版体例，另起炉灶。

三、《体例》的结构

最初见到三版体例是在《〈中国大百科全书〉第三版网络版作者撰稿手册》中。《手册》中有《作者撰稿要求》和《〈中国大百科全书〉第三版体例文件》。其中《体例文件》包括"条目的概念"和"条目的内容"两部分。

随后找到《〈中国大百科全书〉第三版编写体例（草案）》（2016年10月）。内容包括条目，框架，条目编写提纲，参见系统，引文，资料核对，名词统一，多媒体要求，人物设条，外国人名格式，地名格式，年代写法，数字写法，繁体字、异体字、俗体字，计量单位名称、符号、代号的使用，书写格式，大事记等17章。

最近接到《〈中国大百科全书〉第三版网络版编纂手册（草案）》，又名《〈中国大百科全书〉第三版编纂手册2016.11（编辑版）》。这个版本分为"条目的概念""条目的内容"两章（汉字序号），"条目的内容"之下分为"条头""释文""参考文献""扩展阅读""署名"五节（汉字括号序号），其中"释文"之下分为"释文的概念""释文的组成""释文的专项标准"等11小节，在"释文的组成""释文的专项标准"之下再分别分为9个小节。感觉结构繁复，编号系统不统一。

建议仍然采用类似一、二版《体例》的条款结构。

四、内容

可在现有《〈中国大百科全书〉第三版网络版编纂手册》（草案）的基础上，恢复一、二版体例的部分内容，增补和强化网络版特色内容。建议目录如下。

（一）体例：

1.总体设计

定位；

规模；

编辑方针；

内容特色；

功能；

读者；

作者；

编纂组织。

2. 网络版首页

中国大百科全书网络版简介；

中国大百科全书网络版用法；

条目搜索框；

条目分类目录；

热条提要。

3. 条目表

4. 条目

5. 条目分类编写提纲

6. 层次标题

7. 条头

中文条头；

外文条头。

8. 条头定义、定性语、定性叙述

9. 词源

10. 简史

11. 释文

12. 繁体字、异体字、俗体字

13. 科技名词

14. 人物条目

15. 专名

16. 外国人名

17. 地名

18. 年代

19. 历史分期

20. 标点符号

21. 数字用法

22. 量和单位

23. 公式

24. 引文

25. 配图

26. 表格

27. 音视频

音频；

视频；

动画。

28. 链接系统

29. 参考文献

30. 扩展阅读

31. 作者署名

32. 大事年表

33. 条目页面格式

34. 释文交叉

35. 内容核对

36. 审稿

（二）撰稿手册

条目撰稿人要求；

撰稿注意事项；

审稿注意事项；

《体例摘编》（略）。

（三）网络版使用说明

1. 定位

2. 编辑方针

3. 内容特色

4. 功能

5. 编排方式

6. 检索方法

五、关于若干条款的讨论

1. 读者

一版《编写条例》的提法是："《全书》主要适用于高中以上、相当大学文化程度的广大读者使用。"

二版《编写条例》的提法是："《全书》第二版以高中及其以上文化程度的读者为对象。"

三版《体例简介》有个提法是："读者为非本专业的大学文化以上层次读者。"

前两个明显是综合性百科全书读者的设定，不提及专业。从"高中以上"变成"高中及其以上"，好像是降格了。其实不然。"以上"是上不封顶的，博导也可以是读者嘛。

第三个提法像是专业百科全书的读者设定。因为目前三版启动是分学科编撰的，所以跟作者这样讲有其合理性。这就是明确指出了"非本专业"。

"非本专业"，说白了，实际就是"外行人"。注意这一点，便于坚守"基本知识"，避免过于艰深、琐细的内容。

"非本专业"，那么"大学文化以上"实际意义也就不大了，对本专业而言，不过是高中而已。

综上所述，建议对外保留二版的提法，对作者解释为"读者为非本专业的大学文化以上层次读者"。

2. 学科编委会

《总体设计纲要》规定："总编委会聘请各学科专家担任学科主编或顾问、特约编辑。学科主编和出版社根据总编委会的要求成立各学科编委会。"

接触几个学科，没见到"特约编辑"。一些学科主编年事已高，学科编委会的一些事务实际落在了学科编辑的头上。希望以学科为主编设一个"秘书"，负责落实主编的决策，操办学科编委会具体事务性工作，负责与出版社编辑的日常联络。这会提高编委会的运作效率，也让编辑从一些事务性工作中解脱出来，为其全身心投入编辑工作多一些便利。

3. 跨学科条目

《中国大百科全书》是综合性百科全书。分学科撰写，跨学科条目数量很大。对于跨学科条目，建议分两个层次处理。

首先是条目设置层次。就目前见到的条目表而言，相当一部分跨学科条目是不应该存在的。学科编委会出于教材思维，偏于追求体系完整，设置许多本学科用到的实际属于其他学科的知识主题为条目。这就需要强调，属于本学科独有的核心知识的，可以充分设条；

属于交叉知识主题的，需要谨慎设条；属于其他学科核心知识的，本学科不要设条。

其次是条目撰写层次。确有一些跨学科条目是必须设置的。写起来，要区分两种情况。一是同名而内涵不同的。可用同名不同义项的方式解决，分别撰写，写成后分别放置。二是同一主题，关注侧重点不同，可以分别撰写，由出版社做合并处理。

4. 网络版首页

看一下《维基百科，自由的百科全书》《百度百科——全球最大中文百科全书》和 *Encyclopedia Britannica | Britannica.com* 的首页，感觉急需研究制订三版网络版的首页，确定首页内容、检索方式、链接设置等。这对于明确撰写工作的需求是必要的。建议组织专人承担此事。

5. 汉语拼音

在网络版的检索环境下，条头汉语拼音的检索功能明显弱化了，这是不争的事实。

从另一方面看，对部分生僻字的注音功能和分词功能仍在，再则对于网络版而言，汉语拼音不会成为负担，因此，从保持《中国大百科全书》原有形态的考虑出发，汉语拼音不妨予以保留。

6. 条目层级

在学科条目表中，每个条目按其领属关系分属不同分支，居于不同层级。因而有一级条目、二级条目、三级条目的说法。

条目的层级与条目的类别无关。实践中，学科条往往排在一级、二级，人物、机构、作品往往排在三级、四级，这只是"往往"而已，并没有某类条目应该排在某级的规定。一个条目排在几级完全由它的上级条目在几级来决定。由上到下排下来，排到几级就是几级。

条目的层级与条目的字数无关。有些较高层级的条目是长条目，有些较低层级的条目是短条目，但并无上级条目字数要多于下级条目的规定。条目字数多少只由条目主题自身的需要决定。

7. 条目分类编写提纲

全书撰写之前，对条目进行分类，分别制订编写提纲，按提纲撰稿，这是必要的。那么，是全书制订统一的提纲，还是各卷参照全书提供的部分提纲制订适用于本学科的提纲？

全书制订统一的提纲，自然让学科编委会省了力气，却有作者觉得不顺手，出现勉强填空的情况。全书百余个学科，编辑部提供近两百个提纲是否够用还有疑问。主要问题是，不同学科对于同一类别条目的撰写要求可能不同。比如"菊花"条目，在"植物学"卷和"中药学"卷提纲就需要不同。

每个学科需要十个左右类别及提纲，如果由编委会确定，是否构成负担？

或者，把采用编辑部提供的类别提纲或编委会自拟的决定权交给编委会，是否可行？

（2016-12-06）

关于《〈中国大百科全书〉第三版纸质版编纂方案》的意见

收到《〈中国大百科全书〉第三版纸质版编纂方案》（2016-12-06），匆匆读了两遍。相信编辑出版三版纸质版很有价值，很有必要，同意方案的基本思路。对方案部分文字有点零星意见，简述如下，供参考。

1. 全书内容包括自然科学、农业科学、医药科学、工程与技术科学、人文与社会科学等各个学科和领域。

这里把"农业科学、医药科学"与"自然科学、工程与技术科学"并列，有没有必要？一版前言：哲学、社会科学、文学艺术、文化教育、自然科学、工程技术等。

2. 纸质版初步拟订全书总规模为 80 卷，平均每卷 180 万~200万字……计划选收条目 20 万条左右。

这套数字怕有点困难。20 万条，80 卷，每卷需要 2500 条。一版 74 卷，总共 79541 条，平均每卷 1075 条。另一说总共 7.8 万条，则平均每卷 1054 条。部分内容较多的学科卷已觉得厚重不堪。二版 32 卷，6 万条，平均每卷 1875 条，拿在手中，也感觉偏重。

3. 所收条目比较详尽地叙述和介绍各该学科的基本知识……

目前百度百科有 1400 万条目，《维基百科》条目总数达 3800 万，其中文条目亦达 92 万以上。纸质版以 20 万条再谈"详尽"恐怕有些勉强。"详尽"与"基本"也有点不搭。

4. 拟在《中国大百科全书》第一版和第二版的基础上，结合三版内容建设的总体设计方案，在网络版学科分类的基础上，重新构建中国百科全书的知识分类体系，同时从社会与市场的需求出发，编纂三版总体设计中贴近民众、贴近社会的"大众版块"的相关卷本。

这里的"知识分类体系"和"大众版块"实质是两个体系，要来个"混合式"怕有些难度。

5.具体的编纂思路是"以市场为导向，细分读者群，选择最合适的作者，分批修订，适量增补，规模出版"。

《中国大百科全书》第三版纸质版各学科（或知识门类）框架设计、条目设置和主要内容均在网络版的基础上精选、剪裁和重组……

"适量增补"，感觉是相对于一、二版说的；"精选、剪裁和重组"，则是相对于网络版而言的。这里给了两个起跑线。

6.条目结构倾向于中、长条目为主。

《中国大百科全书》原来"采用以中小条目为主的编法"（姜椿芳：《中国大百科全书》编辑出版情况，1985.1.30）。第一版平均每条约1600字，第二版平均每条约1000字，三版网络版仍为平均每条约1000字。

按前面的设计，每卷180万~200万字，2500条，平均每条是720~800字。谈何"中、长条为主"？

实际上，由大条目为主到中小条目为主，恐怕是时代潮流，不必倒回去。

如果在网络版的基础上适当增加一些长条目，或许是可取的，但恐怕不至于到要谈"中、长条目为主"的程度。

7.通过二维码链接网络版的相关条目，以弥补纸质版篇幅和表现力的不足，做到纸网结合，实现纸网互动。

纸质版链接网络版，可以成为三版纸质版的亮点，值得做好。提法上，不必谈"不足"的问题，建议从正面阐述，说"进一步提高纸质版的功能和表现力"。

"纸网互动"似乎也谈不上，不知是不是由纸书到网络的单向的"关联"。中国制定有国家标准《中国标准关联标识符（ISLI）》，《国际标准关联标识符（ISLI）》是少有的以中国为主制定的国际标准。

8. 第三版纸质版学科（知识门类）卷目录

三、生命医药科学学科群（7卷）

农学（含食品工程1）、医学（含中医学2）

八、大众（专题）版块（9卷，待定）

中华人民共和国百科全书（2）、香港百科全书（1）、故宫百科全书（2）、长城百科全书（1）、极地百科全书（1）、汽车百科全书（1）、收藏百科全书（1）

设计纸质版总卷数多于一版。但一版《农业》是2卷，这里《农学（含食品工程）》变成了1卷，一版《现代医学》2卷，《传统医学》1卷，这里总共2卷，减少了，不知为何。人们对健康的关注有增无减，纸质版相应的篇幅为何反而要减少呢？

看到"专题9卷"，突然想，为什么不是90卷、190卷？

有香港，为何没有台湾、澳门，没有北京、上海、深圳、西安？

有故宫，为何没有殷墟、三星堆、布达拉宫？

有极地，为何没有江河、高原、平原、湖泊？

有汽车，为何没有船舶、飞机、钟表、瓷器？

（2017-03-02）

三版编纂刍议

昨天三版内容中心召开审读室成员与中心学科主管座谈会，议题是：结合工作实际谈谈三版编纂流程的完善和改进。限于时间，本人没有发言，今天补做此书面发言。

我想，或许可以不限于流程，从编纂模式谈起。

一、审视编纂模式

三版设计体量超级庞大。按专业版 30 万条或整个三版计划的 100 万条条目数来算，相当于一版的 4 ~ 13 倍，二版的 5 ~ 15 倍。现在的三版，编辑联系专家，组建编委会，进行撰稿，再审读、加工。这种编纂模式，跟一版大体是相同的。编纂模式沿袭一版的，但人力少得多。一版一个学科少则有四五名编辑，多则十几名编辑，三版却要一个编辑兼管几个学科。另一方面，大家知道，一版从 1978 年 11 月正式建社起算（实际《天文学》卷 1978 年 8 月已组稿，商定了 12 个编写组），到 1994 年 8 月《总索引》卷出版，干了 16 年；二版从 1994 ~ 2009 年，干了 15 年。三版想五年完成，采用相同的模式，以远少于一版的人力，想以远短于一版的时间，完成几倍于一版的工作量，这怎么可能？具体业务部门负责人承受的压力怕是足以令人崩溃了。

本来，三版构想把网络编撰平台放在首位，希望新的编撰模式可以大大提高工作效率，缩短工程需要的时间。目前来看，平台研发却不尽如人意。

129

建议考虑，可否调整（丰富）编纂模式。近四十年来，我社积累了巨量百科资源，综合百科、专业百科、地区百科资源。仅已出版并数字化了的 129 种百科全书，就有 458965 条，41138.4 万字。45 万条了啊！已出版但没有数字化的还有不少。存量巨大，质量达标，稍加整合，事半功倍。设法充分利用，或许是个办法。

二、理顺编纂流程

最初接触责任编辑，看到一位责任编辑的条目框架初审报告，感觉有些主张不妥当。问责编，报告给作者没有。责编说，早就给了。我就想，我们有些责任编辑缺乏编辑经验，对体例的理解也有不到位的地方，看稿之后，直接发意见，要求作者如何改，这是有风险的。这就涉及工作流程。建议重要意见要跟复审人员沟通，达成一致，再跟作者讲。否则可能造成误导，需要返工。

一些学科条目表没审定，就撰稿了，查重不到位。

现代医学学科的"医学管理分支"与公共管理学科的"医学管理分支"，两个编委会"撞车"，两个分支条目表"撞车"。

现在审稿主要在平台上，审稿难以看到相关条目，更看不到学科全貌。平台复审条目提交后就找不回来，不能回头看，无法再加工。百科全书条目的审编加工历来是"千锤百炼"的，现在"一锤子买卖"，如何保证质量？

一版时，各学科卷发稿到总编室，还要组织质量检查，退回修改。二版时，一审、二审之后有学科验收，学科群加工、专项加工。现在三版，在平台上，条目是碎片化地审编的，最基本的统一就难以保证吧？

平台需要做改进，还要有日常保障。

三、加强体例贯彻力度

从目前收到的编辑提交复审的条目稿子看，很多质量恐怕还达不到一版成稿的水平。也遇到一些质量明显不如现有百度百科同名条目的。

新撰条目，要加强体例贯彻力度。一、二版一向重视贯彻体例。三版，体例贯彻似乎力度不足。

《〈中国大百科全书〉第三版网络版编写条例》（试行）施行9个月了，不知采取了哪些宣贯措施。

一些编辑提交复审的条目稿，常见明显不符合体例之处。似乎有的编辑还不曾认真读过《〈中国大百科全书〉第三版网络版编写条例》（试行）。

平台也还没做与《体例》（试行本）相适应的调整。

四、促进业务研究交流

新编辑从完全不了解编辑工作，到掌握编辑工作的基本知识和基本技能，再到胜任"工具书之王"百科全书的编辑工作，需要一个艰难的提高过程。提高的途径一个是培训，这要靠外力；另一个是学习研究，这应该靠内力。每位编辑都需要根据自己的情况进行学习、研究、探讨。

交流很有必要。这既是发挥外力的一种方式，也是调动内力的一种方式。

五、建立检查监督机制

从部门的角度，要注意解决人员和稿件水平参差不齐的问题。好的，要有奖励；差的，也要让其感到压力。

至少要解决缺乏责任心的问题。

有位老师提到复制粘贴问题。我这里就有一个平台申请复审条目的实例：

> （鲂）1 冬龄鱼体长达毫米 154 毫米左右；2 冬龄约毫米 310 毫米；3 冬龄约毫米 400 毫米；4 冬龄约毫米 424 毫米；5 冬龄约毫米 470 毫米。雌雄鱼的最小成熟个体为 3 龄。产卵期 5 ~ 6 月，怀卵量 176 981 ~ 472 258 粒，绝对怀卵量依个体大小而定，并随年龄的增长而增加。卵黏性黏性，呈淡黄色，卵径 1.1 ~ 1. 毫米毫米。

这只是一个条目中的一小段，诸多衍文，无法读通。编辑提交复审之前读过一遍没有？

看来，要避免出现突出的短板，需要建立必要的检查监督机制。

（2018-01-26）

《〈中国大百科全书〉第三版纸本基本编撰方案》（讨论稿）意见

在开展《中国大百科全书》第三版网络版工作的同时，纸质版也提上了日程。纸质版取分学科分卷出版的形式，与第一版相似，而社会环境、出版业态、出版资源等多个方面的情况已发生明显变化。第一版，适逢改革开放，百科人白手起家，筚路蓝缕，开创中国现代百科全书之路，在各方大力支持下，立起一座丰碑。如今时光走过了40年，第二版也已推出9年，中国进入新时代，出版数字化已经蔚成风气，百科全书园地已呈百花竞放之势，推出怎样一部新的纸质版，如何推出，成为一项需要仔细斟酌的课题。

看了方案讨论稿，感觉内容完备，有系统性，具可行性，基础良好。下面仅就若干细节做一点商讨。

一、编辑方针

本部分明确了《中国大百科全书》第三版的内容定位、编纂目的、编写方针、特色风格、中外关系、传承创新等事项的处理原则和尺度。

关于定位，确认"《中国大百科全书》第三版是大型综合性百科全书，是面向新时期、代表国家科学文化水平的中国新一代百科全书"，体现了《中国大百科全书》几个版本定位的继承性，是得体的。

关于目的，"为中国的现代化建设，为提高全国各民族人民的科学文化水平，为国际文化交流服务"，是一版的提法，后来的体例大体沿用，但有细微的调整。关于第一个服务，《〈中国大百科全书〉

第三版网络版编写条例》（试行，2018-06-08）的提法是"为建设和繁荣中国特色社会主义文化事业服务"，即将范畴从"现代化建设"缩小到"文化事业"，可能更明确具体一点。关于第二个服务，《〈中国大百科全书〉（第二版）编写条例》和《〈中国大百科全书〉第三版网络版编写条例》（试行，2018-06-08）的提法是"为提高全国各民族人民的科学文化素质服务"，即将"水平"改为"素质"，对于百科全书可能更恰当。

二、规模及编排

"《全书》第三版框架以科学分类为基础。人文学科和社会科学的比重略大于自然科学和工程技术科学，前者占总篇幅的55%左右，后者占总篇幅的45%左右。"

第一版最初设想"百分之六十以上为自然科学"（国家出版事业管理局党组、中国科学院党组、中国社会科学院党组：《关于编辑出版〈中国大百科全书〉的请示报告》），实际完成情况是，人文学科和社会科学的比重与自然科学和工程技术科学大体相当。在73个学科卷中，社会科学（含人文科学）38卷，6491.8万字，占总字数的50.77%；自然科学（含工程技术）35卷，6295.2万字，占总字数的49.23%。

第二版《编写条例》规定："人文学科和社会科学的比重略大于自然科学和工程技术科学，前者占总篇幅的55%～60%，后者占40%～45%。"这是考虑到读者检索需求的实际情况所做的调整。

三版纸版按42卷、36卷设置，比例分别为54%和46%，是得当的。

"如按大类综合出版，按剔除交叉重复25%左右计算，总规模约60卷左右。"此提法或可商榷。

从一版的经验来看，交叉重复主要表现在条目设置上。而在不同学科卷的相同条目标题的条目之中，释文往往并不相同；或者是部分相同，部分不同，至少，着眼点、着重点是不同的。如此看来，总条目数有可能少量减少，卷数则可能并不减少，仍为 80 卷。

"《全书》第三版每卷收条 1200 个左右。概观条目及其他特长条（平均 6000 字左右，概观条目可以一二万字或更长）约占比 2%，长条（1500 ～ 4000 字）约占比 8%，中条（1500 ～ 700 字）约占比 50%，短条（700 字以下）约占比 35%，参见条（不写释文）约占比 5%。"

与《〈中国大百科全书〉第三版网络版编写条例》（试行）的设想相比，中条目增加了 10%，短条目、参见条各减少了 5%。这是符合纸本书的特点的。

据摸底了解，网络版特长条＋长条数量约占总条数的 5%，低于设计的 10%。本来，网络上不太受篇幅限制，是可以比纸质本更长的。现实倒提示我们，当下作者的写作倾向——偏快、偏短。特别是，总体的比例设想，落实到具体学科、分支中，不必拘泥，还是尊重作者的处理为好，不妨灵活掌握。

三、知识体系与框架，学科、分卷及大类综合

"按总体构想，第三版纸本拟分两个阶段两种形式完成。第一阶段按学科分卷出版，一学科（知识门类）辑成一卷或数卷，不足一卷的，同其他相邻学科（知识门类）合为一卷；第二阶段，按大类综合形式出版。"

在有网络版和纸质版存在的情况下，依照按需出版的模式，可以进行任何种类和规模的出版。因此，似乎可以不再单独把大类综合作为一个出版阶段。这样也可提前纸质本完成的时限。

设想的纸本人文、社会科学 42 卷，社会认知度较强，学科划分相对成熟，覆盖性较好。与一版的 37 卷相比，将哲学由 2 卷压缩为 1 卷，将文物、博物馆 1 卷分为 2 卷，增设公安学、传播学、工商管理、

公共管理等卷，增加统计学学科。卷数增加了 5 卷，从而更便于满足读者的需求。

对现列卷目还可斟酌一下。

有"经济学·统计学"3 卷，可否分列"经济学"2 卷与"统计学"1 卷？

"传播学 1""新闻学·出版学 1"，可否调整为"新闻传播学 1""出版学 1"？（《教育部学科分类表》中是"0503 新闻传播学""050301 新闻学""050302 传播学"）

"影视学"，可否改为"广播·电影·电视"？

"美术·摄影"2 卷，可否分设为"美术""摄影"各 1 卷？

自然、工程技术科学 36 卷。卷数与一版相同，实际有不小调整。"物理学""化学"分别由 2 卷压缩为 1 卷。增设了"人居环境科学·园艺学""材料"。

对现列卷目亦可斟酌一下。

"科学技术史·测绘"，两个学科相距较远，合在一卷之中有些勉强。一版时"测绘学"是与"固体地球物理学""空间科学"合为一卷的。

"地质学地质资源与地质工程"，可否简称"地质学"？

"航空宇航科学与技术"，可否简称"航空·航天"？

有"环境科学·生态学"，"人居环境科学·园艺学"似可只设为"园艺学"。避免过大重复。

"食品科学与工程·安全科学与工程"，可否改为"安全科学技术"（GB：620 安全科学技术）？

"作物学·农业资源与环境·农业工程·农林经济管理·植物保护"，卷名头绪过多，可否命名为"农业"？

"畜牧学·兽医学·林业·渔业（水产）·草学"，可否简称为"林业·畜牧业·渔业"（内含兽医学、草学内容）？

四、读者对象及功能定位

"读者对象：大学及其以上文化程度的读者（大学及其以上文化程度非本专业的读者）。"

一版《编写条例》的提法是："《全书》主要适用于高中以上、相当大学文化程度的广大读者使用。"

二版《编写条例》的提法是："《全书》第二版以高中及其以上文化程度的读者为对象。"

《〈中国大百科全书〉第三版网络版编写条例》（试行，2018-06-08）采取了专业板块、大众板块、专题板块分别设定读者对象的办法。专业板块"以大学文化程度的非本专业读者为对象"；大众板块"以中等以上文化程度的读者为对象"；专题板块则是不同内容的专题"适应不同年龄、不同性别、不同职业、不同文化层次的读者对象"。

相比之下，纸质版设定是否高了点？

就功能定位而言，纸质本与网络版相比，检索功能弱化，休闲阅读、欣赏、典藏的功能增强。因而，提"着重打磨纸书本身的精美性、观赏性、可阅读性、典藏性"是好主意。

五、装帧设计

"纸质版条头、图片、参见系统等，能通过手机终端，链接网络内容，以及音视频和动画资源"，是个具有创意的构想。"AR出版物 augmented reality publication"，即应用3D模型等数字媒体文件与印刷图文关联，满足用户增强现实体验需求的复合形态出版物，遵循《中国标准关联标识符（ISLI）》（GB/T 32867—2016），采用ISLI进行关联标识，这是可以做到的。这将把第三版纸质本的形态和功能提升到一个新的高度。

"版式设计可打破百科约定俗成的2栏、3栏设计风格。尝试将视觉美感与适合手机使用功能相结合的一种新设计风格。"纸书似乎还是保留分栏为好。实际上任何分栏都不排除跨栏设计。只要强调设计清新、活泼、大气就好。至于手机等移动终端采用流式文档格式，只要进行适当的变换即可。

增加图片数量，采用高清大图，保证印刷质量，确有必要。

六、《全书》第三版纸本与一版、二版

三版对一版、二版的条目进行"留、删、合、分、移、改"是必要的。网络版有些条目脱离一版、二版条目的借鉴，质量不如一版、二版，值得关注。

三版网络版新条目的数量，按设计占到条目总量的4/5；纸质版新条目的数量，按设计也肯定占条目总量的1/3以上，质量更是严肃的问题。

年轻编辑要力求读懂、吃透、用好一、二版条目。

七、《全书》第三版纸本与网络版

纸质版与网络版各有特色，有不同的读者群。通过关联与互动，可以给读者更新、更深、更广的阅读体验。

从节省编辑人力，加快编撰进度出发，要充分利用两个版本条目的通用性。利用得好，或可收到事半功倍的效果。否则在人力不足的情况下，工程过于浩大，是难以承受的。

八、《全书》第三版出版时间

三版纸质版的分量超过一版和二版，如果直接编纂，在目前人力弱于一版、二版的情况下，难以用少于一版、二版的时间完成。

比较理想的是在初步完成网络版的基础上，进行筛选、组合，可以用较短的时间完成。这就需要统筹安排纸质版与网络版的进度。

选择基础较好的学科，作为先行卷，是可行的办法。

（2018-09-28）

《〈中国大百科全书〉第三版编写条例》（试行）说明 [①]

1982 年 6 月 12 日中国大百科全书出版社全社职工大会，阎明复同志做《关于〈中国大百科全书编写条例〉的说明》，第一句话就讲："《编写体例》是我们编辑百科全书必须遵守的'宪法'，根本大法。"明复同志讲到："任何一部卷帙浩繁的大书都要求体例统一。而百科全书是由几万乃至十几万相对独立的条目（还有许多与条目有紧密联系的附属部分）组成的。这许多条目合起来构成人类知识的整体，分开又便于单独检索查阅。条目之间又互相联系，彼此照应。因此，在百科全书的编辑工作中就特别需要有严密的体例规定。"明复同志还讲道：百科全书编辑工作中遇到许多矛盾，主要的是：一部书与众多作者的矛盾，知识的整体性与条目的分割性的矛盾，严格的体例与作者的写作习惯的矛盾。只有把专家、学者引导到百科体例的轨道上来，也就是恰当处理百科体例和学科知识的结合，才能解决好这些矛盾。明复同志的话，是百科全书编辑工作开创时期三年多的经验总结，堪称经典论断。

这里的《条例》，包括"总体设计纲要"和"编写体例"等内容，主要篇幅在"编写体例"上，因而也习称"《体例》"。

研究、制定和修订《体例》，从第一版开始，成为我们的好传统。

今天，要在这里谈谈《三版编写条例》。曾经有朋友提出，能否做个"解说"。困难在于，条例包含的内容太多了，几个小时的

[①] 本文为 2019 年 7 月 4 日《中国大百科全书》三版内容中心业务培训讲稿。

时间，全面的解说是做不到的。这里只能试着就这个条例的来龙去脉、基本架构和主要内容做个简单的说明。

一、《〈中国大百科全书〉第三版编写条例》（试行）的形成

《〈中国大百科全书〉第三版编写条例》（试行）的形成可分为两个阶段：网络版阶段和纸网整合阶段。

（一）《网络版编写条例》的形成

《〈中国大百科全书〉第三版网络版编写条例》（试行），包括《〈中国大百科全书〉第三版网络版总体设计纲要》和《〈中国大百科全书〉第三版网络版编写体例》，是 2014 ~ 2017 年三版内容中心体例研究的阶段性成果。算起来，三版《网络版编写条例》至少经历了 11 稿。

1.《〈中国大百科全书〉第三版编写体例（草案）》

2015 年推出，17 章，14276 字符，版面字数 24000 字。各学科试用，对于网络版的启动发挥了重要作用。取得了一些经验。也发现一些编辑和作者对部分事项产生了一些误解，说明《体例（草案）》还有规定不够具体、明确的地方。

2016 年 10 月社里启动了三版体例修订工作。

2.《〈中国大百科全书〉第三版网络版编纂手册（草案）》（编辑版）

2016 年 11 月三版内容中心提出了《〈中国大百科全书〉第三版网络版编纂手册（草案）》（编辑版）和《〈中国大百科全书〉第三版撰稿手册》（作者版）。其中，编辑版，5 章：条目的概念、条目的内容、扩展阅读、作者署名，19985 字符，版面字数 29000 字。作者版，四章：条目的概念、条目的内容、条目撰稿人要求、审稿注意事项，19364 字符，版面字数 29000 字。

以此为底本进行修订，审读室做了调整结构、增添内容的工作。

3. 体例 2016-12-12

38 章，23253 字符，版面字数 40000 字。

特别征求美术设计中心意见，重点考虑多媒体内容。

4. 体例 2016-12-15

40 章，24117 字符，版面字数 41000 字。经审读室讨论。

5. 体例 2016-12-20

40 章，24033 字符。版面字数 41000 字。送社内各相关部门进行研讨。研讨会上，孙关龙发言，对条例和体例的区分，体例的体量和示例的数量及形式，条目表结构的提法，释文句式的使用，外文规定等提出了修改意见。

蒋丽君、武丹、郭继艳、胡春玲、马蕴等也谈了修改意见。

6. 条例 2016-12-27

37 章，30158 字符，版面字数 60000 字。吸纳各位意见，增补条款和示例。再经审读室讨论。

7. 条例 2017-01-12 征求意见稿

36 章，30002 字符，版面字数 60000 字。送顾问委员会、老领导、相关部门负责人征求意见，2 月 9 号开会召开了研讨会。刘杭主持，龚莉、田胜立、王德有、孙关龙、蒋丽君等发言，杨牧之总结。

8. 条例 2017-02-14 送审稿

吸收研讨会意见，再经审读室审议。20 号特地到黄鸿森家请益，黄老提出不少具体修改意见。

9. 条例 2017-02-20 试行本送审稿

2017 年 2 月 21 日，杨牧之、刘杭招见审读室人员，对长时间有争议的若干问题拍板决策。

10. 条例 2017-02-20 报批稿

37 章，31730 字符，版面字数 64000 字。批准后，在发布前，又请校对专家从另一视角审核一遍，提出问题，从而订正、统一了若干细节内容提法。

11. 条例 2017-04-07 试行

37 章，32112 字符，版面字数 64000 字。

（二）纸网编写条例的整合

三版立项时任务已经包含了纸质版。随着第三版网络版的铺开，纸质版提上了日程，制定纸质版体例文件的任务自然也摆上了桌面。

2018 年 10 月 17 日、2018 年 12 月 12 日，社领导几次主持《〈中国大百科全书〉第三版纸质版编纂方案》（讨论稿 1.0 ~ 1.3），确定了编纂方针、规模及编排、学科分卷及大类综合、读者对象及功能定位分卷。

关于三版纸质版的体例，有几点考虑应该明确。一是三版纸质版与一版都依学科成卷，这是重要的相同之处。因而纸质版可以借鉴一版的经验教训，包括借鉴一版的体例。二是考虑到三版纸质版作为三版的一部分，已有《〈中国大百科全书〉第三版网络版编写条例》（试行）的大部分内容也是适用的。经查，需要特别处理的只有多媒体、索引、链接系统、扩展阅读、条目页面格式等少部分内容。

如果单独制定《〈中国大百科全书〉第三版纸质版编写条例》，日后编辑和作者手拿网络版和纸质版两本《体例》，需要时时留意两个本子要求的异同，反而会感到困扰。因此，感觉还是制定一份《〈中国大百科全书〉第三版编写条例》，在其中明确网络版和纸质版通用及有差异的规范要求较好。

把视野稍微放开一点。我们记得，当初编第一版的时候，借鉴过科学出版社《著译审校手册》。这个手册最初是 1964 年编印的，1978 年修订过，成为我们执行体例的参考资料。2004 年科学出版社正式出版《科学出版社作者编辑手册》，38 万字。

由美国芝加哥大学出版社编辑的《芝加哥手册——写作、编辑和出版指南》（*The Chicago Manual of Style: The Essential Guide for*

Writers, Editors & Publishers）成为各出版社和学术杂志对英文稿件要求最常用的标准。该书 1906 年初版，2010 年已出第 16 版，2014 年中译本篇幅达 1410 千字。手册包括三部分。第一部分"出版流程"，有"图书和期刊""原稿准备、原稿编辑和校对""插图和表格""权利许可和版权管理"四章；第二部分"格式与用法"，有"语法和用法""标点符号""拼写、词汇的特殊处理与复合词""名称和术语""数字""缩写""外语""数学拼版""引用和对话"十章；第三部分"文献资料"，有"注释和参考文献制""索引"等章。另有附录"出版和数字技术"。可以说，囊括了写作和编辑所涉及的各个细节。

希望，将来能够形成一部中国大百科全书出版社通用的体例文件。

这次整合，吸纳了十九大以来的一些新的精神，包括百科四十年座谈会新精神，习近平总书记关于做好新版《中国大百科全书》编纂出版工作的重要批示精神。

37 章，34203 字符，版面字数 66000 字。

二、修订着力点

近期的修订主要有以下几点考虑，或者说在以下几个方面做了努力：结构大体保持一、二版体例的分章列条款的形式，内容力求完备，继承一、二版体例成果，纳入新的经验教训，注重网络版创新。可以分别用"结构""内容""继承""求实""创新"五个小题目来说明。

1. 结构

《体例》作为众多（成千上万）作者、编辑需要共同遵守的规则文件，用于交流，必须便于引证，所以编号系统必须简单、明了。适当多分章，层次较少的条款结构是比较方便的。

2016-11 草案曾经采用过少章节、多层次的结构。感觉层次繁复，不便引证。例如"同一事物有学名与俗名的，一般采用学名或常用名"这一规则，在2016-11《〈中国大百科全书〉第三版网络版编纂手册（草案）》（编辑版）中，就位于："二、条目的内容"—"（二）释文"—"4.释文的专项标准"—"4.2名词统一"—"4.2.1术语"—"4.2.1.3"。编号至少六级。

"中国的院士"，编号为："二、条目的内容"—"（二）释文"—"8.人物条目的有关问题"—"8.3.6.1"，也是六级。

因此还是恢复简单编号的条款结构。

2. 内容

主要考虑目前三版编辑工作的主力是入职时间较短的年轻编辑，同时条目数量近十倍地增加，作者也普遍没有编写百科全书条目的经验。我们希望《体例》规定得完备一些，便于操作。

实际上《中国大百科全书》体例文件是逐步完善、细化的。

第一版的《〈中国大百科全书〉编写条例》（1983年9月修订本）14章，"编辑方针"和"编写体例"共125条，版面字数15000字。

《〈中国大百科全书〉成书编辑体例》（1986年3月）列为44章，版面字数20000字。其中"总编辑委员会名单""编辑、出版人员名单"等全书附件占9章，实际内容35章。

《〈中国大百科全书〉（第二版）编写条例》（2002年1月）列"总体设计纲要"和"编写体例"15章，合计版面字数16000字。

《〈中国大百科全书〉第二版编写条例实施细则（试行）》（2003年3月）列31章，版面字数达到57000字。

3. 继承

恢复一、二版《体例》的结构模式，是一种继承。

恢复"条目表"等部分章。

一、二版《体例》条款和示例能够用的就直接用到三版体例稿中。

4. 求实

把这些年与作者打交道中费口舌最多的一些事，特别是百科全书条目与教材、论文写作主要不同等事项，具体化为条款，纳入体例稿。

这突出表现在"条目表""定义""层次标题"等几章里。

5. 创新

多项新的国家标准、行业标准内容纳入《体例》。

增加"网络版首页"章。

纸质版的"文内参见"升级为"链接系统"。

扩大多媒体篇幅，在"总体设计"和"条目表"中也分设有关多媒体的内容。

"名词统一"章调整为"科技名词"章。按照近年来全国科学技术名词审定委员会发布的名词和制定的标准拟订有关条款。

三、难题的处理

1. 大众板块、专题板块

《体例》提到专业板块、大众板块、专题板块。专业板块有专条说明，是否分别对大众板块、专题板块也做一点说明，就很令人为难。说，因为一直没有研究，怕说得不稳妥；不说，感觉作为整体设计，不够完整。

最后，还是拟了几句话，算是做个交代：

专业板块按学科分工编撰，其中人文科学、社会科学内容的比重略大于自然科学和工程技术科学；

大众板块以人们关注的经济、政治、文化、教育、文艺、体育现象及日常生活知识为主编撰，注意雅俗共赏，采用"开放集稿、封闭发布"的运作方式；

专题板块以各种特定课题为中心，以多作者、多视角、多条目汇集的形式编撰。

2. 读者对象

一版《编写条例》的提法是："《全书》主要适用于高中以上、相当大学文化程度的广大读者使用。"

二版《编写条例》的提法是："《全书》第二版以高中及其以上文化程度的读者为对象。"

三版《体例简介》提法是："读者为非本专业的大学文化以上层次读者。"《编纂手册（草案）》（编辑版）提法是："以非本专业的大学及其以上水平者为读者对象。"

一、二版的提法，明显是综合性百科全书读者的设定，不提及专业。从"高中以上"变成"高中及其以上"，好像是降格了。其实不然。"以上"是上不封顶的，博导也可以是读者。

第三个提法像是专业百科全书的读者设定。因为目前三版启动，是分学科编撰的，所以跟作者这样讲有其合理性。

最后，采取了专业板块、大众板块分别设定读者对象的办法。专业板块"以大学文化程度的非本专业读者为对象"；大众板块"以中等以上文化程度的读者为对象"；专题板块则是不同内容的专题"适应不同年龄、不同性别、不同职业、不同文化层次的读者对象"。

3. 汉语拼音

《中国大百科全书》一、二版条目标题都配汉语拼音。做三版，有不少人提出取消，也有人主张保留，有人主张加强。商讨再三，考虑到在网络环境下，条头汉语拼音的检索功能明显弱化了，这是不争的事实。同时，做拼音，要牵扯相当的人力。

从另一方面看，对部分生僻字的注音功能和分词功能仍在，再则对于网络版而言，汉语拼音的显示也有特殊的便利。

最后决定，条目标题不再设汉语拼音。但在释文中，给易读错的多音字和难读的生僻字注音。

注音字的数量需要控制，否则也是很大的工作量。

4. 参见条

曾有取消的意见。

考虑到读者的阅读习惯，特别是还有纸质版的编辑出版。而网络版参见更具链接便捷性的特点，最后还是确定保留。

5. 层次标题的使用

原来纸质版是"一般以第四层标题为使用起点，逐层向上使用"。网络百科"一般以第一层标题为使用的起点"。网页只能显示条目很小一部分，这样使用层次标题是惯例；从纸稿上看可能不习惯。但是有必要改。

本版体例做了分别说明。

四、《〈中国大百科全书〉第三版编写条例》（试行）的内容

条例计划分为四大部分：

《中国大百科全书》第三版总体设计纲要；

《中国大百科全书》第三版编写体例；

《中国大百科全书》第三版编纂流程；

《中国大百科全书》样条。

现在的文本是其前两个部分。

（一）《〈中国大百科全书〉第三版总体设计纲要》

纲要首先是全书的定位：《中国大百科全书》第三版（以下简称"第三版"）是在数字出版时代传统媒体与新媒体融合发展背景之下的大型综合性百科全书。第三版在中国大百科全书总编辑委员会领导下，由中国大百科全书出版社负责组织专家撰稿，编辑出版。

它将建设成有中国特色、有国际影响力的权威知识宝库。

这里，"传统媒体与新媒体融合发展背景"，是第三版与第一版、第二版最大的不同，"有中国特色、有国际影响力的权威知识宝库"，是习近平总书记关于做好新版《中国大百科全书》编纂出版工作重要批示的要求。

在全书定位之后是目的、指导思想、特色风格、内容地域、稳定求新、功能、条目结构、编纂模式、作者遴选、条目处理方式等，这些都是网络版和纸质版共同的要求。

指导思想，原网络版为"坚持以马克思主义、列宁主义、毛泽东思想、邓小平理论、'三个代表'重要思想、科学发展观为指导，认真贯彻落实习近平总书记系列重要讲话精神"，现依据《中华人民共和国宪法》（2018年修正）改为"坚持以马克思列宁主义、毛泽东思想、邓小平理论、'三个代表'重要思想、科学发展观、习近平新时代中国特色社会主义思想为指导"。

而后分述网络版和纸质版的内容配置、读者对象等项。

关于专业板块框架，将"在科学技术知识介绍中，既要关注前沿，又要重视基础"改为"在科学技术知识介绍中，既要重视基础，又要关注前沿"。

（二）《〈中国大百科全书〉第三版编写体例》

《体例》37章大体可分为条目设计、条目结构、释文规范、释文附件、工作规范五部分。

条目设计部分

本部分包括四章：1.网络版首页；2.条目；3.框架、条目表；4.条目分类编写提纲。

1. 网络版首页

三版与一版、二版的最明显变化在于网络。网络版与纸质版的突出不同在于首页。对于网络版首页设置的内容和具体要求需要做些规范。包括：首页的性质和加载时间要求、《中国大百科全书》（网络版）的标志、条目搜索框、热条推介、读者指南、网络版简介、分类索引、读者参与等。

2. 条目

首先是条目定义、条目构成、条目设立条件。

《〈中国大百科全书〉编写条例》（1983 年 9 月修订本）：

条目是百科全书的基本单元，是便于读者快速寻检和快速参阅的一个主题知识的系统概述。

《〈中国大百科全书〉（第二版）编写体例》（2002 年 1 月）沿用了上述提法。

本版体例删去了第二个"快速"，将"概述"改为了"陈述"。删节一个"快速"意味着认可"巡检"和"参阅"的一体性。改"概述"是考虑概述是与展开叙述相对的概念，选条有"概述性条目"，释文亦有概述和展开叙述的情况，因而"概述"不能覆盖全部情况。

之后，分设两条，安排网络版和纸质版的条目长短配置。包括特长条目、长条目、中条目、短条目。参见条目的比例（长条目、短条目又称大条目、小条目）

纸质版适当加大特长条、长条及中条比例，以体现不同于网络版的综述性的特点。

3. 框架、条目表

框架的概念、框架设计的要求、条目类别 12+2、条目表的构成、实条概念、参见条概念、提示标题概念、调整。

"分层次设计框架"，改为"分层级设计框架"。"一级条目""二级条目"的说法，已为人们所习用。

"虚条"问题。三版启动之初，一些人把提示标题叫作虚条，是误解。2017 年曾撰写短文《"虚条"，还是"提示标题"?》（见本书 280 页）。

4. 条目分类编写提纲

百科全书撰稿之前，要求对条目进行分类，针对不同类别拟订不同的释文编写提纲。

条目分类编写提纲是根据某一类知识主题所包含的内容要素所制订的条目编写模式，是指导撰写和审稿的文件，亦会给读者阅读提供便利。

提纲要明确各类知识主题所包含的内容要素及其编写顺序，以避免内容的重大遗漏和不必要的重复。

《体例》举出了学科类、学派类、学说类、概念类、现象类、事件类、建筑类、技术类、机构类、人物类、著作类、城市类十二个类别的提纲。实际上，每个学科领域成千上万个题目，各不相同。显然，十二个类别，太粗疏了，实际编写起来是远远不够用的。曾拟订过 168 个类别条目提纲，无疑花费了难以计量的心力，很不容易。然而事实上仍然无法满足 104 个学科几十万个条目的需要。有时一个类别的条目在不同学科也是需要有不同提纲的。

各学科需要根据本学科条目类型实际情况，参照出版社提供的常用条目分类编写提纲示例，选择或拟订出适合本学科的各类条目分类编写提纲，提供本学科撰稿人参考。这是各学科编委会和学科编辑的重要任务，要跟主编说清楚。

目前，三版编辑平台上，页面都在条目释文左侧显示"条目分类提纲"，但是普遍跟条目释文对不上，指导意义是有疑问的，估计不是编委会或相应的编写组拟定的。

条目分类以内容为依据。同一类别的条目，采用同样的编写提纲，但字数可以有多有少，结构可以有繁有简。

2017 年曾撰写：《条目分类编写提纲》（见本书 299 页）。

条目结构部分：

本部分包括七章：5. 条头；6. 释文；7. 层次标题；8. 定义、定性语、定性叙述；9. 词源；10. 简史；11. 人物条目。

5. 条头

条头的概念，条头的构成，中文条头、外文条头的设置要求。

有《第三版设条原则》列了十一条原则（体系性原则、层次性原则、检索性原则、主题词原则、简明性原则、通用性原则、概要性原则、名词性原则、单义性原则、时代性原则、特色型原则），大家可以琢磨一下。

特别需要注意条头单义性。条目的条头与专著和论文的标题不同。条目的条头是用来检索的。检索天然地要求具有单义性，因而条头设置必然要求单义性。

例如"糖和甜味剂"，就需要拆分设为两条。

2018 年撰写《条头单义性问题》（见本书 294 页）。

外国人物条头格式在《中国大百科全书》的不同版本中有变化。

一版时，《〈中国大百科全书〉编写条例》（1983 年 9 月修订本）的《〈中国大百科全书〉编写体例》11-2 规定："外国人物条目条头一般由外语姓的汉译形式和带下圆点的外语名字缩写形式构成，中间用逗号隔开……人物条头所附外文人名（拉丁文字或斯拉夫文字）按原文顺序写出，后面附生卒年，置于括号中。"示例：

海明威，E.（Ernest Hemingway 1899 ~ 1961）

二版时，《〈中国大百科全书〉第二版编写条例实施细则（试行）》（2003 年 3 月）1.2.2 规定："外国人物条的汉语标题，上书时一般用姓的汉译标引即可，通稿前则要加名的缩写。"

例如：

海明威（海明威，E.）Hemingway, Ernest

实际上，二版成书都没有加名的缩写，外文改成了检索顺序，后附生卒年则改成了生卒年月日。例如：

海明威 Hemingway, Ernest（1899-07-21 ～ 1961-07-02）

三版《体例》的写法是：条头为外国人名时的书写方式为外语姓的汉译形式和带下圆点的外语名字缩写形式构成，中间用逗号隔开。示例：

海明威，E.（Hemingway，1899-07-21 ～ 1961-07-02）

6. 释文

释文的概念、性质、内容、撰写要求。

分列 14 条要求，比较具体，是百科全书特色之所在，这里实际是编辑加工工作的主体内容，要吃透并实施。

采用说明文体，用现代汉语书面语撰写。不用文言文，也避免文白夹杂。

句子主语为条头的，在不会造成误解时，主语可以承前省略。

释文从第三人称的角度撰写。文中不出现"我国""我所"等字样。

释文用陈述语气，一般不用"必须""务必""应该"等指令性词语。

在这次整合期间，增加了一般避免使用"极""最"等字眼的规定。例如：

刘彤华　从事病理诊断工作 50 余年，有极丰富的临床病理诊断经验，……

"极"字宜删。

有关规定都很有针对性，针对着条目稿中的常见问题。

7. 层次标题

层次标题是百科全书条目与普通图书和论文不同的重要标志。

层次标题概念的说明（"7.1"）。

层次标题的设置原则和设置方法及注意事项（"7.2 ～ 7.11"）。

之后，分述网络版和纸质版层次标题使用的起点（"7.12 ～ 7.13"）。"网络版一般以第一层标题为使用的起点，逐层向上使用。""纸质版一般以第四层标题为使用起点，逐层向上使用。"

鉴于网络版、纸质版层次标题使用方式不同，为避免给作者和编辑等非专业版式设计人员造成不必要的困扰，这里条款文字作了简化。

2012年撰写《条目的层次标题》（见本书329页）。

8. 定义、定性语、定性叙述

定义、定性语、定性叙述的设置，是百科全书条目与普通图书和论文最突出的不同，是百科全书撰写和编辑加工的重点、难点所在。

"8.1～8.7"是关于定义的。"8.1"，定义概念及设置。"8.2"，位置。"8.3"，内容。"8.4""8.5"，规则。"8.6"，模式化。"8.7"，不下定义的情况。

2016年撰写《定义漫谈》（见本书311页）、《条目的定义》（见本书318页）。

部门曾经组织过专门的定义问题的研讨培训。

"8.8""8.9"是关于定性语的，包括概念和设置可比性问题。可比性是归类很自然衍生出来的问题。

"8.10"讲定性叙述。首先交代概念，下面分列三款。

9. 词源

词源是百科全书知识深度的标志之一。"凡有可靠的资料，都应追溯，并作出简明的介绍。"

10. 简史

首先交代简史的概念和设置原则（"10.1"）。

简史的内容（"10.2"）。

后面两条，要求"切近本条目的主题"和控制简史篇幅，是之前审稿过程中发现的实际问题的对策。

曾经审过"兽医微生物学"条目，简史整个在说"微生物学"。

11. 人物条目

首先，"11.1设条"，规定设条人物选择的原则、范围，确定选择的规则：由各分支学科编写组提名，学科编委会根据本学科情况进行审核，必要时与邻近学科编写组或学科编委会协商，再由出版社提请总编委会统一平衡决定。

以下"11.2～11.8"讲取舍方法：国籍、民族，党派，学历、学位、学衔和军衔，奖项和称号，议员与人大代表，职务、爵位。

后面明确人物条目的编排格式。

释文规范部分

本部分包括十六章：12.汉语拼音；13.繁体字、异体字、俗体字；14.科技名词；15.专名；16.外国人名；17.地名；18 年代；19.历史分期；20.标点符号；21.数字；22.量和单位；23.公式；24.引文；25 表格；26.多媒体；27 图题、图注。

12. 汉语拼音

前文讲过了。基本原则是从简和必要的保留。

网络版，生僻字按 2013 年 6 月 5 日国务院正式发布，由教育部、国家语言文字工作委员会组织制定的《通用规范汉字表》（国发〔2013〕23 号）中一级字表、二级字表之外的汉字认定。

本版体例删除了"一级字表、二级字表"，也就是说三级字表的 1605 个字也不作为生僻字。

13. 繁体字、异体字、俗体字

《〈中国大百科全书〉成书编辑体例》（1986 年 3 月）设"繁体字、俗体字、大写字"。《〈中国大百科全书〉第二版编写条例实施细则（试行）》（2003 年 3 月）在 1986 年重新发表《简化字总表》的基础上制订"简化字、繁体字、异体字"。

本版体例基于实施 2013 年发布的《通用规范汉字表》的几种情况制订。

14. 科技名词

第一版《〈中国大百科全书〉成书编辑体例》有"26　名词统一"，规定"各学科的学术名词术语应以国家标准局公布的和全国自然科学名词审定委员会审定的为准"。

《〈中国大百科全书〉第二版编写条例实施细则（试行）》"16　名词统一"分别对"自然科学术语"和"哲学社会科学名词"做了规定。

本版《体例》考虑到全国科学技术名词审定委员会统管各学科名词，并已发布新闻出版行业标准《学术出版规范　科学技术名词》（CY/T 119—2015）的情况，拟定了本章条文。

《体例》在增加条文和示例的同时，对以往体例的个别条文和示例作了一点调整。如下例。

第一版的《〈中国大百科全书〉成书编辑体例》"26　名词统一"中提到："同一事物有学名和俗名的，一般采用学名，或用括号夹注俗名，如'镀锡钢板（马口铁）'。"

《〈中国大百科全书〉第二版编写条例实施细则（试行）》"16.4"节规定："同一事物兼有学名和俗名的，一般采用比较通用的名称，同时用括号夹注俗名或学名。例如：马口铁（又称镀锡薄板、白皮铁）。"

现《体例》则体现强调名词规范的精神，确定以规范词为实条条头：

5.3.2　条头是规范的、通用的词和词组。同一概念有规范名词和异名的，可分别设为实条和参见条。示例：

镀锡钢板

马口铁（见镀锡钢板）

15. 专名

专名是全书条目审读和加工中频繁遇到的问题。在力求统一的原则下，适当处理各种问题，包括全称简称问题、不同学科名称不同问题、翻译译名不一问题。

16. 外国人名

条头中涉及外国人名，在"条头"一章已有规定，这里是针对释文中的外国人名问题。遵循"名从主人"和"约定俗成"原则，这是与条头一致的。区别在于，条头要考虑检索需求，释文中则重在行文和阅读习惯。

17. 地名

与前一章相同，这里也是面向释文的。

地名历代多有变化，近几十年国内地名变化尤其多，所以追踪最新版权威资料成为重要原则。对地名变化做必要的注记具有一定的复杂性，需要区别情况做好。

18. 年代

因为百科全书编纂周期长，使用年限更长，因而释文年代的明确性要求比较高。"应尽量使用确定的年代"，是百科全书条目的特殊要求。

三版体例关于年代和世纪的规定与以往相比有所改变。

第一版的《〈中国大百科全书〉成书编辑体例》规定"'19世纪上半叶'指1801～1850年"。

《〈中国大百科全书〉第二版编写条例实施细则（试行）》规定："年代的用法，一律以0～9为一个年代。世纪的用法，一律以1～100为一个世纪。"

2000年与2001年同属一个年代，却分属两个世纪，显然不妥。

这次改为："年代的用法，一律以0～9为一个年代。世纪的用法，一律以0～99为一个世纪。"

"20世纪七八十年代"是否可用，一直众说纷纭。在参加出版产品质量检测中心的年度出版物质检复审时，曾经征求过专家们的意见，也无定论，只是明确不计错。

从维护局部统一的角度出发，三版倾向于不用，《体例》做了回避处理。

教育部语言文字信息管理司组编，《出版物上数字用法》（GB/T 15835—2011）起草人詹卫东主编的《〈出版物上数字用法〉解读》中说：

在表达概数时，"二十世纪三四十年代"是唯一正确的写法，不能写作"20 世纪 30、40 年代""20 世纪 3、40 年代""20 世纪 30—40 年代"以及"20 世纪 30 ~ 40 年代"。

19. 历史分期

《〈中国大百科全书〉成书编辑体例》（1986 年 3 月）有"30 历史时期和朝代"和"31 中国近代、现代历史上时期和政权的提法"两章。《〈中国大百科全书〉第二版编写体例实施细则（试行）》整合为"24 历史分期和一些政权的提法"一章。

本章基本沿用了前面的规定。

20. 标点符号

原则上遵从国家标准《标点符号用法》（GB/T 15834—2011）。

标示时间起止使用的连接号需要明确一下。

《〈中国大百科全书〉成书编辑体例》（1986 年 3 月）"29-10"规定："起止号一律用' ~ '，而不用'—'' | '。""30-2"规定："世纪、年份起迄用起止号（ ~ ），如'1937 ~ 1945 年'，'5 ~ 11 世纪'。"

《〈中国大百科全书〉第二版编写条例实施细则（试行）》（2003 年 3 月）21.9.3 规定："浪纹线用于时间起止（年度除外）、页码起止、用阿拉伯数字表示的数值范围。"人物生卒年月日之间用的仍是浪纹线，如：阿拉法特（1929-08-24 ~ 2004-11-11）。

现行国家标准《标点符号用法》（GB/T 15834—20114）"13.3.2"规定："标示下列各种情况，一般用一字线，有时也可用浪纹线：a）标示相关项目（如时间、地域等）的起止。示例 1：沈括（1031—1095），宋朝人。"

三版延续大百科时间起止使用浪纹线的规则。

报刊栏目名是否用书名号曾有争议。这里参照教育部语言文字信息管理司组编《〈标点符号用法〉解读》的说法："为了清楚地表示电视节目、栏目的名字，避免与普通名词混同，应使用书名号。"

分隔号（/）是新纳入标准的，这里列了一条。

本版增加了有关"中文中夹有英文的，中英文交界处使用中文全角标点，英文内部使用英文半角标点"的约定。

21. 数字

本版借用了教育部语言文字信息管理司组编，语文出版社出版的《〈出版物上数字用法〉解读》的一些说明，依据国家标准《出版物上数字用法》（GB/T 15835—2011）的规定，根据实际需要作少量补充约定。

执行中，需避免前些年出现的滥用阿拉伯数字的倾向。

22. 量和单位

计量单位采用 1984 年国务院发布的《中华人民共和国法定计量单位》和原国家技术监督局 1993 年发布的国家标准《国际单位制及其应用》（GB 3100—1993）、《有关量、单位和符号的一般原则》（GB/T 3101—1993）、《量和单位》（GB/T 3102—1993）中规定的名称、符号。标准 2007 年启动修订，但迄今未见结果。

"20～30 ℃"，依据是《出版物上数字用法》（GB/T 15835—2011）"5.1.3"："前后两个数值的附加符号或计量单位相同时，在不造成歧义的情况下，前一个数值的附加符号或计量单位可省略。"

按《中国大百科全书》的习惯，释文中的计量单位一般用单位的中文符号或中文名称。按照《国际单位制及其应用》（GB 3100—1993）的规定，"中文符号只在小学、初中教科书和普通书刊中在有必要时使用"，一般出版物都使用国际符号，这是二者不同的地方。我们现在做的专业板块设定目标为大学文化程度的非本专业读者，是否该用国际符号呢？最近也有作者提出，《中国大百科全书》释文使用中文符号显得落后。对于这个问题，还希望听听大家的看法。

23. 公 式

百科全书条目中，公式的使用是严格控制的。只有"介绍条目主题知识必不可少的重要的或基本的内容"时才用。

本版《体例》有：公式的编号右端对齐，公式与编号之间可用"…"连接。这是参照《科技报告编写规则》（GB/T 7713.3—2014）规定的。

单独占行的公式是顶格排、退格排还是居中排？第一版的《〈中国大百科全书〉成书编辑体例》没有写。《〈中国大百科全书〉第二版编写条例实施细则（试行）》"15.3"规定居中排。

单独占行的公式之后是否加标点？《〈中国大百科全书〉成书编辑体例》"21.1"的说法是："公式可视为句子的组成部分使用标点符号。"这里用了"可"。实际各卷有的使用了，有的没使用。《〈中国大百科全书〉第二版编写条例实施细则（试行）》"15.4"规定："公式是句子的组成部分，同样使用标点符号。"

如果说顿号、逗号、句号标志着某种停顿的话，那么"换行"是更显著的停顿。从这个意义上说，一个方程式既已单独占行，就不会由于其末尾没有标点而引起语义与下文割不断的含混了。人们公认文章标题末尾不加标点，表格中的文字末尾一般也不加标点，括注末尾的句号一般也省略。如果说公式是句子的组成部分，那么化学的结构式岂不也是句子的组成部分？然而，没有人会在单独占行的结构式后面加标点符号。

可以说，公式后面加标点是不必要的。实际上，加标点还会给读者造成混淆。

查涉及公式的现行国家标准，《学位论文编写规则》（GB/T 7713.1—2006）提到"论文中的公式应另行起，并缩格书写"，《科技报告编写规则》（GB/T 7713.3—2014）提到"公式另起行排在左右居中位置时"，《科学技术报告、学位论文和学术论文的编写格式》（GB 7713—1987）提到"数学、物理和化学式……较长的式，另行居中横排"，但在条文和示例中都没有公式后加标点符号的。

因此，三版确认了"单独占行的公式后面不加标点"的做法。

24. 引文

百科全书条目中引文的使用需要限制。需要注意："引文不应在释文中占太多篇幅。不以堆砌引文、加以连缀的方式替代撰稿人的陈述。"从审稿的情况看，确实遇到有引文过多过滥的情况。

还需要留意不是引文的引文。例如：

洞渊派 该派道士受洞渊三昧法箓，其法上辟飞天之魔，中治五气，下绝万妖。

所谓"其法上辟飞天之魔，中治五气，下绝万妖"的说法，恐怕是从哪本古籍里引来的，显然不会是当今的科学的评价，不宜作为百科全书的评论。试改为：该派道士受洞渊三昧法箓，其法号称"上辟飞天之魔，中治五气，下绝万妖"。

25. 表格

《体例》给出了表格的定性和设置要求。

其中涉及全线表和省线表的问题。

《〈中国大百科全书〉第二版编写条例实施细则（试行）》（2003年3月）曾规定"表格一律用三线表"。依据，大概是《中国高等学校自然科学学报编排规范（修订版）》（1998）"6.9.3"规定："为使表的结构简洁，建议采用三线表。"其实，三线表的主要好处，是减少了铅字排版时期做表线的困难。现在计算机排版，制表困难不复存在，全线表眉目清楚的好处有时倒是显示出来了。

新闻出版行业标准《学术出版规范 表格》报批稿就不再推荐三线表。

单元格中文字的排法未见规定。二版中情况各异。有的居中排（P18-47），有的左顶格排（P19-327），也有的一表之中两式皆用（P18-46）。顶格的回行仍顶格。本版《体例》认可了这些做法。

26. 多媒体

三版网络版要充分利用文本、图片、音频、视频多媒体手段，提高产品表现力。

纸质版条目除积极配图外，还可通过纸网关联方式利用音频和视频，这是三版纸质版与一、二版不同之处。

《〈中国大百科全书〉第二版编写条例实施细则（试行）》（2003年3月）"8.2.9"规定："一幅插图只能用于一个条目，不能重复使用。"考虑到三版网络版版面宽松，开了个口子："原则上一幅图片只能用于一个条目，尽量不重复使用。条目所附图集可不受此限制。"

27. 图题、图注

涉及图题、图号、图注的设置要求。

以往图注位置比较随意，不统一。这次规定：

图注区分为注释图片构成单元或元素的图元注和对整幅图片作说明的整图注。

图元注可以分散标注或用引线标注在图元附近，也可以集中排列。集中排列的图元注应放在图题之上。

整图注应放在图题之下或括注在图题之后。

2017年撰写有《图注可以分为图元注和整图注》（见本书366页）。

释文附件部分

本部分包括六章：28. 索引；29. 链接系统；30. 参考文献；31. 扩展阅读；32. 作者署名；33. 大事年表。

28. 索引

网络版《体例》第28章保留了有关索引的主要规定，包括索引包含的内容：全部条头、释文中有检索价值的隐含知识主题，索引选取范围：文字、图片、视频、音频，标引方法：抽词标引、赋词标引，索引词与释文比例等。

有关内容可以直接用作纸质版索引工作的依据。

29. 链接系统

有纸质版索引系统、参见系统和二者结合与升级形成的网络版的链接系统，是帮助读者寻检查阅和展现知识脉络的手段。

30. 参考文献

参考文献著录格式，《中国大百科全书》习用的与国家标准规定的有明显差异。考虑到有关国家标准推行多年，已为众多作者习用，所以倾向于向国家标准靠拢。此事社内争议较多，此次做了留有余地的约定。

条款次序有调整。

第一版的《〈中国大百科全书〉成书编辑体例》"24　参考书目"规定："参考书目的著录项目应包括：作者、译者、书名、版次、（第一版不写）、出版单位、出版地点和出版年份。"《体例》没有给出示例。可在成书中查到"参考书目"的示例：

曾仰丰：《中国盐政史》，商务印书馆，上海，1937。

——《中国大百科全书·中国历史》（1997.12）"盐法"条

巩启明：试论仰韶文化，《史前研究》1983 年 1 期。

——《中国大百科全书·考古学》（1998.10）"仰韶文化"条

显然，所采用的著录项目和著录格式与当时的国家标准《文后参考文献著录规则》（GB/T 7714—1987）的规定是不同的。

《〈中国大百科全书〉第二版编写条例实施细则（试行）》"9.6"规定中给出了示例：

法显撰，章巽校注，《法显传校注》，上海古籍出版社，上海，1985。

B.A.W. 罗素著，马元德译，《西方哲学史》，第 2 版，商务印书馆，北京，1981。（B.A.W.Russell, A History of Western Philosophy, Orginally Published by George Allen and Unwin Ltd. Press，London,1955.）

同样很明显，所采用的著录项目和著录格式与当时的国家标准《文后参考文献著录规则》（GB/T 7714—2005）的规定也是不同的。后者给出的示例有：

余　敏．出版集团研究 [M].北京：中国书籍出版社，

2001:179-193.

> 李晓东，张庆红，叶瑾琳.气候学研究的若干理论问题 [J].
> 北京大学学报：自然科学版，1999,35（1）:101-106.

在有关国家标准行用多年，学界已经逐渐认可和实施的情况下，这种差异恐怕会造成与作者、读者沟通的困难。事实上，在《中国大百科全书》第二版成品上已经做了调整：

> 邓广铭.宋史职官志考证.// 国立中央研究院历史语言研究所集刊编辑委员会.历史语言研究所集刊：第 10 本.上海：商务印书馆.1949.

> 朱瑞熙.中国政治制度史.北京：人民出版社.1996.

> ——《中国大百科全书》（第二版）"户部左右曹"条

> CHURCH A. Introduction to Mathematical Logic. Princeton: Prineeton University Press. 1956.

> ——《中国大百科全书》（第二版）"逻辑"条

显然，已经大体采用了国家标准的项目和格式。

2015 年，国家标准《信息与文献 参考文献著录规则》（GB/T 7714—2015）推出，适用范围有所扩大，著录项目和著录格式基本沿袭前版标准。

从方便作者的角度出发，新的体例直接采用了简单的说法："参考文献著录格式遵照《信息与文献 参考文献著录规则》（GB/T 7714—2015）的规定。"

参考文献主要用于编辑核对、加工条目稿。所以，格式的问题并无大碍。

31. 扩展阅读

从一版"参考书目"，二版"推荐书目"，到网络版"扩展阅读"，显示了《中国大百科全书》发展的一个侧面。网络版《体例》第 31 章规定网络版"扩展阅读"是向读者提供进一步了解条目所述知识的图书资料和深入研究的相关资料。

为统一起见，纸质版可以也叫"扩展阅读"，由于有"纸网关联"功能的存在，纸质版的扩展阅读的内容也可不限于纸质资料。

扩展阅读种类的次序有所调整。还是把传统的图书、期刊放在前面。

32. 作者署名

目前规定的署名方式是与修订量挂钩的，修订量 10% 以下的只署原作者名。但多位复审老师发现，有些新起炉灶撰写的条目质量不如原有条目，是不是因为不愿"少量修订"？这种情况值得注意。

有些专家提意见，认为非修订的审定也应该署名。这个问题，已经向领导汇报了，需要研究一下。

33. 大事年表

大事年表的界定、内容要求、形式。

工作规范部分

本部分包括四章：34. 条目页面格式；35. 释文交叉；36. 内容核对；37. 审稿。

34. 条目页面格式

网络版、纸质版条目页面格式明显不同。突出差别在于层次标题的使用。作者提交稿件时，对其格式不必要求过苛。

"撰稿人认为应作链接的条目名称用楷体"的，不必再"下画单横线"。

原《体例》：释文结束后另行前空两格写"扩展阅读"4 字，另行空一格写书目。此提法是延续一、二版体例文件的，但有不妥。因为按"释文"一章的提法，扩展阅读是属于释文的。这里应删"释文结束后另行"。

35. 释文交叉

释文交叉普遍存在，需要处理。一般事先处理学科内部条目的释文交叉，再处理学科之间的条目的释文交叉。

36. 内容核对

将"权威书籍为依据",改为"权威文献为依据"。

原有:36.7 凡涉及重大的、在核对工作后有原则性改动的或拿不准的资料,应专题报请总编辑和总编委会审定。

感觉此项缺乏可行性。删除。

37. 审稿

讨论中,曾提出重大选题备案问题,考虑非审稿阶段处理的事项,决定不做补充。

五、《条例》的使用

1. 编辑

编辑必须全面贯彻执行《条例》。

大家都清楚,编校质量合格的标准是差错率不超过万分之一。《条例》四个部分。《〈中国大百科全书〉第三版编写体例》37章,316条,有一条没做到,可能就不止万分之一了。

2. 作者

作者的主要职责在于保障条目内容的完备、科学、准确、出新。

作者了解《条例》,有助于稿件撰写的规范达标。特别是条目的定义和层次标题两项重要内容需要作者为主拟定。所以,编辑可以把《体例》交给主编,供撰写条目参考。

百科全书条目的撰写 [1]

百科全书作为工具书、辞书，它的基本结构单元——条目的撰写，与教科书和学术论文有明显的不同。

一、内容

百科全书的内容与教科书、论文一样要保证科学性、知识性，要政治正确。同时，百科全书在内容的取舍安排上又有其独特的要求。

1. 简明

考虑到百科全书读者是隔行的医务人员和高中以上文化水平的非医务人员，条目内容让读者了解即可，而非要读者掌握、操作和运用，所以内容设定为介绍基本知识、基本理论，不宜过专、过细、过深，不必旁征博引，不必进行论证。

2. 客观

论文崇尚"创新""一家之言"。条目则重在客观介绍学界公认的看法。没有公认看法的，客观介绍各家学说，不做褒贬。

不用夸张的带浓烈感情色彩的语言，展现平实的风格。

百科全书的客观，也含有不做主观推断的意思。所以一般不做专门的"展望"。

---

[1] 本文为2010年《中华医学百科全书》编辑业务培训讲稿。原有副标题《〈中华医学百科全书〉杂谈之三》。

3. 完整

教科书的各个章节分工明确，合起来才完整。每个章节，通常设定其之前的章节已经被掌握。而每一个条目，都不以读过另外某个条目为前提。作为独立的知识主题，都要保证其内容的完整性。

4. 条目释文提纲

全书各卷都有自己成组的条目，如器官、疾病、症状、检验、设备、药剂等。同类的条目，应有相似的内容，相同的顺序。这样作者撰写、编辑加工、读者阅读时都方便。因此，各卷都需要根据本卷条目情况，安排不同类型条目的释文提纲。

条目释文以定义或定性语、定性叙述开始。"定义""概述"无须作为层次标题。

5. 突出专业特色

本书有"全"的要求。但这只能在全书142卷总体上体现，不能每卷都面面俱到。相反，各卷条目都要集中篇幅，突出本学科的核心内容。某些主题，不可避免地在不同卷出现，撰写时需要注意突出本卷学科特色，避免不必要的重复。非本专业的内容尽力删节，读者可以通过参见系统查阅其他卷相关条目。

6. 参见系统

用参见系统处理上下级条目和平级条目关系，处理与相关条目的关系，避免重复，建立联系，是条目内容安排的特点之一。参见以本卷范围之内为主。

二、格式

教科书通常使用篇章节的结构，层次繁多而多样。长篇论文亦然。条目结构却讲究简单、严谨、统一。

1. 中长条层次标题

层次标题采用统一的字体字号，是否占行也规定明确。

本书设定层次标题最多三级，都前缩 2 格，后空 1 格，不占行。

从样条看，层次标题使用不当的相当普遍。教科书的各级标题普遍单独占行。这里都不占行。

层次标题，前头要缩 2 格，否则与条头不分了。后面要空 1 格。

层次标题前面无须加序号。

同一级别的层次标题不能只有一个。

标题层次不够用，有时在段内可以使用序号"①""②"，但不宜使用"（一）""（二）"之类。

2. 短条不分段

按百科全书惯例，短条目一般不分段。形式上一贯到底，但内容仍可以是有层次的，可以贯彻条目提纲对内容和叙述次序的要求。

三、语句

百科全书讲究精练、简洁。为此还使用一些特殊的手法，有"辞书体"之称。

1. 无主语句

定义或定性语、定性叙述开头，不重复条目标题，也不使用"是""指"等系词。"亦称"不放在释文开头，应放在定义之后。

为节省篇幅，在不会引起误解的情况下，条目标题作为主语，可以省略。

2. 第三人称

不用"我国""我院""我所""我们"之类第一人称的词语。

3. 时间

百科全书使用时间较长。一个版本往往使用 10 年以上。因此，行文不使用"现在""目前"之类，一般不使用"近年来"。

四、实例

实例 1

神经胶质瘤（glioma） 亦称胶质细胞瘤，简称胶质瘤，是发生于神经外胚层的肿瘤，故亦称神经外胚层肿瘤或神经上皮肿瘤。……

条目标题应顶格，"亦称"后移。可考虑改为：

神经胶质瘤（glioma） 发生于神经外胚层的肿瘤。又称神经外胚层肿瘤或神经上皮肿瘤，亦称胶质细胞瘤，简称胶质瘤。……

实例 2

肠易激综合征（irritable bowel syndrome, IBS; chang yi ji zong he zheng） 曾用名：结肠激惹综合症（irritable colon syndrome）、黏液性结肠炎（mucus colitis）、过敏性结肠炎（irritable colon），等。

定义 是以慢性、反复发作性腹痛或腹部不适伴排便异常为主要特征的功能性肠病。

概述 ……

病因、发病机制及病理生理

病因及发病机制……

病理生理……

临床表现……

条目标题应顶格，汉语拼音不列在外文中，"定义"和"概述"不必作为层次标题，中条可只用一级层次标题。可考虑改为：

肠易激综合征（irritable bowel syndrome, IBS） 以慢性、反复发作性腹痛或腹部不适伴排便异常为主要特征的功能性肠病。曾用名：结肠激惹综合症（irritable colon syndrome）、黏液性结肠炎（mucus colitis）、过敏性结肠炎（irritable colon）等。

病因及发病机制……

病理生理……

临床表现……

实例 3

十二指肠 duodenum 是小肠的起始部，位于胃与空肠之间，为小肠中最短、管腔最粗且最固定的一段，无系膜。

条目标题应用黑体，顶格，定义不用系词。可考虑改为：

十二指肠（duodenum）　小肠的起始部。位于胃与空肠之间，无系膜。小肠中最短、管腔最粗且最固定的一段。

实例 4

细胞培养（cell culture）

定义和基本程序

细胞培养是一种在体外条件下（in vitro），用培养液维持细胞生长与增殖的生物学技术。其基本程序如下：首先，……

条目标题应用黑体，层次标题调整。可考虑改为：

细胞培养（cell culture）　在体外条件下，用培养液维持细胞生长与增殖的生物学技术。

基本程序　首先，……

实例 5

生态住宅（ecological residence）　在国际上也被称为绿色住宅、可持续发展住宅等，在建筑生命周期的各个环节充分体现节约资源能源、减少环境负荷和创造健康舒适居住环境，并与周围生态环境相协调的住宅（住区）。……

概念形成过程　生态住宅……

生态住宅的特征　……

生态住宅的设计原则　……

生态住宅的评估　……

又称移定义后，层次标题中不必重复条目标题。可考虑改为：

生态住宅（ecological residence）　在建筑生命周期的各个环节充分体现节约资源能源，减少环境负荷和创造健康舒适居住环境、并与周围生态环境相协调的住宅（住区）。在国际上也被称为绿色住宅、可持续发展住宅等。……

概念形成过程 生态住宅……

特征 ……

设计原则 ……

评估 ……

（2010-07-07）

条目撰写 ①

上个月，有幸跟航空界的专家交流，今天很高兴有机会与航天专家交流，向各位专家学习。感谢各位专家投入《中国大百科全书》第三版的编纂工作。这项工作联系着国家的荣誉和时代的使命，也意味着投入者的种种磨难和默默奉献。

《中国大百科全书》的编纂，是一项浩大的、复杂的工程。现行《体例》37章，编辑必须掌握，但不希望它成为撰稿人的负担。知道本学科拟出了条目表，将要开展条目撰写工作。条目撰写是百科全书工程中具有决定性影响的核心环节。这里，我就来向各位专家汇报一下自己对条目撰写的认识，供参考。对航天完全是外行，说得不当的，请批评指正。

下面，想分六个小题目来谈。

一、撰写前提

这里所说的条目撰写，指的是一个学科或知识领域，全面铺开条目撰写的环节。它需要具备几个前提：包括一个基本稳定的、科学合理的条目表，一组条目分类编写提纲和一组严谨、典范的样条。

1. 条目表

《〈中国大百科全书〉第三版网络版编写体例》第2章就是"框

---

① 本文为2018年11月28日三版航天部分撰稿人培训会讲稿。是在2016年10月24日三版计算机学科编委会会议讲稿《试写样条》和2018年10月30日三版航空部分撰稿人培训会讲稿基础上修改而成的。

架、条目表"。 框架是根据百科全书基本性质的要求，把人类知识分类分层组成以条目为单元，便于读者快速寻检并体现知识内在联系的科学系统。框架经过反复调整后，形成分类条目表。

编制条目表，首先要解决选条的问题。

各位手上的《第三版设条原则》列了十一条原则（体系性原则、层次性原则、检索性原则、主题词原则、简明性原则、通用性原则、概要性原则、名词性原则、单义性原则、时代性原则、特色型原则），大家可以琢磨一下。

实践中，关于条目表，讨论比较多的，有下面几个问题。

（1）选条

a. 把握学科属性

《中国大百科全书》是综合性百科全书，分学科撰写，回头还是要汇集到一起的。什么条目，由谁来写？ 20 世纪 80 年代，编纂第一版的时候就提出了"由最合适的人写最合适的条目"。

有一部分条目，在落实具体的撰稿人之前，首先就涉及一个由哪个学科设条的问题。

人们容易注意到，条目表要体现学科的完整性，这是必要的。但需要考虑到，这里的"全"和"完整"都不是把一个学科作为一本独立的图书来考虑的，要注意放到《中国大百科全书》之中来看。要求把握本学科领域的范围。设条要完备，又不能越界。有些内容，可能在其他学科也要设条，对那个卷也许更重要，本学科就不必列了。否则，"撞车"，恐怕撞不过。

《航天》部分设条有"导弹""弹道导弹""反坦克导弹""反舰导弹""便携式导弹"，估计《军事》学科也要设条。那么谁设最合适？读者最希望看谁写的？

《航空》部分设条有"机载导弹"一组条目，也面临类似问题。但他们协调起来似乎还比较有说服力。《航天》要协调"便携式导弹"恐怕比较难。

"二体问题""多体问题",在《中国大百科全书》第一版《天文学》卷是设了条目的,说起来好像是天文学的经典问题了。"天球""星历表""地平坐标系""日心黄道坐标系"好像也是。

"钢""铍合金""高温合金",《冶金》肯定要设条吧?

《航空》部分设条有"不锈钢",第一版"机械工程"卷有条,"矿冶"卷有"不锈耐酸钢"。

"安全阀""剂量""通量""失效机理""测试软件""接收机""任务规划""产品分级",哪个学科?

"惯性制导""程序制导""指令制导""红外制导""复合制导""升力""阻力""升阻比""风洞"等,《航空》部分也设了条。

b. 强调检索性

检索性是工具书的共性。任何工具书,都要从头到脚地体现检索性。就百科全书的条目本身而言,检索性体现在两点:一是这个主题或概念能不能构成被检索的对象,如果这一点没有问题,还要考虑所设计的条头能不能被人想到是表示这个主题或概念的,不能制造无人检索的"死条"。

条目内容要有检索需求,条目标题也要便于检索。这就要求条目标题尽可能简单,同时要保证明确。是否加以适当限定,有时须斟酌一番。

《航空》部分设条有"风扇""活动半径",读者会首先想到航空吗?

《航天》部分设条有"结构""产品保证""独立评估""技术评审""产品规范""应用指南""型号标准化""使用可靠性""分支结构",如果没有限定,设条应否,也有疑问。

"落点",(〔航天器着陆〕),跳伞也讲落点吧?"航天器着陆"何不设实条?

"直播业务"("卫星通信"下)。《广播电视》也讲"直播业务"吧?

"信噪比"，可能先想到的是《通信技术》。

"自然环境"，读者会优先查阅《环境科学》吧？

"接收机""变换器""控制系统""结构优化""功率放大器""清晰度"，许多学科都可能有。首先想到的，很可能是别的学科。

"燃料"，学科属性不明。

"导航"，飞机（《航空》）、舰船、汽车都有导航的问题。

"机翼""尾翼""翼型"，《航空》部分也设有条目。

"宇宙射线，来自太阳系外"，无法检索。

c. 主题独立完整

条目是百科全书的基本单元，是便于读者快速寻检和参阅的一个知识主题的系统陈述。条目的设立需具备下述条件：独立的知识主题或已形成的固定概念；能够用准确的、人们习见和易于理解的词和词组来标引；适于读者查阅。

"中国航天机构沿革"，可删"沿革"。扩展内容。

"〔拦截导弹〕"之下有"导弹结构""飞行性能""机动能力""弹道设计""结构设计""热防护设计""发射技术"一组条目。单看条目标题，"导弹结构"会理解成各种导弹；"机动能力"会想到各种导弹，乃至自行火炮；"发射技术"会想到各种导弹、卫星。如果都只是讲拦截导弹的，那不如合成一个条目"拦截导弹"。

d. 条头单义性

条目检索与教科书的讲解不同。检索天然是单义的，条目标题设置必然要求单义性。

《航空》部分设条有"航空搜索和救援"。"搜索"和"救援"是一件事，还是两件事？

《航天》部分设条有"火箭和导弹材料"。

"在轨寿命预测与评估"，是否两项活动？

"导弹／航天器结构刚度""导弹／航天器结构稳定性"，两件事，分别讲。

"靶场高速摄像（摄影）技术"。

撰写可以选择分别写或一块儿写。前者是设不同实条，后者是分设实条和参见条。

e.设条系统性

看两组实条与参见条：

太空；

空间（见太空）。

空间碎片；

空间垃圾（见空间碎片）。

既然以"太空"为实条，以"空间"为参见条，又以"空间碎片"为实条，就显得不够协调了。可否设"太空垃圾"为实条，"空间垃圾（见太空垃圾）""空间碎片（见太空垃圾）"？

（2）条目表的结构

分类条目表中，条目依据体现学科知识体系的框架，按分支体系分层级排列，形象地说学科框架是按分支呈"树状结构"的，在条目表中条目按层级作阶梯式排列。

"航天""航天学"或"航天技术"，选一个为首条。

分几块儿，各列一级条目。一级条目之下，再分设二级条目。

条目的层级与条目主题内容的种类无直接对应关系。条目的层级只由条目的领属关系决定。

条目的层级与条目的字数无关。条目的字数只由条目主题内容的容量决定。

分类条目表由实条、参见条、提示标题构成。

实条是实际撰写的，独立、完整地介绍一个知识主题的条目，有长、中、短的划分。

参见条是不写释文而指引读者阅读另外某个条目的条目，又称"虚条"。

提示标题是标明一组条目共性的词语。提示标题仅用于条目表，在条目表中带方头括号，以与条目标题区别。提示标题不宜多用。能写成实条的，尽量写成实条。有时条目排列可以暗含分类，不必有分类都列提示标题。

"〔航天器着陆〕"，可否设实条？

有实条，就不必再设同名的提示标题了。《航空》部分设"〔飞机液压系统〕""飞机液压系统"；"〔航空发动机〕""航空发动机"，显得叠床架屋了。

（3）条目表的调整

《中国大百科全书》第一版各卷的条目表都是编委会和编辑组反复讨论、反复修改，有些学科甚至几次推倒重来，而后才基本确定，开始撰写的。第三版各学科也需要反复研究修改。

在正式撰写条目的过程中，每个条目必须清楚其在条目表中的位置，清楚其上下级条目是什么，同级条目有哪些，才能确定本条写哪些内容。

在撰写过程中，有可能感觉需要增删某些条目，即条目表需要调整。这时需要及时与学科编辑联系，查询相关学科的条目设置情况，避免撞车或遗漏。

2. 条目分类编写提纲

百科全书撰稿之前，要求对条目进行分类，针对不同类别拟订不同的释文编写提纲。

条目分类编写提纲是根据某一类知识主题所包含的内容要素所制订的条目编写模式，是指导撰写和审稿的文件，亦会给读者阅读提供便利。

提纲要明确各类知识主题所包含的内容要素及其编写顺序，以避免内容的重大遗漏和不必要的重复。

《体例》举出了学科类、学派类、学说类、概念类、现象类、事件类、建筑类、技术类、机构类、人物类、著作类、城市类十二个类别的提纲。实际上，每个学科领域成千上万个题目，各不相同。

显然，十二个类别，实际编写起来是远远不够用的。曾拟订过168个类别条目提纲，花费了难以计量的心力，很不容易。然而事实上仍然无法满足104个学科几十万个条目的需要。有时一个类别的条目在不同学科也是需要有不同提纲的。

各学科需要根据本学科条目类型实际情况，参照出版社提供的常用条目分类编写提纲示例，选择或拟订出适合本学科的各类条目分类编写提纲，以供本学科撰稿人参考。

条目分类以内容为依据。同一类别的条目，采用同样的编写提纲，但字数可以有多少，结构可以有繁简。

3. 样条

条目撰写要依据体例。常听作者反映，体例还是抽象，希望看到样条，特别是本学科的样条。这个要求是合理的。现在人们都知道，试写样条是全面铺开条目撰写的必要准备，是全书编纂工作不可缺少的环节。样条写好了，后面才能少走弯路，少做无用功。

试写样条，首先要考虑选择哪些条目做样条。以下三点是需要考虑的。

（1）代表学科框架

学科框架具有层级结构。展示框架的条目表中，条目有层级和长短的不同。选出的一组样条需要对学科框架具有一定的代表性。

航天部分22个分支。样条需要能代表本部分的主要分支，具有各个层级的条目，有短条目、中条目、长条目。

（2）覆盖条目类别

依据百科全书编纂的特点，要对条目进行分类，诸如学科类、概念类、方法类、技术类、实物类、人物类、机构类等。各类分别制订释文编写提纲，保证同类条目安排同类内容，并且按照相同的次序安排各部分内容。这是为作者撰写、编辑加工和读者阅读提供方便的重要举措。

样条需要包括各种类别的条目。

（3）须有学科概观条目

一个学科领域，样条无论数目多少，都应该包括本学科领域的概观条目。

因为学科概观条目要对整个学科领域的内容作概括的介绍，与条目表展示的学科内容体系应该是统一的。但以往常常遇到二者脱节的情况。这可能是因为概观条目作者与条目表起草、调整、修改团队思路不一致造成的。这种情况如果不能早发现、早解决，麻烦就大了。所以需要把学科概观条目作为样条之首，尽早研究，下力气写好。

二、撰写基础

想写好条目，需要铺下几块基石，或者说需要具备几个条件，也可以说需要共同遵循几项原则。

1. 熟悉体例文件

百科全书的条目必须依照体例撰写，保证规范、统一。现行的《〈中国大百科全书〉第三版网络版编写条例》（试行），内容包括《〈中国大百科全书〉第三版网络版总体设计纲要》和《〈中国大百科全书〉第三版网络版编写体例》，通称《体例》。撰写条目需要在全面了解体例，把握体例的基础上进行。

当然，体例规范的工作可以主要由编辑部去做。常常有编辑说，体例那么大一本，看起来太费劲了，你提提重点吧。我总回答说，重点可以提，但首先必须强调，要全面执行体例。这个是不能打折扣的。我们知道一般学生要考试，你给划划重点，他只对重点下功夫，得个六七十分，就可以过关了。可是考驾照，科目一，得90分才及格，划重点就不大灵了吧？图书出版的合格标准呢？编校差错率不超过万分之一才合格！体例几百条，哪一条违背了还能合格呢？

对于撰稿人来说，至少需要对体例有所了解。

对于要起典范、标杆作用的样条来说,执行体例就不能打折扣了。

特别要确保样条全面符合体例的要求。这个说起来简单,做起来还真不容易。要通过十几个样条展示如何全面贯彻体例,更是有些难度。

2. 把握读者定位

准确把握读者对象,下笔有的放矢,才能避免"对牛弹琴"。

一版《编写条例》的提法是:"《全书》主要适用于高中以上、相当大学文化程度的广大读者使用。"

二版《编写条例》的提法是:"《全书》第二版以高中及其以上文化程度的读者为对象。"

三版《体例》专业板块的提法是:"以大学文化程度的非本专业读者为对象。"

三个提法,有点微妙。

前两个明显是综合性百科全书读者的设定,不提及专业。从"高中以上"变成"高中及其以上",好像是降格了。其实不然。"以上"是上不封顶的,博导也可以是读者嘛。

第三个提法像是专业百科全书的读者设定。因为目前三版启动,是分学科编撰的,所以这么提也有其合理性。这就是明确指出了"非本专业"。

"非本专业",说白了,实际就是"外行人"。注意这一点,就是要坚守"基本知识",避免过于艰深、琐细的内容。

既然是非本专业,那么所谓"大学文化"在本专业看来,其实还不过是高中毕业的水平。

3. 区分百科全书的条目与专著论文的章节

通常教材、专著和论文,都采用篇章节结构;百科全书的基本结构单元则是条目。需要注意,二者的读者对象不同,使用方法不同,写法也必须不同。

前者是给本专业的人看的,后者是给其他专业的人看的,是给外行人看的。

章节是循序渐进阅读学习的。条目是要准备读者检索的。每一条都可能是读者看到的第一条，甚至是唯一的一条。

条目每一个都是独立完整的主题。不能把一个主题分割成几块（某某的分类、某某的意义等），也不能像一个口袋，装一堆各自有很强检索价值的东西。

4. 使用辞书文体

百科全书作为辞书，秉持客观的立场，追求简明的表达，其文字的使用具有鲜明的特点，以至有"辞书体"的说法。其主要特征有几项：

是现代汉语，不是古汉语，也不赞成文白夹杂。

是书面语，不是口语。不能像作报告或写科普读物那样讲究娓娓道来。

用第三人称，不用第一人称。"我国""我院""我校"之类的词语都不能用。

喜用无主语句。释文在不会产生误会时常使用无主语句，一般是条目标题做主语时可以省略。

时间要明确。不用"目前""近年来"之类的词语；特别是统计数据，必须有确切时间。

5. 体现网络版特色

网络版与原来纸质版相比的最大进步在于它具有文图声像多媒体演示的功能。

音视频的配置尽可能具有代表性、特殊性、纪念性或有文献价值。《体例》提到了："音视频的种类包括：音频、视频、二维动画、三维动画等。"

这应该成为亮点。需要下一番功夫。样条就应该有所表示。

三、内容特性

百科全书条目的内容，当然体现着图书的共性，包括政治性、科学性、可读性等。而就其个性，从技术上特别需要注意以下几点。

1. 知识性

知识性是百科全书的中心。知识性也决定了百科全书的内容必须准确。名称、年代、引文、数字、符号等容易出错的东西要特别注意。

以往常遇到作者不用心，引用资料，食而不化，条目释文带着明显拼凑痕迹的问题。

示例：

格鲁吉亚人　有两义，一为格鲁吉亚全国居民，498.9 万人，格鲁吉亚人占总人口的 70%；二为高加索民族，520 万，其中 96% 分布在格鲁吉亚。

（二版条目质检稿）

按前者，格鲁吉亚国的格鲁吉亚族人为 349.23 万。既然第一义是"全国居民"，首分句中的"格鲁吉亚人"似乎应该是"格鲁吉亚族人"的意思。按后者，格鲁吉亚国的格鲁吉亚族人为 499.2 万。到底是多少？这种条目还不是孤例。

2. 规范性

不仅要注意科技名词统一，严格执行有关量和单位、数字用法、标点符号的国家标准，还要注意条目结构的规范性，乃至句式、用词的规范性。

3. 客观性

表现为客观地对待反映某一问题各个方面的不同观点，客观、真实、朴素地介绍人和事。

《体例》要求：一般不做简单的褒贬。尽可能用中性词语，不用颂扬性语词（例如"伟大""英明""著名""杰出"等），也不用贬抑性语词（例如"愚蠢""卑鄙""罪大恶极"等）。

行文用第三人称，不用第一人称，也是客观性要求的。

4. 稳定性

百科全书编纂时间长，难得修订，使用时间更长。如果刚出版，内容就过时了，或者证明是错的了，显然不妥。

另外，稳定性也是客观性的要求。

需要说明的是，有的问题尚未"盖棺论定"，但已形成人们熟知的话题，就可以选为条目。有的事物已被否定，但在历史上产生过重要影响，像天文学中的"地心说""日心说"，也必须承认它是"稳定的"。

5. 时代性

要显示百科全书问世时代的新的认识水平。

时代性与稳定性是一对矛盾的两个方面，不能单单强调一个方面。应该在稳定的基础上求新，反映时代的新水平、新动向。

6. 简明性

百科全书作为工具书，文字一向讲究简明性。工具书收条，动辄成千上万，如果每条多写一个字，全书增加的篇幅就很可观。因此，工具书释文必须言简意赅。就是说，意思要明白完备，文字要简明扼要。为此，一要避免穿靴戴帽，不用套话；二要掌握释义范围，不越界限；三要认真推敲文字，删除赘余词语。释文中句子的主语，如果就是条头，往往可以省略。

7. 完整性

条目的内容需要具备独立性、完整性，说明概念的内涵和外延，而且要追溯历史，交代源流，介绍事物的状况和水平，说明缘由，交待结果。

外行读者理解的独立性、完整性与作为专家的作者的理解可能有不同，希望作者能够体会读者的检索需求。

示例1：

计算机病毒 computer virus 计算机系统中一类隐藏在存储介质

上蓄意破坏的捣乱程序。它具有可运行性、复制性、传染性、潜伏性、欺骗性、精巧性、隐藏性和顽固性等特点。对计算机系统与网络的安全和正常运行危害极大。

计算机病毒的病理机制与人体感染细菌和病毒的病理现象十分相似，它通过修改或自我复制向其他程序扩散（传染），扰乱系统及用户程序的正常运行。病毒分为寄生病毒、存储器驻留病毒、引导区病毒、隐形病毒、多形病毒和宏病毒。在病毒的生存期内，经历潜伏、繁殖、触发和执行4个阶段。

反病毒软件已发展了4代：简单的扫描程序、启发式的扫描程序、行为陷阱和全方位的保护。先进的反病毒方法是类属解密技术和数字免疫系统。类属解密技术使反病毒程序容易检测出复杂的多形病毒，同时保持快速的扫描速度。当包含了一个多形病毒的文件在执行时，病毒必须解密自身来激活。数字免疫系统是病毒保护的综合方法，它依赖于病毒分析机器检测新的病毒血统的能力，通过持续地分析和监视找到最新病毒来连续更新数字免疫系统。

（二版条目）

这个条目只有424个字，如何满足读者对这个影响巨大、人人躲不开的问题的了解需求？写成特长条目也不为过啊。定义说"隐藏在存储介质上"，下文说"向其他程序扩散"，程序跟介质也不衔接。

8. 关联性

母条、子条、同位条的分工与照应。

9. 著作权问题

著作权问题不容忽视。曾经发现，有的条目稿是从网上大段大段下载下来的。这就成问题了。出版社审稿不得不加上著作权审核、查重的任务。

为避免侵权之嫌，作者不可照搬自己及他人已经发表的作品。

四、定义

体例关于条目撰写的要求，有些是与平时写论文、编教材相同或相似的，例如政治性、科学性、知识性，标准规范的标点符号、量和单位、数字用法等，这些今天就不讲了。定义、层次标题和文内参见是百科全书条目与普通图书、论文不同的标志。下面分别说一下。

（关于定义问题，这里作了删节，详见"漫谈定义""条目的定义"两篇）

1. 定义的理由

百科全书是接着词典说下去的。词典回答的问题是"什么"（What），而百科全书除了"什么"还要回答"什么时候"（When）、"怎么样"（How）、"什么地方"（Where）和"为什么"（Why）等问题。

2. 定义的界定

《现代汉语词典》对定义的界定："对于一种事物的本质特征或一个概念的内涵和外延的确切而简要的说明。"

3. 定义的种类

内涵式定义就是通过定义项揭示被定义项本质特性或属性的定义方式。也就是通过揭示概念内涵的方式来给概念下定义。

内涵式定义的方式通常被称为"属加种差法"。可用下列公式表示：

$$被定义项＝种差＋邻近属概念$$

由于种差异是多种多样的，因而在应用实质定义的这一定义方式时，下定义的方式也是多种多样的。一般形式逻辑学书上会提到性质定义、发生定义、关系定义、功能定义。

4. 定义的规则

（1）被下定义的概念的外延与定义概念的外延必须相等。

（2）定义不能同语重复。或者说，定义项中不能直接或间接包含被定义项。

（3）正概念的定义不应当是否定式的。

（4）定义必须清楚明确，不能用隐喻之词。

5. 常见不当定义

（1）非定义句式

常见用"做什么""怎么样"的句子来下定义的，而非"是什么"。

示例：

航空气象学 automated reasoning　研究气象条件与飞行活动和航空技术之间的关系，航空气象服务的方式和方法，航天飞行器在地球大气层中飞行时的气象等问题。

（二版条目）

首句应该是定义，回答什么"是"航空气象学。这里的首句讲的是"干什么"。感觉句式不合适。需要改成"……的学科"。

（2）外延不等

示例 1：

浏览器 browser　观察网络的窗口以及在网上进行各种操作起始点的万维网客户端软件。

万维网之外的因特网、局域网客户端有没有浏览器呢？

示例 2：

背鳍 dorsal fin　在小型军用飞机的机身上从凸起的座舱罩后面一直向后延伸到垂直尾翼根部的突出部分。　（二版条目）

《现代汉语词典》："鱼类背部的鳍。"后者是本意；前者是转义。

（3）同语重复

示例 1：

半导体存储器 semiconductor memory　能按选择的地址进行数据写入和读出的半导体固体存储器。

（二版条目）

违反了定义规则之二。

示例2：

载人航天器（manned spacecraft）　用于载人航天的飞行器。

定义犯了同语重复的忌讳。

（4）夹带非本质内容

定义是"对于一种事物的本质特征或一个概念的内涵和外延的确切而简要的说明"。非本质的说明不应当夹杂在定义之中。或者说，不影响"是不是"的冗余说明都应该剔除。

（5）不下定义的情况。

见词明义的无须下定义。定义是回答"是什么"问题的。有些条目，看了标题，可以认定不存在这个问题，自然也就不需要定义了。

《体例》中有关于定性语的规定。定性语是非专指性的，以归类方式说明其属性。人物、地名、机构等条目一般要有定性语。

五、层次标题

（关于层次标题，这里作了删节，详见"条目的层次标题"篇）

1. 层次标题是百科全书的特点

层次标题是条目释文中各个层次的知识主题，是便于读者快速寻检的检索手段之一。

层次标题通常有一级、两级，三版设计最多设四级。

2. 层次标题用于大、中条目

长条目必须设层次标题。短条目一般不设层次标题。

3. 层次标题与条目释文提纲的关系

层次标题往往由提纲脱胎而来，但并不等于提纲。二者毕竟是两回事。

4. 层次标题前不加序号

层次标题前不加序号。这是百科全书的惯例。

5. 层次标题不能单蹦

任何一层标题必须有两个或者两个以上才能设立，要避免出现某个层次只有一个层次标题的现象。

6. 层次标题的呼应

一个条目中相邻的上下级层次标题要呼应。

同一层次几个标题要有一定的可比性，避免出现同一层次几个标题参差不齐的现象。

7. 下级条目标题不做本条层次标题

以往审稿中看到，一些条目以下级条目作为本条目的层次标题。这种做法不妥。

8. 层次标题与列项说明

按《体例》，条目标题最多设四级。有时条目内容比较复杂，可以利用列项说明的方式，增加一个层次。当然有些内容不便设立层次标题，也可考虑使用列项说明的方式。

六、链接系统

链接系统是帮助读者寻检查阅和展现知识脉络的手段。它把相互关联的条目或概念联系起来，有助于减少不必要的重复。三版的链接系统是《中国大百科全书》一、二版原有索引系统、参见系统的结合与升级。

链接系统包括外链接和内链接。

外链接指条目内容与《中国大百科全书》三版网络版之外信息资源的链接，主要通过条目的扩展阅读功能实现。

内链接是网络版内部条目之间的链接。内链接系统包括入口词链接、直接链接和参见链接。

鉴于全书每个条目都讲究独立完整，那么很容易遇到许多条目交叉重复的问题。大量的交叉重复，会浪费许多篇幅，降低全书有效知识容量。直接链接和参见链接就是解决这个问题的有效手段。

一个主题的知识，在许多条目中都出现，只需要在其中一个条目讲全、讲细、讲透。在其他条目提到了它，只要用参见的形式联系到那个讲透的条目就行了。提到它的条目保障了各自条目的完整性，又不必过于重复。读者需要时可以循着这个线索到相关条目去看。

直接链接：条目释文内提及的某一概念另有专条的，可用不同字体（如楷体）直接链接，指引读者参阅该条。示例：

太阳系有八个行星，即水星、金星、地球、火星、木星、土星、天王星、海王星。

参见链接：条目释文内涉及的某一概念另有专条但条目名称略有不同的，可用不同字体（如楷体）参见链接指引读者参阅该条。示例：

……现已公认 Be 星有星周包层（见星周物质）。

唐德宗建中元年（780）颁布两税令，实行"两税法"（见古代税法）。

在《中国大百科全书》一版、二版纸质版，这种形式被叫作文内参见，用得很普遍。网络版可以链接过去，比参见更方便。

遇下列情况之一时可设置链接：

（1）补充本条目内容；

（2）可加深对本条目的理解；

（3）能扫除本条目的阅读障碍。

同时，这种参见或链接也是隐含于释文中的一种检索手段。它把不同的条目联系起来，帮助读者参阅。

网络版的全书三版将文内参见系统扩展为链接系统，会给读者带来更好的阅读体验。这个系统会发挥更大的作用。

谢谢大家！

（2018-11-28）

谈谈审读和编辑加工 ①

一、基础

基础，说的是进行审读和编辑加工共同需要具备的基础，也是做好审读和编辑加工的条件和必要准备。

这个基础当然需要宽厚、坚实。这里只准备讲三点。

1. 理解编辑的职责

面对稿件，要清楚，哪些问题该由作者处理，哪些问题该由编辑处理。编辑不能代替作者，作者也代替不了编辑。

编辑与作者是分工合作的。分工明确，合作密切，全书质量才能得到保证。

作者撰稿，编委、主编审稿，侧重于保障内容质量。这个质量，主要体现为完备科学、准确、能够展示学界当今认识的新水平，有的百科全书表述为"全、准、精、新"。

编辑要做的，则侧重于保障形式质量。这个保障，体现为在内容审核的基础上着重进行体例、文字方面的加工。

在百科全书的编纂过程中，编辑会较多参与总体设计、条目组合工作，也意味着承担部分作者的职能，而总体上上述分工仍然是成立的。

2. 明确审读和编辑加工的任务

初审、复审都要面对全部稿件，贯彻体例，任务是一致的。"初

---

① 本文为 2017 年 7 月《中国大百科全书》三版内容中心业务培训讲稿。

审是三审的基础。"这是《图书编辑工作基本规程》确认的。《图书质量保障体系》规定：初审要"把好政治关、知识关、文字关"。初审做到位，复审才有可能顺利完成；初审不到位，复审没法做。

这里的初审、复审实际都承担着审读和编辑加工两大任务。

（1）审读

审读的目的，在于判断稿件是否"合用"。合用的再由责任编辑进行编辑加工。传统上，从理论上说，"审读和加工的任务不同，处理书稿一般不宜采用审读和加工合一的办法。"（阙道隆等，《书籍编辑学概论》）

然而，当前我们采用的恰恰是一边审读一边进行编辑加工的模式。当然，有可能责任编辑审编了一部分书稿，发现书稿不具备编辑加工基础而决定退给作者改写。复审者审编部分书稿，感觉质量太差，也会退给责任编辑重新加工或决定退给作者改写。加工了，又退，自然可能是做了些无用功。如果书稿质量原来有重大缺欠，却该退不退，勉强进行编辑加工，那就必然导致成书质量不高，甚至质量不合格。

通过审读，审查了稿件的可用性，要做出判断，决定"退稿""退修"或"接受"。对百科全书三版的情况而言，退稿的情况较少，退修的则是大量的，甚至是普遍的。对需要退修的稿件有必要提出具体的修改建议。

（2）编辑加工

编辑加工，是要在内容和形式上做全面、认真的审核和加工，优化稿件，使之进一步提高质量。

出版专业职业资格考试辅导教材《出版专业理论与实务》，初级本和中级本，这个教材想必大家都看过，里面关于审读和编辑加工的系统解说大家应该都熟悉。

教材指出：编辑加工整理时，必须遵循三大原则——尊重作者，忌强加于人；改必有据，忌无知妄改；依据规范，忌滥施刀斧。而对于新编辑来说，比较现实的问题是不知道稿件的缺陷在哪里，不知如何下手。

具体任务包括四个方面。

消灭差错。对于稿件中思想性、知识性、科学性和文字、语法、修辞、逻辑、标点符号等方面的差错也要一一改正。尤其要注意消除常识性错误，如人名、地名、年代等方面的讹误。

润饰提高。编辑根据出版目的和读者对象特点，对稿件进行增删、修饰，使其质量得到提高的工作就是"润饰提高"，具体包括强化主题、调整结构、理清层次、梳理文字、删削赘文、弥补缺漏等。

规范统一。规范是指按照国家的规定统一有关用法。如科技名词的选择，数字用法，标点符号用法，简化字、繁体字、异体字的使用，外文字母的大小写等方面，都有明确的规范要求。如果作者用得不合规范，编辑加工整理时应该将它们一一改正过来。统一是要求同一部稿件中的人名、地名、书名、事物名、相关的材料和数据及格式等前后一致。

其他工作。编辑加工整理还包括核对引文，查对资料，校订译文，推敲标题，撰写和规范辅文等工作。

3. 熟悉《体例》

《体例》作为全书编纂的规尺，既是作者撰稿的指南，也是编辑审稿和编辑加工的依据。有人把它称为全书编纂的"宪法"。

几万名作者，几十万条目，如果没有体例的规范，各行其是，形同一盘散沙，是不能成为一部合格的百科全书的。编辑要向作者宣贯体例，更要身体力行，执行体例。还要研究体例，丰富体例呢。

遗憾的是，常常看到编辑提交的稿件中一些明显不符合体例的问题没有改。说明编辑人员没有认真读过《体例》。这怎么行啊！

现在的《〈中国大百科全书〉第三版网络版编写条例》（试行），通称《体例》，是2014年以来三版内容中心体例研究的阶段性成果。2015年曾推出《体例（草案）》，17章，14276字符，版面字数 24000 字。各学科试用，对于网络版的启动发挥了重要作用。取得了一些经验。也发现有些编辑和作者对部分事项产生了一些误解，感觉《体例（草案）》还有规定不够具体、明确的地方。

2016 年 10 月社里启动了三版体例修订工作。

截至 2017 年 4 月，半年里，三版内容中心审读室多次召开会议，反复研究修订稿的起草。多媒体部参与起草了有关部分。修订稿几次征求数据部、技术与运营中心、地图部等的意见，征求了顾问委员会的意见。黄鸿森、孙关龙等老师都提出了很多具体的修改意见；刘杭副总编几次主持召开全社性的研讨会；执行总主编杨牧之还专门听取审读室汇报，就有争议的问题做出决策。

先后经过十一稿，形成目前这个 37 章，32092 字符，版面字数 64000 字的本子。

结构大体保持一版、二版体例的分章列条款的形式，内容力求完备，继承一版、二版体例成果，纳入新的经验教训，注重网络版创新。这是集全社之力形成的全书编纂规范文件，来之不易，值得重视。

所以，在这里，要郑重地呼吁，请各位仔细读几遍《体例》。各项条款，同意的，就要认真执行；不同意的，可以提出来，再研究，不能置之不理。

二、审读

在以下的审读和加工两个部分中，将结合半年多以来见到的一些学科的稿件实例，跟大家做些讨论。这些实例，都跟有关编辑做过沟通。拿到这里来进行交流，是因为觉得可以对其他学科的编辑提供一点有益的参考和借鉴。尽管不同学科专业内容有所不同，但百科全书的编纂模式是同一个，道理是相通的。

具体审读的事项当然是很多的，这里准备选讲比较重要的三项。

1. 条目表

任何一级审稿，任何人，接手任何一个学科的审稿，都有必要从审核条目表入手。

设条是否完备？有无不应设的条目？大小是否得当？条目标题用字是否符合规范？按分支体系分层级排列的框架结构是否合理？这些都是必须考虑的问题。

这里首先要就"虚条"问题说几句。

表1 农业工程条目表（第四稿局部）

	〔水产机械〕	2							三稿	虚条
304	水产养殖机械	3		新增	短	概念条		三稿	
305	投饲机	4		新增	短	实物条		三稿	
306	网箱养殖设备	4		新增	短	实物条		三稿	
307	水体净化设备	4		新增	短	实物条		三稿	
308	贝藻类养殖机械	4		新增	短	实物条		三稿	
309	高密度育苗设施	4		一版	短	实物条		三稿	可撰写
310	颗粒饲料加工机械	4		一版	短	实物条		三稿	可撰写
	活鱼运输装置	4		一版			参见条	三稿	参见水产

这是一个学科条目表的局部（见表1）。其中表示条目集合的词语"〔水产机械〕"，被标注为"虚条"。这里有误解。

和"虚"相对的，当然是"实"。与"虚条"相对的应该是"实条"。

人们习惯上称实际撰写的，独立、完整地介绍一个知识主题的条目为实条。

《中国大百科全书》第一版、第二版都有"参见条"的设置。"参见条"是什么？实条？虚条？

这里的参见条是基本不写释文而指引读者阅读另外某个条目的条目。参见条有中文条头、汉语拼音、外文条头，但一般没有释文或只有很简短的释文。显然，参见条可以说是"条"，但与人们平时讲的实条还是不同的。

实际上，一、二版编撰期间，参见条一直被叫作"虚条"。

第一版的《〈中国大百科全书〉编写条例的补充规定》"4.2"明确规定："条目分类目录中参见条（虚条）标注页码，取虚实条兼注的方式，虚条页码在括号外，实条页码在括号内。"

类似"〔其他机械〕"这样的词语不能叫"条"，不是"虚条"，应该叫什么？

查《〈中国大百科全书〉成书编辑体例》（1986 年 3 月 6 日总编辑会议通过）：

> 7-4 不设条目的上层次主题，可用六角括号设分类集合的提示标题，如〔各国体育概况〕、〔天文学家〕，但应尽量少采用这种方式。

可见，它本来是有名称的，叫"提示标题"。

因此，《〈中国大百科全书〉第三版网络版编写条例》（试行）"2.9"："分类条目表由实条、参见条、提示标题构成。"

下面以"农林经济管理"学科条目表为例做一点探讨，涉及框架构建、条目设置、条头拟订等不同层次的问题。

（1）分支体系

框架结构，体现学科知识体系，包括分支体系和层级排列纵横两个方面。

约 2745 条，18 个分支，依次为："农产品国际贸易""农业经济史""农业经济思想史""农垦""农业生态区划""畜牧业""乡村工业""农村社会保障""林业经济管理""农村产业结构""农业物质要素投入""农业统计与核算""农业科学技术""种植业""市场流通价格""消费、农产品质量与安全""农业资源环境""农业法规"。

分支次序应考虑逻辑关系。一般从基础到上层，从古老到高新，从核心到边缘。依此，"农产品国际贸易"应排在后面；"种植业""畜牧业"应排到"农垦"之前；"农村社会保障"亦应排到具体产业之后。

（2）层级排列

不能有"断层"和"夹层"。例如分支首条。多数分支1级条起始，有的分支（如"农业经济史"）却无1级条。"农垦"分支开门就是3级的"〔屯垦史〕"，"畜牧业"分支开门就是3级条目"牧区"。"农村社会保障"分支首条"农村社会保障"被列为2级。"农业法规"分支首条"农业法规"被列为2级。有的二级条目之下直接就是4级条目。

"农业统计与核算"分支下列8个1级条目："农村社会经济统计""农业统计""农业生产要素统计""农产品生产统计""农村经济调查""价格统计""农业产出统计""农业经济效益统计"。

这里有几点疑问。一是：8个1级条目是否并列？"农业统计"似乎含义较广。二是：先后次序是否最佳逻辑顺序？三是：从8个1级条目看不到"核算"，为何分支名称要有"核算"？

（3）分支名称

通常分支名称会是分支首条。这里情况有些不同。

"农产品国际贸易"分支首条为1级条"农产品贸易、贸易理论和方法"。

"农业经济史"分支无1级条，首条是2级的中国原始农业。

"农业经济思想史"分支1级条为"中国农业思想史"，其上有条目"农业经济思想史"，未标层级，难道是0级？这是为何？

"农业物质要素投入"分支首条是2级条目"农业土地"。

"农业统计与核算"分支首条是1级条目"农村社会经济统计"。名称与分支名称不同。

"农业科学技术"分支首条是1级的"农业科研"，名称与分支名称不同。

"种植业"分支的首条"粮食经济"条是1级，名称与分支名称不同。下面还有1级条目"棉花经济""麻类经济""油料经济""糖料经济""蔬菜经济""果品经济""茶叶经济"。分支又是0级？

"市场流通价格"分支首条是1级的"农村产业经济"，下有1级条目"农产品市场与流通"。之下大多数条目并非价格，如"乡村工业""农产品加工业""农产品加工企业""合作经营工业"等。是分支名称问题，还是条目设置问题？或许可以考虑移除部分条目后改为"市场流通"分支。

（4）相关学科条目

条目设置中，重要的问题是相关学科条目交叉重复的处理问题。

有些条目并非本学科特有的知识，或非本学科核心知识，可能属于其他学科。例如："最优关税""特定产品""产业链""财务包干"等就并非农业特有事物。"农业统计与核算"分支2级条目"农业全要素生产率统计"之下有三级条目"所有制""农地产权"及"承包权""均田制""官田""屯田制"等条目，主题似乎游离。

有些条目，学科属性不很明显，例如"公益性服务""经营性服务""定岗服务模式""委托服务模式""生产性服务外包""服务网络型""政府引导型""龙头带动型""创业平台"等，但显然并非本学科独有。应否列在本学科是有疑问的。

有些条目，学科属性相对很明显——其他学科属性较重。例如："三来一补""专业市场"应是经济学中的必要知识主题。"小儿营养不良"为医学（儿科学）核心内容。"人口抚养比率"为社会学基本知识，"秘鲁养老保障制度""新加坡养老保障制度""日本养老保险制度"等亦宜归属社会学。"以药补医""异地就医""医疗转诊制度""大病统筹模式""药品报销目录"等应归属卫生管理学。"中国农业银行""中国邮政储蓄"应属于金融。"杂交优势""转基因新品种""基因漂移"应属生物学。未见查重信息不等于没有问题。相应学科不写不合道理。

"康熙帝""乾隆帝"已经知道在"大历史"中会写，会有专条，还在本学科"撰写"，不知道理何在。本来，其作用在相关综述条目中提及即可。

"忽必烈"，在"历史"和"民族"中的地位都比在农经管中重要，"洛伦茨曲线"属于统计学基本知识，"暂缓"也无意义，本学科就不应设条。

"毛泽东""邓小平"等，"列而不写"亦无必要。根本就不必列。否则，怕可以列到上百个学科吧？"世界卫生组织""世界银行""都江堰""灵渠""一条鞭法"亦属此类。

分支间重复的条目，也应考虑取舍。

（5）隐性重复条目

学科条目查重往往难以发现隐性重复条目，需要编辑给予特别关注。不能把任务交给软件就完事了。

"农林经济管理"学科"农业物质要素投入"分支的"土壤耕作机械"与"农业工程"学科"农业机械化与装备工程"分支的"耕地机械"便值得辨析。

学科内部也有同类问题。

"农村社会保障"分支的"留守儿童"与"农业物质要素投入"分支的"农村留守儿童"，就应该是一个主题。

（6）"和"字条

"农产品国际贸易"首条"农产品贸易、贸易理论和方法"含有顿号与"和"字，行内习称为"和"字条，实际是三项内容。这种形式可用于教材，却不能用于百科全书的条目标题。百科全书的条目标题必须保证单义性，才便于检索。

（7）条头标点

"《人畜两旺》方针"《三不两利》政策"《三包一奖》制"《两定一奖》制"等条目中的书名号应该为引号。

（8）人称

"农业科学技术"分支有条目"世界农业的推广方式""我国农业的推广方式"条。"我国"，按《体例》要求，第一人称词是不能出现在释文中的，自然更不能出现在条头中。"的"字条，显示条目主题松散，需要考虑是否两条合并为"农业推广方式"。

（9）结论

一个学科，内容一般分为几个板块，落到条目表中就是几个分支。分支次序应体现逻辑性。板块名，即分支名，宜作为分支首条。如果学科条算作"0"级，分支条就是 1 级。

各分支，内容往往还会分为若干块。相应条目有 2 级条目、3 级条目……。条目层级从上往下，依次排列，不能有断层。至于排到几级，则不作要求。不要求不同分支相似内容的层级可比性。

条目设置应坚守本学科属性。属于本学科核心内容的，可以多设、详设；非本学科核心内容，就要少设。其他学科的核心内容，不要在本学科设条。要理解，三版是综合性百科全书，现在只是分学科撰稿，完成后是要汇聚到一起统一显示和检索的。如果各学科都过分求全，导致大量重复撰写，许多将成无用功。

2. 条目分类编写提纲

百科全书撰稿，要求对条目进行分类，针对不同类别拟订不同的释文编写提纲。提纲中规定某类条目释文中大致撰写哪些内容，按何顺序撰写。可以说，条目分类编写提纲是根据各类知识主题大体上所包含的内容要素，以及全书的特殊编撰要求所制订的不同类型条目的编写模式。

它通过释文结构和程式的规范化，保证同类型条目的一致性，防止内容要素的遗漏。统一的内容安排和陈述次序也便于编者组织条目的内容，便于编辑审稿，便于读者查阅。是作者撰写和编辑审稿的重要依据。

显然，编教材、写论文，都没有分类提纲一说。作者对这种形式不熟悉。这种要求，是百科全书编纂的特殊要求。实际上，这也是工具书通用的编撰方式。

《〈中国大百科全书〉第三版网络版编写体例》提供了 12 类条目提纲示例。显然，不能设想把几十万条目头归到那 12 类中去。曾拟订过 168 个类别条目提纲，无疑花费了难以计量的心力。然而事实上仍然无法满足 104 个学科几十万个条目的需要。有时一个类别的条目在不同学科也是需要有不同提纲的。最清楚某类条目应该写什么的，毫无疑问，是那个学科的专家。编辑只要把分类编写提纲是怎么回事介绍清楚，适当参与商讨就行了，不必越俎代庖。

《〈中国大百科全书〉第三版网络版编写体例》"4.3"："各学科应根据本学科条目类型实际情况，参照出版社提供的常用条目分类编写提纲示例，选择或拟订出适合本学科的各类条目分类编写提纲，提供本学科撰稿人参考。"

由专家自己拟订分类，可以确保分类更切合学科条目的实际，更便于实施。

编辑审读要做的事，是看看学科专家是否理解了拟订分类编写提纲的原则和方法，提出的分类编写提纲是否符合本学科的实际，具体条目的归类是否得当。

（1）条目归类

有时候可以通过层次标题的设置就看出分类编写提纲的基本内容。

"耕地机械"条。这个条目原有一级层次标题六个：定义、概况、目的、种类、农业技术要求、意义和影响。"定义"删去后还有五个。

经查，原来释文采用的类别是"概念"。

感觉内容有偏差。概况、目的、意义和影响似乎都不必设为标题。不知为何不设"机械"类，介绍其原理、结构、功能、技术要求等。

"施马伦贝格病毒感染"条。分类为"事实现象条"，偏于笼统，可考虑设为"兽病类"。

"肝脏代谢"条。此条标注条目分类为"理论学说条"。实际并没有按照理论学说的编写提纲写。学说类提纲要求的"形成和发展过程""创建人或奠基人，主要代表人物""应用范围、作用和影响"就根本没写。没写，不怪作者；没写，恰恰是实事求是。说到底，"肝脏代谢"根本不是"理论学说"。

有编辑提到，专家表示"分支基本上都是与样条同类型的条目（理论类、现象类）"，所以，应该可以专门拟订一些适用于本分支的类别，比如，过程类、功能类、调节类、代谢类，是否可以考虑？我觉得是个好主意。

（2）提纲的落实

审读时要检查条目释文是否落实了释文提纲的设计。

有时候提纲设计很好，但释文却没有按照提纲撰写。

要注意层次标题系统与释文提纲并不是一回事。例如，提纲提到的"基本内容"往往需要在层次标题上具体化。

内容不完整的，就要退作者对内容做补充和修改。

3. 著作权

确认无著作权违规情形。

作者签署著作权确认书，"承诺所撰写的内容没有侵犯他人著作权和其他权益的内容。如果因所撰写的内容侵犯他人著作权等权益的，由本人承担所有责任。"并非就万事大吉了。出了问题，受损害最大的是出版社，是《中国大百科全书》的权威性。

图片要注意区别原创还是引用，交代来源。

从网上下载来的大段文字需要识别。常见一段文字是抄来的，又抄错了，交来的稿件质量还不如网上原文。

三、加工

编辑加工，千头万绪，这里只能就比较常见的、问题较多的事项，结合条目实例做一些讨论。

1. 定义

2016 年 11 月曾经讲过《定义漫谈》和《条目的定义》，对有关定义的一般问题和常见的条目中的定义错误类型做过一些探讨。从半年多来所见到的条目稿件情况看，定义仍是问题最多的地方。

百科全书是接着词典说下去的。词典回答的问题是"什么"（What），而百科全书除了"什么"还要回答"什么时候"（When）、"什么地方"（Where）、"怎么样"（How）和"为什么"（Why）等问题。

回答是"什么"，这就是定义的任务。定义是"对于一种事物的本质特征或一个概念的内涵和外延的确切而简要的说明"。

具体来说，我们要通过编辑加工，让定义揭示本质特征，使得表述确切、简明，包括文字结构得当，标点符号运用恰当。

（1）揭示本质

猴结核病（Monkey tuberculosis）　由分枝杆菌属（Mycobacterium）的三种分枝杆菌引起的人畜共患慢性消耗性传染病。其特征是动物逐渐消瘦，在组织器官内形成结核结节和干酪样坏死。（兽医学）

定义揭示了三种特征（分枝杆菌、人畜共患、慢性传染病），却把最本质的特征（形成结核结节和干酪样坏死）放到了定义之外。建议参考学者给出的另一个定义：

由结核分枝杆菌引起的，以在猴的多种组织器官中形成结核性结节肉芽肿和干酪样钙化结节病灶为特征的人兽共患性慢性传染病。[①]

（2）确切

在采用内涵式定义即"属加种差法"时，常常在"邻近属概念"的选择上出问题。当然在"种差"上也是问题多多。

腹水（Ascites）某些病因导致的腹腔内聚积的液体。它是一个临床体征，不是一种独立的疾病。

定义落脚为"液体"。而后说它是"临床体征"，不是"独立

---

① 王彭军. 猴结核病 [J]. 中国人兽共患病杂志 .2000.16（3）:89.

一

全
书
工
程
探
讨

的疾病"。概念含混了。不知是否明确交代本义和转义更好些：某些病因导致的腹腔内聚积的液体，也指腹腔内病态聚积液体的临床体征。

肝脏代谢（metabolism of liver）在肝脏中进行的各种营养物质的代谢活动以及药物、代谢废物等的代谢转变。

　　基本内容……

定义落脚到"代谢转变"，从"属概念"选择的角度来看，不够妥当。定义的属概念应该回答"是什么"，而非回答"做什么"的问题。不知可否把代谢理解为一系列反应的过程。

其次，本条定义也涉嫌"同语重复"。这里，定义项中直接包含被定义项"肝脏代谢"。不能用代谢解释代谢。

在一个外行看来，肝脏代谢似乎是：在肝脏中各种营养物质以及药物进行的一系列化学反应的过程。

顺便说一下，"基本内容"是条目释文中的层次标题，也是本条目唯一的一级层次标题。《〈中国大百科全书〉第三版网络版编写体例》"7.8"："任何一层标题必须有两个或者两个以上才能设立。要避免出现某个层次只有一个层次标题的现象。"只有一个，那就根本无须设为标题。

其次，应该说明，"基本内容"是提纲用语，作为条目释文中的层次标题往往显得大而无当，过于笼统。一般说来，在具体的条目释文中，需要把"基本内容"具体化。

词汇　一个语言中词语的总汇，如汉语词汇、英语词汇；还可以指某一个人或某一作品所用的词和固定短语的总和，如鲁迅的词汇、《史记》的词汇。（社科词条库·语言文字学·词汇学）

语言论"个"？"一个"改为"某种"。前一分句用"词语"，后一分句用"词和固定短语"，不统一。

《现代汉语词典》："一种语言里所使用的词和固定词组的总称，如汉语词汇、英语词汇。也指一个人、一部作品或一个领域所使用的词和固定词组，如鲁迅的词汇、《红楼梦》的词汇。"

（3）简明

兽医毒理学（Veterinary Toxicology） 毒理学与兽医学相结合的一门学科，运用毒理学方法研究动物可能接触到的有毒有害物质及其与动物机体之间的相互作用，即研究有毒有害物质对动物机体的危害和作用机理以及动物机体对有毒有害物质的吸收、分布、代谢和排泄，提出有毒有害物质不利影响的有效防治措施及其毒理学安全性评价等内容的学科，又称动物毒理学。（兽医学）

一句话，146个字，臃肿。宜剥离非本质属性，可变成三句话：研究有毒有害物质对动物机体的危害和作用机理以及动物机体对有毒有害物质的吸收、分布、代谢和排泄，提出有毒有害物质不利影响的有效防治措施及其毒理学安全性评价等内容的学科。又称动物毒理学。是毒理学与兽医学相结合的学科。

舌下络脉 指位于舌系带两侧纵行的淡紫色大络脉，管径小于2.7mm，长度不超过舌下肉阜至舌尖的五分之三。

字数倒不多，但显然"管径"以下不属定义，可为另句。另外定义开头不用"指"字，这个问题下面还要说。

（4）数字用法

相兼脉 29脉中二种及以上的脉象相兼出现形成的脉象。

《中国大百科全书》第二版："常见病脉有28种。"此处定义用阿拉伯数字别扭。

（5）标点符号

脑心肌炎病毒（Encephalomyocarditis virus，EMCV） 微RNA病毒目（Picornavirales）、微RNA病毒科（Picornaviridae）、心病毒属（Cardiovirus）的唯一成员，可引起以脑炎、心肌炎或心肌周围炎为主要特征的急性传染病。

前半句不可用顿号，应删。目、科、属，非并列关系。"成员"，有点模糊，是否为"种"？

后半句有疑问。脑炎、心肌炎或心肌周围炎，本身都是急性传染病吧？如何"为主要特征"？

（6）定义违规

曾经讲过定义有四条规则：①被下定义的概念的外延与定义概念的外延必须相等。②定义不能同语重复。③正概念的定义不应当是否定式的。④定义必须清楚明确，不能用隐喻之词。

核心词 基本词汇中最核心的部分。

什么叫"核心"？ 定义并没有解释。这已经犯了"同语重复"的忌讳。又出来个"最核心"。是否还有"一般核心"？那些个不够"最"的核心算什么？ 这就又违反了"被下定义的概念的外延与定义概念的外延必须相等"的规则。

常用词 当代社会生活中最常用的词。

这一条的问题与上一条类似。"常用"与"最常用"，不是一回事吧？违反了"被下定义的概念的外延与定义概念的外延必须相等"的规则，也犯了定义不能同语重复的忌讳。按规则，定义项中不能直接或间接包含被定义项。

（7）系词省略

《体例》规定定义放在释文开端，其书写应遵从主语承前省略原则。"是""指"之类系词亦应省略。

望诊

定义 指医生运用视觉观察人体全身、局部的变化及其排出物的变化，以了解健康状况、病情轻重，诊察疾病的一种方法。（传统医学）

闻诊

中医诊断方法之一。是医生运用自己的听觉和嗅觉，通过对患者发出的声音、呼吸、语言、咳嗽、呕吐、呃逆、嗳气、太息、喷嚏、呵欠、肠鸣等各种响声和患者发出的异常气味、排出物的气味及病室的气味来诊察疾病的方法，为四诊之一。

舌诊

舌诊是通过观察舌质和舌苔的变化，诊察机体生理功能和病理变化的诊察方法。是望诊的重要内容，是中医诊法的特色之一。

"望诊"条，"定义"无须作为层次标题。定义开头不必用"指"。定义中不必称"一种"。

"闻诊"条，"中医诊断方法之一。"非定义，可移到定义后。定义开头不用"是"。"为四诊之一"亦非定义，可析出。

"舌诊"条，定义开头既不重复被定义的词语，也不用"是"。句中两个"诊察"，重复，可换下一个。

（8）同类定义模式化

《体例》规定："同类型条目的定义，应模式化。"

"望诊""闻诊""舌诊"属于同类型条目。定义种差有的提"医生"，有的不提"医生"，有的说"人体"，有的说"患者"，有的说"机体"（这是对的）；属概念有的叫"诊察疾病的一种方法"，有的叫"诊察疾病的方法"，有的叫"诊察方法"。显然句式缺乏可比性，离"模式化"距离更远。

（9）定性后置

既有定义，又有定性叙述的，定性叙述应放在定义之后。

肝硬化（cirrhosis） 各种慢性肝病的终末阶段。以纤维化和再生结节取代正常肝脏结构为特点的肝脏弥漫性病变。症状由于门静脉高压和肝功能不全引起，分为代偿期和失代偿期（出现腹水、黄疸、胃食管曲张静脉出血、肝性脑病等）。（现代医学·消化病学）

此首句作为定义不合适。"各种""终末阶段"都不是疾病的本质特征。或许可以将首句和次句换位，拿原来的次句作为首句定义。而所述"取代"意味着什么，功能减退等，关乎病变本质，似应予以指明。

（10）又称后置

有"又称"的，"又称"应放在定义之后。

衍文

校勘学术语，也叫"衍字"，简称"衍"。指同一文献的某个语段在传抄、刊刻过程中比原本多出来的字词。（语言文字学·训诂学）

定义应作首句。删"同一"。试改如下：

文献在传抄、刊刻过程中某个语段比原本多出来的字词。也称"衍字"，简称"衍"。校勘学术语。

2. 层次标题

前面谈条目分类编写提纲时，对层次标题已经有所涉及。从某种意义上来讲，二者互为表里。层次标题往往成为在中长条目中条目分类编写提纲的一种呈现方式。实际编辑加工工作中，层次标题也是需要关注的重点之一。

微生物学

发展简史

微生物的发现和形态描述研究阶段

微生物学的形成和开始发展阶段

微生物学全面发展阶段

多学科交叉促进微生物学全面发展

应用微生物学全面发展

微生物学推动生命科学的发展

微生物学发展的特点和趋势

微生物学全面进入"组学"时代

微生物生态、环境微生物的研究进入最好时期

对重大传染病的病理病因及抗药性问题的研究倍受重视

嗜极细菌（包括海洋微生物）和古菌成为新的研究亮点

微生物学科内、外的整合和交叉，获得新的发展

微生物产业将呈现全新的局面

合成生物学将促进微生物学的发展

不断挖掘微生物资源，发现微生物新种和新特性

中国微生物学的建立和发展

从上述层次标题设置看，这不像学科条目"微生物学"，像是"微生物学史"。建议参照学科类条目提纲撰写。

微生物

主要特征

生长繁殖极快

适应性极强

分布极广

二级层次标题用了几个"极"。百科释文最好不用"极"字，以免遭到"不严谨""不科学"的指责。

香椿芽

形态和类型

栽培

采收

繁殖

用途　（园艺学）

本条目一级层次标题有五个。从释文看，实际写的是香椿形态和类型、香椿栽培、香椿芽采收、香椿繁殖、香椿芽用途。感觉主题游移不定，结构混乱。需要明确条目是"香椿"，还是"香椿芽"。

腹水

发病机理

这是本条第一个层次标题。释文开头已经明确不是"独立的疾病"，这里说"发病"就别扭了。

3. 外文

审核外文的正确性及对应性。确保拼写正确，大小写、缩写、正斜体无误。

4. 审核名词术语

注意名词术语的规范性，以国家名词委公布的、国家规划教材使用的、学科界内认可的为标准。

5. 核对资料和引文

释文引用资料必须正确、可靠，具有权威性。引文注意控制数量，同时注意核对引文内容，以及审核版本的选择。

6. 插图

图片内容是否与文字内容搭配？图号（只附一幅图不标图号）、图题、图注是否正确？线条是否清楚？图字是否正确？大小是否合适？

7. 表格

是否只能使用三线表？

试看现代医学内科学条目"Child Pugh 分级"附表：

肝硬化病人 Child-Pugh 分级标准

临床和生化指标	分数		
	1	2	3
肝性脑病（级）	无	1 ~ 2	3 ~ 4
腹腔积液	无	轻度	中重度
SB(微摩尔 / 升)	<34	34 ~ 51	>51
白蛋白（克 / 升）	>35	28 ~ 35	<28
凝血酶原时间（INR）	<1.3	1.3 ~ 1.5	>1.5
或凝血酶原时间较正常延长（秒）	1 ~ 3	4 ~ 6	>6

* PBC: SB（μmol/L）17 ~ 68 1 分 ;68 ~ 170 2 分 ; >170 3 分。

总分：A 级 ≤ 6 分；B 级 7 ~ 9；C 级 ≥ 10 分。

"肝硬化病人 Child-Pugh 分级标准"感觉是有意做成"三线表"。窃以为，对这种数据比较多的表格，如果中间有栏线、行线，可能看起来更清楚些。

国家标准《学位论文编写规则》"建议采用国际通行的三线表"，但《〈中国大百科全书〉第三版网络版编写条例》（试行）并未规定必须用三线表。

正在制定的新闻出版行业标准《表格》也拒绝"建议采用三线表"（此行业标准已通过全国征求意见程序）。[①]

有些内容复杂的表格，勉强用三线表，反而不如用全线表看起来清楚。还是实事求是，根据表格内容的实际选择合适的形式好。目前制表用计算机，做全线表并不比省线表（如三线表）费劲，不像原来铅字排版，多条线十分困难。

8. 处理交叉重复

本卷不同条目中内容的交叉重复要严格控制。其他卷有同名条目的，要突出条目释文内容的本学科侧重点。

《经传释词》

> 王引之（1766～1834），字伯申，号曼卿，王念孙长子，江苏高邮人，曾奉旨勘订《康熙字典》讹误，撰成《字典考证》；有《经义述闻》32卷，《经传释词》10卷。后人辑有《王文简公文集》。

这一段，与《春秋名字解诂》释文相应段落一字不差，与专条"王引之"亦重复，可删，留一链接即可。

9. 链接系统

适当联系上下级条目，联系同级条目。建立文内参见系统，对于全书的形态影响至关重要，此事只能由编辑来做。编辑需要仔细审核参见条的有无，内容是否恰当、相符。

---

① 2019年5月29日，中华人民共和国新闻出版行业标准《学术出版规范 表格》（CY/T 170—2019）正式发布。

腹水

治疗　主要根据病因选择不同的治疗方法。对高 SAAG、有肝硬化门脉高压的腹水患者主要使用利尿剂和限盐治疗（见肝硬化条目中腹水的治疗）。

本条是"腹水"专条，"治疗"参见"肝硬化"条的"腹水治疗"部分，感觉不合适。反倒应该是"肝硬化"的"腹水治疗"参见"腹水"条。

《佛典与中古汉语词汇研究》

④探讨了词义演变的过程，提出了"词义沾染"这一语义变化机制，认为一个词的意义有可能受到与其经常连用的词的影响而发生变化［见词义沾染（词义感染）］。

释文各段落前圈码序号可删。

参见条不做链接。"（词义感染）"应删。

"词义沾染"是实条，可直接作超链接，不必另用"见×××ｘ"。

10. 文字加工

《〈中国大百科全书〉第三版网络版编写条例》（试行）有第6章"释文"，列有14条。实践中遇到的文字加工问题可能列几十条、几百条也无法穷尽。需要各位调动自己的文字修养，认真推敲。至少，避免出现硬伤。

佛手瓜　嫩茎叶称为龙须菜，也可食用。

改为：嫩茎叶也可食用，称为龙须菜。

白细胞破碎性血管炎

1～2毫克/千克/天

按大百科全书体例，释文单位用中文符号，这没错，但从单位使用规范看，仍有问题。应改为"1～2毫克/（千克·天）"。

中国农业科学院农田灌溉研究所　现有在职人员145人，含科技人员115人，其中研究员12人，副研究员27人，助理研究

员 43 人；拥有博士学位 23 人，硕士学位 46 人。（农业工程）

"现"是哪年？

草鱼 净增 1 千克草鱼需水草 60 ～ 80 千克或陆生旱草 20 ～ 25 千克。

不通。应是：

草鱼净增 1 千克体重需水草 60 ～ 80 千克或陆生旱草 20 ～ 25 千克。

兽医外科学 兽医外科学的研究内容包括兽医外科学和兽医外科手术学两个部分。

A=A+B，莫非 B=0 ？

网室

分类

根据网室根据屋面形状可分为平顶网室和拱顶网室；根据网室的连跨数可分为单栋网室和连栋网室。网室所用网材按照材质分可分为金属网材（包括不锈钢、黄铜等）和塑料网材（包括聚乙烯、聚丙烯、尼龙等）。按照网按照的结构分可分为编织网（线与线之间交叉搭接）、针织网（线与线之间相互搭扣形成持久的节点）和打孔网（在塑料薄膜上满打"微孔"）。

读不通，打回一次，再发来，仍旧读不通。

11. 其他

编辑加工的范围很广，可以称得上广阔无边，但至少要保证全面贯彻《体例》。还有许多《体例》没提到的问题也是要处理的，所以这里留一个"其他"的口子。说"其他"，容易漫无边际，这里要说一下"文不对题"的问题。

鳊

养殖现状及前景

脂肪丰富，肉质鲜美，食用以清蒸最佳。

层次标题下面的文字是否离题？

213

兽医微生物学 （Veterinary microbiology） 研究动物微生物的生物学性状、致病特性以及在一定条件下与动物机体相互作用关系的一门学科。

定义不必说"一门""一种"。

重要学术机构与学术刊物

国际上最著名的微生物学相关学术机构是美国微生物学会（American Society for Microbiologists, ASM），创立于 1899 年，是生命科学领域中全球最大且历史最悠久的会员组织。中国微生物学会（Chinese Society for Microbiology, CSM）成立于 1952 年，下设 18 个专业委员会，其中兽医微生物学专业委员会成立于 1979 年，1992 年以前挂靠于江西省科学院，1992 年后挂靠于中国兽医药品监察所，首任主任委员程绍迥先生。至 2016 年，在中国大陆 22 个省、4 个直辖市、5 个自治区均设立了地方微生物学会，有的地方学会还专门设立了兽医微生物学专业委员会，如北京、上海、江苏等微生物学会。

国内外有关微生物学方面的学术刊物很多，……

定义不必用"一门""一种"之类词语。

重要学术机构部分行文明显感觉是介绍"微生物学"而非"兽医微生物学"。着眼点需挪正。

"国际上最著名的微生物学相关学术机构是美国微生物学会（American Society for Microbiologists, ASM），创立于 1899 年，是生命科学领域中全球最大且历史最悠久的会员组织。"这就离题了。没有说国际上的兽医微生物学机构如何。"中国微生物学会（Chinese Society for Microbiology, CSM）成立于 1952 年"，亦属离题。

可以考虑说："国内有 1979 年设立于中国微生物学会之下的兽医微生物学专业委员会，是其 18 个专业委员会之一……""国内外专门的兽医微生物学刊物不多，著名的只有 1 种，即荷兰的 Veterinary Microbiology，专门刊载家畜和家禽等动物微生物疾病的病原、免疫、传染、预防等方面论文，是兽医微生物学领域公认的权威期刊。而《微生物学报》《病毒学报》等相关期刊则刊载兽医微生物学论文。"

动物生理学（Animal physiology） 以动物为研究对象，从整体、器官与系统、细胞和分子等不同层次和水平阐明动物机体正常生命活动规律的学科。……

分类

根据研究对象的不同，生理学有人体生理学、动物生理学、植物生理学和微生物生理学等的分类法。通常所说的生理学是以人和高等动物为研究对象的。如果以研究层次的不同来划分，又派生出整合生理学、器官系统生理学与细胞分子生理学。从生物的不同进化阶段的生理特征为研究对象，又派生出了发育生理学或比较生理学。此外，根据不同的研究对象和目的，生理学还有更多的分支，如心血管生理学、神经生理学、内分泌生理学、消化生理学、呼吸生理学、泌尿生理学、生殖生理学、皮肤生理学；以及环境生理学、运动生理学、营养生理学、病理生理学等。……

发展简史

近代生理学诞生于 17 世纪。1628 年，英国医生威廉·哈维（William Harvey, 1578 ~ 1657）发表了有关血液循环的著作《动物心血管运动的解剖研究》，第一次证实了人和高级动物的血液循环。1661 年，意大利解剖学家马塞洛·马尔比基（Marcello Malpighi，1628 ~ 1694）发现了毛细血管，进一步揭示了循环生理的基本规律。法国哲学家勒内·笛卡尔（Rene Descartes，1596 ~ 1650）首先将反射概念应用于生理学，这一概念为后来神经系统活动规律的研究提供了基础。18 世纪，法国化学家安托万 - 洛朗·德·拉瓦锡（Antoine-Laurent de Lavoisier，1743 ~ 1794）指出：呼吸过程如同燃烧一样，都要消耗氧产生二氧化碳，这为机体新陈代谢的研究奠定了基础。

19世纪，法国生理学家克劳德·伯尔纳（Claude Bernard，1813～1878）提出了内环境的概念，此后内环境稳态成为生理学最重要的理论之一。

进入20世纪，生理学研究在各个领域成果显著。1902年，英国生理学家恩内斯特·亨利·斯塔林（Ernest Henry Starling，1866～1927）和威廉·马多克·贝利斯（William Maddock Bayliss，1860～1924）经过长期的观察研究，发现了促胰液素，从此揭开了激素和内分泌生理的新篇章。俄国生理学家巴甫洛夫对大脑皮层的生理活动规律进行了深入细致的研究，提出了条件反射的概念和高级神经活动学说。美国生理学家沃尔特·布雷德福德·坎农（Walter Bradford Cannon，1871～1945）于1929年提出了稳态的概念，丰富和发展了伯尔纳提出的内环境恒定理论。20世纪50年代后，随着DNA双螺旋结构的解析，分子生物学技术在生理学研究中得到广泛应用，获得了一系列从分子水平揭示生理现象、认识生命本质的重要成果。

…………

研究内容

动物生理学的研究内容可分为三个层次：细胞分子水平、器官系统水平和整体水平的研究。

①细胞分子水平的研究　主要探索细胞的生命活动规律以及影响细胞活动的生物活性分子的功能及其生理调控机制。……

②器官系统水平的研究　主要研究各器官、系统的活动规律及其调节机制。……

③整体水平的研究　主要从整体水平研究各器官系统在结构与功能上的协调机制，以及机体与环境的互作机制。……

意义

以畜禽为主要研究对象的动物生理学是兽医学和畜牧学的

基础学科。动物生理学的研究成果不仅在于解释动物的生命现象，揭示动物的生命活动规律，更重要是运用这些规律，为动物提供适合其生长发育的条件，更有效地预防和治疗动物疾病，保障动物健康，促进畜牧业的发展。

在动物疾病防控方面，需全面认识动物的生理特征，才能及早诊断、及时治疗并有效预防动物的各种疾病。首先，对动物发病时各种症状及病理变化的确诊必须以正常的生理指标和生理特征为参照。例如，要判断动物是否发热，必须以正常的体温变化为基础；动物的呼吸频率、心跳与血压、瘤胃蠕动、性腺及第二性征的发育等是否正常都必须以其生理特点为依据；病理诊断更需要有正常的组织学特征为参照。其次，药物的治疗效果及药物代谢动力学研究也必须以生理学实验为基础；现代新药研发的重要依据也往往来自对生理活性物质、激素、神经递质及受体结构与功能的深入了解。第三，疫苗的合理使用及其效果的发挥也必须立足于全面了解机体各器官组织、特别是淋巴器官和免疫系统的发育规律；对营养代谢疾病的防控必须立足于全面了解营养物质在动物体的消化吸收过程、代谢转化规律及其生理调节机制。

在动物饲养方面，为了合理配置动物饲料、提高饲料养分的利用效率、节能减排，必须全面揭示营养物质的消化、吸收、代谢转化、沉积与排泄特点，例如消化道的运动特点、消化液的分泌规律、养分吸收的机制、肝脏与肾脏的代谢特点，这是消化生理和泌尿生理的研究内容；为了提高动物的繁殖率，必须了解动物的生殖生理，如睾丸与卵巢的发育规律、精子与卵子的生成过程及其影响因素；要提高肉品质量，必须了解肌纤维的发育和脂肪的沉积规律；要提高母猪和乳畜的泌乳能力则必须了解乳腺发育规律及其调控机制。

学术机构

1987 年，在中国畜牧兽医学会中设立了动物生理生化分会，包括动物生理学和动物生物化学两个学科。

定义中"以动物为研究对象"似嫌与下文重复。

"分类"是一级层次标题。一级标题应可按条目标题的延伸来理解。这里的"分类"应理解为"动物生理学的分类"。显然，不是这么回事。"动物生理学"只有一个，不存在分类的问题。按学科类条目的编写提纲，也没有分类一说。学科类条目编写提纲中倒是有"与邻近学科或分支学科的相互关系"，与此内容相关，但不是放在"简史"之前。

释文中前半段实际是讲"生理学"的分支学科，似乎脱离本条主题了。如果立足于"动物生理学"讲与其他学科的关系倒是可以的，但不能把立足点放在"生理学"上。

层次标题"简史"即可，内容应紧扣"动物生理学"。稿子讲的成了"生理学简史"，可以大力删节（甚至全删），只有末尾一小段是讲"动物生理学简史"，能否扩充?

"①细胞分子水平的研究"，二级层次标题。层次标题不用加序号。

"意义"建议不作标题。内容压缩，放在定性叙述段或附在条目末尾就行了。

"学术机构"也不必作层次标题。对于学科形成和发展有影响的学术机构可以在简史部分提及。

谢谢大家!

（2017-07-20）

"公认"问题商榷

问题的提出，缘于一个样条的开头：

阑尾腺癌（adenocarcinoma of appendix） 一种罕见的阑尾恶性肿瘤。1882年Berger首先报道，在阑尾切除标本中约占0.14%，恶性程度高，多见于50岁以后病人。……

面对条目，编辑产生了疑问：要不要删去"1882年Berger首先报道"？删，是因为2009年《多媒体〈中华医学百科全书〉条目编写细则》的撰写要求中有：

汇编性：把经过历史验查得到定评的内容汇合写成一个条目，博采众家之说。

稳定性：把经过考察或学术界公认的科学事实编入条目。

不写新药、新的医疗技术以及尚未获得公认的内容。

2010年《〈中华医学百科全书〉条目释文撰写要求》中限定"介绍学术界所公认、成熟的知识，不写探讨性研究性的内容"。

我觉得，这里可能产生了误解。

试想删了"1882年Berger首先报道"，看起来，文章描述的"在阑尾切除标本中约占0.14%"是一个公认的、确凿的事实，甚至可能表示那是学界的常识了。然而，那是客观、真实、科学的吗？恐怕有些武断。如果2011年有位中国医生报道"约占0.10%"或"约占0.15%"，又有什么不可能呢？把表述一个特定的事实的文字裁切一下，仿佛描述的成了普遍现象，其实是靠不住的。

可见，这种追求"公认"的办法是有问题的。

如果作者提交条目，不再写谁谁、什么时候之类的词语了。那就很可能混淆个别和一般的界限，降低百科全书的知识性、科学性，最终对其权威性造成损害。

本来，百科全书号称"完备的工具书"。有人说它除了回答"什么"（What）的问题，还要回答"谁"（Who）、"何时"（When）、"何地"（Where）、"如何"（How）、"为何"（Why）等问题。因此，叙述完整比不完整好。

追根溯源，感觉需要探讨一下把只写"获得公认的内容"作为原则是否合适的问题。

一种担忧是，如果强调只写"获得公认的内容"，恐怕难以体现"新"字，有导致全书内容陈旧的风险。

百科全书，通常都约请一流专家撰稿。这些专家站在学术最前沿，掌握最新信息、最新理论、最新知识。百科全书是给他们提供的平台。如果只写"获得公认的内容"，又何必找这些人呢？岂不是找"公众"就行了？

以往百科全书是否只写"获得公认的内容"？这里不妨看一个天文学的例子。

公元前 400 年，古希腊天文学家欧多克斯提出地心说。

亚里士多德（前 384～前 322 年）发展了地心说，认为宇宙是一个有限的球体，分为天地两层，地球位于宇宙中心，所以日月围绕地球运行，物体总是落向地面；地球之外有 9 个等距天层，由里到外的排列次序是：月球天、水星天、金星天、太阳天、火星天、木星天、土星天、恒星天和原动力天，此外空无一物。

托勒密（ClaudiusPtolemaeus，约 90 年～168 年）完善了地心说，认为地球处于宇宙中心静止不动，从地球向外依次有月球、水星、金星、太阳、火星、木星和土星，在各自的轨道上绕地球运转。

到了 16 世纪，哥白尼在持日心地动观的古希腊先辈和同时代学者的基础上，创立了"日心说"。日心说的观点是：①地球是球形的。如果在船桅顶放一个光源，当船驶离海岸时，岸上的人们会看见亮光逐渐降低，直至消失。②地球在运动，并且24小时自转一周。因为天空比大地大的太多，如果无限大的天穹在旋转而地球不动，实在是不可想象。③太阳是不动的，而且在宇宙中心，地球以及其他行星都一起围绕太阳做圆周运动。

日心说确认地球不是宇宙的中心，而是行星之一，从而掀起了一场天文学上根本性的革命，是人类探求客观真理道路上的里程碑。

18世纪，天文学家发现银河系是一个透镜状的恒星系统，随后发现太阳不在它的中心。太阳绕银心运转一周约2.5亿年。

20世纪，发现银河系以外的星系。银河系、仙女座星系和三角座星系是本星系群主要的星系，这个群总共约有50个星系，而本星系群又是室女座超星系团的一分子。

现在天文学家公认，宇宙没有中心。

如果一部天文学百科全书，不介绍"地心说""日心说"，只介绍"宇宙没有中心"，行吗？显然不行。"日心说""地心说"都必须有所介绍。

综合性的《中国大百科全书》对"日心说""地心说"也有所介绍。

如果一定要说"公认"，也许只好说，"托勒密（约90年～168年）完善了地心说""哥白尼创立了日心说"是公认的事实。不过，这样理解公认，难免给人诡辩的印象，在实践中难免造成混乱。所以，为了避免作者误解，最好不使用"公认"的提法。

当然，与学术期刊的论文相比，百科全书条目的内容还是要考虑稳定性的，这没错。或许，可以考虑采用的提法是：百科全书反映学术界现有的最新认识水平，不承担研究探讨的任务。这里的潜台词是：不排除反映学术界认识水平的一家之言。当然，不是谁说点什么，都能代表学术界的水平。

（2010-01-13）

"先行卷"问题 [①]

一、何谓先行卷

顾名思义，先行卷就是工作走在前头的卷。没有其他什么特殊含义。按学科分类陆续出版的大型百科全书，需要有全书的先行卷，各大类、各小类也可以有各类的先行卷。

曾有"先导卷"的提法，推敲一下，还是"先行卷"恰当。先导，容易让人想到"导言""导论"，似乎跟"正论"有点不同；而先行卷除了进度在前之外，与其他卷并没有什么不同。

编辑上，先行卷在各自的范围内应该是唯一的。出版时，则可以考虑最开始选择时机推出一批。这样形成集群，更有声势。

二、安排先行卷的必要性

《中国大百科全书》第一版编纂，1978年启动，到1994年索引卷出版，总共74卷，耗时16年，先后参与其事的编辑出版人员2000人（北京的总社盛时有500人，另有上海分社数百人。大多数卷外聘特约编辑，例如《矿冶》卷就聘有12人）。《中国大百科全书》人力相对充裕，开创之初，还是集中全社之力，编纂《天文学》卷，取得经验，才大面积铺开的。这是考虑到，一部大型百科全书，体例统一十分重要。取得经验，人员培训，也要有一个过程。先行卷的实战过程，也是效率很高的培训过程。

---

① 本文及随后的两篇文章为关于《中华医学百科全书》编辑工作的书面建议。

《中华医学百科全书》从 2009 年暑假启动，至今已三年半开外。人员从少到多，目前初步搭起了结构完整的编辑班子；体例研究取得成果，经历了一段时间的实施考验；工作大面积铺开，目前已有约半数卷报告完成初稿撰写。可以说，《中华医学百科全书》编辑工作目前需要突破，也具备了取得突破的条件。希望今年可以推出若干卷。

《中华医学百科全书》144 卷，编辑部目前十几位老编审和十几位年轻编辑，如果完全分散开，显然，仍然人力不足。开始收稿的卷，审稿和编辑加工人力的缺口已经凸显出来。撒胡椒面的方式，不利于全书尽早取得成果。有必要在全面启动的基础上，集中力量，重点突破。

更重要的是，《中华医学百科全书》目前还处于初创时期，各方面都缺乏经验。为了探路，取得经验，避免大家走弯路，也有必要安排先行卷作为试点。通过先行卷的工作，可以进一步统一思想，统一尺度，保障后期分头工作的一致性。

全书先行卷确定的编辑流程、方法可以为其他卷提供轨道，先行卷采用的题词、前言、凡例和封面、目录、版式、索引配置等诸多事项也将被其他卷沿用。

在先行卷编辑加工过程中，还会积累很多稿件处理细节约定，为各卷书稿的统一补充依据。

通过先行卷的工作，可以早出书，出经验，出人才。

三、先行卷的选择

据 2012 年年初统计，已有 68 卷大体完成条目初稿撰写，这就给先行卷的选择奠定了宽广、坚实的基础。

可以先由各类提出本类的先行卷。在此基础上，选择全书的先行卷。

选择标准，最重要的是条目撰写的进度和质量。进度较快，质量较好，才能真的走在前面。

编委会的积极性、合作顺畅，必须考虑。

有了以上两条，才能避免先行卷半路搁浅。

此外可以考虑内容的基础性。有些卷的内容，是其他卷的基础，如果落在别人后边，各卷都难办。如果能作为先行卷，其他卷也便于参照、利用。

先进性是个好标准。如果先编、先出版的卷技术先进、影响力大，有利于全书头一炮打得响。

四、人力安排和工作程序

现有人员，分散在六大类几十个卷。各有各的阵地，各有各的战法。

确定先行卷之后，其他各卷人员不能观望，等待先行卷开路，创造经验，而是根据需要和可能，投入其中一起干。一方面人多力量大，可以早出成果；一方面便于取得直接经验，用于其他卷的工作，以收取事半功倍的效果。

人力如何集中？这是个相对复杂的问题。先行卷项目组不是要取代原有的各卷学科编辑组，而是帮助学科编辑组推动工作。学科编辑组的工作不能削弱，担子还要加重。

可以根据先行卷责任编辑、责任编审的要求，适当调集力量，增加人手。其他卷的人力投入先行卷之后，原有卷的工作可以适当放缓。这需要向有关卷编委会的主编做解释，取得谅解。

如果全书先行卷的基础好，进展顺利，或可在三五个月内搞定，由其他各卷调集的人员就可以完全回归。这期间，其他各卷的工作并非完全撂下，可以适当兼顾。人员回归后，进度必将大大加快。

五、先行卷编辑流程

先行卷的工作程序，与其他卷应该并无不同，可以通盘考虑。从收稿、审稿、编辑加工，到发稿，准备另文讨论（详见《收稿·审稿·加工·成书》）。

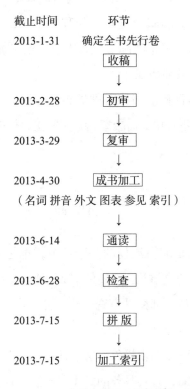

截止时间　　　环节

2013-1-31　　确定全书先行卷

收稿

↓

2013-2-28　　初审

↓

2013-3-29　　复审

↓

2013-4-30　　成书加工

（名词 拼音 外文 图表 参见 索引）

↓

2013-6-14　　通读

↓

2013-6-28　　检查

↓

2013-7-15　　拼版

↓

2013-7-15　　加工索引

（2012-09-12 初稿，2013-02-25 修改）

成书加工与相关编辑工作环节

从收稿到发稿，有哪些工作？分别由谁来做？按何次序做？

从收稿到发稿，编辑部基本工作程序是：初审、复审、成书加工、终审。其中初审、复审实际上包含审稿和编辑加工两方面的工作，百科全书和普通图书都是如此。

成书加工则是百科全书特有的编辑工作阶段。这是普通图书没有的，有的编辑还不理解，需要坚持。实际上，辞书编纂都有"合龙"的程序，与此类似。

一、收稿

收稿，本身既是编辑流程的一个环节，也是一个阶段称呼。它要贯穿催稿和审稿的全过程：把稿件催齐，通过审稿，判定可否收下。收稿全部完成，确认全部稿件审查合格，可以收下，转入加工程序，实际意味着初审、复审接近完成。

催稿，由学科责任编辑操作。这个责任人，曾经叫"学术秘书"。考虑"秘书"有辅助、为人服务的意思，不能体现独当一面的意思，所以弃用。现在有人称其为"学术编辑"。考虑到与"学术"并列的概念是"行政"，那么是否还有"行政编辑"呢？自然没有。实际上，我们编辑的职责范围主要是按学科分的。一个卷，是学科；向上，一个类别，也是学科；向下，一个分支，也是学科。所以，可以称为学科编辑、学科责任编辑。

催稿，要充分发挥主编和主编秘书的作用。

催来的条目稿，应该是编委会初审过的稿件。可以是主编审过的，也可以是编委会学术委员审过的。许多卷通过审稿会的方式进行了审稿。

实践上，难以做到稿件一次全部收齐。真要一次收齐，很可能有大量稿件具有类似问题，系统性偏差。零散收稿，编辑早些介入，陆续收，及时审读、加工，反馈意见，可以少走弯路，逐步提高收到稿件的水平。但也必然出现加工了后来的稿件，发现先前加工稿件做了无用功的问题。

可见，全、零各有利弊。解决对策是：强化样条，成组收。样条工作做得细一些，保证各类别，大中小都有成熟的样条，能够覆盖、指导全卷所有条目的撰写。让作者理解百科条目写成什么样。有此前提，就可以避免收来的稿件有大的偏差。成组，即局部的全。作者写的时候各条联系，审读加工也关联处理。

强化样条，可以考虑实行样条备案制度。各卷改定的样条，由百科办公室审查备案。

经验表明，有时个别稿件最后也无法催来。这不应该拖延整个卷的进程。

收到的条目稿件需要适当分组处理。编辑拿到的条目最初可能是按编委人头分组的。审看这种分组的条目，便于了解各位编委的水平高低和对体例的理解程度。另一种分组方法是按照条目分类提纲的分类分组。审看这种分类的条目，便于把握同类条目的撰写。更深一步的编辑加工则需要条目按照条目表的结构分支分组。按这种分组才便于进行深入细致的审读和加工，才能最后达到全部条目结合成全书整体的要求。可以说，按分支分组是初审、复审的必要前提。

二、初审

初审由学科责任编辑承担。在工作量大的情况下，可由外聘的特约编辑分担，先行卷则可由来支援的其他卷编辑参与，但其质量和进度仍由本卷学科责任编辑负责。

按照编辑常规，审稿的结果是提出处理意见：退稿、退修、接受。百科全书也是如此。

有的条目设置不当，需要撤销；有的条目发现写作存在严重学术不端问题，只能废弃。这就需要退稿。

不少条目稿，发现内容有欠缺、有疏漏、有疑问，或定义不当，或脱离撰写提纲，编辑难以处理。这就需要注明编辑的意见，退请作者修改。

有的条目稿，内容已基本符合"全、准、精、新"的要求，符合本条设计的要求，经编辑加工可达到出版要求，即可确认收稿。

外编是"文字编辑""二审"的提法值得商榷。来稿多数是需要退修的，不是简单文字加工就可以的。定义、层次标题、内容都可能有问题。

初审人员也要承担初步编辑加工的工作。

百科全书条目的编辑加工是个复杂的细活儿，需要多人多视角地反复斟酌锤炼。

加工从单个条目开始，需要进入整个分支相关条目的通盘加工，进而协调相关分支的条目。

编辑加工的最终依据是全书《体例》，需要全面达标。比较起来，其中需要用力较多的，是下面几项：

（1）定义。推敲定义，力求严谨、简明、得当。

（2）提纲。遵循提纲，同类条目应该大体达成一致。当然也不必拘泥于提纲。有的项目可以缺省，有的项目可以适当调整。

（3）索引。需复核。现有条目不少索引词实际是"关键词"，需要更换。

（4）参见。建立文内参见系统。以卷内参见为主，卷间参见慎用或暂时不用。

三、复审

复审由分管编审负责。

初审、复审工作是"互补"与"递进"关系，二者标尺一致，目标一致。复审人员的眼光要覆盖初审的全部工作。因而初审、复审原则上不能分项分工。一般不划分初审管哪项，复审管哪项。当然，二者可以有不同的侧重点。例如，审查学术不端，作为一个特殊事项，学科责任编辑要多做一些（当然，避免出现学术不端问题的主要责任是作者的，是编委会的）。

这里说初审、复审，不用"一审""二审"，是为了避免把一审、二审误解成第一次审、第二次审。确切地说，初审、复审是两级审稿。每一级都可能进行多次。对于百科全书来说，初审、复审肯定都要进行多次。

参加辞书培训班的编辑回来谈到，《茶叶大词典》的责任编辑马静七次通读书稿，显然不能说她七审书稿，可以说，她初审了七次。

对于《中华医学百科全书》，考虑到承担初审的年轻编辑和外编都缺乏经验，独立完成审稿、加工有一定困难，需要复审早期介入、具体指导。有时，初审、复审的界限可能就不那么分明了，但两级审稿及加工肯定还是要有的。

四、编委会复审

编辑部初审、复审及编辑加工之后，稿件面貌会有很大变化。此时可以穿插安排编委会复审，再次进行学术内容方面的把关，以避免遗留编辑加工造成的知识性差错。

这项工作当然可以由编委会学术委员做。而开编委会复审会，可以保证较短时间解决问题，是一个避免时间拖延的办法。

五、成书加工

所谓成书加工，是指把分散的条目整合成全书一体的编辑工作，这是百科全书特有的编辑工作阶段，需要几个月的时间。

成书加工，要在编辑部初审、复审和编委会复审的基础上，对内容基本确定的条目稿进行专项审核和通读。

成书加工可在长条样上进行。

1. 专项审核

专项审核的事项并不是原来没人做过的工作，而是在作者撰写，初审、复审审读、加工的基础上，再由专人统一审核全部条目稿的某项重点问题的工作。这些工作一般是专业性比较强的，需要由有关专家来把关。这里所说专家，必要时可以由社外临时聘请，此时应为其配备社内编辑作为助手。而从根本上解决问题，需要在社内培养专家。我们的编辑通过承担某个专项的工作，几十卷下来，成为这个方面的专家是顺理成章的事。

名词，检查专业术语使用是否规范统一。

拼音，检查汉语拼音的正误，检核多音字的选择，分词是否得当。

外文，审核外文是否规范、统一。

图表，检查图片质量是否达到出版标准，表格是否格式统一，图表标题及其序号是否得当。

参见，检查文内参见系统是否得当。

索引，复核索引词是否得当，进行平衡。索引的最后确定则要等到全书定版之后。

2. 通读

通读是由资深编辑对条目稿进行系统审读的工作。要全面按照体例进行审核，查漏补缺，进行必要的加工。

六、检查

社领导，或委托编审组，进行质量检查，作为终审。

这一轮检查并非可有可无。历来百科全书编辑工作在这个阶段仍会发现一些问题需要修改。

七、发稿

发稿手续由责任编辑办理。责任编审复审签字，社长终审签字。

八、拼版

拼版阶段，责任编辑需要协同，处理图位核定、文字的必要增减等问题。

九、索引加工

版式确定后，可以提出索引词，统排成页。此时索引工作进入关键的复核、加工阶段。

此阶段工作量不小，需要重视。

十、付印

付印单应有责任编辑、责任编审、总编辑三级签字。

（2013-01-13）

专项审核

初审、复审合格的稿件进入成书阶段后，由若干组专门的编辑对全部条目稿的某些项目分别进行统一审核的工作称为专项审核。专项审核是成书加工阶段的主要工作，对于保障全书的质量有重要作用。

一、专项审核的必要性

百科全书篇幅大、内容杂，为了提高质量，通常需要对一些事项进行专项处理。这些事项一般是专业性比较强的，需要由有关专家来把关。这里所说专家，必要时可以由社外临时聘请，此时应为其配备社内编辑作为助手。而从根本上解决问题，需要在社内培养专家。为外聘专家配备助手，可视为培养社内专家的有效手段。在没有专家的情况下，首先应做到有专人来做。

设置专项，是为了保障全书质量水准的一致，可以避免由于编辑水平参差不齐而导致各卷某些项目编辑水平差别太大。

这种安排也是为了提高编辑的专业技能。专项编辑将会对全书144卷（至少是其中若干卷）的同一项目进行处理。可以肯定，只消两三卷、三五卷，有关专人的专业敏感和专业理解就可以显著提高了。乐观地说，不待全书完成，这些编辑就可以成为某一方面的专家了。

归根到底，设置专项是为了提高全书的总体质量。

二、专项的设置

初步考虑，可以设置以下专项：

名词，检查专业术语使用是否规范统一。

拼音，检查汉语拼音的正误，检核多音字的选择，分词是否得当。

外文，审核外文是否规范、统一。

图表，检查图片质量是否达到出版标准，表格是否格式统一，图表标题及其序号是否得当。

参见，检查文内参见系统是否得当。

索引，复核索引词是否得当，进行平衡。索引的最后确定则要等到全书定版之后。

专项分工需尽快明确，人员尽快配齐。即使开始不够熟悉，不够专业，也要认真对待，让人员尽快上手。

要建立一套程序，做到责任明确，分工合理，程序完备，以求质量完善。

要力求专项编辑配备齐全、稳定，避免因人员流动导致的专项编辑空缺现象。

三、职责分工

原有普通图书的责任编辑负责制，在这里体现为学科卷的责任编辑负责制＋专项的专项编辑负责制。

责任编辑，是全卷的负责人。

专项编辑，要对所负责的专项负责任。

对于学科责任编辑来说，专项组是其援军，助力。

专项负责人就某一卷的某一专项向责任编辑负责。

通读的编审们发现问题，要找专项负责人或学科责编处理。专项负责人处理问题离不开学科责编。对稿件的重要修改，责任编辑要负责与作者或主编沟通。

某些专项编辑可以考虑单独上书。

四、工作程序

需要明确，"专项审核"不等于"专项工作"。各个专项并不该是原来没人做过的工作，而是在作者撰写，初审、复审审读、加工的基础上，再由专人统一审核全部条目稿的某项重点问题的工作。所以，作者和学科编辑不能把有关事项"留"给专项人员去做。

下千锤百炼功夫　筑一代医学丰碑[1]

尊敬的年会主持嘉宾，

尊敬的各位主编，

各位朋友：

　　方才听了三位嘉宾的演讲，有醍醐灌顶的感觉。讲得太精彩了。自己对医学是外行，愿意做小学生，恭恭敬敬地向老师们学习。

　　这里，我很荣幸地汇报一下《中华医学百科全书》编辑团队的工作。

　　我们的团队是一支"五湖四海"型的队伍。

　　在《中华医学百科全书》编纂委员会、学术委员会、工作委员会权威性把关，宏观指导和具体组织下，组建了具有多学科人才结构，老中青结合的编辑团队，包括学科编辑组和编审组。协和医科大学出版社全书编辑部为学科编辑组配备了精干的编辑。而编审组二十几位成员分别来自全国科技名词审定委员会、中国医学科学院、中国疾病控制中心、人民卫生出版社、中国大百科全书出版社等单位。

　　我们为能参与这一项宏伟的任务感到振奋，感到自豪。我们愿为其竭尽全力。

---

① 本文为首届国际健康论坛暨《中华医学百科全书》2013 主编年会讲稿。由国际健康与环境组织发起并与联合国健康环境与发展圆桌会议理事会、世界旅游城市联合会、《中华医学百科全书》工作委员会、中国医药卫生事业发展基金会合作主办的本次"国际健康论坛暨《中华医学百科全书》2013 主编年会"2013 年 11 月 8 日～9 日在北京人民大会堂举行。

一、追念古代医学出版传统

从上古时期的"神农尝百草，伏羲制九针"传说，甲骨文中的大量医药卜辞开始，中华民族历来注重对医学的探索。从《周礼·天官冢宰》记载的官医分为四科，汉代成书的《黄帝内经》《神农本草经》，魏晋（公元三世纪）《脉经》《针灸甲乙经》的传世，先人给我们树立了梳理、总结医学知识的典范。

而在国外，古希腊希波克拉底留下了集古希腊医学大成的全集59篇；中世纪累赛斯留下的《万国医典》已堪称一部医学百科全书，阿维森纳留下集阿拉伯医学大成的百万字《医典》。

这些都让我们追思、景仰。希望通过我们的手，承继先人的医学出版传统，也能留下一套有价值的书。

二、借鉴现代百科全书编纂经验

"文革"中的1968年，在秦城监狱的小号里，一个病弱的老人发愿：如果能活着出去，要编百科全书。他叫姜椿芳，翻译家，原中共中央马恩列斯编译局副局长。 1975年，他活着出来了。1978年1月和3月，中国社会科学院规划办公室编印的《情况和建议》和国家出版事业管理局编印的《出版工作》相继刊出姜椿芳《关于出版大百科全书的建议》，5月，国家出版局党组、中国科学院党组、中国社会科学院党组联名向中央呈送《关于编辑出版〈中国大百科全书〉的请示报告》，11月，经党中央批准，国务院转发了上述请示报告。中国大百科全书出版社成立。在学习、研究、借鉴已有的《不列颠百科全书》《美国百科全书》、法国的《拉鲁斯百科全书》、德国的《布鲁克豪斯百科全书》、日本的《世界大百科事典》《万有百科全书》、苏联的《苏联大百科全书》等的基础上，1980年起《中国大百科全书》第一版各卷陆续出版。随后又有多家出版社尝试编纂出版百科全书。

35 年过去，中国现代百科全书已经有几百种。《中国大百科全书》《不列颠百科全书》《中国儿童百科全书》等综合性百科全书面向各种年龄的读者群体；军事、水利、烹饪、旅游等专业百科全书异彩纷呈，包括 20 世纪 80 年代初到 90 年代初出版的《中国医学百科全书》。黑龙江、潮汕、广东、西藏等地域百科全书遍地开花。百科全书园地蔚为大观。近十几年来，创新、升级成为百科全书编纂的一个主题。

《中国大百科全书》在 1980~1994 年陆续出版分学科编排的第一版（74 卷）之后，2009 年出版了全新的统编的第二版（32 卷）。

《北京百科全书》1990 年出版单卷本的第一版。2002 年出版 20 卷的第二版。《广西百科全书》单卷本 1994 年出版，2008 年 11 月则出版了 13 卷的《广西大百科全书》。2010 年《上海百科全书》也推出了新的版本。

在这种情况下，编纂规范的、全新的《中华医学百科全书》成为众望所归的课题。

三、打造《中华医学百科全书》编纂模式

全书内容的总原则设定为全、准、精、新；体例则力求完备、严谨、规范、统一。如何使工作进度较快一些，完成质量高一些，避免走弯路？几年来，编辑团队逐渐就一系列做法达成了共识。各卷编辑的前期工作，主要包括贯彻体例、审核条目表、拟定条目分类释文提纲、修改样条。各卷运作方式中值得特别提出的是会审与研讨和先行卷的安排。当然这里的先行卷工作已属后期。

1. 贯彻体例

编纂大型工具书必须体例先行。《中华医学百科全书》启动一年多后，编辑部总结经验，并借鉴《中国大百科全书》第一版、第

二版的体例文件，经过多次研讨，制订了《〈中华医学百科全书〉条目编写体例》。这部体例包括 25 章，198 条，涉及编纂工作的各个阶段、各个环节、各个局部。要求条目撰写和审读加工都要全面贯彻体例的规定。

2. 审核条目表

学科编委会组建之后，制订学科卷框架，拟订条目表成为首先要做的工作。按要求，要以阶梯式树状结构的条目表展示学科知识体系。以其作为作者撰写条目的依据，也便于读者了解学科的基本内容。

例如，《皮肤病学》卷条目表，有"皮肤""皮肤生理""皮肤代谢""皮肤病病理""皮肤病诊断""皮肤病治疗""皮肤病""性传播疾病"等 8 个一级条目。一级条目"皮肤"之下有"表皮""真皮""皮下组织"等 6 个二级条目。二级条目"表皮"之下又有"黑素细胞""表皮分化"等 12 个三级条目。三级条目"表皮分化"之下又有"角蛋白"等 4 个四级条目。通过这样一种方式、一个体系，把全卷 598 个条目组合成一个整体。

3. 拟订条目分类释文提纲

依据百科全书编纂的特点，各卷对各种类型的条目，诸如学科类、概念类、症状类、疾病类、疗法类、技术类、设备类等，分别制订释文编写提纲，保证同类条目安排同类内容，并且按照相同的次序安排各部分内容。这也是为作者撰写、编辑加工和读者阅读提供方便的重要举措。当然也要说明，提纲不等于层次标题。我们约定，条目分为大条、中条和小条。大条、中条通常要设层次标题，小条一般不设层次标题。条目分类后，同一类中，可能既有大条、中条，也有小条。不管有没有层次标题，同一类的提纲是一样的，只是写起来内容繁简不同。

4. 修改样条

各卷在全面铺开撰稿之前，分别就各类条目的样条进行审议和加工，力求提供一套样板，为全卷条目的撰写提供标杆，为全卷条目的质量提供保障。

样条的定义和层次标题是问题较多的地方。

定义。百科全书是辞书中的一类，与词典有密切的关系。辞书界通常认为，"词典的作用是划定词义范围或下定义，而百科全书则在下定义之后还要对内容加以阐释。形象地说，百科全书是接着词典说下去的。词典回答的问题是'什么'（What），而百科全书除了'什么'还要回答'什么时候'（When）、'怎样'（How）、'什么地方'（Where）和'为什么'（Why）等问题。"我们有的作者还不习惯下定义，因而定义成为《中华医学百科全书》工作的重点和难点之一。

层次标题。与教科书、专著设置的章节题目不同，百科全书的条目之中只能设置层次标题。它的形态具有特殊性，值得注意。

5. 会审与研讨

为了密切编辑部与编委会的联系，更好地合作，在日常频繁沟通的基础上，大家创造了双方会审条目表、条目提纲和样条的工作制度。在会上进行坦率、开放、热烈的交流、分析、探讨，取得了很好的效果。

编辑部在人员年龄结构宽、学术背景各不相同的情况下，开展了频繁的业务研讨活动。互相交流，取长补短，特别是年轻编辑结合自己的工作摆条目、讲改法、谈认识，互相启发，达到了共同提高的效果。

6. 先行卷的运作

在已有几十卷撰写完成初稿，进入审稿阶段的情况下，为了集中力量，早出成果，取得经验，锻炼队伍，在各大类分别推荐和评议的基础上，安排了先行卷的运作。

先行卷的初审、复审，仍由原学科卷编辑组责任编辑和责任审审完成。他们依据体例对条目稿件进行了全面的审读和编辑加工，消除不必要的交叉重复，也包括版权审核、引用资料的核对。

初审、复审之后，先行卷率先进入成书加工阶段，先后进行了专项审核和通读。其中专项审核包括条目标题外文、汉语拼音、索引、文内参见、专业名词、图表等项。每个专项，组成专门小组，对全卷条目进行系统的审核。这个专项审核，不是从头做某项工作，而是在作者撰写、编辑初审、编审复审的基础上，进行复核、统一、提高。通读则由多位编审分工进行。在这个过程中，处理条目的内容分工，解决交叉重复仍是工作重点之一。通过成书加工，一个个独立的条目最终完成了结合成全书整体的过程。

在先行卷成书加工的同时，前言、凡例、署名名单、索引等附件也确定下来。通过先行卷的工作，编辑团队，特别是年轻编辑，对百科全书的编辑积累了实战经验，对应有的编辑流程有了鲜活的认识。

四、先行卷与已有权威典籍的比较

《中华医学百科全书》先行卷基本完成，随后多卷即将成型。《中华医学百科全书》面世已经指日可待。而一旦面世，必然要面对读者的审视、比较。编纂委员会要求《中华医学百科全书》在整体质量上能够比肩国内外权威典籍。我们理解，这个整体质量，主要体现在两个方面：内容方面和体例方面。就内容而言，我们有全、准、精、新的原则要求。对全、准、精、新的内涵，刘院长有精辟的阐述，相信，只要认真做到，就能够编出一套对读者有益的书，对促进国民健康有价值的书。就体例而言，我们制订了完备、严谨、规范、统一的体例本本。相信，只要认真做到，就能够编出一套好用的工具书，一套适用的辞书，一套名副其实的百科全书（这里说"名副其实"，是因为这些年确实见到不少有"百科全书"的名字，却缺乏百科全书要素的图书）。令人欣慰的是，先行卷《病理生理学》

已经取得了可喜的成果。

要跟已有的医学百科全书、综合性百科全书做严格的比较，或许可以成为一个研究课题。这里作为初步的印象，可以举出两个小例子。

一个例子是关于内容的。《中华医学百科全书·病理生理学》有个"衰老"条目。查了一下，1982年出版的《中国医学百科全书·病理生理学》则没有"衰老"条目。查1984年出版的《中国医学百科全书·老年医学》卷，看到设有"衰老的原因和机理"条目，但没有"衰老"条目。《中国大百科全书》第二版有"衰老"条目，定义："生命发展的后一阶段。"《大美百科全书》中有"老年"条目，其中讲"老化的定义"的段落，"指涉任何种族血统、有机体的整个寿命中发生的所有变化"，讲到了"衰老"。《中华医学百科全书·病理生理学》"衰老"条目定义："生物体从成熟期开始，随增龄而发生的、受遗传因素影响的渐进的形态结构与生理功能不可逆的退行性变化，或疾病、异常因素所导致的退行性变化加速。"我们觉得，《中华医学百科全书》条目设置比较合理，定义比较专业，也更科学，阐释达到了时代的新的水平。

另一个例子是关于辞书体例的。《中国医学百科全书·病理生理学》书前有一个简单的"编写说明"，没有"凡例"；书后有一个"索引"。《中华医学百科全书·病理生理学》则前面设有规范的"凡例"，后面设有"条目标题汉字笔画索引""条目外文标题索引"和按汉语拼音排序的"内容索引"共三种索引，其中内容索引的出处项除页码外，还标出了页面区位。

说到索引，想多说两句。原新闻出版总署副署长，现新闻出版广电总局副局长、全国新闻出版标准化技术委员会主任委员邬书林近些年多次讲到，中国科技图书走向世界遇到的一大障碍是标准化的欠缺，其中一个突出问题就是缺少索引。近期有关负责同志更是多次在会议上提出，"将在中国出版政府奖、国家出版基金和'三个一百'原创出版工程的评审标准中增加一条：凡是索引、注释不规范的图书一律取消评审资格。"

百科全书，作为辞书的一种，做好索引更是事关根本的紧要之事。在这方面，《中国大百科全书》和《辞海》在国内辞书中是最完备的。而《中华医学百科全书》的体例设置达到了它们的水准。

《中华医学百科全书》集聚了国内最高水平的作者队伍，编辑团队汲取了三十多年来中国现代百科全书编纂的经验。对流程精心组织，严谨操作；对书稿千锤百炼，精雕细刻。相信我们能够编出一套受九百万中华医务工作者和亿万民众欢迎的《中华医学百科全书》。我们愿用汗水和心血浇筑起这一座无愧于中华民族历史，无愧于改革开放时代的丰碑。

谢谢各位！

图书编辑工作基本规程刍议 ^①

　　中国编辑学会在有关《图书编辑工作基本规程》（征求意见稿）
的说明（以下简称"说明"）中指出："中国编辑学会、湖北省编
辑学会 1997 年制订的《图书编辑工作基本规程》，在指导编辑实践、
规范编辑程序、培育编辑人才、保障图书质量方面发挥了重要作用，
它的历史地位将载入史册。"而《图书编辑工作基本规程》（征求
意见稿）（以下简称"征求意见稿"）适应新的形势的要求，汲取
了十年来编辑学理论创新的成果，提出了一个有价值的课题。

　　当然，对于征求意见稿，需要的不是歌功颂德，倒是应该品头
论足，甚至吹毛求疵，锤炼一番，以便使其更加科学、可行、完善。

　　出于上述考虑，这里对征求意见稿谈点看法，说得不对的，请
批评指正。

一、关于"规程"

　　《图书编辑工作基本规程》，我理解中是为编辑工作流程制订
的规范。

　　规程的制订应照顾到出版界多年形成的工作传统和变化的形势
两个方面。既不能刻舟求剑，也不可能一锤子打烂坛坛罐罐，重塑
一个。前者不足取，后者的推行成本和推广成功的机会也令人担心。

　　征求意见稿的拟稿思路，有几条堪称精当：适应变化形势，遵

---

① 本文为提交中国编辑学会第十二届学术年会的论文，载《图书编辑规程
论——中国编辑学会第十二届学术年会论文集》，中国标准出版社，2008.8.

循编辑规律，源于编辑实践，注重平实适用。但看下来，又总觉得征求意见稿文字跟所说思路有距离。想来想去，注意到思路中"高于编辑实践"一句上。窃以为，这种思路要不得。我们不是要写小说、编剧本，需要"源于生活，高于生活"；我们是订规程，"源于编辑实践，规范操作程序"足矣！无须拔高。

为了便于理解和操作，《图书编辑工作基本规程》应该尽可能为编辑工作流程画出清晰的轮廓，为流程各个环节的工作规范分别作出规定。征求意见稿表示："除了'总则'之外，包括'全程策划''整体设计''组稿审稿''签订合同''校查导读'五个部分，每个部分又包括若干环节。"似乎"部分"与"环节"是两个层次的东西。然而，"部分"，并非"阶段"。实际上，其中有的部分就是编辑流程的一个环节，例如"签订合同"。"全程策划"其实也是一个环节——选题策划。而"校查导读"所讲的三件事彼此并无特别的关系。这就给人流程没有"流畅"起来的感觉。因此，可否考虑，直接按照编辑流程的环节安排《规程》的结构呢？

二、关于"总则"

规程制订目的，只提到"为保障图书质量"，似嫌狭窄。"说明"评价 1997 年《图书编辑工作基本规程》的作用尚且说其"指导编辑实践、规范编辑程序、培育编辑人才、保障图书质量"，这里为何只提"图书质量"一条？

合格图书的基本要求，罗列 10 项，并不一定完备，却已游离于"规程"之外了。按照"说明"，"《图书编辑工作基本规程》只限于编辑程序的规范内容"，而合格图书标准明显不属于程序。

"图书内容""编校质量""装帧质量"这三条都像是应该在《图书质量管理规定》中去发挥的东西，放在《规程》之中必要性可疑。

建议"总则"考虑以下内容：

图书编辑工作在出版工作中的地位；

各类图书编辑工作流程的基本环节的通例与变通（建议以普通图书为主，兼顾工具书、教材等）；

报纸期刊编辑工作可否参照图书编辑工作执行的说明。

三、关于"全程策划"

"全程策划"一语可能产生歧义：是"在全程进行的策划"，还是"关于全程的策划"？

从字面上看，很容易理解为前者。然而事实上这里却恰恰应该是后者。

如果是"关于全程的策划"，那么"全程策划"就不是工作流程的一个环节，而只是"选题策划"这个环节的一种考虑方式，或者说内容。因此，"全程策划"作为编辑学论文的标题很好，却不宜作为《规程》一章的标题，只能作为"选题策划"的内容。

征求意见稿中"全程策划"的定性语说："'全程策划'是在一个图书项目立项的时候，对选题及图书编、印、销全过程所作的战略性筹划。"显然，这里的"全程策划"就是人们通常所说的"选题策划"。然而，接下去，"选题策划"却成了"全程策划"的6项内容之一。"全程策划"似乎又成了"在全程进行的策划"。这可要让读者犯糊涂了。

四、关于"整体设计"

所说"整体设计"是编辑工作的一个方面，却不是一个独立的环节组合。这从征求意见稿中将其分为组稿前完成的"结构设计、体例设计、流程设计"和书稿加工整理基本完成时进行的装帧设计就看得出来了。

如此结构，与流程的顺序性似乎不一致。

五、关于"组稿审稿"

这个部分是征求意见稿的特点和亮点所在。

组稿和审稿放在一起，把"签订合同"挤到了后面。

组稿和审稿其实是不同时段进行的两项活动，内容及要求截然不同，可以分别进行规范。

签订合同，是随着改革开放人们著作权意识增强而成为出版流程必要环节的。

组稿时签订合同，显然是"约稿合同"。即使名为"出版合同"，也还需列入有关稿件达不到出版要求时如何退稿的条款，所以实质仍为约稿合同。当然，实践中早有在审稿后签订合同的，如一些教材。站在作者的立场看，审稿后再签合同，或许有出版社"霸王条款"的嫌疑。实际上，审稿后确认稿件可以出版再签合同，对作者和出版单位双方而言才是公平和稳妥的方式。

六、关于"校查导读"

这是完全不同的三件事：校对、质量检查、导读。三者之间并没有特殊关系要求把它们三者归为一堆。

1. 校对

由于计算机的使用带来巨变，传统校对工作在一些出版社一度出现紊乱。征求意见稿使用较多篇幅，较好地反映了问题，做了比较具体的规定。

2. 质量检查

征求意见稿内容过于简略。似应明确三级检查。

（1）样书检查。图书印出后，成批装订前，要先装订出样书送出版社，查验合格后才能成批装订、发行。有的出版社，书已经发行出去了，才发现严重问题，又往回追，这种事想必大家听说过。应该说，过了这一关，书才真正算出版了。

（2）出版社质量检查。有的出版社制订有图书质量检查制度。检查内容包括内容质量、编校质量、装帧设计质量、印刷装订质量，其中以编校质量为主。对检查结果优秀、良好的责任人，给予不同等次的物质奖励。对不合格出版物的责任人，则按照差错程度分别给予惩戒。这种方式可以推广。

（3）出版行政管理部门的检查。新闻出版署 1992 年发布《图书质量管理规定（试行）》，1994 年 6 月下发《关于加强图书审读工作的通知》，要求一方面对专题报批的选题计划及书稿要审读，另一方面要对已出版的图书组织审读。2005 年 3 月 1 日起施行的《图书质量管理规定》规定，"图书质量包括内容、编校、设计、印刷四项，分为合格、不合格两个等级"；关于编校质量，"差错率不超过万分之一的图书，其编校质量属合格"。国家新闻出版署和地方新闻出版局都要定期和不定期组织质量检查。

3. 导读

图书发行是图书社会效益和经济效益实现的必要环节。图书编辑人员当然应该了解发行、参与发行。这也是图书编辑工作流程中一个重要的环节。编辑对读者的导读是一个方面，但这里只提到"导读"，似乎不够全面。此外，不可忽略的还有编辑人员向读者征求对图书的意见，包括收集整理各方面对图书的反馈信息。编辑人员与读者、作者的关系，实际包含广泛的互动。当然这也可能导致新的选题的创意的产生。

七、关于"流程"

图书编辑工作包括一系列前后连接的工作环节。一般说来，这些工作环节不能省略，也有个大致的次序，不能随便倒换和超越，可以称之为流程。

古代的图书编辑活动还比较简单。从西周、春秋时期简策和帛书的出版，到造纸术和印刷术发明后图书出版发达起来，主要是选编已有的文献资料或者刻印已有的作品，还没见到编辑流程的说法。

近现代出版事业兴起后，编辑成为一种职业。编辑工作的规模扩大了，分工严密了，编辑流程也建立起来。选题、组稿、审稿、加工、看样等成为编辑流程不可缺少的环节。

我国改革开放、建立市场经济体制以后，出版社既是文化事业单位，也是自主经营的经济实体——企业。这样，编辑流程的前后延伸部分强化起来，市场分析、宣传促销、搜集读者和市场的反馈信息也明确成为编辑流程的环节。

阙道隆、徐柏容、林穗芳在《书籍编辑学概论》中把编辑流程分为前期、中期和后期三个阶段，每个阶段包含若干工作环节。

前期编辑工作阶段是图书规划设计阶段。具体工作环节包括调查研究和市场分析，制订选题计划和编辑方案，约稿、收稿等。

中期编辑工作阶段是以原稿为工作对象的阶段。包括审稿、加工、装帧设计和发稿等环节。

后期编辑工作阶段指发稿之后的编辑工作阶段。包括审改校样、检查样书、出版前后的宣传工作和了解读者、市场反馈信息等。

综上所述，可以大致理出图书出版流程基本环节的次序：选题策划、选题申报立项、整体设计、组稿、签订合同、审稿、加工、发稿、装帧设计、校对、印制、质量检查、计发稿酬、发行与读者工作。计 14 个环节。若发行与读者工作分列，则为 15 个环节。

信息采集不是独立的环节，可以归入选题策划，作为其基础性的工作内容。

选题申报立项，须经过特定的程序，有一定独立性（标志性），可以单列。

整体设计，切去装帧设计后，限定为编纂、编辑事务，多用于大型图书，例如工具书、丛书等。

发稿，包括签发稿单、申报 CIP 等工作，也有一定独立性（标志性），可以单列。

装帧设计独立出来，是因为考虑其由专门的美术编辑和技术编辑操作，与前面责任编辑进行的整体设计有别。

计算和发放稿酬，这也是编辑工作不可忽视的内容，不可忽略的环节。

导读，扩及编读互动，与开头的信息采集连接起来。这也使得编辑流程的环节首尾相接，成为闭环。

（2007-12-25）

选题策划与出版流程 ①

在 2011 年、2015 年修订出版专业职业资格考试辅导教材过程中，如何理解和界定选题策划，成为一个棘手的问题。仓促间难以达成共识，只能折中从事。虽然做了些局部调整，但仍觉得未能完全理顺。

一、困惑

2007 年版《出版专业实务·中级》第一章为"出版物选题策划"。下设"选题策划概述""信息采集""图书选题策划的内容""选题的论证与优化""选题计划""组稿"六节。"选题策划概述"开头说："选题策划是编辑过程中的重要环节。编辑工作在进入审稿环节之前，通常都要经历信息采集、选题策划和组稿三个环节。"[1]作为环节之一，"选题策划"难以覆盖六节内容，冠名本章缺乏说服力。

2011 年版《出版专业实务·中级》第一章"出版物选题策划"调整为"选题策划概述""选题策划的内容""选题立项""选题计划""组稿"五节（"信息采集"移到《出版专业实务·初级》）。选题策划的界定未变。

2015 年版辅导教材对"选题"的定义作了修改："在出版领域，选题是指经多方面分析、考量而选中主题后拟实施的出版项目。"[2]对选题策划的表述也作了一定调整。《出版专业实务·中级》第一章"出版物选题策划"调整为"选题策划概述""选题设计""选

---

① 本文原载《中国编辑》2016 年第 2 期。

题立项""选题计划""组稿"五节。"选题策划概述"开头改为："选题策划是出版物编辑过程的最初阶段，也是对出版物成败影响至关重要的阶段。编辑工作在进入审稿环节之前，通常都要经历信息采集、选题设计成型和组稿等环节。"[3] 这里，将选题策划界定为"阶段"，涵盖信息采集直到组稿，将原来作为环节的选题策划称为"选题设计"。而"选题设计"在之前版本中只是"选题策划的基本步骤"中与"信息梳理""选题论证""选题优化"并列的步骤。与此同时，2015 年版延续了选题策划四步骤说，与"阶段"的提法仍不够契合。

二、概念

为了厘清选题策划的概念，有必要回顾选题策划产生和发展的脉络。

在出版界，选题久已有之，选题策划却出现很晚。1992 年出版的《出版词典》对选题的解释是："一本或一套书的主题思想、主要内容和书名的总体设计。亦指出版社为准备编辑出版的图书或杂志文章所预先拟定的题目及内容要点。"别有意味的是，《出版词典》收录了"选题""选题计划""选题结构""选题层次""选题价值""选题决策""选题修订"等词条，却并没有收录"选题策划"。[4]有学者于 2009 年初利用中国期刊全文数据库检索得出判断："1991 年以前，国内没有发表主题为选题策划的论文。"[5]9

在国外，选题策划则盛行已久。诚如日本讲坛社总编辑鹫尾贤也所言："没有策划，就没有编辑，因为策划力是编辑的生命线，也就是创意从编辑大脑的某处滋生，从而展开一切的过程。"[6] 不仅仅是编辑，更有面向出版商的图书策划人和作者积极做选题策划，使得"出版商的手中堆积着越来越多的选题策划书"[7]。

在国内，随着改革开放的推进，1988 年 4 月，中宣部和新闻出版署发出《关于当前出版社改革的若干意见》，提到"选题规划"：

"在发展社会主义有计划的商品经济的条件下，出版社必须由生产型向生产经营型转变，使出版社既是图书的出版者，又是图书的经营者。""要始终抓紧选题规划。制订选题规划可以采取自下而上和自上而下相结合的方式，既要保护和支持编辑组稿的积极性，又要服从全社统筹安排的需要。为了扩大稿源，及时抓到重要选题，可在社内社外设组稿编辑。"1992 年 9 月 1 日，《人民日报》发表《好主意也是"紧俏商品"——何阳卖点子，赚了 40 万》一文，这可以视为我国咨询策划业正式诞生的标志。出版业引入策划的理念显然与此背景相关。

人们一般认为，"选题是选题主体自觉地、能动地、有目的地选择出书题材的活动。""选题策划，是选题策划主体自觉地、能动地、有目的地选择和确定出书题材，并使之成为现实图书和产生预期效果的活动，是对图书形成整个过程及其预期效果的规划和设计。"[8]

最初的出版专业职业资格考试辅导教材——2002 年版《出版专业实务·中级》认为："出版是一个过程，一个由编辑、复制、发行三个阶段联结而成的有序过程，是由许多紧密相联的出版环节组成的。"同时认为编辑工作有以下几个主要环节：信息采集、选题策划、组稿、审稿、编辑加工整理、整体设计、发稿、校样处理、样书检查、出版物宣传、反馈信息的收集。[9]可以看到，这里的选题策划是与信息采集、组稿等并列的，作为编辑工作的环节之一，实际相当于选题设计。

事实上，随着出版行业市场化的推进，选题策划的作用和影响也不断扩展，从而有了狭义选题策划和广义选题策划的说法。"狭义的选题策划是指对具体选题的策划，即对将要出书的题目及其基本要素的构思、设计。""广义的选题策划有两种视角，或者说有两种分类的标准。……从选题策划人的角度来看，广义的选题策划是指对选题、选题计划、选题战略的策划。……从选题策划外延的角度来划分，……对选题本身的策划……对选题实施的策划。"[5]26

具体说来，所谓狭义的出版选题策划，涉及对将要出版的图书题目及其基本要素的构思设计，也就是对书名、主题内容、表现形式、读者对象、作者情况等进行策划，可以理解为选题设计；广义的出版选题策划则涉及稿件选择、编辑、生产、宣传、销售各个环节，包括市场调查、选题设计、读者定位、作者队伍、印装设计、市场预测、效益预算、宣传推广、发行策略、信息反馈等方面，是一种整体策划或全程策划。

选题策划工作强化的突出标志是一些出版社正式建立的策划编辑制度。最早实行策划编辑制的是处在改革前沿的广东省属出版社。时间是 1993 年。[10] "所谓策划编辑，其主要工作就是分析市场、提出选题、组稿，并参与图书的整体制作。"[11]

如果说早期的"选题策划"只是狭义的选题策划，实际是"选题设计"，那么在策划编辑的手上选题策划显然已经是广义的了。"策划编辑是指在进行广泛市场调查和研究、准确判断社会文化走向和市场需求后提出相应的图书选题和产品设计方案，并能作出成本和效益预测、监督落实出版目标最终达成的编辑人员。"[12] "策划编辑制，其本质就是以选题的研发为核心的出版全程策划。在这种机制作用下，编辑职能由被动转向主动，编辑根据出版市场的需求和文化建设的要求策划既有出版价值又适销对路的精品选题，他们的工作范围也延伸至选题策划、制作策划、宣传策划和营销策划等全过程。"[13] 相应的组织形式有策划编辑、策划组、策划室、策划部、策划中心等。由此使得"选题策划在出版产业链中处于核心地位"[14]。

现在看来，设策划编辑的只是一部分出版社，策划编辑毕竟是少数人，而选题策划是所有出版机构都要开展的工作，是所有编辑都要做的工作。"随着编辑职能由生产型向生产经营型转变，图书全程策划（也称整体策划）成为图书编辑的基本职责。"[15]

可以肯定的是，随着社会主义市场经济的发展，随着出版事业单位企业化的普遍推行，选题策划从选题设计起步并扩展，在编辑工作中占有了很大的比重，乃至显示出相当的独立性，在出版流程中占据了突出的位置。

三、流程

根据目前情况，可以考虑把出版流程中书稿到达出版社之前的部分称为选题策划阶段，于是整个出版流程可分为策划、审编、复制、发行四个阶段。选题策划阶段的编辑工作包括信息采集、选题设计、选题论证、立项、组稿等环节。流程其他阶段的编辑工作，包括审稿、编辑加工整理、整体设计、发稿、校样处理、样书检查、出版物宣传、反馈信息收集等环节。

关于信息采集与选题策划的关系有必要澄清一下。作为编辑人员的一项必要的日常工作，信息采集有其独特性，值得专门解说。而从内在逻辑上讲，信息采集不应该成为与选题策划并列的事项，只能从属于后者，主要作为选题设计的基础和准备。离开选题设计，信息采集将失去意义。

选题设计是选题策划的核心环节。设计不仅涉及作品的内容和形态，也涉及实施方案、成本测算、营销方案等。

选题论证是选题策划的关键环节。集体论证对于保证选题的质量十分必要。

立项是选题策划的确认环节，论证通过的普通选题这时经出版社总编辑或社长签字，列入选题计划。属于国家规定应当备案的重大选题范围的选题，则要在备案获得认可之后才可以列入选题计划，完成立项。

组稿则是选题策划的落实环节。只有稿件撰写完成，拿到出版社，选题策划阶段才算结束，随后进入审编阶段。

与传统的编辑、复制、发行三阶段的提法相比，这里多了一个策划阶段。这实际是计划转为市场，生产转为生产经营的结果。另外，三段提法中的"编辑"在四段提法中改称为"审编"。因为如前文所提到的,实际在整个出版流程之中自始至终贯穿着编辑工作。

注释:

[1] 中国编辑学会、全国出版专业职业资格考试办公室编 . 出版专业实务:中级 . 上海:上海辞书出版社,2007:1.

[2] 马迁,陆嘉琦 . 刍议"选题"定义 . 科技与出版 .2015(10):28-29.

[3] 国家新闻出版广电总局出版专业资格考试办公室编 . 出版专业实务:中级 . 北京:商务印书馆,2015:6.

[4] 边春光 . 出版词典 . 上海:上海辞书出版社,1992:143.

[5] 易图强 . 图书选题策划导论 . 北京:中国人民大学出版社,2009.

[6] 鹫尾贤也 . 编辑力:从创意、策划到人际关系 . 陈宝莲,译 . 杭州:浙江人民出版社,2013:50.

[7] 杰夫·赫曼,德博拉·利文·赫曼 . 选题策划 . 崔人元,宋健健,译 . 石家庄:河北教育出版社,2005:3.

[8] 李建国 . 试论图书选题策划 // 李建国 . 编辑工作思与行 . 长沙:湖南人民出版社,2012:65.

[9] 全国出版专业职业资格考试办公室 . 出版专业实务:中级 . 上海:上海辞书出版社,2002:1.

[10] 辛朝毅 . 策划编辑制的回顾与前瞻 // 中国出版科学研究所、湖北省新闻出版局 . 第三届全国出版科学研究优秀论文获奖论文集 . 武汉:华中师范大学出版社,2002:332.

[11] 李彬 . 刍议编辑的出版全流程参与——以国有出版社为例 . 出版广角 . 2015(3):104-105.

[12] 林少波 . 图书策划编辑实训教程 . 北京:中国书籍出版社,2013:17.

[13] 程德和. 出版选题策划实务. 重庆：重庆大学出版社，2012：17.

[14] 苗遂奇. 出版选题学. 苏州：苏州大学出版社，2013：119.

[15] 韩姗姗. 图书全程策划的实务与技巧 // 中国编辑研究（2012），北京：人民教育出版社，2014：269.

二 编写体例研究

孟子曰：离娄之明、公输子之巧，不以规矩，不能成方圆。

——孟子·离娄上

学科编辑委员会名单刍议 ①

《中国大百科全书》第一版各卷陆续推出，学科编辑委员会名单却不够统一，有些事项需要研究一下。

一、顾问的位子排在哪里

"学科编辑委员会名单顺序为主任、副主任和委员"，1986年《〈中国大百科全书〉成书编辑体例》（通称"白皮书"）做了这样的规定，对于顾问排在什么位置则没有提及。设有顾问的各卷出于不同的考虑，排法各不相同。有些顾问排在主任之前（《矿冶》《中国文学》《语言文字》《戏剧》）；有的顾问排在副主任之后，委员之前（《航空航天》）；有些顾问排在委员之后（《民族》《考古学》《哲学》《经济学》）。有的顾问同时列入委员名单（《矿冶》），多数顾问不列入委员名单（《航空航天》《民族》《考古学》《哲学》《中国文学》《语言文字》《经济学》《戏剧》）。

担任顾问的都是资历很深，水平和声望较高的人物。设顾问一职，本来含有借重他们的名声，增加编委会权威性的意思。如果排的位置比委员还靠后，就有违初衷了。将顾问排在主任之前，居最高地位，也值得商榷。毕竟，顾问不是"名誉主任"，没有理由比照名誉主席排在主席之前处理。按《现代汉语词典》，顾问是"供个人或机关团体咨询的人"。也许，他们曾经是学界魁首，但目前，在这里，

---

① 本文原载中国大百科全书出版社内部刊物《探讨》1989年第4期。

他们担任顾问，扮演的是供主任和编委会咨询的角色，不宜"凌驾"于主任之上。可否把顾问统一排在副主任之后，委员之前？

二、正副主任是否列入委员名单

编辑委员会主任、副主任是否列入委员名单？早期各卷做法不一致。《天文学》等卷是将编辑委员会主任、副主任列入委员名单的，《体育》《力学》等卷则不列入。1986年体例"白皮书"做了"列入"的规定，但1988年仍有没列入的（《建筑·园林·城市规划》）。此事应该给予注意。

三、编写组名单一栏的名称需要统一

各卷学科编辑委员会名单之中，都有编写组人员的名单。这个名单的称呼似乎是极简单的事。然而事实上，各卷的叫法却各不相同。将1988年底以前出版的各卷按时间顺序排一下，可以看到，很少有连续两个学科编辑组采用相同名称的，连续三个相同的根本没有。总共28个学科（36卷），采用的名称达9种之多：

"各分支学科编写组主编、副主编"（《天文学》《法学》《固体地球物理学·测绘学·空间科学》《民族》）；

"各分支编写组"（《外国文学》）；

"各编写组主编、副主编"（《体育》）；

"各分支学科编写组"（《环境科学》《力学》《交通》《土木工程》《宗教》《数学》《戏剧》）；

"各分支编写组主编、副主编"（《纺织》）；

"各分支编写组主编、副主编、成员"（《戏曲·曲艺》《航空航天》《中国文学》《机械工程》）；

"分支学科编写组"（《矿冶》《电子学与计算机》《大气科学·海

洋科学·水文科学》《物理学》《经济学》《建筑·园林·城市规划》）；

"各分支学科编写组主编、副主编、成员"（《教育》《考古学》）；

"分支编写组"（《哲学》《化工》）。

显然，统一是必要的。统一成什么样子好呢？设想之一："主编、副主编、成员"不必写。这就像学科编辑委员会名单不必赘上"主任、副主任、委员"一样。设想之二："各"字可省略。因为这里的着眼点是名单的整体，而不是一个个具体的编写组（例如说"各编写组都有主编"）。设想之三："学科"最好也不写。因为，各卷的编写组并不都是按学科划分的。《体育》卷有一个"举重、摔跤、射箭、击剑"编写组，不少卷有"综合"编写组，都谈不上什么学科。基于上述想法，笔者倾向于采用字数最少的名称："分支编写组"，这也是1986年"白皮书""2　学科编辑委员会名单"中用过的名称。

条目分类目录刍议 ①

　　《中国大百科全书》第一版七十四卷已出版了将近一半。从四面八方会聚来的人们，筚路蓝缕，呕心沥血，十年辛苦，功若丘山。但将已出各卷稍加比较，就不难发现，许多事项处理方式大不相同，反映出大家对事关体例的许多问题的理解尚不尽一致。对此做些探讨，寻求统一的看法和做法，应是有益和必要的。本文仅就条目分类目录试陈管见。谬误之处，敬祈指正。

　　《成书编辑体例》白皮书对条目分类目录的规定主要是："供读者分类查检条目之用，应能大体反映学科（知识领域）的基本知识体系和条目的层次关系。"这里的前半句，关于条目分类目录的功能，人们的理解可能容易达到一致。后半句，对条目分类目录的要求，如何达到，恐怕就要琢磨一番了。哪个亲手编制过条目分类目录的人不曾为这"分类"二字煞费苦心呢？

　　分类，作为一种思维方式，作为认识事物的一种方法，大概与人类文明具有同样悠久的历史。许多世纪以来，它广泛应用于各个学科，在许多学科中成为专门的研究课题。

一、科学分类、图书分类、书目分类和条目分类

　　提起分类，许多人会马上想到"数理化天地生"，想到"门纲

---

① 本文原载中国大百科全书出版社内部刊物《探讨》1989 年第 1 期。后刊于《中国编辑》2003 年增刊。

目科属种"，这属于科学分类。图书馆工作人员要研究图书分类。广大读者在图书馆常和"经史子集"打交道，这属于书目分类。条目分类与它们有相通之处，又有不容忽视的区别。各种分类面对不同的对象，采取不同的方法，形成不同的体系。

1. 科学分类

有人叫学术分类、知识分类。随着人类知识的积累，很早就有人进行这方面的探讨了。从古希腊的亚里士多德、中世纪的培根，到近代的边沁、孔德、汤姆生，一代代哲学家建立了他们的科学分类体系。恩格斯、毛泽东曾就科学分类作过著名的论述。当代学者凯德洛夫、钱学森也提出过他们的分类体系。由于制订科学发展规划、设置研究与管理机构以及划分教育科系等多方面的需要，现代许多国家加强了对科学分类研究。如今人们对科学分类的认识深度已远非古代可比。描述科学分类的图式从早期的树枝形发展出环状、网状等复杂形式。随着新兴的边缘学科、综合学科、横断学科的不断涌现，图式愈趋复杂。

2. 图书分类

这是为管理图书文献、方便读者检索阅览而进行的工作。类似的概念还有文献分类。许多人说图书分类以科学分类为基础。笔者倒觉得莫如说图书分类借鉴科学分类的部分成果。按前一种提法，似可将科学分类与图书分类喻为母子；按后一种提法，当将二者喻为兄弟。科学分类以学科为对象，每个类目内容比较单纯，体系反映新的认识水平，构成错综复杂的网状图示。图书分类则以图书为对象，每个类目内容比较复杂，体系反映古今各种载体、各种语种、各种题材、各种体裁、各个学科图书的积累，必须列成单线式。这个"单线式"似乎是图书分类与科学分类最直观的区别。其实，直接建立在科学分类之上的"学科分类表"也只能是单线式的。分类对象的不同特性，直接要求体系编制方法不同。从公元前 250 年亚历山大图书馆卡利马科斯的最早尝试开始，1545 年瑞士人吉士纳编成《万象图书分类法》、1876 年美国杜威编成《杜威十进分类法》，到 20 世纪初比利时国际目录学研究所编成《国际十进分类法》，1933 年印度阮冈纳赞创始《冒号分类法》等，人们对图书分类已积累了丰富的经验，有了相当深入的研究。但不管哪一种图书分类法，采用列举式的也好，分面组配式的也好，与科学分类体系的不同都是明显的。例如《国际十进分类法》中的"596 脊椎动物门、597 鱼纲、588.1 爬行纲"的位列与科学分类就大不相同。

中国也出现过众多的图书分类法。如曾经在一些大型图书馆使用过的《中国人民大学图书馆图书分类法》《中国科学院图书分类法》。目前最有权威的，无疑是《中国图书馆图书分类法》（简称《中图法》）。这是在国家文物事业管理局和北京图书馆（国家图书馆前身）主持下，由全国三十六个单位协作编制的，1975 年 10 月出版，1980 年 6 月出第二版。它是以科学分类和知识分类为基础，并结合文献内容特点及其某些外表特征进行逻辑划分和系统排列的类目表。五大部类、二十二大类、四万类目（详本），构成一个等级分别、次第清楚的体系。[①] 这个《分类法》对国内学界影响广泛（从 1987 年起，国内出版的图书采用的中国标准书号就包含该分类法的分类号），其中不乏值得我们借鉴的东西。

3．书目分类

图书馆学界有人提出区分书目分类与图书分类。这一点具有实际意义。图书分类面对所有的图书，没有时间、地域、语种、学科等限制。大型的图书分类表，类目动辄数万。《国际十进分类法》

---

① 1990 年 2 月《中国图书馆图书分类法》出版第三版。类目做了大量增、删、改，解决了按政治观点区分类目的做法，摆正了思想性、科学性、实用性的关系。1999 年出版了第四版。修订后的《中国图书馆图书分类法》第四版增加了类分资料的类目，并与类分图书的类目以"+"标识进行了区分，因此正式改名为《中国图书馆分类法》（简称《中图法》不变）。
2010 年 9 月，《中国图书馆分类法》出版了第五版。新增 1631 个类目，停用或直接删除约 2500 个类目，修改类目 5200 多个。

详表类目达 15 万之多。这就决定了其分类必然较细。书目分类则面对有限的具体书目，这就决定了它形式上的不均衡。书目多的部分分类较详细，书目少的部分分类则较粗略。西汉刘歆的《七略》、西晋荀勖的《中经新簿》、南宋郑樵的《通志·艺文略》，以至清代的《四库全书总目》，无一例外地都是书目分类目录。

4. 条目分类

如果把百科全书比喻为一座图书馆，那么条目分类目录就相当于书目分类目录了。二者的形态确是很相似的。谈到条目分类目录，不能不提到《辞海百科词目分类索引》，它与我们的条目分类目录尽管分类体系不同，但分类对象相似，还是有可借鉴之处的。

二、条目分类目录的编制

要把彼此网状联系的条目组织到一个单线式的目录中，必须尽可能合理地处理条目之间纵横两个方面的关系。

1. 基本原则

思想性原则和科学性原则是人们不会忘记的。这里特别要强调的是实用性原则和统一性原则。编制条目分类目录不能搞烦琐哲学，不能过于学究气，要时时把读者使用的方便作为考虑的重点。这与科学性并不矛盾。《中国大百科全书》按学科（知识门类）分类分卷出版，各卷分类目录分头编制，再考虑到每卷十来个分支、千把个条目，如果对统一注意不够，很容易使读者如堕迷宫，种种不便不难想见，结果必将大大降低分类目录的效用。

2. 层级

或叫层次，这是关于条目分类目录中纵向关系的。通常我们把作为分支名称的条目作为一级条目，下属若干二级条目，二级条目下又可能有三级条目。某个条目，相对于其下属条目，可称为上位条（相当于图书分类的"上位类"），即我们常说的"母条""领条"；

而相对于其所属的上位条，它又是下位条（相当于图书分类的"下位类"），即我们常说的"子条""属条"。一般来说，由上而下地排列起来，各支层级链的长短是各不相同的。某个条目排在第几级，取决于排的结果，而不是排之前的预先设定。

有人认为，"中国或外国的人物、作品条，都必须在同一层次上"。如果按这种要求去做，势必从根本上改变目录的编制方式。事先设定某个条目在某级，某类题目在某级，结果很可能是一些局部过于拥挤，以致不得不把一些本来不同层级的条目挤到同一层级去，另一些局部又出现断档，或不得不加进许多不必要的提示标题。为此，有必要确认：某个条目在条目分类目录中的位置，只是揭示该条目跟相关（相邻）条目的联系，并不具有显示条目本身"级别"的含义。也许，人们还是担心中外摆不平。事实上，从《天文学》卷开始，绝大部分卷都是中外人物列在一起的，不管人物列在哪个层级，都不存在中外摆不平的问题。举例来说，《天文学》卷、《矿冶》卷，人物条列在三级；《哲学》卷、《教育》卷，人物条列在四级。对此，读者并不会感觉不便。《体育》卷将人物分列在有关运动项目之下，不失为一种方便读者的排法。而因各个项目所在层级不同，它的人物便分列到二级、三级、四级和五级了。这样应是无可非议的。

3. 次序

这是关于条目分类目录中横向关系的。这里主要探讨同位条（相当于图书分类的"同位类"），即同一母条属下的同级子条的排列先后问题，而不笼统地探讨同级条（相当于图书分类的"同级类"）的排列问题。

各卷都有同位条数量很大的情况。《教育》卷，〔中国大学简介〕的下一层级有 39 个条目。《外国文学》卷，一级条目有 133 条。其中"俄罗斯苏维埃文学"下一层级的条目达 223 条。同位条数量如此之大，采用易为读者接受的次序规则进行排列显然是十分必要的。另外，许多概念组可能在不同的卷遇到。如世界各国、中国各省区、中国各时代、中国各民族以及学科、技术门类等，都有必要采用统一的次序。抽象地说，人们已采用过多种排列同位条的规则，如先低级后高级、先简单后复杂、先一般后具体、先理论后技术、先综论后各论以及按出现时间的先后等。然而翻一下已出各卷和已发排卷，值得商榷的事例俯拾即是。

人物次序。琢磨一下各卷排列人物所依的主要规则，简直难以找到两卷完全一样的。

《天文学》：①全学科人物集中排列；②先中国人后外国人；③以出生年、月、日先后为序。

《外国文学》："分类目录说明"中说依"生卒年代先后排列"。乍看有点摸不着头脑。实际是，①各国、各地区、各语种"某某文学"之下分别列人物；②依出生年代先后为序；③生于同年者，依卒年先后为序。

《体育》：①各分支分列人物；②依从事的专业（项目）为序；③中国大陆人在前，继为中国台湾人，外国人在后；④以影响大小为序；⑤以时间（生年或主要成绩取得年代）为序；⑥女在前，男在后。

《纺织》：①全学科人物集中排列；②先中国人后外国人；③中国部分先古代后现代；④中国现代人物按专业为序。

《民族》：①各分支分列人物；②先中国人后外国人；③外国人依出生年代，中国人排列规则猜不出。

《土木工程》：①全学科人物集中排列；②先中国人，继为华裔外国人，后其他外国人；③先去世者后在世者；④去世者、在世者分别依出生年月日先后为序。

仅这几卷归拢一下，所采用的规则已有十余种，再加上其中用到的人们习用的姓氏笔画和拼音顺序，岂不叫读者头晕！关键在于，依照哪些规则排列，是不在分类目录上（也不在其他任何地方）说明的。排了，而对于读者，仍近乎"堆"在那里。在这里，想对按专业次序排列多说一句。看《戏剧》卷发排稿，〔戏剧人物〕之下一组条目的排列像按生年，又不是生年。经向戏剧组同志请教得知，是先按职业（剧作家、导演、演员、舞台美术家等）分，然后按生年排列的。那么，为何不标明专业呢？不能。原来不少人身兼数职，明确归到某个职业之下会招来异议。这样说来，我们编者不能分清，读者恐怕就更难分清了。为数不少的卷在"某某学科人物"的提示标题下，又暗暗按职业分了类。可是读者既不了解这些职业的分划方法，又不了解这些职业的次序，难免如堕雾中。看来，还是《天文学》的排法最简明。

世界各大洲、各国的次序。涉及此事的卷很多，排法也各不相同。如大洲次序，《外国文学》是亚洲、欧洲、非洲、大洋洲、美洲；《民族》是亚洲、非洲、欧洲、美洲、大洋洲。又如国家次序，以东北亚三国为例：《外国文学》为蒙古、朝鲜、日本；《考古学》为朝鲜、日本、蒙古；《民族》为朝鲜、蒙古、日本。《体育》和《中国百科年鉴》将各国统一按国名汉语拼音顺序排列。《外国历史》，大洲按分类次序排，洲以下各国又按汉语拼音顺序排。应该说，拼音顺序并不符合"分类"的原则，一般最好不用。分类排列，则有必要采用一种各卷都可参照利用的次序表。在这方面，似乎可以借鉴《中国图书馆图书分类法》中的"世界地区复分表"。该复分表中，世界各大洲、各地区、各国都有固定的次序和编号，用到各学科，对分类工作者和读者都比较方便。类似的，《中国图书馆图书分类法》中的"中国地区复分表""中国时代复分表""中国民族复分表"等亦可资借鉴。

三、几个技术性问题

下面几个问题都很小，但对条目分类目录的形态有显著影响，似乎值得讨论一下。

1. 概观性文章上不上条目分类目录

1986 年《〈中国大百科全书〉成书编辑体例》规定："概观性文章的标题列入条目分类目录（用小四号黑体，下空一行）和各种索引在页码位置上注'见正文前专文'字样。"在已出版的《中国大百科全书》三十六卷二十八种之中，除两种无概观性文章外，概观性文章列入条目分类目录的有十三种，没列入条目分类目录的也有十三种。琢磨起来，概观性文章列入各种索引自然完全有必要，而列入条目分类目录则有一点儿疑问。各卷卷首都有一个总的"目录"，列载前言、凡例、概观性文章、正文和各种索引的名目及其页码。概观性文章，并不是条目，既已列在"目录"中，可否不再列入"条目分类目录"呢？

2. 提示标题的设置

在同位条数量较大，有明显分类关系的情况下，适当使用提示标题（在分类目录中使用六角括号标志），能使目录条理清晰，给读者提供方便。然而如果同位条数量并不大，本来一目了然，为求"逻辑完整"而加许多提示标题，反而会给读者带来不便。实际上，如同书目分类要立足于手中的书，不必像图书分类追求覆盖一切图书那样，条目分类也只是使现有条目组成便于读者查检的格式即可，不能一味追求逻辑体系的完整。

3. 参见条的设置

已出卷中，有不少卷参见条（虚条）设置数量可观。虚实条数量比多为 1∶8 或 1∶7，《宗教》虚实条数量比高达 1∶5.4。一般来说，参见条在分类目录中的作用，除显示学科体系的完整外，主要是提供一种检索渠道，与书后内容索引所起的作用相似。设参见条，常见的有两种情况：一是人物或事物有异名并存，觉得同等重要。有的确实如此，如"茅盾"与"沈雁冰"。有的则并非如此。如某些外国人姓名有多种译法，经过研究，选定了某一个，立了实条，余下的，实际是认为应该淘汰的。如果觉得曾经流行过，有一定检索率，那么是否列入索引就够了呢？设参见条的另一个常见情况是实条中包含具有相当检索率的主题。有时这个主题的检索率甚至可能比实条本身的检索率还高。比如"学位制"条中的"博士"，列参见条显然有必要。也有许多实例情况不是这样。如从"地震波"条中抽出了"纵波""横波"作参见条。恐怕一般人如果想查"地震波的纵波"，会直接去查"地震波"的。

顺便说一句，许多卷以实条的层次标题原封不动地作为参见条的条头，这对读者查阅参见条的相应内容不失为一种好方法。然而有些卷把实条的层次标题原封不动地搬做实条（子条）的条头，这就不合适了：或者造成不必要的大量重复，或者造成内容的割裂。再则第四层标题和文内参见都用小五号楷体字，可能造成参见系统的混乱。当然，在这种情况下，让路的一般不该是子条的条头，而应该是母条的层次标题。

4. 退格

退格应该是显示相邻条目领属关系的手段，而不是显示条目"级别"的标志。如果不否认这一点，那么子条相对其母条退一格就够了。目前已出各卷，退格情况多种多样。带领属关系子条不退格的，有；所属子条比母条退一格、退两格及至退三格的，都有；无领属关系的相邻条目退了格的，也有。比如：

南岛语系……………………

　　　布嫩语………………

南亚语系……………………

　　　佤崩龙语支…………

　　　　佤语………………

这一小段里就包含了退一格、退两格和退三格的情况。这样排，似乎是为了使"语系"条列在三级，"语族"条列在四级，"语支"条列在五级，"语"条列在六级。

再如：

泰米尔语文学·····················

　　贾亚甘丹·······················

　　　《蒂鲁古拉尔》············

　　　《西拉巴提伽拉姆》······

　　单看这段分类目录，读者说不定会以为《蒂鲁古拉尔》等是贾亚甘丹的作品。其实二者并不相干。这样排似乎是为了使"××文学"条列在一级，作家条列在三级，作品条列在四级。对这种情况如何看，取决于对退格功能的看法，实质上是对层级排列规则的看法。

　　提示标题之下的条目的退格问题，各卷处理也多有不同。退一格、退两格、退三格的和不退格的都有。退两格、三格的问题可视为上面一个问题的延续，这里不再说它。要说的是，不退格似乎不妥。在实践中，提示标题都是下面一组条目的概括，其外延包含下面一组条目的外延。提示标题与下面条目之间明显具有领属关系。尽管加了六角括号，但从逻辑上说，还是与一般条目同等对待，下面条目退格为宜。

　　分支条目下一层的条目是否退格？分支条目（一级）在分类目录中是排成黑体字的，已能与下面的二级条目区别。因此，《天文学》卷二级条目就与分支一级条目排齐，不再退格。这种排法还可节省版面，为后来一些卷袭用。《辞海百科词目分类索引》的目录也采用这种排法。因为该索引是横排四栏的，进退一格，非同小可。还有意见则认为，编排应力求简单化。相邻层级要退格，就应该都退。分支条用黑体，可起醒目的作用，与下层条退格并不矛盾，下层条仍应退格。从《外国文学卷》开始，许多卷取仍退格的排法。已出版的《中国大百科全书》三十六卷二十八种中，不退的有七种，退的有二十一种。其中，1988年出版的几种书仍是退与不退两法并存。能否研究一下，早日统一呢？

条目分类目录的编制 [1]

有机会再来南京感到高兴，能够见到灾难医学界的顶级专家，更是感到荣幸。自己不懂医学，昨天接受了王老的灾难医学启蒙，今天我就算上小学一年级了，一定恭恭敬敬地向各位专家学习，请老师们指教。愿为《灾难医学》卷的编撰尽绵薄之力。

一卷百科全书，初期工作少不了拟订条目分类目录、制订条目分类释文提纲和撰写与审定样条三项。只有这三项工作完成了，才能全面铺开条目撰写工作。三项工作中，首要的是拟订条目分类目录，它对全书成败有决定性的影响。

条目表，作为《中华医学百科全书》一卷的目录，显示着本卷内容的涵盖范围。

另外，条目表要展示本学科的知识体系。对一些历史较久的学科来说，这并不容易，而对一些新兴学科来说，这就更是一项艰巨的任务。如何向读者展示这个体系，需要下大力气，认真、反复斟酌。

这里，结合《灾难医学卷条目目录（初稿）》《灾难医学卷条目目录（讨论稿）》（以下简称《初稿》《讨论稿》），对条目目录问题展开讨论。

---

[1] 本文为 2014 年 7 月《中华医学百科全书》"灾难医学"卷编委会南京会议上的发言稿。

一、条目是百科全书的基本检索单元

百科全书与教材有原则性的区别。首先，百科全书与教材的读者是不同的。教材是给本专业的人看的，百科全书是给其他专业的人看的，从某种意义上说是给外行人看的。《体例》规定了两类读者：①非本专业的医药卫生工作者，能基本读懂，满足其了解本专业基本知识的要求；②高中以上文化水平的普通读者，能够部分读懂，对其所关心的问题有所了解。其次，百科全书与教材的使用方法也不同。条目与教材章节有两个明显不同。其一，章节是循序渐进学习的，条目是供读者检索的。其二，从写法上来说，每个章节写的时候都可以假定读者已经读过之前的章节，而条目则设定读者之前没读过任何其他条目，甚至可能只看这一个条目。因此，条目设置必须具备可检索性，条目内容具备独立性、完整性。

一个条目介绍一个独立的知识主题，就此主题做完整的陈述。

上面这句话有两方面的含义。

一方面的含义是，独立的知识主题不被不合理地拆分。每一个条目都是独立完整的主题。不能把一个主题分割成几块。例如，某疾病的流行、病因、诊断、治疗、并发症、预防一般不应分别设条；某生物活性物质的分类、生理功能不应分别设条。词尾有"意义""特点""问题""应用"等词语的，通常归并到相应的上级条目或去掉词尾。

例如，《初稿》有"灾难救援的技术和方法"，《讨论稿》有"灾难救援的原则""灾难救援的时效性"，可归并到"灾难救援"条，查了一下，没看到"灾难救援"条，可以考虑改设"灾难救援"条。

另一方面的含义是，一个条目不能像一个筐，装一堆有独立检索价值的东西。

依字数大体可将条目分成三类：小条目在1000字以内，中条目1000～3000字，大条目3000～5000字。个别条目可超过5000字，但最多不超过 8000 字。现代百科全书普遍奉行中小条目主义。《中华医学百科全书》大、中、小条目结合，以中、小条目为主。

二、设条原则

通常，人们认为编纂本学科百科全书是促进学科建设的重要过程。设条，涉及学科体系的梳理，是其中的重要环节。

1. 体现全、准、精、新

全书内容以全、准、精、新为原则，这也是设置条目的原则。要体现完备、系统、平衡的要求；要科学、规范；要树立品牌；要展示当代医学科学和医药卫生事业的新水平。

灾难医学本身，就是一个新学科，是现代医学发展的标志。《灾难医学》会给《中华医学百科全书》增色。这新，本身就是难度。同时也增加了体现全、准、精的难度。

2. 控制选条范围

人们容易注意到，条目表体现学科的完整性，这是必要的。但需要考虑到，这里的"全"和"完整"都不是把一卷书作为一本独立的图书来考虑的，要放在《中华医学百科全书》144 卷之中来看。

要求把握本卷的范围，设条要完备，又不能越界。《中华医学百科全书》各卷内容都要限定在医学的范畴之内。具体到某一卷，又要考虑与相关卷的分工。有些条是设在本卷，还是设在相关卷，可能要与相关卷协商。有些内容，已经超出了《中华医学百科全书》的范围，就不宜设为本卷条目了。《卫生事业管理学》卷曾列有"运筹学"，就不妥。

即使在医学的范畴之内，又会有临床学科与基础学科的关系问题。如果各卷过多强调本卷的全，势必导致各卷过多重复，降低全书篇幅的效用。实际上，一个知识主题，如果在不同的卷都有条目，读者会到哪卷去查，会更信任哪卷的解说，我们在设计条目的时候不能不有所考虑。《呼吸病学》卷设"pH值"，就引起过讨论。

《灾难医学》，是《中华医学百科全书·灾难医学》卷，不是《灾难学百科全书》。《初稿》中，"特定火灾短号码呼救119""城市消防监控指挥中心""常规消防车""强力破折车""炸弹""堰塞湖""难民潮""蝗灾""机器人""管涌"等内容，感觉超出了"医学"的范围。《讨论稿》中，"自然灾害""人为灾难"两部分，感觉还是超出"医学"范围，似应着眼"自然灾害救护""人为灾难救护"来设条。

3. 突出核心内容

设条既要考虑平衡，又要突出核心内容。也就是说，本学科的核心内容可以适当列条细一些、多一些；非核心的内容就要列粗一些，少列一些。

有些内容，可能在《中华医学百科全书》其他卷也要设条，对那个卷也许更重要，本卷就不一定列了。

"红十字国际委员会""中国红十字会"在《医学史》卷有条，本卷是否要列，可以斟酌。

如果说"灾难"需要列条的话（倾向于不列），那么"原生灾难""次生灾难"就离医学更远了。

4. 强调检索性

条目内容要有检索需求，条目标题也要便于检索。这就要求条目标题既尽可能简单，又要保证明确。尺度如何把握，有时需要斟酌。

"灾难时可接受的救护和运送的最低水准"，读者会不会检索？

5. "穿靴戴帽"问题

可戴可不戴的不戴；必不可少的要戴。

"分拣"，读者容易想到邮件分拣，《灾难医学》卷可否改为"批量伤员分拣"？

三、用"树状结构"展示学科体系

既然每一个条目都是独立的、完整的，不分先后的，那么几百个条目集合在一起，会不会是杂乱无章的呢？不是的。

作为专业百科全书，《中华医学百科全书》的条目目录不是按汉语拼音字母顺序编排的，也不是按汉字笔画顺序编排的，而是按照学科知识体系的分类顺序编排的。顺便说一下，《中国大百科全书》作为一部综合性百科全书，其第一版分学科卷出版，各卷条目按汉语拼音顺序编排，但其撰写工作仍然是在条目分类目录的基础上进行的，它的条目分类目录也印在了书上。

对于许多写惯了教材和论文的专家来说，这还需要一个新的思路。

简单地说，在这个分类目录中，条目是按分支依层级排列的；形象地说，是按分支呈"树状结构"的，在条目表中条目按层级作阶梯式排列。

各卷首条以本卷书名为题目，对本学科和本卷内容作概要的介绍，推荐字数为5000字。这个卷首领条不列入条目级别。

一本教材分为若干章，每章有若干节。

一卷百科全书会分若干个分支，有若干个一级条目。一个一级条目之下可能有若干个二级条目。一个二级条目之下可能有若干个三级条目。以此类推，也可以有四级、五级条目。

例如，《皮肤病》学科条目表，有"皮肤""皮肤生理""皮肤代谢""皮肤病病理""皮肤病诊断""皮肤病治疗""皮肤病""性传播疾病"等8个一级条目。一级条目"皮肤"之下有"表皮""真皮""皮下组织"等6个二级条目。二级条目"表皮"之下又有"黑素细胞""表皮分化"等12个三级条目。三级条目"表皮分化"之下又有"角蛋白"等4个四级条目。通过这样一种方式，构成一个体系，把全卷598个条目组合成一个整体。

示例：皮肤病学条目表局部

一级条目	二级条目	三级条目	四级条目
皮肤病学			
皮肤			
	表皮		
		角质形成细胞	
		黑素细胞	
		朗格汉斯细胞	
		梅克尔细胞	
		桥粒	
		半桥粒	
		真表皮连接	
		表皮基底膜带	
		表皮干细胞	
		表皮更替时间	
		表皮黑素单位	
		表皮分化	
			角蛋白细丝
			透明角质颗粒
			角蛋白小体
			角蛋白
	真皮		
		基质	
		胶原纤维	
		网状纤维	

　　各个条目彼此联系，分居不同层级的不同位置，构成具有一定知识体系的学科卷，进而构成全书。条目的层级完全由条目之间的领属关系决定，不存在某类条目一定是某级条目的规定。

　　《初稿》设"战争""炸弹"为一级条目，除了内容选择有疑问，级别设置也有疑问。

　　《讨论稿》大体具备了树状结构的形态。可以在此基础上进行推敲，以求完善。

条目表要求给出每个条目的计划字数。条目字数多少跟条目级别没有关系，是独立的。级别只由条目之间的逻辑联系确定。也许某个二级条目 1000 字，它下面的某个三级条目要 3000 字，这是正常的。

各卷提交条目目录时，应清楚列明各卷总字数、总条目数（其中参见条目数）。

四、条目分类目录的结构元素

1. 条目分类目录的骨干元素：实条、参见条、提示标题

（1）实条。应列出条目中文名称、条目外文名称、设计字数、设计图数。近期，一些卷还把条目类别、撰写者、审稿者也列在了上面。一个条目介绍一个独立的知识主题，就此主题做完整的陈述。依字数大体可将条目分成三类：小条目在 1000 字以内，中条目 1000 ～ 3000 字，大条目 3000 ～ 5000 字。个别条目可超过 5000 字，但最多不超过 8000 字。

（2）参见条。同一概念有不同名称，以规范术语列为实条，而实际更流行、检索性相当或更强的，可列为参见条（检索性较差的仅列为索引，不必列条）。

（3）提示标题。不宜写成条目，仅用于条目表，提示其后一组条目共性的词语。提示标题在条目表中带方括号，以与条目标题区别，在正文中不再列出。例如所附示例中的"[基本概念]"。提示标题不宜多用。能写成实条的，尽量写成实条。

2. 条目目录附设元素：条目外文名称、设计字数、设计图数

条目外文名称，在编制条目表时就要填写，但不能最后确定。条目撰写完成，成书加工时会安排专项审核。

设计字数，只能是初步设想，实际撰写出来可能有变化。但总

的字数应该大体不变。

值得注意的是，条目的设计字数，与级别无关。下级条的字数可以多于上级条，同级条的字数可以相差悬殊。

设计图数，也是应该在计划中的事。

应清楚列明各卷总字数、总条目数（其中参见条目数）。

3. 条目目录的工作保障元素：条目分类、作者、审稿者

明确分类，是为下一步条目撰写提供指导的。

五、条目分类目录的调整

条目表，在制定框架阶段是经过反复商讨的。在撰写过程中也会有新的想法，进行小的调整是正常的事。

条目分类目录是作者撰写条目的依据之一。写一个条目，必须留意它的上级条目、下级条目是什么，同级条目有哪些。而后才能确定内容的分配、详略的安排。

撰写过程中，发现需要增删条目或修改条目标题时，作者须及时与学科编辑沟通，以免与相关学科"撞车"或遗漏。

在审稿和编辑加工过程中，也会遇到目录调整的问题。

六、上书目录

正式出版时，每卷书上的目录就是条目分类目录。其内容便直接取自条目表。条目分类目录只有实条、参见条和提示词，按阶梯式分类排列。条目标题和提示词都不带编号。当然页码是要的。此外会加上本卷索引、附录的名目。

（2014-07-09）

"虚条"，还是"提示标题"？

阅读三版编辑的条目表审读报告，看到有些编辑称条目表中表示条目集合的词语，如"〔其他机械〕"，为"虚条"。这是误解。

和"虚"字相对的，当然是"实"字。与"虚条"相对的应该是"实条"。

人们习惯上称实际撰写的，独立、完整地介绍一个知识主题的条目为实条。"虚条"则是"参见条"的别称。

《中国大百科全书》第一版即有"参见条"的设置。《〈中国大百科全书〉编写条例》（1983.9）"4.2"："全书的参见系统包括：参见条目（仅设标题或附有简要解释）、释文内的参见和对彩图插页的参见。"

这里的参见条目是基本不写释文而指引读者阅读另外某个条目的条目。参见条有中文条头、汉语拼音、外文条头，但一般没有释文或只有很简短的释文。显然，参见条还可以说是"条"，但与人们平时讲的实条有所不同。

《〈中国大百科全书〉（第二版）编写体例》（1999.5）"2.3"规定："参见条目设标题，指示被参见条目，附简要解释。"这样，参见条"条"的属性更加明显了，但它毕竟不是实条。

实际上，多年间，参见条就被叫作"虚条"。

第一版的《〈中国大百科全书〉编写条例的补充规定》"4.2"："条目分类目录中参见条（虚条）标注页码，取虚实条兼注的方式，虚条页码在括号外，实条页码在括号内。"

类似"〔其他机械〕"这样的词语不能叫"条"，不能叫"虚条"，应该叫什么？

曾有人称其为"提示词"。考虑其有时不是一个词,又称其为"提示语"。亦有人提出异议。

查《〈中国大百科全书〉成书编辑体例》(1986 年 3 月 6 日总编辑会议通过):

> 7-4 不设条目的上层次主题,可用六角括号设分类集合的提示标题,如〔各国体育概况〕〔天文学家〕,但应尽量少采用这种方式。

可见,一版时就用过"提示标题"的名称。这应该为大家认可吧?

条目的层级

按照学科框架的构建方式，最后形成的条目表中，条目一般分属于不同分支，居于不同的层级。层级一般可到 4 ~ 5 级，特殊的可到 6 ~ 7 级。

在实践中，学科编委会提出一些疑问，或产生一些误解，需要澄清。

一、层级的产生

条目作为百科全书的基本结构单元不是单纯散在的，而是按照一定的规则组合成一个整体。这个整体的骨架就是学科框架。条目依据体现学科知识体系的框架按分支体系，分层级排列。

如同一棵树有几大枝干，一个学科的内容通常可以分为若干个板块。概括介绍各个板块的条目就作为一级条目。如同大的枝干又会分成小的枝条，学科的各个板块又会各自分成若干小块儿，这就有了二级条目。依次会有三级条目、四级条目，最后一级条目就像树叶（枝干也是条目）。由此，有"树状结构"的说法。

在条目表中，相邻层级的条目错开一格排列，类似阶梯状。

显然，各个板块的分化情况不可能完全一样，某个分支的"树叶"既可能是四级，也可能是七级，还可能就是二级。

例如，《中华医学百科全书·皮肤病》卷条目表，有"皮肤""皮肤生理""皮肤代谢""皮肤病病理""皮肤病诊断""皮肤病治疗""皮肤病""性传播疾病"等 8 个一级条目。其中，一级条目"皮肤"之下有"表皮""真皮""皮下组织"等 6 个二级条目。二级条目"表皮"之下又有"黑素细胞""表皮分化"等12个三级条目。三级条目"表皮分化"之下又有"角蛋白"等4个四级条目。而一级条目"皮肤生理"之下只有"皮肤温度调节"等4个二级条目，再往下就没有了。就是通过这样一种方式，构建起一个体系，把全卷598个条目组合成一个整体。

二、级别与类别的关系

实践中，人们会想，是不是某个类别的条目应该统一居于某个级别。比如，曾有新编辑问"机构应该几级"，或者问"著作应该几级"。

试看一个《中国大百科全书·生物学》的例子：

植物界
　　裸子植物门
　　　　松科
　　　　　　金钱松
　　　　　　…………
　　动物界
　　　　线虫动物门
　　　　　　旋毛虫
　　…………
　　　　脊索动物门
　　　　　　脊椎动物亚门
　　　　　　　　鸟纲
　　　　　　　　　　雀形目
　　　　　　　　　　　鹟鸟科
　　　　　　　　　　　　噪鹛属
　　　　　　　　　　　　　画眉

在这个例子中，需要介绍的植物较少，"金钱松"得以列为四级条目。要介绍的动物情况差异很大，旋毛虫列为三级（把三级条目摆在七级位置上，并无意义），而"画眉"要列为七级条目。

在上面的例子中，我们既不可能把"画眉"提升为三级条目，也不可能将"旋毛虫"降低为七级条目。

其实，条目的层级并没有绝对值的意义，仅仅是相关条目领属关系排列的结果，排到几级就是几级。

显然，不能确定某个类别的条目一定在某个层级。自然，也不能要求"保持各分支条目层级横向可比性"。

三、级别与字数的关系

看到有些一、二级条目字数较多，有些三、四级条目字数较少，有编委便问：是不是级别高的条目就应该比级别低的条目字数多？

的确，一、二级条目中长条目相对多一些，三、四级条目短条目多一些。然而，并没有级别与字数相关联的规定。

试看下面的例子：

现代小说 15000，图 7

　　[小说家]

　　　鲁迅 20000，图 10

　　　李劼人 1300，图 1

　　　许地山 1100，图 1

　　　褚人获（见叶绍钧）30

不难看出，"鲁迅"条比其上级条"现代小说"条字数多，这是正常的。

（2016-12-11）

条目字数有下限吗？

有三版编辑给作者写审稿意见说："类似'名词解释'的条目，不予列条"，"内涵太少的，只能作为'名词解释'的条目，需删除"。也听到有人讲，"条目字数不能少于300字"。

查《〈中国大百科全书〉编写条例》（1983年9月修订本），写有"短条目：700字以下"；《〈中国大百科全书〉第二版编写体例》，写有"短条目：500字以下，平均350字"；《〈中国大百科全书〉第三版网络版编撰手册》（草案），写有"短条目：700字以下，平均500字"。也就是说，历来《体例》中并没有条目字数不得少于300字的规定。

看一个实际的条目稿：

本草（běn cǎo）（Chinese materia medica/ herbs；book on Chinese herbal medicine）　中国古代所称的中药以及中药著作。中药的来源虽然有植物、动物、矿物以及某些化学生物制品，但以植物药为最多，故有"诸药以草为本"的说法。五代韩保昇说："药有玉石草木虫兽，而直言本草者，草类药为最多也。"故古代将中药习惯称为本草。同时把记载中药的有关著作也冠以本草之名，如《神农本草经》《唐·新修本草》《本草纲目》等。这一称谓沿用至今，如《中华本草》。

这个条目总字数不到200，除去外文，连汉字加标点符号只有176个字符。内容则由古到今，相当完整、丰满。

《中国大百科全书》（第二版）"本草"条，汉字加标点符号只有99个字符：

本草 materia medica　　中药的习用代名词。中药主要来源于天然药及其加工品，包括植物药、动物药、矿物药及部分化学、生物制品药。其中以植物药居多，使用也最广泛，故有"诸药以草为本"的说法。因此，古人习惯将中药称为"本草"。①

如果因为字数不到 300 而删去这样的条目，会不会造成学科知识体系的欠缺？这是值得担忧的问题。

感觉字数多少还是应该从条目知识主题介绍需要的实际出发，该多少就是多少。

（2016-12-02）

---

① 《中国大百科全书》（第二版）.北京：中国大百科全书出版社，2009：2-261

条目与条头①

一、百科全书

百科全书是工具书，与教材和专著有别。百科全书注重检索性，介绍基本理论、概念、名词、术语、事实、数据等知识。

从某种意义上说，百科全书是给外行看的。《中华医学百科全书》的读者设定为非本专业的医药卫生工作者和高中以上文化水平的普通读者，这是撰写和编辑加工时要时刻想着的。

二、条目

条目是百科全书的基本检索单元。若干不同层次的条目组成分支，不构成章节。

条目表由分列不同层级的实条、参见条、提示词构成。需要注出设计字数、图数。

一个条目一般介绍一个完整的概念或独立的知识主题。

这里就《营养学与食品卫生学》条目表初稿的实例做些讨论。

"蛋白质的分类"不必从"蛋白质"条目分出来单立条目。"良好生产规范定义""良好生产规范内容""实施良好生产规范意义"不必单独设条，内容归入"良好生产规范"即可。

各类食品的营养价值部分"营养素的种类和含量"，不必设条，

---

① 本文为2010年《中华医学百科全书》业务培训讲稿。原题为《〈中华医学百科全书〉杂谈之一：百科全书条目与条头》。

内容见营养与食品卫生学部分"营养素"条即可。"部分常见水果历史、产地",不能设条,只能作为"水果"条目(条目表未见此条)的附录。

"其他双糖""其他食品的营养价值""其他类食物中毒"等不宜设条。

三、条头的特点

条目的标题通称为条头。

1. 检索性

这个主题能不能构成被检索的对象?能不能被人想到表示这个主题?

维生素部分列有条目"其他",不知所云,无法检索。

2. 客观性

这个主题应该是已经形成,读者可能遇到的,而不是编者人为拟定的。

百科全书行文也惯以客观的、第三者的立场说话。"我国食品安全标准的制定",应把"我国"改为"中国","的制定"三字也可删。

3. 名词性

回答 what 的问题,扩展到 who、when、where、how、why 等,主题通常为名词、名词化的动词、名词化的词组。

"危害特征描述"就不成立。

4. 简明性

每个条头的字数宜少不宜多。有人抽查《不列颠百科全书》第15 版 A 和《苏联大百科全书》第 2 版 Л 部各 500 条,发现条头一个词的各占近 60%,两个词的各占 30% 强。

必要的词又不能少。不能让人见了条头不知所云。

5. 概括性

"汞及汞化合物污染"，可改为"汞污染"。

6. 单义性

条目标题形为"××和××"，里面含有两个名词，往往实际上含有两个知识主题。两个主题连在一起设条，实际等于把后一主题隐藏了起来，不便检索。所以"和"类的字应尽量避免使用。"棉子糖和苏糖"可考虑拆分设为"棉子糖"和"苏糖"。"糖和甜味剂"，可考虑分设"糖"和"甜味剂"。这跟"现象与本质"讲二者关系，是一个主题不同。

7. 平衡性

设条要考虑平衡，条头用词也要考虑平衡。有"脂溶性维生素"、"水溶性维生素""维生素 D"等条目，却找不到"维生素"条目，这是不行的。

四、条头之忌

1. 忌雷同

营养学基础部分有"脂类"（0.5）条目，各类食品的营养价值部分有"脂类"（0.6）。不知是不是名称相同的两个条目。也得留意名称不完全相同，但内容相同的情况。

2. 忌冗长

"人体内水平衡的调节与失控"，可否改为"人体内水平衡"？

3. 忌无谓穿靴戴帽

"新型的食品杀菌技术"。

"食品安全问题"，有上级条目"食品安全"。

当然，不能一概不许"穿靴戴帽"。如"院前急救"（与"急救"区别）、"血糖监测技术"（《基础护理学》卷"护理技术操作方法"分支有一批"××技术"条目）。

4. 忌泛指

"加工烹饪方法"单看条头，可能以为是所有的加工烹饪方法，其实条目只打算讲畜肉加工烹饪。"历史及种类"则完全看不出要讲什么。

5. 忌附件

"食品营养学评价的概念"，可删"的概念"。

"肠内营养制剂分类"，可归入"肠内营养制剂"。

6. 忌混合

"维生素 A 和类胡萝卜素"，可分设"维生素 A"和"类胡萝卜素"或"维生素 A"和"类胡萝卜素（参见）"。

类似标题的条目，从读者检索方便考虑，宜分为两条。有的分为两个实条；有的也可以写在一起，成为一个实条、一个参见条。

7. 忌标点

"条件必需氨基酸（含牛磺酸）"，括号作为写作提示可以，作为条头一部分不妥。

"多酚类化合物结构、分类与食物来源"，顿号不宜。此处不必分设条目，可并入上层条目"多酚类化合物"，以"结构""分类""食物来源"作为层次标题。

五、实例点评

食品的感官检查与腐败变质的鉴定
防止食品腐败变质的措施
食品的化学保藏
…………

其他保藏措施如酸发酵、烟熏、微波等
建议改为：
食品感官检查

食品腐败变质鉴定

食品保藏

　　食品化学保藏

　　…………

　　食品酸发酵保藏

　　食品烟熏保藏

（2010-05-23）

谈 "的" 字条

看到《肿瘤学条目表》，编辑问起 "的" 字条的问题。仓促之间，来不及仔细琢磨，先说一点想法，供参考吧。

"的" 字条的问题，说起来还有一点复杂，难以一两句话说清楚。要简单地说，那就是：原则上，尽可能不用，但也不能说绝对不用，不能一刀切。其中缘由，可从以下几方面来解释。

一、词语属性

《〈中国大百科全书〉第三版体例文件》确认："条头的概念能准确概括条目释文的术语和通用的词或固化了的名词性词组，是所选条目的标引词或词组，是百科全书最基本的检索手段。"

"的" 字条显然是松散组合，既非一个术语和通用的词，也非 "固化了的" 名词性词组。

有时可以考虑直接删去 "的"，让它 "固化" 一点。例如 "肿瘤的发病率" "肿瘤的死亡率"，似乎可以改为 "肿瘤发病率" "肿瘤死亡率"。顺便说，如果这两个条目想并入 "肿瘤" 条的话，怕是嫌太小，放不进去。

二、条目完整性

"的" 字词组，就其含义而言，往往是其上级条目的一部分。逻辑上往往可以合并到上级条目，在那里以层次标题的形式出现。

单独设条，倒可能是割裂了上级条目，破坏了其完整性。

"蛋白质的分类"应该是"蛋白质"条目的一部分。"××的概念""××的结构"之类也不必单独设为条目。

"肿瘤的多学科综合治疗"，可否并入"肿瘤治疗"？

三、检索可能性

其实，根本的原因在于，设条的出发点不是老师要教给学生什么，而是读者想向专家求教什么，即读者会到百科全书查阅什么。

有些知识，站在老师教学生的立场，当然应该用"的"字词组，而从读者的立场上要找百科全书释疑解惑的时候，他想的会是"的"字词组吗？恐怕他首先想到的会是其中的核心词。

"姑息治疗的评估""姑息治疗的计划"可能就有这种问题。

通常要求避免"和"字条，也是出于此种考虑。

"物理及化学致癌物"亦有这种问题。此类条目需考虑拆分的可能性。

四、"的"字条的保留

有些时候"的"字条需要保留，这也是没办法的事。比如，上级条目太大了，都合并上去导致内容过多，反而不便读者查阅。也有的时候是条目内容本身的情况决定的，需要保留"的"字。

"肿瘤"成为学科（没见到"肿瘤学"条目），内容很多，可能需要把一些从逻辑上可以作为其层次标题的东西单独设条。

"肿瘤的基因治疗"，如果没了"的"，变成"肿瘤基因治疗"会产生歧义，被理解成"肿瘤基因的治疗"。

（2016-11-23）

条头单义性问题

一、常见问题

《〈中国大百科全书〉第三版设条原则》中有"单义性原则"。而在各学科拟订的条目表初稿中,违背单义性原则的所谓"和"字条、"与"字条等十分常见,成为编辑与编委讨论条目表费时最多的问题之一。

《农业工程》条目表第四稿中条头非单义的就不少。五个一级条目,"农业机械化与装备工程""农业水土工程""农业生物环境与能源工程""农业电气化与信息化工程""农业生物系统工程",非单义的就占了三个。再去掉"农业生物系统工程"不写,就只剩一个"农业水土工程"算单义的了。

"农业机械化与装备工程"之下,二级条目又有"〔耕整地机械〕""〔种植施肥机械〕"等非单义提示标题。

类似问题在其他卷也普遍存在。

二、为何要单义

百科全书条目的标题需要"单义性"。这是由百科全书条目的检索属性决定的。条目是供读者检索,为其释疑解惑的。而读者产生的疑问,一般都是单义的。即使同时对两个事物产生疑问,一般也会想着一个一个查询。所以,如同所有工具书一样,百科全书的检索单元——条目也应该是单义性的。

对于非单义性的条目标题，一般要考虑做拆分处理。

其实，"〔耕整地机械〕"之下设有三级条目"耕地机械""整地机械"，各自带有一组四级条目。如果不设"〔耕整地机械〕"，体系仍然是完整无缺的。

对于这种拆分，有时作者反应比较强烈。作者不愿拆，有其研究和教学习惯为依据。的确，很多教科书或论文，包括许多外文文献，都习惯于把紧密联系的概念和知识捆绑在一起或打包来讲，这有其合理性，有时感觉方便，有时甚至是必要的。对此，我们可以给予理解和必要的尊重。解决的办法就是：在坚持条头单义性的原则之下允许释文在必要时捆绑。

具体做法就是：密切相关的两个主题的内容在条目释文中可以选择分别写或一块儿写。在两个主题属并列关系的情况下，可选择前者，设不同实条；在两个主题有主从关系的情况下，可选择后者，分设实条和参见条。

在分别设实条的时候，两个概念通常会有一些相同的内容，为免过分重复，相同的内容可以在其中一条详写，另一条略写，加链接见详写的条目。

三、"和"字条

在条头两个名词之间有一个"和"字，业内习称"和"字条。

例如，《营养学与食品卫生学》学科曾有"糖和甜味剂"。"糖"和"甜味剂"实际是两种食品，应该分设两个实条。

《航空》部分设条有"航空搜索和救援"。"航空搜索"和"航空救援"都是常见概念。通常，航空搜索又是航空救援的一部分，搜索到位是救援成功的必要条件。作者坚持在一块儿写，可以设实条"航空救援"，释文中介绍航空搜索和航空救援，另设参见条"航空搜索（见航空救援）"。

《航天》部分设条有"火箭和导弹材料"，亦属此类。

四、顿号条

在条头两个名词之间有一个顿号"、"。顿号在这里表示"和"的意思。顿号条相当于"和"字条。

例如，《农经管》学科"农产品国际贸易"分支首条"农产品贸易、贸易理论和方法"含有顿号与"和"字，实际是三项内容，需考虑分设条目。

《渔业》有"非法、不报告、不受管制捕捞"。说的应是"非法捕捞""不报告捕捞""不受管制捕捞"三种活动。联合国粮农组织为遏止非法、未报告及未接受管制管理的违规渔船，于 2001 年 3 月 2 日通过了《防止、阻止和消除非法、不报告、不受管制捕捞的国际行动计划》（*International Plan of Action to Prevent, Deter and Eliminate Illegal, Unreported and Unregulated Fishing, IPOA-IUU*，简称"IUU 捕捞国际行动计划"）。所以三种活动放在一起写是必要的。感觉可以分设实条"非法捕捞"和参见条"不报告捕捞（见非法捕捞）""不受管制捕捞（见非法捕捞）"。

五、分隔号条

在条头两个名词之间有一个分隔号"/"。分隔号在这里表示"和""或"的意思。

例如，《航天》设条有"导弹 / 航天器结构刚度""导弹 / 航天器结构稳定性"。导弹结构刚度、航天器结构刚度是两件事，导弹结构稳定性、航天器结构稳定性也是两件事，可以分别设条。

《渔业》设"中华绒螯蟹 / 大闸蟹"。"中华绒螯蟹"和"大闸蟹"实为一物异名。前者是学名，后者是俗称。不能在一个条头中放两个名。可分别设为实条、参见条。

六、括注条

在条头核心名词之后括注另一个名词，有时是"即"的意思，有时也相当于"和"字条。

例如，《航天》设条有"靶场高速摄像（摄影）技术"。本条实际要介绍靶场高速摄像技术和靶场高速摄影技术。

《地球物理学》"地震法勘探（地震勘探）"。这里则是名词规范问题。选定规范名词设条，把括号去掉就是了。可在释文中提到"又称××××"。

《农业工程》"挖藕机（又名起藕机）"，显然，注释又名的括注应删除。

七、"与"字条

在条头两个名词之间有一个"与"字，业内习称"与"字条。情况稍微复杂一点。

有时，"与"是连词，意思是"和"，这时"与"字条就相当于"和"字条，应做相应处理。

例如，《航天》有"在轨寿命预测与评估"。"预测"与"评估"词义明显不同，而实际上"××预测"与"××评估"有时只是同一项活动的不同名称，"与"有"或"的意思。

有时，"与"是介词，条目并不是要介绍两个独立的主题，而是重在介绍两个概念的关系，也就是说，介绍的是一个独立的主题。

例如，《医学》条目表列有"知情与保密"，此条目重在介绍患者对病情的知情与医生对病情的保密二者的辩证关系。这种"与"字条的存在是正常的、必要的。再如《天文学》的"太阳活动与极光频数"，也是重在介绍其关联性。

八、一类特殊情况

有一类带有连接号的条头，乍看好像不是单义的，实际上还是单义的。例如一些定律、特有名称。

《物理学》有"毕奥－萨伐尔定律"，《天文学》有"色球－日冕过渡区"，《矿冶工程》有"韧性－脆性转变温度"，等等。

显然，这类条目的设置是正常的。

条目分类编写提纲

一、什么是条目分类编写提纲

百科全书撰稿，要求对条目进行分类，针对不同类别拟订不同的释文编写提纲，又称条目分类释文提纲、条目分类编写提纲。编写提纲中规定某类条目释文中大致撰写哪些内容，按何顺序撰写。可以说，条目分类编写提纲是根据各类知识主题大体上所包含的内容要素，以及全书的特殊编撰要求所制订的不同类型条目的编写模式。

一般，编教材、写论文，都没有分类提纲一说。这种要求，是百科全书编纂的特殊要求。实际上，这也是工具书常用的编撰方式。

一部百科全书有数千名编者、数万个条目，为了作者撰写的统一，为了读者查阅的便利，有必要给条目分类，分别拟订不同的释文提纲。

它通过释文结构和程式的规范化，保证同类型条目的一致性，防止内容要素的遗漏。统一的内容安排和陈述次序也便于编者组织条目的内容，便于编辑审稿，便于读者查阅。编写提纲是作者撰写和编辑审稿的重要依据。

二、提纲的制订

提纲由谁制订？制订多少？

《〈中国大百科全书〉第三版网络版编写条例》（试行）给出了学科类、学派类、学说类、概念类、现象类、事件类、建筑类、技术类、机构类、人物类、著作类、城市类十二个类别的提纲。

千万不要以为各个学科领域千百个条目都要归到这十二个类别中去。十二类，十分粗略。具体撰写中，一般还需要将类别细分。

三版内容中心曾拟出一级分类 11 个、二级分类 123 个、三级分类 32 个、四级分类 2 个，合计 168 类。

其实，这个分类是远远不够的。例如，同样作为机构，研究所、学校、学会、公司、医院、博物馆、厂矿，就需要拟订不同的提纲。同样作为学校，各级各类院校亦可拟订不同的提纲。总之，只要条目数量够多，就可以适当区分类别，分别拟订提纲。

实际上，每个学科领域成千上万个题目，各不相同，不可能也没必要预先统一确定分类。

因此，《〈中国大百科全书〉第三版网络版编写条例》（试行）规定："各学科应根据本学科条目类型实际情况，参照出版社提供的常用条目分类编写提纲示例，选择或拟订出适合本学科的各类条目分类编写提纲，提供本学科撰稿人参考。"

这就明确了提纲的制订者：由各学科（分支学科）分别制订。

三、各学科提纲的异同

各卷可以根据本学科特点，设定本卷条目的分类及释文提纲。

例如，《中华医学百科全书》各卷一般有几百个条目，有些卷分为六七个类别，有些卷分类在十个以上。各卷条目的类别是各不相同的。相同类别主题的条目在不同卷的释文提纲不一定完全一模一样。但在突出本学科特点的同时也应具有可比性。

现代医学各卷涉及的类别有几十种：学科类、概念类、理论类、疾病类、症状类、检查类、技术类、手术类、器械类、器官类、系统类……例如疾病类条目，在医学基础、临床和公共卫生大类的卷里都可能出现，在不同卷的疾病条目的提纲就可能有所不同。

示例：

《心血管病学》卷，疾病类：定义及概述，病因与发病机制，临床表现，诊断与鉴别诊断，治疗，预后（如有），预防（如有）；

《儿科》卷，疾病类：定义及概述，病因与发病机制，临床表现，诊断与鉴别诊断，治疗原则；

《临床药学》卷，疾病类：定义及概述，病因与发病机制，病理生理，临床表现，检查，诊断与鉴别诊断，治疗原则，转归预后，预防。

四、释文提纲不分大中条目和小条目

有些卷最初拟订的释文提纲给各类条目大中条目和小条目分别列繁简不同的提纲。其实，同一类别的大中条目和小条目虽有释文长短、内容详略繁简的不同，但写哪些方面的内容，按什么顺序写，大中条目和小条目应该是一样的。

五、关于"定义及概述（不列标题）"

说"定义及概述（不列标题）"，并不意味着其他就列标题了。然而确实有些编委会的朋友这样误解了。这是需要解释的。事实上，定义及概述是一律不列标题的，提纲的其他条款可能会列标题，但具体是否真的列标题，提纲并不涉及，所以在提纲中无须标注某一条"（不列标题）"。

六、与层次标题不可混淆

出现上面的问题，追根溯源，是把提纲和层次标题混淆了。

实际上，条目释文提纲和条目层次标题是完全不同的两个概念、两个范畴，具体操作有所不同。

例如，释文提纲是不分级的，层次标题却可能有一级、二级、三级。所以它们不存在对应关系，更不是一回事。

条目标题汉语拼音

一、常见百科全书的条目标题汉语拼音

据调研，看到有一部分国内出版的百科全书的条目标题和志书、词典的篇名标注有汉语拼音，为内容的识别和检索提供一个渠道。例如：

《中国大百科全书》（第一版，1980.12～1994.8，第二版2009.3；中国大百科全书出版社）

《中国水利百科全书》（第1版，1991.3；21分册版，2004.11；中国水利水电出版社）

《中国军事百科全书》（1997.7，军事科学出版社）

《计算机科学技术百科全书》（1998.8，清华大学出版社）

《华侨华人百科全书》（1999.5，中国华侨出版社）

《中国体育百科全书》（2001.7，人民体育出版社）

《新编中药志》（2002.1，化学工业出版社）

《中国国民党百年人物全书》（2005.12，团结出版社）

《兵器百科全书》（2005.12，蓝天出版社）

《中国美术百科全书》（2009.6，人民美术出版社）

以上几部百科全书的条目标题汉语拼音都未标声调符号。

《中药大辞典》（第2版，2006.3，上海科学技术出版社），本书条目标题标注的汉语拼音标有声调符号。

也注意到，《中国医学百科全书》（1983～2003，上海科学技术出版社）的条目标题不标注汉语拼音（也不附外文）。事实上，

国内现有百科全书中相当一部分存在体例不规范、内容不完备的问题。没有索引的就不少见，甚至还有没有凡例的。这必然损害全书的科学性和权威性。

据此设想，《中华医学百科全书》可以给条目标题附注汉语拼音，无须标声调符号。作者使用 Word 标注的拼音，是标有音调的，这没关系。Word 标注的拼音并不能保留到最后，发稿后书稿的拼音是要重新录排的。

这里的汉语拼音不能视为独立的文章标题，其性质只是中文汉字标题的附注。

二、以词为拼写单位

汉字是一个字一个字书写的。早期人们缺少词的概念，曾经是拼音活动不成功的原因之一。

1923 年，黎锦熙在《国语月刊》"汉字改革号"上发表《汉字革命军前进的一条大路》。文章指出："汉语决不是单音语""语言中的单位乃是语词"，拼音必须"词类连书"。这篇文章宣布了"词"的真正发现。在 20 世纪 20 年代的"词类连书"之后，30 年代人们提出"词儿连写"，50 年代改为"分词连写"。

《汉语拼音正词法基本规则》（GB/T 16159—1996）制定的主要原则是："以词为拼写单位，并适当考虑语音、语义等因素，同时考虑词形长短适度。"《汉语拼音正词法基本规则》（GB/T 16159—2012）修改为："以词为拼写单位，适当考虑语音、语义等因素，并兼顾词的拼写长度。"也就是说，汉语拼音不是逐字拼写的，也不是整句连写的，而是"以词为拼写单位"。应该说，《汉语拼音正词法基本规则》的规定相当具体、细致，然而操作起来，还是会遇到很大问题，这就是合成词的问题。

对于一个语素构成的单纯词，例如单音节的"肺"乃至多音节的"阿托品"之类，当然没有问题。而对于两个以上语素构成的合成词，因为跟词组的界限难以确定，就要费些斟酌了。具体拼写方法和尺度，需要依照《汉语拼音正词法基本规则》的条款，由编辑部议定。

例如：

白细胞 leukocyte——báixìbāo

血细胞 blood cell——xuè xìbāo

未分化间充质细胞 undifferentiated mesenchymal cell——wèifēn-huà jiāncōngzhì xìbāo

三、数字

汉字数字，用汉语拼音拼写；阿拉伯数字、罗马数字则用原数字。

例如：

四环素胚胎病 tetracycline embyopathy——sìhuánsù pēitāibìng

胃癌 D2 切除术——wèiái D2 qiēchúshù

Ⅱ型肺泡细胞 type Ⅱ alveolar cell——Ⅱ xíng fèipào xìbāo

四、外文

《汉语拼音正词法基本规则》（GB/T 16159—1996）规定："非汉语人名、地名本着'名从主人'的原则，按照罗马字母（拉丁字母）原文书写；非罗马字母文字的人名、地名，按照该文字的罗马字母转写法拼写。为了便于阅读，可以在原文后面注上汉字或汉字的拼音，在一定的场合也可以先用或仅用汉字的拼音。"

按照规定的前一句话，"马克思"应拼作"Marx"，"爱因斯坦"应拼作"Einstein"。在用汉语拼音书写完整的、独立的文献时，这样拼写，显然是符合国际翻译惯例的。但在把汉语拼音作为汉字的注音工具时，很明显，"马克思"应拼作"Mǎkèsī"，"爱因斯坦"应拼作"Àiyīnsītǎn"。这符合上述规定的第二句话。因此,《现代汉语词典》(第5版)给"马克思主义"的注音为"Mǎkèsīzhǔyì"。

《汉语拼音正词法基本规则》(GB/T 16159—2012)明确规定:"非汉语人名、地名的汉字名称,用汉语拼音拼写。"

据此,外文专名音译为中文的,本书可采用汉字的拼音。标题中的外文缩写,则仍用原文。

例如:

艾利希 Ehrlich,P. 1854 ~ 1915——Àilìxī

胃癌 TNM 分期——wèiái TNM fēnqī

γ 刀治疗—— γ dāo zhìliáo

五、大写

考虑到条目标题汉语拼音的附注性质,不能视为独立的文章标题,因此一般不必每个词第一个字母都大写,更不能所有字母全用大写。

专有名词和普通词语构成标题的,专有名词第一个字母大写。中文姓名,姓的第一个字母和名的第一个字母大写。几个词组成专有名词作为标题的,每个词的第一个字母大写。

例如:

浦氏纤维 Purkinje fiber——Pǔshì xiānwéi

吴阶平——Wú Jiēpíng

古埃及医学 Ancient Egypt medicine——Gǔ Āijí yīxué

世界卫生组织 World Health Organization——Shìjiè Wèishēng Zǔzhī

六、标点符号

书刊名称使用书名号。缩略语使用短横。组合用短横。

例如：

《人体之构造》*De Corporis Humani Fabrica* ——《réntǐ zhī gòuzào》

母儿血型不合——mǔ-ér xuèxíng bùhé

上 皮－间 质 变 迁（epithelial-mesenchymal transition，EMT）——shàngpí-jiānzhì biànqiān

七、Word 的汉语拼音功能

常用文字处理软件 Word 具有加注汉语拼音的功能。

选择准备加注汉语拼音的字段，点击工具栏"拼音指南"图标，会显示拼音选项表。点击"组合"键，在显示的拼音文字中适当加空，分开词与词。点"确定"键即可。

Word 给一个汉字词语加注汉语拼音后，汉字词语的字距可能变大，这是 Word 为了拼音与汉字一一对应的缘故而导致的结果，不必管它，正式排版时会分别处理。

（2012-04-05 初稿，2013-02-23 修改）

谈条头外文若干问题 ①

条头附外文，既能提供一项信息，又能通过书后的外文索引提供一条检索渠道。从《天文学》卷开始，条头外文便作为《中国大百科全书》的内容被确定下来。《〈中国大百科全书〉编写条例的补充规定》"6-2"要求："各学科卷条头后尽可能附外文，以便编成《条目外文索引》。"检阅已出各卷，发现还有一些问题需要进一步探讨。

一、哪些条头不附外文

《〈中国大百科全书〉成书编辑体例》"11-5"规定："中国人名、地名和无通用译法的中国古籍、古词、中国文物、作品条目的条头可不附外文。"具"附录1：全书凡例"规定："无通用译名的纯属中国内容的条目标题，……一般不附外文名。"人们对是否"纯属中国内容"比较注意。但由于理解不同，各卷执行体例的情况差异很大。"敦煌石窟"条在《考古学》卷中不附外文名，在《建筑·园林·城市规划》卷中附外文名，在《美术》卷中附上，划掉，又恢复，难以定夺。"神话"条在《外国文学》卷中附外文名，在《中国文学》卷中不附。"童话"条则在《外国文学》《中国文学》卷中都不附。

《体育》卷《凡例》称："纯属中国内容的条目标题，例如'中国式摔跤''醉拳'，一般不附外文名。"我们看到，该卷中，"登

---

① 本文原载中国大百科全书出版社内部刊物《探讨》1989 年第 4 期。

山装备”“日光浴”“拔河”“水上救护”“体育俱乐部”“体育科学研究”“体育运动竞赛制度”“运动训练”“足球技术”“巴基斯坦体育”“巴西体育”等条目都不附外文名。

《中国历史》卷，“马可·波罗”条给出了外文名“Marco Polo”，而“巴黎和会”“殷墟”“八旗制度”等绝大多数条目标题都没有外文名。

引人注目的是，有的卷全卷条头都不附外文。如《戏曲曲艺》《中国文学》卷。在其《凡例》中，干脆删去了其他各卷都有的关于条目标题外文的条款。如果这些书单独出，不附外文或许很自然，而作为《中国大百科全书》系列中的一卷，不附外文便显得体例不一。

笔者认为，体例规定的根本点不在于“纯中国内容”，而在于“无通用译名”。Banner System（八旗制度）、Sun Yat-sen（孙中山）、Pure Landhism（净土宗）的内容无疑是纯中国的，但它们却作为条目载入《不列颠百科全书》（*Encyclopaedia Britannica*）、《大美百科全书》（*Encyclopedia Americana*），流传于全世界。这样的译名《中国大百科全书》不用，岂不可惜！敦煌石窟、《九章算术》、一条鞭法、天坛等的英文名载入《简明不列颠百科全书》，见于英美出版的其他一些出版物，我们也应采用。

这里，要对《中国传统医学》卷的工作表示敬意。本以为这一卷可能条目标题外文会很少或没有的，事实却相反。这卷条目标题普遍配了外文，包括“望诊（inspection）”“切诊（palpation）”“郄穴（Cleft Point）”“五脏（Five Viscerae）”“肝脾不和（Disharmony between Liver and Spleen）”“安宫牛黄丸（Angong Niuhuang Boluses）”。

另外，按《汉语拼音正词法基本规则》，中国少数民族人名采用罗马字母转写法拼写，如乌兰夫作Ulanhu，这应视为“通用译名”，亦应附于条头之后。

二、单数，还是复数

条头外文不能想当然地统一："我都用单数"，或"我都用复数"。为逐个审定，使每一条的"数"，都符合外文习惯，各卷曾费过心血。现在推敲起来，仍有不够妥当的。

"不锈耐酸钢"，用了复数。但 *Handbook of Stainlees Steels* 不足为凭。该手册以各钢种型号为对象，《中国大百科全书》则介绍这类材料的整体。仍应用单数，像 *Encyclopaedia Britannica*，*Encyclopedia Americana*，*Great Soviet Encyclopedia* 那样。类似情况的还有"电炉""云"等。

"宇宙线"，用了单数。一般英文文献上惯用复数（cosmic rays），如 *Encyclopaedia Britannica*，*Great Soviet Encyclopedia*，*Academic American Encyclopedia*，《英汉空间物理学词汇》等。类似情况的还有"弹性（体）纤维"等。

有些词语，一般英国文献中用复数，美国文献中惯用单数，如"粒子加速器""机床"。我们的条目外文用英式英语，还是美式英语，需要明确规定。

三、约定俗成，还是规范统一

十三陵译为 Ming Toms，中山陵译为 Mausoleum of Dr. Sun Yat-sen，列宁墓译为 the Lenin Mausoleum，泰吉·玛哈尔陵译为 Taj Mahal，这些已经被人们普遍认可。历史形成的语言不可能绝对统一，约定俗成的东西，应予以承认。

最近某卷编委会以不够规范统一为由，提出取消国内机构的外文名。我们认为，一些机构已有一定影响的外文名应予以认可。若有的译名确实不妥，可与有关单位协商解决。当然若某单位有若干不同译名，按规范统一要求进行选择是必要的。

定义漫谈

一、关于定义这个课题

如何下定义？ 这是辞书编辑学的重要课题，也是标准学的热门课题，其实它本来是形式逻辑学的基本课题。

当编辑，形式逻辑学是必修课。

这里权且温习一点有关定义的形式逻辑学常识。

二、概念和术语，内涵和外延

探讨定义，需要首先明确什么是概念、术语，什么是概念的内涵和外延。

概念是客观事物（或称客体）在人们头脑中的反映。个别客体形成的概念成为个别概念，用名称来指称（如"姜椿芳""中国大百科全书出版社"）；由若干客体根据其共有特性抽象形成的概念称为一般概念（如"图书""肿瘤"）。"语词是概念的语言形式，概念是语词的思想内容。"[①] 在专业领域中一般概念的语言指称就是术语。或者说,在特定的学科领域以语言文字表达概念的就是术语。这个表达不是唯一的。比如,可以是汉语的"肿瘤",可以是日语的"腫瘍", 也可以是英语的"tumor" [ˈtjuːmə(r)]。同一种语言之中,一个概念也可能有多个术语来表达,如"维他命"与"维生素","机

---

① 金岳霖.形式逻辑.—北京：人民出版社.1979.

率""几率"与"概率",所以有术语规范的问题。定义则是对术语的解释或规定。

一个概念所反映的客体的全部特征称为概念的内涵。例如:"船舶是水路交通工具。"其中"水路交通工具"特征就是"船舶"概念的内涵。

一个概念所指客体的范围称为概念的外延。例如,"船舶"概念的外延包括货船、客船、内河船、远洋船、作业船、军舰等各种形式的水路交通工具。

"概念与概念之间存在着各种不同形式的相互联系,层级关系是其中的一种。根据概念间的包含关系,可将概念分为上位概念和下位概念。"①

一个概念可以有多个层次的属概念。就像生物学分类有域、界、门、纲、目、科、属、种的体系一样。我们常借用"属"和"种"这两个词来谈下定义。例如:生物—动物—人体—器官—组织—细胞。给一个概念下定义时选择哪个层次的属概念,要看解决什么问题。

三、定义的种类

《形式逻辑学》认为:"定义根据其定义项与被定义项的不同,主要可分为内涵式定义、最大类定义、语词定义三大类型。也可将其分为实质定义和语词定义两大类型,这种分法是将内涵式定义和最大类定义统一看成实质定义,而与语词定义相区别形成两大类定义。"②

《标准的编写》一书中,则把定义分为内涵定义和外延定义。

---

① 白殿一等著.标准的编写.—北京:中国标准出版社,2009.
② 田亮,石宝丽主编.形式逻辑学.—西安:陕西人民出版社,2005.

四、内涵式定义

内涵式定义就是通过定义项揭示被定义项本质特性或属性的定义方式。也就是通过揭示概念内涵的方式来给概念下定义。

内涵式定义的方式通常被称为"属加种差法"。可用下列公式表示：

被定义项 = 种差 + 邻近属概念

用"属加种差法"给一个概念下定义，首先要确定被定义项邻近的属概念，以确定被定义项属于哪一类事物。

其次要确定被定义项与同一属概念中其他事物的实质性差异。这种实质性差异就是我们所揭示的这一事物区别于另一事物的本质特性或属性。由于种差异是多种多样的，因而在应用实质定义的这一定义方式时，下定义的方式也是多种多样的。有些形式逻辑学书上提到性质定义、发生定义、关系定义、功能性定义。

1. 性质定义

性质定义是揭示事物性质作为种差的定义。如：

癌症 = 恶性（种差）+ 肿瘤（邻近的属概念）。

2. 发生定义

发生定义是以事物产生或形成时的基本特征为种差而下的定义。如：

慢性病是不构成传染，具有长期累积形成疾病损害的疾病。

这里的"种差"是疾病形成的原因，是以疾病形成的原因下定义的，也可称为因果定义。

3. 关系定义

关系定义是以事物之间的关系为"种差"所形成的定义。如：

姐姐是辈分相同且年纪比自己大的女子。

4. 功能性定义

功能性定义是以事物的功能特征为"种差"所形成的定义。如：

平滑肌痉挛是病理状态下内脏或全身平滑肌剧烈收缩的症状。

实际上，种差是多种多样的。在医学领域，许多定义的种差是成分、区位之类，按照上面的分法，似乎可以叫成分定义、区位定义了。例如：

成分定义：

脂肪瘤是由增生的成熟脂肪组织形成的良性肿瘤。

区位定义：

乳腺癌是通常发生在乳房上皮组织的恶性肿瘤。

需要指出的是，"被定义概念＝种差＋属概念"的定义方法由古罗马逻辑学家波爱修（A.M.T.S.Boethius, 约480~524）提出，一般的形式逻辑书沿用一千几百年。在前面提到过的《标准的编写》一书中公式被写为：

定义＝上位概念＋用于区分所定义概念与其他并列概念的区别特征

与"属概念"相比，"上位概念"这个术语似乎更科学、更严谨。

五、最大类定义

大多数事物我们都可通过"属加种差法"进行定义，而对最大类概念，则无法采用这种方式进行定义。对最大类概念的定义可以采取抽象法来进行，也就是抽掉其具体的特性，保留其最根本的特性，依据其最根本的特性进行定义。有人使用"同义语加修饰语的定义"的提法。如：

物质是不依赖于人的意识而独立存在的客观实在。

这个定义中就既没有属，也没有种差。[1]

---

[1]　徐庆凯.定义论. // 词典和词典编纂的学问.上海：上海辞书出版社.1985.

六、语词定义

语词定义是通过明确语词所表达什么概念而下的定义。语词定义有规定性语词定义和说明性语词定义两种。

1. 规定性语词定义

规定性语词定义是明确规定语词表达什么概念的定义。如：

"医保"是"社会医疗保险"的简称。

规定性语词定义不同于实质定义。在规定性语词中被定义的不是概念，而是语词；而下定义的却是概念；被定义的语词与下定义的概念之间是语词表达什么概念的关系，而不是表达概念内涵的关系。

2. 说明性语词定义

说明性语词定义是说明已有的语词表达什么概念的定义。如：

"犊"是指小牛。

七、外延定义

外延定义用于下位概念众所周知且屈指可数的情况。
例如：

太阳系行星是水星、金星、地球、火星、木星、土星、天王星和海王星的总称。

白细胞　淋巴细胞、多形核粒细胞和单核细胞的总称。

八、定义的定义

当然，我们也注意到，有辞书编辑家反对外延定义的提法，认为公认的定义的定义是"揭示概念内涵的逻辑方法"[①]，而外延定义

---

① 金岳霖.形式逻辑.北京：人民出版社，1979.

跟它矛盾。[①]

实际上，这个所谓"公认的"定义的定义只能算是"传统的定义的定义"。如今人们倾向于把定义理解得更宽一些。

有人提出："定义是通过运用简明方式来揭示词项所指事物的特有属性、词项本身含义或词项内涵的逻辑方法。"[②]这就不限于揭示内涵了。

这里，可以推荐第 7 版《现代汉语词典》对定义的界定："对于一种事物的本质特征或一个概念的内涵和外延的确切而简要的说明。"

九、定义的规则

定义的规则。一般形式逻辑书中都列有四项。

1. 被下定义的概念的外延与定义概念的外延必须相等

定义"A 是 B"，需保证"B 是 A"也成立。违反这条规则的常见错误是定义过宽或过窄。

前者如"形式逻辑是关于思维的科学"，因为关于思维的科学不只是形式逻辑；后者如"形式逻辑是关于定义的科学"，因为形式逻辑研究的不只是定义。

2. 定义不能同语重复。或者说，定义项中不能直接或间接包含被定义项

例如"麻醉是麻醉剂所起的作用""生命就是有生命的物质的生理现象""骨（bone）以骨组织为主要成分的器官"，都不合适。

---

① 徐庆凯. 定义论. // 辞书研究编辑部. 词典和词典编纂的学问.—上海：上海辞书出版社，1985:53.

② 田亮，石宝丽主编. 形式逻辑学.—西安：陕西人民出版社，2005:16.

3. 正概念的定义不应当是否定式的

"气压计不是用来测量大气污染的物理仪器。"这不是定义。负概念是可以用否定式的："无理数是无限不循环小数。"

4. 定义必须清楚明确，不能用隐喻之词 ①

"儿童是祖国的花朵。"就不是定义。这里的"清楚明确"和"不用隐喻"是一件事的正反两面，不必分为两项。

十、定义的变通

同一个术语，在不同的学科，或者面对不同的读者，或者出于不同作者的偏好，定义可以有不同的视角、不同的侧重、不同的深度。例如：

内分泌：分泌的产物为激素，进入血循环，作用于靶细胞的分泌方式。（全国科学技术名词审定委员会：《细胞生物学名词》）

内分泌：由无导管腺体产生的一种或几种激素，直接分泌到血液中，通过血液循环运输到靶细胞，促进其生理、生化应答的现象。（全国科学技术名词审定委员会：《生物化学与分子生物学名词》）

相同的百科全书条目标题，在不同类别学科卷中，定义也可以有所不同。

---

① 复旦大学哲学系逻辑教研组.形式逻辑.上海：上海人民出版社，1973.

条目的定义

一、条目一般要有定义

百科全书是工具书，归类在辞书之中。

百科全书的条目是供查阅，用来释疑解惑的。条目标题一般是名词或名词性词组。

《论语》中提到，子路曰："卫君待子而为政，子将奚先？"子曰："必也正名乎！""名不正，则言不顺；言不顺，则事不成；事不成，则礼乐不兴；礼乐不兴，则刑罚不中；刑罚不中，则民无所措手足。"

美国百科全书编纂家肖尔斯（Louis Shores）说："词典的作用是划定词义范围或下定义，而百科全书则在下定义之后还要对内容加以阐释。形象地说，百科全书是接着词典说下去的。词典回答的问题是'什么'（What），而百科全书除了'什么'还要回答'什么时候'（When）、'怎样'（How）、'什么地方'（Where）和'为什么'（Why）等问题。"

"正名"，或者说回答"是什么""什么是"，这就是"定义"的任务。

《〈中国大百科全书〉第三版网络版编写条例》"8.1"确认：

定义是对于条头的事物本质特征或概念内涵、外延的确切而简要的说明。条目一般需要有定义，以回答条头"是什么"的疑问。

定义，是百科全书编撰中比较突出的问题。有些作者缺乏下定义的意识，也有些作者下了定义，但下的不尽妥当。

如何下定义，在操作上需要注意哪些具体问题，还值得探讨。

这里，通过一些条目初稿的点评、试改，对常见问题进行一些讨论。所引用的例文保留原稿的状态，其中带有的某些明显错误，直接在随后建议的修改稿中改正，不作专门说明。

二、定义要放在释文首句

辞书释义应该开门见山。条目定义要放在释文第一句。

例1

社会病 人类进入 21 世纪以来，现代化和全球化在全世界范围内进行得如火如荼，全球的总财富和亿万富豪的数量仍呈快速增长的趋势，技术的进步使人们的生活更加便利，人均期望寿命也在不断增加。尽管如此，各个层面的社会问题却仍然存在，其中很多还有继续恶化的趋势。战争、恐怖活动、宗教和种族冲突、自然灾害、贫困与社会不平等、违法犯罪、自杀、酗酒、吸毒、失业、卖淫嫖娼等问题可谓层出不穷。所有这些社会问题都直接或间接地与健康相关。我国正处在变革与发展的重要时期，如何尽可能地减少社会问题对社会经济发展和人们健康的影响，是值得关注的重大课题。作为医学与社会科学之间的交叉学科，研究与健康相关的社会问题，为解决社会病做出努力，是社会医学义不容辞的责任。

概念 尽管"社会病（sociopath）"这个词使用得相当广泛，但它不是一个科学的术语，至今为止没有一个明确的定义，不同的学者在使用这个词时，其内涵和外延都是不一样的。在社会学领域中，与"社会病"相关的术语有两个，一个是"社会问题（social problem）"，另一个是"越轨行为（deviant behavior）"。社会问题是从社会功能和社会发展的角度来看问题……

作为"社会问题"和"越轨行为"之间的一个概念，"社会病"

更接近"社会问题",可以说是某些社会问题的集合。为了便于理解,可以将"社会病"定义为"主要由社会原因造成的,与社会发展和进步方向相违背的社会性现象,这些现象与人群健康有着密切的联系……"

整个条目第一段300字都没交代社会病是什么。第二段500字讲社会病的概念,仍然迟迟不能揭示主题。第三段谈到定义却又语气犹豫。这不是百科的写法。

建议改为:

社会病(sociopath) 主要由社会原因造成的,与社会发展和进步方向相违背的,与人群健康有密切联系的社会现象。……

例2

防晒化妆品 (Cosmetic Sunscreens) 日常生活中人类户外活动皮肤经常接触阳光,过度地暴露于紫外线有可能导致皮肤损伤。防晒化妆品就是一类具有吸收紫外线作用、减轻因日晒引起皮肤损伤功能的化妆品。

先作铺垫,讲紫外线有可能导致皮肤损伤,没有必要。

建议改为:

防晒化妆品(cosmetic sunscreens) 具有吸收紫外线作用、减轻因日晒引起的皮肤损伤功能的化妆品。

三、"又称"应放在定义之后

从前辞书中常在释文的开头交代"又称××""也称××""即××"等,然后才是定义。随着术语标准化的推广,人们要突出、强化选定的规范术语,相应地淡化非规范语,20世纪90年代以来,辞书界逐渐达成把非规范术语置于定义之后的共识。

例3

克隆人(human cloning) 也称"复制人"。是指运用无性生殖技术生产的人。它是运用细胞核移植技术，形成克隆胚胎，并发育为成体后而形成的自然生命体，其遗传物质与所移植的细胞核遗传物质相同。克隆人是有别于通过天然有性生殖方式生产的人。

建议改为：

克隆人（human cloning） 以无性生殖技术生产的人。也称"复制人"。有别于通过天然有性生殖方式生产的人。它是运用细胞核移植技术，形成克隆胚胎，并发育为成体后而形成的自然生命体，其遗传物质与所移植的细胞核遗传物质相同。

四、定义不用总结式的写法

与科普文章的写法不同，百科全书（辞书）下定义都是直截了当的。形式逻辑学中"种差＋邻近属概念"的定义法是最常用的内涵式定义法。

例4

饮食偏嗜（eclipse） 小儿喜欢进食一种或几种食物而不喜欢进食其他食物，以至于所进食物不能满足小儿生长发育需要，甚至导致疾病发生，俗称偏食。

查后面释文中有"饮食偏嗜是一种不良的生活习惯"的说法，可以作为属概念。

建议改为：

饮食偏嗜（eclipse） 喜欢进食一种或几种食物而不喜欢进食其他食物的不良生活习惯。俗称偏食。

五、定义不要夹带非本质内容

定义是"对于一种事物的本质特征或一个概念的内涵和外延的

确切而简要的说明"（《现代汉语词典》）。值得注意的是，一些非本质的说明不应当夹杂在定义之中。或者说，不影响"是不是"的冗余说明都应该剔除。

例 5

初生儿疾病（Neonatal Diseases） 由于家族遗传、养胎护胎不当、分娩产伤以及出生初各种病因产生的新生儿期疾病，又称为新生儿疾病，即小儿从分娩断脐至出生满 28 天这段时期出现的疾病。

显然，某种疾病因何而得，并非初生儿疾病的本质特征，并不影响它是不是初生儿疾病，不必在定义之内说。

建议改为：

初生儿疾病（neonatal diseases） 小儿从出生断脐至满 28 天期间发生的疾病。又称新生儿疾病。

六、"一种"不是定义

见到不少样条在定义中用到"一种""之一"这类词。

例 6

滤泡淋巴瘤（follicular lymphoma，FL） 一种起源于滤泡中心 B 细胞的低度恶性淋巴瘤。

人们看了这里的"一种"，很可能产生疑问：在"滤泡淋巴瘤"之外，还有几种"起源于滤泡中心 B 细胞的低度恶性淋巴瘤"？用"一种"，反而否定了"唯一性"，是无法给读者"确切而简要的说明"的。说"A 是一种 B"，显然"一种 B 是 A"就不一定成立。

建议改为：

滤泡淋巴瘤（follicular lymphoma，FL） 起源于滤泡中心 B 细胞的低度恶性淋巴瘤。

例 7

代孕

英文：surrogate technology

定义及概述：代孕技术是人类辅助生殖技术（简称 ART）的一种，指女性接受不孕夫妇委托，通过人工受精或体外受精胚胎移植技术替因各种原因不能怀孕的妻子怀孕生育，适应范围包括无子宫、子宫切除、子宫破裂或子宫严重粘连破坏的女性。在代孕过程中代替他人使受精卵在其子宫内着床并怀胎分娩的女性被称为代孕母。根据胎儿与孕母之间有无遗传关系，可将代理孕母分为"遗传代理孕母"及"妊娠代理孕母"两种。基于代孕而出生的孩子称代孕子女。

按照形式逻辑学中"被下定义的概念的外延与定义概念的外延必须相等"的规则，如果定义"A 是 B"，必须保证"B 是 A"。而 A 是 B 的"一种"，显然 B 的"一种"不一定是 A。不难理解，"A 是 B 的一种"，并不能给我们确定 A"是什么"，只能告诉我们 A"怎么样"。因此，"一种"之类的词，是不能在定义中用的，只能用于定义之后的进一步说明。

建议改为：

代孕（surrogate technology） 女性接受不孕夫妇委托，通过人工受精或体外受精胚胎移植技术替他人怀孕生育的过程。是人类辅助生殖技术（assisted reproductive technology，ART）的一种。代孕的女性被称为代孕母。根据与胎儿有无遗传关系，可将代孕母分为"遗传代理孕母"和"妊娠代理孕母"两种。基于代孕而出生的孩子称代孕子女。

七、定义不能含被定义词

例 8

显微外科学 microsurgery　在显微外科基础理论和显微解剖学知识指导下，借助光学放大工具，使用显微外科器械，进行精细外科手术的一门科学。显微外科学以创伤再植、功能重建、修复再造等为主要研究领域，解决该领域内以显微外科技术为核心治疗手段的临床问题及其相关的基础理论，并不断吸纳现代科学技术的最新的研究成果，从而丰富、发展和促进现代显微外科技术在其他领域的应用。

此为《显微外科学》卷领条。定义违背了不能同语重复，或者说，定义项中不能直接或间接包含被定义项的形式逻辑规则。定义中不该有"显微外科"的字样。在谁指导下，亦非学科本质，不必放在定义之中。

建议改为：

显微外科学 microsurgery　借助光学放大工具，使用轻巧的外科器械，进行精细外科手术的临床学科。显微外科学以创伤再植、功能重建、修复再造等为主要研究领域，解决该领域内以显微外科技术为核心治疗手段的临床问题及其相关的基础理论，并不断吸纳现代科学技术的最新的研究成果，从而丰富、发展和促进现代显微外科技术在其他领域的应用。

八、定义开头不重复条目标题

百科全书作为辞书，按惯例，首句下定义不重复条目标题。这是为了节约篇幅，在不至于造成误解的情况下通常采用的句式。

例 9

营养素（nutrient）营养素是指食物中可给人体提供能量、

机体构成成分和组织修复以及生理调节功能的化学成分。

建议改为：

营养素（nutrient） 食物中可给人体提供能量、机体构成成分和组织修复以及生理调节功能的化学成分。

九、定义省略"是""指"等系词

首句下定义不重复条目标题，即被定义的词语省略之后，一般定义中常用的联系被定义词语与定义语的系词"是""指"等也应省略。这也是辞书的惯例。用形式逻辑学的术语来讲，就是省略定义联项，直接给出定义项。

例 10

可视化人体数据集（dataset of digital human） 是描述人体形态结构的数据集合体，也称数字化可视人体数据集。

建议改为：

可视化人体数据集（dataset of digital human） 描述人体形态结构的数据集合体。也称数字化可视人体数据集。

十、定义应是自己的

百科全书本身是权威的。条目应该提供本书对概念的理解，即以本书的名义提出术语的定义，而非简单地转述他人的看法。

例 11

药品 《中华人民共和国药品管理法》对药品定义为："药品，指用于预防、治疗、诊断人的疾病，有目的地调节人的生理机能并规定有适应症或者功能与主治、用法和用量的物质，包括中药材、中药饮片、中成药、化学原料药及其制剂、抗生素、生化药品、放射性药品、血清、疫苗、血液制品和诊断药品等。"《中华人民共和国药品管理法》管理的是人用药品，主要用于预防、治疗、诊断人的疾病。

世界卫生组织对药品的定义是：任何用于生产、出售、推销或提供治疗、缓解、预防或诊断人和动物的疾病、身体异常或症状的；或者恢复、矫正或改变人或动物的器官功能的单一物质或混合物。

美国对药品的定义是……

看下来，《中华医学百科全书》对药品的定义是什么，通篇没有。这会让读者有无所适从的感觉，也自贬了百科全书的身价。实际上，如果作者没有更好的定义，可以直接采用《中华人民共和国药品管理法》的定义作为自己的定义。

建议改为：

药品（drug） 用于预防、治疗、诊断人的疾病，有目的地调节人的生理机能并规定有适应症或者功能与主治、用法和用量的物质。包括中药材、中药饮片、中成药、化学原料药及其制剂、抗生素、生化药品、放射性药品、血清、疫苗、血液制品和诊断药品等。《中华人民共和国药品管理法》管理人用药品，主要用于预防、治疗、诊断人的疾病。世界卫生组织对药品的定义是：任何用于生产、出售、推销或提供治疗、缓解、预防或诊断人和动物的疾病、身体异常或症状的；或者恢复、矫正或改变人或动物的器官功能的单一物质或混合物。美国对药品的定义是……

例 12

药品不良事件（adverse drug events，ADE） 美国医学研究所（Institute of Medicine）将其定义为"any injury resulting from medical interventions related to a drug"，是指在药物治疗过程中出现的所有不良临床事件，它不一定与该药有因果关系。世界卫生组织将不良事件也定义为不良感受，是指药物治疗过程中所发生的任何不幸的医疗卫生事件，而这种事件不一定与药物治疗有因果关系。从药物治疗的角度出发，我们可以得到药品不良事件的内涵，是指与药物相联系的机体损害。

不能用国际定义代替自己的定义，更不宜简单使用原文。

建议改为：

药品不良事件（adverse drug events，ADE） 在药物治疗过程中出现的不良临床事件。它不一定与该药有因果关系。

《灾难医学》卷"灾难"条首句为"在灾难医学领域，学界给出的灾难定义主要有：……"，情况类似。

十一、密切相关条目的定义要有可比性

这里所说"密切相关条目"指的是两种情况：一种是同一条目之下并列的内容相关的条目，另一种是一个条目与其派生的下属分型条目。这类密切相关条目的定义之间应该具有可比性。

《病理生理学》稿件有"超敏反应"及Ⅰ、Ⅱ、Ⅲ、Ⅳ型超敏反应。四种类型超敏反应都从属于"超敏反应"，但其定性不相同，"超敏反应"定为"特异性免疫反应"，"Ⅰ型超敏反应"定为"免疫反应"，"Ⅱ型超敏反应"定为"病理性炎症反应"，"Ⅲ型超敏反应"定为"炎症反应"。

问题：定性不同，读者难以确认该反应的性质。

处理：5个条目全部界定为"病理性免疫反应"（或者其他4个下级条目 定为"……的超敏反应"）。

十二、见词明义的条目不要勉强加定义

加定义，不可绝对化。有些条目的标题对于读者本来并不存在"是什么"的疑问，如"健康社会决定因素""社会营养与健康的相关性"

等，如果勉强加定义，反倒可能让读者犯糊涂。

例 13

> 　　**儿童体重**　身体各部分重量的总和，是衡量儿童体格生长和近期营养状况最重要、最灵敏的指标。

不下定义，人们也会知道什么是儿童体重。这里下了定义，人们反倒要问：各部分？总和？谁会分别称重再求和？这里不下定义，直接做定性说明就可以了。

建议改为：

儿童体重　体重是衡量儿童体格生长和近期营养状况最重要、最灵敏的指标。

《〈中国大百科全书〉第三版网络版编写体例》"8.10.3"确认：

> 　　一些无法写定义或者定性语的综述性条目，可写引言式的定性叙述。

"8.8"还规定："人物、地名、机构等条目释文开头一般使用定性语。"这些当然也不用加定义。

条目的层次标题

一、层次标题是百科全书的特色

层次标题是条目释文中各个层次的知识主题，是便于读者快速寻检的检索手段之一。

通常，教材乃至论文，都采用篇章节结构。百科全书的条目受辞书版面的限制，不可能那么"铺张"。另外，现代百科全书普遍奉行中小条目主义，条目通常字数不是很多，结构不是很复杂。因此，以特定形式的层次标题表达其内容结构，成为不二之选。

层次标题是条目标题的下级标题，通常有一层、两层，多的有三层、四层。三版设计最多设四层（级）。层次标题赋予条目独特的结构形式，是百科全书的特色。

对这种形式，作者一般不熟悉，往往需要编辑在进行条目加工时用心处理。

本文依据《体例》的规定，结合一些条目初稿的实例进行一些讨论。

二、层次标题用于长、中条目

按照体例设计，条目分为特长条、长条、中条和短条。特长条、长条必须设置层次标题，中条目根据实际情况而定，短条目一般不设层次标题。

长条目在3000字以上，如果没有层次标题，知识点都隐在释文之中，检索阅读会感觉不便。因此，长条目必须设层次标题。

短条目字数在 700 以下，如果设层次标题，可能显得过于琐碎，与通常辞书紧凑的版式风格不一致，所以短条目一般不设层次标题。即使是同类内容的大、中条目设了层次标题，短条目也不设为好。特殊情况下要设时，需要从严掌握。

网络版与纸版有所不同。由于网络版页面相对宽裕，所以层次标题的设置也就比较宽松了。

条目分类后，同一类中，可能既有长条、中条，也有短条。有的有层次标题，有的没有，这没关系，提纲还是一样的，只是写起来内容繁简不同。

三、层次标题与条目分类释文提纲的关系

在设有条目分类释文提纲的情况下，层次标题往往由提纲脱胎而来。既然提纲用于规范同类条目的编写，同类条目的层次标题也就应该大体一致。当然不排除个别条目内容特殊，层次标题有某些差异的情况。

当然，说层次标题由提纲脱胎而来，也意味着层次标题并不等于提纲。二者毕竟是两回事。

需要说明的是，"展望""意义"之类一般在讨论提纲时已经淡化，甚至排除，也就不需设为层次标题。

《中国大百科全书》第一版编纂时曾设有"展望"层次标题。后来研讨，人们认为百科全书内容求实，以客观陈述为特色，展望之类主观性的东西不适于百科全书，因而第二版就明确不再设为层次标题了。

"意义"，也是主观性较强的内容，与百科全书强调陈述，一般不作评价的要求不相合拍，因此也不列为层次标题。必要时，在定义后的概述中或条目末尾简单提一句即可。

四、层次标题前不加序号

层次标题前不加序号，是百科全书的惯例。有些作者不熟悉，来稿按习惯在标题前加了序号，要由编辑处理掉。

例1

> **二、社区卫生（中）**
>
> **1.定义** 社区卫生（community health，CH）是人群健康的策略和原则在社区水平上的具体应用，即强调了解社区全体居民的健康和疾病，通过确定优先项目、消除不同群间健康的不平等来促进健康和提高生活质量。社区全体居民健康的改善和维持应突出强调社区预防，强调通过社区预防服务，针对社区需优先解决的健康总题，以全体社会居民为对象开展疾病预防和健康促进活动来促进社区的整体健康。
>
> 社区卫生是一项综合性的以预防保健、促进人群健康为目的，积极开展对个人、家庭和社区人群健康有关的服务活动，从妇女受孕后本人及其胎儿、婴幼儿、学龄儿童、青少年、中年和老年等不同生命阶段，针对地域环境、经济水平、当地资源，尽可能以自力更生原则，提供适宜、安全、低价、及时的预防、医疗、康复措施，改善居民个人和家庭的健康状况。
>
> **2. 社区卫生的要素** 要做好社区卫生，使社区达到良好的健康状态，就要有适当的组织机构，相应的资源与各种有计划的活动，以此来达到社区的最佳健康水平。
>
> 社区卫生包括下列五大要素：（1）促进健康生活；（2）预防疾病问题；（3）治疗疾病；（4）康复；（5）健康教育。
>
> **3.社区卫生实施的原则** （1）以健康为中心；（2）以人群为对象；（3）以需求为导向；（4）多部门合作；（5）人人参与。

本例条目中，条目序号、层次标题序号，乃至列项说明序号都不必要。

五、层次标题是否单独占行

在教科书和学术论文中，标题单独占行是很普遍的事。通常认为，单独占行的标题级别高于不单独占行的标题。而在百科全书中，条目标题就是不单独占行的，层次标题作为比其级别低的标题，显然不宜单独占行。

例 2

吸痰　指利用机械吸引的方法，经口、鼻腔、人工气道将分泌物吸出，以保持吸道的通畅……

　　目的　清除病人吸道分泌物……

　　用物

　　吸痰装置：中心负压装置……

　　操作方法

　　操作前准备　1.评估病人……

本例中，一层层次标题"用物""操作方法"单独占行，与其他一层层次标题规格也不同，显然不妥。

网络版条目的层次标题通常是单独占行的，与纸质版条目不同。

此外，在有多层层次标题的情况下，上层标题之后要有提示语，引出下文，然后再设下一层层次标题。要避免上、下层次标题直接相连。有时作者觉得无话可说，简单重复下文又没有意义，于是选择空白。实际上，的确不应简单重复下文，这就需要在较高层次上概括、提示下文内容。

六、层次标题不能单蹦

任何一层标题必须有两个或者两个以上才能设立，要避免出现某个层次只有一个层次标题的现象。

例 3

产后访视率（postpartum family visit rate）

　　产后访视……

本例整个条目只有一个层次标题，是不可以的。

例4

yǐngxiǎnghūnyùjíbìng
影 响 婚 育 疾 病（diseases affecting marriage and fertility）对婚后男女
双方的健康、生育产生影响，或使病情加重的一组疾病。主要包括遗传病、传染病、精神病，
以及其他重要脏器的严重疾病。

　　遗传病　因人体内正常的遗传物质（即染色体或基因）发生异常改变而引起的严重畸形
或病变。目前人类发现的遗传病已达 7000 多种，通过婚前医学检查可发现与遗传有关的疾
病为 1.6%，其中对婚育有严重影响的约占 0.1%。遗传性疾病与先天性疾病、家族性疾病不
同。先天疾病往往一出生就发病，而有的遗传病可能要经过几年，甚至十几年后才出现明
显症状。遗传病与家族性疾病的区分在于，遗传病常有家族史，多是显性遗传病，但有些遗
传病却可能根本就没有家族史，而家族性疾病则有明显的家族史，疾病可能因相同的环境因
素造成。

　　医学意见　遗传病一般不影响结婚，但可以因为致病基因的延续而影响后代健康。对患
有严重遗传病者，视疾病遗传风险，提出不宜生育或控制胎儿性别的建议。①严禁近亲结婚；
②有家族遗传史、生育过遗传病患儿等高危人群，最好在准备怀孕时进行遗传咨询，若已
经怀孕应进行产前诊断。③多基因遗传病者，后代患病风险率低于 10%，可以生育。④高龄
孕妇易发生染色体数目异常患儿，故年龄在 35 岁以上者应作产前诊断。

　　传染病　《中华人民共和国传染病法》规定 29 种法定传染病为婚前保健主要检查的传染
病病种。其中病毒性肝炎、结核病、梅毒等属于影响婚育疾病。乙肝、梅毒疾病可以通过性
行为传染他人，故又称性传播疾病，也是婚前保健人群中最常见的传染病。婚前保健时，需
常规进行转氨酶、乙肝表面抗原检测以及梅毒筛查；通过胸部X光检查可以发现肺结核患者。
因以上疾病都属法定的乙类传染病，具有传染性，故在隔离期内应暂缓结婚。

　　医学意见　①传染病/性传播疾病患者，为避免感染对方，建议在传染期间暂缓结婚，
经积极治疗，疾病恢复、传染性降低或消失后再考虑婚育。②到正规医疗机构接受规范、彻

　　本例整个条目层次标题不少，一层的有三个，二层的也有三个。但每个一层标题之下只有一个二层标题，这种单蹦的二层标题都应删去。而"遗传病""传染病""精神病"做层次标题恐怕也不符合提纲的设计，那就是另外的问题了。

七、层次标题的呼应

　　一个条目中的上下层次标题要呼应，避免出现上层标题覆盖不住下层标题或下层标题游离于上层标题的现象；同一层次几个标题要有一定的可比性，避免出现同一层次几个标题参差不齐的现象。

　　一层层次标题，应该直接与条目标题衔接。

例 5

妇幼卫生管理学（maternal and child health management science）
从管理学的角度，研究……的一门学科。

　　发展背景……

　　特点 ①妇幼卫生管理具有较强的针对性……②妇幼卫生工作……③妇幼卫生三级保健组织……

　　研究内容……

　　研究对象……

　　管理措施……

本例中，不难看出，"特点""管理措施"两项讲的是"管理工作的特点""管理工作的措施"，而非"管理学的特点""管理学的管理措施"，因此在这里设为层次标题不妥。

例 6

步态及位移性活动分析（gait and locomotion analysis） 利用力学概念和解剖与生理学知识对人体的步行及其他位移性活动（如跑步等）功能状态进行对比分析的一种生物力学研究方法。对步行及其他位移性活动周期进行客观的定性或定量分析，以判断步行及其他位移性活动是否存在异常状态及其异常的性质与程度，从而揭示肢体有无活动功能障碍，推断可能的相关病损，为矫治异常步态提供依据，有助于对下肢神经肌肉和关节疾患的诊断、评定康复措施的疗效。

　　步态及位移性活动分析的目的　①确定异常步态及位移性活动的障碍学诊断。②确定异常步态及位移性活动的性质及程度。③比较不同种类的辅助具（假肢、矫形器）对步态及位移性活动的影响。

　　步态及位移性活动分析的方法　定性分析法　如目测患者步态的节律性、稳定性、流畅性、对称性、重心偏移、各肢体及关节的活动，以及辅助装置的使用等。

这里层次标题文字与条目标题的大量重复是不必要的。一层标题即可理解为（条目标题＋）一层标题。因此，"步态及位移性活动分析的目的"可以略写为"目的"，"步态及位移性活动分析的方法"可以略写为"方法"。另外，一、二层层次标题直接接续也不符合体例的要求，在一层层次标题之后应有适当的提示语。

八、下级条目标题不做本条层次标题

在条目表中可以看到，许多条目有成组的下级条目。审稿中看到，一些条目以下级条目作为本条目的层次标题。这种做法不妥。

主要问题在于，这样设置的层次标题之下的内容不可避免地与相应下级条目的内容重复，而陈述又不可能像下级条目那样详尽，徒然造成篇幅的浪费。

如果层次标题做成索引，也会给读者造成干扰。

当然，按照条目分类编写提纲的安排，也不会支持下级条目标题作为本条目的层次标题。

所以，应避免将下级条目标题作为本条目的层次标题。当然，不止是下级条目，应该是避免将任何其他条目标题作为本条目的层次标题。在这种情况下，可以在本条目中设文内参见，指向有关条目。

例6

gōngnéngxìng xiāohuà bùliáng

功 能 性 消 化 不 良（functional dyspepsia，FD） 存在一种或多种起源于胃十二指肠区域的消化不良症状……

临床表现 分两个亚型，以餐后不适或上腹痛为主要表现，症状多为间断性发作。有时两种亚型的症状在同一个体中重叠。尚需注意本征的症状和其他上消化道的功能性和器质性疾病的症状也有可能交叉重叠。患者多有精神心理异常倾向。

餐后不适综合征（PDS） 其症状为早饱；发生于餐后的上腹饱胀和不适，通常在摄入油腻食物后加重；可伴有恶心、呕吐（或无）及过度嗳气等。

上腹痛综合征（EPS） 上腹疼痛，可伴有上腹烧灼感，一般不向胸骨后传导。

本例条目两个二层标题"餐后不适综合征""上腹痛综合征"都有专条，此处可以删去，相应内容建议改为：

gōngnéngxìng xiāohuà bùliáng
功能性消化不良（functional dyspepsia，FD） 存在一种或多种起源于胃十二指肠区域的消化不良症状……

临床表现 分餐后不适综合征和上腹痛综合征两个亚型。有时两种亚型的症状在同一个体中重叠。尚需注意本征的症状和其他上消化道的功能性和器质性疾病的症状也有可能交叉重叠。患者多有精神心理异常倾向。

九、层次标题的减免

有些条目，内容没有独特性，通过参见即可解决，无须重复，按照条目分类编写提纲设立的相应的层次标题也可以减免。

例 7

dòng mài xìng fèi dòng mài gāo yā
动脉性肺动脉高压（pulmonary arterial hypertension, PAH） 指肺动脉压升高而肺静脉压和肺毛细血管血压正常的一类肺动脉高压，以肺血管床毛细血管前动脉梗阻为特点，累及肺中等动脉及肺小动脉。根据 2009 年欧洲肺动脉高压诊治指南中采用的 Dana Point 分类，PAH 被归为肺动脉高压的第一大类，包括：①特发性肺动脉高压；②可遗传性肺动脉高压；③药物及毒物导致的肺动脉高压；④相关性肺动脉高压，结缔组织病、HIV 感染、门脉高压、先天性心脏病、血吸虫病、慢性溶血性贫血；⑤新生儿持续性肺动脉高压。

发生机制 见肺动脉高压。

临床表现　见肺动脉高压。除肺动脉高压的症状和体征外，还应注意病史中有无肺动脉高压家族史及特殊药物或毒物接触史，有无结缔组织病、HIV 感染、门脉高压、先天性心脏病、血吸虫病、慢性溶血性贫血的病史及其临床表现。

诊断　根据肺动脉高压诊治指南……

本条目的"发生机制"内容完全"见肺动脉高压"，可删。"临床表现"内容过于单薄，此处题目也可删，内容可适当保留。

十、层次标题与列项说明

按惯例，条目标题最多设四层。有时条目内容比较复杂，可以利用列项说明的方式，增加一个层次。当然有些内容不便设立层次标题，也可考虑使用列项说明的方式。

例 8

bízhì

鼻窒（nasal blockade）以经常性鼻塞为主要特征的慢性鼻病，……

治疗　鼻窒的治疗多采用内治法结合外治法、针灸及其他疗法。

　…………

外治法　根据不同情况可选用滴鼻法、塞鼻法、吹鼻法、热熨法、蒸气吸入法、下鼻甲注射法等。①滴鼻：可选用具有芳香通窍作用的中药滴鼻剂滴鼻。②塞鼻：可选用具有芳香通窍作用的中药研成细粉，用药棉裹之交替塞鼻。③吹鼻：可选用芳香通窍作用的中药，如苍子散、碧云散或鹅不食草、藿香、荜茇、辛夷等研细末，每次取少许吹鼻。④热熨法：可用荜茇、天南星各等量，研细末炒热，用纱布包裹，温熨囟前，有温经散寒通窍的作用。⑤蒸汽吸入：可利用内治法中药，在煎煮药液过程中利用其蒸汽雾滴吸入鼻内，起到治疗作用；亦可用中药注射剂作蒸汽吸入，如丹参、柴胡、痰热清注射液适用于肺经蕴热和气滞血瘀者，当归、黄芪注射液适用于肺脾气虚者。⑥下鼻甲肥大者，可选用当归、川芎、黄芪、丹参注射液等作下鼻甲注射。

本条目在使用了三层、四层层次标题之外，在段落之内使用了以圈码为序号的列项说明方式。

（2012-03-28）

"苏联"与"前苏联" ①

编辑工作中，常常遇到"苏联"之前加不加"前"字的问题。

自 1991 年苏联解体，这个问题就存在了。或许，人们习惯在称呼刚过去不久的朝代时加一个"前"字，如清代初年说"前明"，民国初年说"前清"。在一个时期内，这个"前"字可以起到某种提示作用，避免读者思维惯性导致的误解，应该说是有益的。

然而，最近审读一部书稿，看到有编辑批注："统一替换：苏联→前苏联"，如此一刀切，窃以为不妥。这里愿陈管见，以求教于方家。

这部书稿是介绍交响音乐赏析知识的。试看几个例句：

（1）第十七章 前苏联音乐：旗帜鲜明 鼓舞人心

（2）前苏联音乐是 20 世纪旗帜鲜明，并对我国具有深远影响的音乐艺术。

（3）从……为前苏联音乐作出卓越贡献的较早期的普罗科菲耶夫（1891—1953），直到较晚期的哈恰图良（1903—1978），前苏联涌现了大批交响音乐作曲家。

（4）（普罗科菲耶夫）在国外 15 年间，曾多次回前苏联演出、讲学，亲人的温暖，祖国的关怀，终于使他于 1932 年决心回国定居。

（5）为什么离开祖国？"我没有懂得在前苏联所发生的一切的意义，我没有认识到那需要全体人民——包括文艺工作者——的通力合作。"（引自《普罗科菲耶夫自传》）

---

① 本文原载《科技与出版》2004 年第 6 期。

（6）1943 年被前苏联政府授予劳动红旗勋章，……1957 年，前苏联政府又将首次颁发的列宁文艺奖金追赠予他。

（7）《亚历山大·涅夫斯基之歌》……以作者本人于 1938 年为前苏联导演爱森斯坦摄制的同名历史影片所作的配乐为基础。

（8）第四乐章《起来，俄罗斯人民》……后来在前苏联卫国战争时期曾激励前苏联人民誓死保家卫国。

（9）1955 年，他（朱践耳）被选送至前苏联莫斯科音乐学院学习作曲。

如果按"降幂"排列一下使用"前"字的情况，那么或许可以有如下几种：必须加，加了好些，可加可不加，不必加，加不得。

例（1）、例（2）中，"前"字或许有人认为是"必须加"的。但在笔者看来，充其量是"加了好些"——语关宏旨，清楚、明确。其实，不加"前"字，也不会引起误解——可以归入"可加可不加"之列。

多数例子，例（3）、例（4）、例（6）~ 例（9），句中都有明确的时间交代，当时的苏联显然就是"苏联"，不加"前"字不会产生误解，加了"前"字反而让人感觉啰唆，文气有被颠簸的感觉。因而似乎可以归入"可加可不加"之列，实际上可以归入"不必加"之列。

例（5）中的"前"字显然是编辑加的。普罗科菲耶夫死于 1953 年。他在自传中提到苏联不可能带"前"字。所以，这里加"前"字有违事实，是错误的。就此作一推论，编辑处理书稿时，遇到引文中前人提到"苏联"的情况，也都是不可以擅加"前"字的。

从 1922 年 12 月 30 日俄罗斯、南高加索、乌克兰和白俄罗斯联合组成苏维埃社会主义共和国联盟开始，经 1990 年 3 月起各加盟共和国相继宣布独立，到 1991 年 12 月 26 日苏联最高苏维埃共和国院宣布苏维埃共和国联盟停止存在，苏联总共存在了 69 年。

现在，苏联解体已经十几年了。今天人们提到苏联都知道那已是一个历史名词，不会有人以为还有一个"今苏联"。从这个角度来说，苏联之前的"前"字，除了"加不得"的之外，只剩下"可加可不加"——因而"不必加"的情况了。随着时间的推移，这将会得到越来越多人的认同吧？

单位与单位名称用法辨[①]

百科全书编辑 丛稿

在《广西大百科全书》的编辑过程中，发现单位的写法不够统一。例如水流量，有的写成"立方米 / 秒"，有的写成"立方米每秒"，有的用"m^3/s"。应否统一，如何统一，不可不辨。

按照有关量和单位的国家标准的规定，一个"量"，由"数字"和"单位"构成。

代表计量单位的规定符号称为计量单位符号，简称单位符号。

对单位符号，国际计量大会有统一的规定。我国原则上采用这些符号，称国际通用符号。

单位符号多数是拉丁字母或希腊字母，个别的为附于数字右上角的符号，如表示平面角的（°）、（'）、（"）。单位符号没有复数形式，符号上不得附加其他标记和符号。单位符号应按照单位的名称或简称来读，不能按照字母读音读。

国家标准给出的单位名称的简称可用作该单位的中文符号（简称"中文符号"）。中文符号只在小学、初中教科书和普通书刊中有必要的时候使用。

由两个或两个以上单位构成的单位称为组合单位。当用相除的方法构成组合单位时，可采用下列形式之一：

m/s；$m \cdot s^{-1}$；

流量单位的符号是"m^3/s"，其中文符号是"米³/ 秒"，其中文名称为"立方米每秒"（"米³"在非指体积时称"三次方米"）。

---

① 本文原载《科技与出版》2008 年第 8 期。

所谓"中文名称"，也可理解为"读法"。

笔者在国家图书馆期刊阅览室查了一下科技期刊的情况。中国水利学会《水利学报》2007（2）、长江水利委员会《水利水电快报》2006（12）、中国水利工程协会《水利建设与管理》2007（7）、水利部《中国水利》2008（6）、中国水利发电工程学会《水力发电学报》2006（1）等，都使用"m^3/s"，四川水力发电工程学会《四川水力发电》2007（6）则用"立方米／秒"。而在新闻报道中，多有使用单位的中文名称代替单位的情况，例如：

新华社安徽蚌埠7月29日电（记者×××、××）29日上午，何巷闸管理处接到命令，7月29日12时开启怀洪新河何巷闸，控制最大分洪流量1000立方米每秒。（2007-07[2008-06-04].http://www.gov.cn/jrzg/2007-07/29/content_699948.htm）

黄委会适时启动了下游春灌调度，小浪底水库下泄流量从420立方米每秒加大到800立方米每秒。（新华网2008-02-26[2008-06-04]. http://www.china5e.com/www/dev/newsinfo/newsview/viewnews-200802260176.html）

这种用法，用于广播电视（如广播稿或提示器的文字），对于播音员当然是直观的，可以避免误读，但这种特殊用法并不能作为通用的规范。

有人提出，《中华人民共和国法定计量单位使用方法》第9条举例时有"密度单位kg/m^3的名称为'千克每立方米'而不是'千克／立方米'"的说法。若以此作为上面报道写法的依据，这是误解。看一下第9条的原文：

9.书写单位名称时不加任何表示乘或除的符号或其他符号。

例如：电阻率单位$\Omega \cdot m$的名称为"欧姆米"而不是"欧姆·米"、"欧姆－米""[欧姆][米]"等。

例如：密度单位$kg／m^3$的名称为"千克每立方米"而不是"千克／立方米"。

　　需要注意的是，这里说的是"单位名称"，而非"单位"。

　　事实上，《中华人民共和国法定计量单位使用方法》第 17 条明确规定：

> 　　由两个以上单位相除所构成的组合单位，其中文符号可采用以下两种形式之一：千克／米^3　千克·米$^{-3}$

　　因此，应该明确，在出版物中书写量时，应使用数和"单位"，而非单位的名称。

关于数字用法的意见 ①

1987 年 1 月 1 日国家语言文字工作委员会等七部门公布了《关于出版物上数字用法的试行规定》。今天语委又召开这个座谈会，给我们一个交流、探讨、学习的机会，这是很令人高兴的。

一

中国大百科全书出版社在进行《中国大百科全书》的体例统一工作中，一向重视数字用法的问题。由于学科面广，作者众多，来稿中数字用法的混乱可想而知。1983 年《编写条例》和 1986 年《成书编辑体例》都辟出专门的章节对数字用法进行约定。1987 年国家语委等权威部门公布的《试行规定》，给我们的工作提供了很大的方便，为消除数字用法上的混乱起了积极作用。不过个人觉得，这个《试行规定》有些像是针对出版物上阿拉伯数字与汉字数码使用混乱的状况而下的一剂救急药，按照一个关于中文出版物中数字使用法的系统、完备的规定来要求，似乎还有所欠缺。一些具体条款也有值得商榷之处。总结三年多来执行《试行规定》的经验，我们有理由期待有关部门着手制定一部内容更完备的《数字使用法》。这个"法"当然主要是"方法"，但也未尝不可以带有"法规"的意味。

---

① 本文为 1990 年参加国家语委数字用法座谈会的发言稿。摘要见于《语文建设》1990 年第 4 期《"数字用法"试行三年来的回顾——首都新闻、出版界部分代表座谈会综述》。全文载于中国大百科全书出版社内部刊物《探讨》1990 年第 4 期。

二

《数字使用法》要解决在不同的场合，对不同的数量，用什么数字的问题。这里的数字，除大量的《试行规定》涉及的阿拉伯数字（1、2、3……）和汉字（一、二、三……，实为汉字小写数字）以外，事实上还有汉字大写数码（壹、贰、叁……）、罗马数字（Ⅰ、Ⅱ、Ⅲ……）及干支计数所用的干支（甲、乙、丙……，子、丑、寅……）和韵目计数的韵目（东、冬、江……）。制定《数字使用法》时应该把它们也考虑进去。另一方面还要解决如何用，即如何写，如何读的问题。

《试行规定》用列举实例的办法来显示用法，这和用明确的条文来说明怎么用，二者之间并不一样。罗列，既难得完全，对读者来说也不够明白。没有列入《试行规定》的数字用法是否就是不规范的，就应该废止？恐怕难以肯定。比如，钱币上的数字恰恰需要大写的中文数码。就不能说它不规范。有鉴于此，考虑数字用法时，似乎有一个路比辙宽的问题，要使人有选择最合适用法的可能性。

三

数字的用法，应考虑方便、明确、相对统一的原则。

阿拉伯数字在很大程度上是以其方便赢得广大作者和读者的欣赏而通行世界，在中文出版物中占领广阔阵地的。今天研究数字的分工，研究数量的写法和读法，仍应把方便性摆在重要地位。

《试行规定》要求"4位和4位以上的数字，采用国际通行的三位分节法"，或许值得商榷。为什么分节？是为了适应读者直观判断多位数的数量级，即定位需要的。人们写"1990年"，其中4位数字，谁会分节呢？显然，没有这种需要。分节实际是为语言中的常用大数服务的。有 thousand 和 million 才有三位分节。中文大数计数，通常用"万""亿"，与其对应，只有四位分节才有意义。那么，在特定场合可否四位分节呢？国际通行三位分节，我们向它靠拢是好的。但首先需要"万、亿"靠成"千、兆"。我们的某些行业，在某些场合，已经这样做了。然而，总的来说，还是"万、亿"为主。在这种情况下，简单的作一刀切的规定并不一定合适。

《试行规定》中有"一个用阿拉伯数字书写的多位数不能移行"的条款。至今报刊中仍常见把"1989 年"中 4 个数码分在两行的，读起来很不方便。为读者着想，阿拉伯数字的确不宜移行。而笼统规定"不能移行"给编辑和排版者出了难题也是显而易见的。为了部分解决这种困扰，似可考虑对整数部分和小数部分区别对待。事实上，对读者的不便，主要是多位数移行后会使读者定位发生困难。而对多位数的小数部分，这种困难并不存在，反正是逐位读下去。因此，允许小数移行，困难至少可以解决一半。

四

数量的表达，应该明确，而不该含糊费解，甚至带歧义。

《试行规定》中有"500 多种"的写法。按通行的近似计算规则，500 有三位有效数字：5、0、0。而人们说"五百多种"，只要一位有效数字"五"，它可以是 501 种，也可以是 510 种。让"500 多种"代表"510 种"难免使人觉得牵强。

五

统一不等于单一。

由于语言本身的复杂性，可能导致一张报纸、一篇文章，甚至一个句子中出现不同的数码。典型的，如"零的突破，一举获得 15 枚金牌"，"命中率 95% 就不错了，别要求百发百中"。有人讥之为"随心所欲的难看句子"。笔者则以为，既然计数用阿拉伯数字方便，惯用语中数字用汉字符合人们习惯，那么上述句子便无可指摘。

由于语言本身的多样性，也可能导致同一个数字在不同的场合写成不同的形态。《试行规定》中有公历年代应当使用阿拉伯数字的规定。这在大多数场合当然没有问题，而在一些庄重的场合，年代用汉字写，如"一九八〇年"，似乎与全篇格调更相称。有的文学作品要写作"公元一千九百八十年"，怕也未尝不可。大可不必戴上"不规范"的帽子。

数字与标点——流行写法与国家标准①

平日处理稿件时常遇到诸如多位数、概数、角度、方程式的书写形式问题。许多作者往往按照过去的流行写法或个人习惯书写。然而这些流行写法或个人习惯并不一定符合现行的国家标准。这种情况很值得我们做编辑的注意。审稿时，忽略这类问题容易一错一大串。

一、关于多位数分节

多位数要不要分节，如果分节，该如何分，这是争议了许久的问题。本来，分节便于识读，应该无异议，问题在于如何分。按汉语原来的习惯，应是四位一节，以与"万""亿"对应。但国际上通行三位分节，与 k、M 等对应。从长远着想，为向国际标准靠拢，采用三位分节是可取的。一些年来，"千""兆"等已逐渐被人们接受。国家语委等七个单位颁布的《关于出版物上数字用法的试行规定》上的说法是明确而又留有余地的："4 位和 4 位以上的数字，采用国际通行的三位分节法。……非科技专业书刊目前可不分节。"事实上，不分节的情况还是不少的。比如，在任何地方都没人把"1994年"写成"1 994 年"。在不少场合，是否分节还要由编辑做出选择。1994 年初审读《会计错弊的查证和调整技巧》一书，就与责任编辑

---

① 本文原载中国大百科全书出版社内部刊物《探讨》1995 年第 3 期。

商定，采用了三位分节法。

需要注意到的问题是，有许多书稿采用逗号分节。如《韩国对外贸易的成功与失误》一书原稿中有"8,355,247（千美元）"的用法。这种用逗号分节的写法过去很流行，也曾有权威语法学家给予肯定。但现行《关于出版物上数字用法的试行规定》已指出："用','号分节的办法不符合国际标准和国家标准，应该废止。"因此上面的数字应写作"8 355 247"。[①]

二、关于概数的写法

《青少年家庭教育读本》的原稿中有这样的句子："孩子从十二、三岁到十五、六岁的时期……"此句中用到两个概数，十二与三之间，十五与六之间分别使用了顿号。这种表示概数的方法也是以往很流行的写法，类似的用法在来稿中很常见。如"七、八斤"，"五、六十吨"等。

对于概数的表示方法，《关于出版物上数字用法的试行规定》中也有明确的说法："邻近的两个数字（一、二、……九）并列连用，表示概数（连用的两个数字之间不应用顿号隔开）。"所以上述例句应改为："孩子从十二三岁到十五六岁的时期……"

三、关于角度

《辞海》（1979 年版）中有"岁差为 50 ″.2"的写法。

[①] 《关于出版物上数字用法的试行规定》是 1987 年 1 月 1 日发布的。其中废止千分撇分节的要求遇到金融业界的抵制。1995 年 12 月 13 日批准发布的国家标准《出版物上数字用法的规定》（GB/T 15835—1995）在重申四分空分节之后开了一个口子："非专业性科技出版物如排版留四分空有困难，可仍采用传统的以千分撇'，'分节的办法。"《出版物上数字用法》（GB/T 15835—2011）正式将千分撇分节列为可采用的两种方式之一。

例句中，角度秒的符号标在数据个位之后，十分位之前。这种写法也见于《中国大百科全书·天文学》卷（如 338 页）。

《空间和时间的量和单位》（GB 3102·1—1986）中，在列出角度非国际单位制的法定单位(°)(')(″)之后，特别注明："'度'应优先使用十进制小数，其符号标于数字之后，如 15.27° "①

1989 年版的《辞海》已将上述岁差值改写为"50.2 ″"。我们收到的书稿中也常遇到此类问题，应当引起我们的注意。

四、方程式后加不加标点

数学方程式（包括不等式）、物理公式、化学方程式（反应式）及其他学科的公式夹在文字中间时，末尾是加标点的。当它们单独占行时，末尾加不加标点尚未见到国家的规定。手边的来稿和出版物中，加标点的挺多，不加标点的也不少，《中国大百科全书》中，《天文学》《物理学》《数学》等卷是加的，《化学》《现代医学》等卷是不加的。

《辞海》（1979 年版）有时加（如"抗剪强度"条），有时不加（如"容重"条）。1989 年版《辞海》也是有时加（如"平均值"条），有时不加（如"平均差"条）。

面对这种情况，笔者建议：单独占行的各种方程式、不等式、反应式后都不加标点。

如果说顿号、逗号、句号标志着某种停顿的话，那么"换行"是更显著的停顿。从这个意义上说，一个方程式既已单独占行，就不会由于其末尾没有标点而引起语义与下文割不断的含混了。

相反，方程式后面加了标点，有时倒会给读者造成识读的不便。

---

① 在 GB/T 3102.1—1993 中，此处注为："度最好按十进制细分；因此，单位符号应置于数字之后。例：17° 15′ 最好写成 17.25° 。"

试看两个例子：

《中国大百科全书·天文学》卷第 78 页：

$$u = \int_0^\infty u_v \, \mathrm{d}v 。$$

《中国大百科全书·物理学》卷第 341 页：

$$\rho_1 = \sqrt{b\lambda} 。$$

看了这样的式子，不知排版者和读者是否都能立即肯定式子最末的"圆圈"是句号而非下角标。

有主张加标点的同志提出，从文字的连贯性考虑，在这里不加标点似乎有句子不完整的感觉。其实，在人们普遍使用标点符号的今天，还是认同在某些特定的场合不加标点的。例如，文章标题末尾通常就不加标点，表格中的文字末尾一般也不加标点，括注末尾的句号一般也省略。

标点符号漫谈 ①

一、标点符号用法的演变

殷商时代的甲骨刻辞以钩识号、线条或间空分辞分段。

《说文解字》有两个作句读符号用的字。一个是尖点（、），音 zhǔ；一个是竖钩（丨），音 jué。

宋代出版业兴盛，传统"句读"方法格局奠定。圈点主要使用小白圈（。）、小圆点（.）和尖点（、）。《宋史·儒林传·何基》写到："凡所读，无不加标点，义显意明，有自不待论说而自见者。"用到了"标点"一词。不过我们也看到，有不少古籍全书只用一种圈号或点号。直到清末，还有不少书报不加标点。

清代传教士引进横排本图书，西式标点也随之传入。清末国人借鉴西式标点创拟新式标点。1897 年广东东莞人王炳耀就草拟了 10 种标点符号。20 世纪初新文化运动兴起时，使用新式标点的白话文书报显著增多。胡适 1918 年制订了新式标点 12 种。1919 年 4 月马裕藻、周作人、朱希祖、刘复、钱玄同、胡适 6 人在国语统一筹备会第一次大会上提出拟向北洋政府教育部提交的《请颁行新式标点符号议案》，获得通过。随后胡适将其修改为《请颁行新式标点符号议案（修正案）》。教育部 1920 年 2 月发《通令采用新式标点符号文》（训令第五十三号），正式颁行。采用这 12 种标点：句号（。或 .）、点号（、或，）、分号（；）、冒号（：）、问号（？）、

---

① 本文为 2012 年新编辑入职培训的讲稿。

惊叹号（！）、引号（『』「」）、破折号（——）、删节号（……）、夹注号（（）〔〕）、私名号（＿＿）、书名号（﹏﹏）。1930 年颁布《教育部划一教育机关公文格式办法》，规定了 14 种标点：顿号（、）、逗号（，）、支点（；）、综点（：）、句号（。）、问号（？）、祈使或感叹号（！）、提引号（「」）、复提引号（『』）、省略号（……）、破折号（——）、专名号（＿＿）、书名号（﹏﹏）、括号（（）或⌒）。

中华人民共和国成立后，1951 年出版总署公布了《标点符号用法》，规定了 14 种符号：句号、逗号、顿号、分号、冒号、问号、感叹号、引号、括号、破折号、省略号、着重号、专名号、书名号。当时图书文字还是以竖排为主的，规定横排的文稿引号也可以照西文采用（' ' " "）。1990 年国家语委和新闻出版署修订了《标点符号用法》，标点符号增加了连接号（—）和间隔号（·），由 14 种增加到 16 种，书名号基本形式由浪纹改为折线（《》〈〉）。1995 年制定为国家标准《标点符号用法》（GB/T 15834—1995），仍为 16 种。2011 年 12 月 30 日发布《标点符号用法》（GB/T 15834—2011），规定标点符号 17 种,2012 年 6 月 1 日实施。

回头看来，标点符号大约有 100 年的历史，相对于汉字几千年的历史而言，无疑是十分短暂的。讲这些，想说明的意思是，标点符号用法不像加减乘除四则运算那样固定、那样死板，它还是比较灵活的。标点符号问题是规范性的问题，是约定俗成的问题，它还在发展变化之中。

二、2011 年版《标点符号用法》国家标准

1995 年的《标点符号用法》标准是国家语委语言文字应用研究所的课题组负责起草的。2011 年《标点符号用法》标准是北京大学起草的。

应该指出，这两个版本的《标点符号用法》，都是推荐性国家标准，不像《国际单位制及其应用》《有关量、单位和符号的一般原则》《空间和时间的量和单位》等系列标准那样是强制性标准。①

新标准按照《标准化工作导则 第1部分：标准的结构和编写》（GB/T 1.1—2009）起草，标准的结构、编排和表述方式都有明显变化。

大体说来，原标准规定比较简略，实践中往往需要许多具体用法细则作为补充。对此，学者们研究的很多。2011年版标准吸纳了近些年来的很多研究成果，特别是通过两个附录，为一系列多年来使用混乱、争议较多的问题提出了解决方案，对功能有交叉、容易误用的标点符号做了区分。新标准的篇幅将近原标准的六倍。应该说，标准内容大大地丰富了，堪称完备、具体，这是其亮点。遗憾的是，新标准文字还嫌粗糙。有的定义不符合形式逻辑学的定义规范。例如复句、分句定义就犯了同语重复的忌讳。一些示例的内容更是有明显差错。

4.5.3.5示例3：《红楼梦》《三国演义》《西游记》《水浒传》，是我国长篇小说的四大名著。

应该限定"古代"。

4.9.3.1示例3：信纸上用稚嫩的字体写着："阿夷（姨），你好！"。

末尾句号应删。

4.10.3.3示例1：坚强，纯洁，严于律已，客观公正——这一切都难得地集中在一个人身上。

句中"已"应为"己"。

4.17.3.5示例：我国的行政区划分为：省（直辖市、自治区）/省辖市（地级市）/县（县级市、区、自治州）/乡（镇）/村（居委会）。

第一个括号之中应该是"自治区、直辖市、特别行政区"，因

---

① 除《国际单位制及其应用》外，《有关量、单位和符号的一般原则》等标准已于2007年3月23日改为推荐性标准。

为通行的省级行政区提法是"省、自治区、直辖市、特别行政区";第二个括号中应为"地区、地级市、自治州、盟",第三个括号中应改"自治州"为"旗",因为自治州是地级行政区;最后一级的"/村（居委会）"应删,因为村（居委会）并非一级行政区划。

今早看到张老师转给我的蔡维藩的文章《〈标点符号用法〉新标（2011）示例问疑》,其中对这个标准的 42 条示例提出了质疑。

三、新标准内容的解读

这里主要看一下新标准与原标准相比的不同之处,试着就使用各种标点符号时需要重点注意的问题提点建议。

（一）术语

1. 增设了对术语"标点符号"和"语段"的定义

原标准第 2 章定义设有 8 个术语。新标准第 2 章术语和定义设 5 个术语,其中"标点符号"和"语段"是新设的。原标准在第 3 章基本规则中介绍了标点符号的概念。

2. 对术语"复句"和"分句"的定义作了修改

新标准的复句、分句定义较原标准作了较大修改。原标准把复句、分句混在一起下定义,新标准分别下定义是个改进。然而这个改进还不到位。因为复句定义中用了分句,分句定义中又用了复句,而形式逻辑学强调定义项中是不能直接或间接地包括被定义项的。

3. 新标准第 3 章标点符号的种类,实际是 4 个术语定义

这些定义或许可以说体现了文字学的研究新成果,对我们在操作上影响不是很大。

（二）标点符号

1. 句号

新标准对句号的定义做了修改，强调它"主要表示句子的陈述语气"。

使用方法有两点值得注意。

图表说明文字末尾不用句号是人们通常采用的编排规范。新标准在附录《标点符号用法的补充规定》中作了明确认定。

陈述句和语气舒缓的祈使句末尾用句号"。"，疑问句末尾用问号"？"，选择似乎不成问题。常见本来该用句号的地方用了问号的，值得注意：

> 一个完全竞争的药厂每天的利润最大化的收益为 5000 美元，此时药厂的平均成本是 8 美元，边际成本是 10 美元，平均变动成本是 5 美元。试求该药厂每天的产量和固定成本各是多少？

题目末句使用问号就不妥当。这是祈使句，应该用句号。

2. 问号

新标准对问号的定义做了修改，强调它"主要表示句子的疑问语气"。

选择问句各个选项之后的标点是人们常常感到疑惑的问题。新标准具体规定："选择问句中，通常只在最后一个选项的末尾用问号，各个选项之间一般用逗号隔开。当选项较短且选项之间几乎没有停顿时，选项之间可不用逗号。当选项较多或较长，或有意突出每个选项的独立性时，也可每个选项之后都有问号。"

问号的叠用已经是文学作品中常见的形式。新标准给予了认可。

3. 叹号

新标准对叹号的定义做了修改，强调它"主要表示句子的感叹语气"。

当句子包含疑问和感叹两种语气且都比较强烈时，可以叠用叹号和问号。叠用有两种形式。问叹号 "?!" 表示问中又叹，叹问号 "!?" 表示叹中有问。有时不作区分，以使用 "?!" 居多。

新标准采纳了问叹号的使用。

4. 逗号

逗号用法较多。原标准列了四种情况，四个例句；新标准增补分列为十种情况，22 个示例，解说详明。

实践中，需要注意，有些书稿有 "一逗到底" 的毛病，也就是说逗号使用过多，有些该用句号的地方也用逗号。一般说来，百科全书还是尽量用短句子好，简明。例如：

> 在 20 世纪 40 年代末和 50 年代初，美国和苏联的航空、航天医学家们对人能否在航天失重环境中生存的问题有明显的分歧，一些有名的医学家和生物学家坚持认为是不可能的，他们认为人的心血管、肌肉、骨骼和免疫等系统在太空失重的环境下将失去其功能，失重会危及航天员的健康和生命。
>
> ——《航天重力生理学》

第二、三个逗号可改为句号。

5. 顿号

标有引号的并列成分之间、标有书名号的并列成分之间，是否该加顿号，一个时期来学者讨论不少。新标准明确了：通常不用加。不过，若有其他成分插在并列成分之间，还是需要加顿号。

6. 分号

用于分项列举的各项之间，是分号的基本用法之一。需要注意的是，如果分项之内已经使用了句号或分号，分项之间就不能再用分号了，而是要用句号。

几个分句之外的内容，也可适当剥离。例如：

> 乳剂临床应用广泛，可以口服、外用、肌肉、静脉注射，

其作用特点为：乳剂中液滴的分散度较大，有利于药物吸收和药效发挥，提高生物利用度；油性药物制成乳剂能保证剂量准确，而且使用方便，如鱼肝油；水包油型乳剂可掩盖药物的不良臭味，并可加入矫味剂；外用乳剂能改善对皮肤、黏膜的渗透性，减少刺激性；静脉注射乳剂注射后分布较快、药效高、有靶向性；静脉营养乳剂，是高能营养输液的重要组成部分。

——《乳浊液型液体药剂》

第二个逗号似可改为句号。

7. 冒号

关于冒号，需要注意套用的问题。

新标准特别规定："一个句子内部一般不应套用冒号。在列举式或条文式表述中，如不得不套用冒号时，宜另起段落来显示各个层次。"

8. 引号

引文前后的标点是需要注意的问题。

引文是完整的、独立的句子时，前面不宜用逗号，可以用冒号。

引文后面，需要注意末尾句号在引号内外的问题。

完整地引用别人的话，引文最后的点号不变，要写在引号里面。如果引文只是作为作者句子的一部分，失去了独立性，引文后边的点号要去掉。引文之后用什么标点，则根据全句的结构来决定：

《生命伦理学百科全书》第二版对此词条的解释的第一句话就是"圣经中有一句话说太阳底下没有新事物。但自从 20 世纪五 六十年代起，从生命伦理学的兴起看出，那么这句话并不正确。" ——《伦理学：医学伦理学与生命伦理学》

这句话末尾的句号就应移到引号之外。

引文末尾如果是问号或叹号，那么即使引文是作者全句的一部分，也予保留。

还需要注意新标准认可的一个特殊用法：

独立成段的引文如果只有一段，段首和段尾都用引号；不止一段时，仅在每段开头用前引号，在最后一段末尾用后引号。

9. 括号

括号形式多样，何时用哪种须留意。

原标准只有使用圆括号的两个示例；新标准则详列了四种括号六种用法的 15 个示例。

新标准提到标示作者国籍或所属朝代时可用方括号或六角括号。有人问：图书在版编目数据规定用圆括号与此是否矛盾？回答是不矛盾。因为图书在版编目数据里的圆括号是内容标识符，并非标点符号。

括号的套用，即括号里面还用括号的情况，有时是难以避免的。例如：

《中国保护植物》和《中国保护动物》是全面介绍保护动植物知识和研究成果的科普书，推予促进我国的野生动植物保护事业，将作出应有的贡献。

（载《读者导报》第 122 期（总第 655 期）1995 年 5 月 1 日）

计算稿酬可以采用版税制（图书定价 × 版税率 × 销售（印）数）。

这样显然有些不便识读。

新标准做出了规定："必须套用括号时，宜采用不同的括号形式配合使用。"

当然，有时也可以考虑用文字代替一层括号。例如用"即"：

计算稿酬可以采用版税制，即图书定价 × 版税率 × 销售（印）数。

10. 破折号

原标准只列了破折号的四种用法，新标准列出了十种基本用法。增加的六种，实际也都是人们常见的用法。

11. 省略号

原标准规定的省略号似乎有六个小圆点和十二个小圆点两种形式。新标准则明确统一为六个小圆点。只是在标示段落的省略时，可连用两个省略号。

省略号前后是否加标点，是以往人们关注较多的问题。曾有人主张：省略号前后一律不得带逗号、句号。这次新标准的示例，则有带逗号、叹号的。可以理解，省略号可以省略文字，也可以省略标点符号。至于是否省略，可以看具体情况，不必一概而论。

12. 着重号

加了着重号的不一定是"重要"的，可能只是需要指明而已，新标准单独列出了这种用法。

13. 连接号

连接号的规定变化较大。

原标准规定的连接号形式以一字线为主，有一字线、二字线、半字线、浪纹线四种。新标准取消了二字线，以短横线为主，有半字线、一字线和浪纹线三种。

原标准对于哪种情况用哪种连接号没有明确规定。出版物中的使用情况很混乱。新标准则对三种连接号的功能做了归并与划分。化合物名称（如 3- 戊酮）、图表编号（如表 2-9）、连接号码（如2011-02-15）、复合名词（如吐鲁番－哈密盆地）等，均用短横线；相关项目（时间、地域）起止用一字线；数值范围（由阿拉伯数字或汉字数字构成）的起止则用浪纹线。

对一字线和浪纹线的使用规定与示例似乎还有点模糊。考虑一字线在阿拉伯数字之间容易被误解为减号，所以《中国大百科全书》中年代范围也作为数值范围，用浪纹线。

14. 间隔号

在原有的分隔人名各部分和书名与篇章名两项用法之外，又增加了词牌名与题名、标题并列词语、月日时间或节日三种用法。

15. 书名号

关于书名号的适用范围，原标准仅列出了"书名、篇名、报纸名、刊物名"。这与实际应用相比显然过于狭窄了。新标准与现实相适应，明确了书名号的使用范围，包括电影、电视、音乐、诗歌、雕塑等各类用文字、声音、图像等表现的作品的名称，中文软件名称以及作品名的简称。

关于丛书名的标引，1998年《图书编校差错认定细则》规定："丛书名一般使用引号；习惯上多使用书名号，也不算错……"新标准A.7《引号用法补充规定》规定："'丛刊''文库''系列''书系'等作为系列著作的选题名，宜用引号标引。"对此我有点保留。近些年，有多位专家在有关标点符号的专著和文章中呼吁：丛书应使用书名号。丛书是多种单本图书的汇集，显然也是图书。单本书用书名号，篇章名用书名号，丛书为什么不可以用书名号呢？

16. 专名号

专名号用于古籍中的人名、地名、国名、民族名、朝代名、年号、宗教名、官署名、组织名。

新标准强调了"现代汉语文献中的上述专有名词，以及古籍和现代文本中的单位名、官职名、事件名、会议名、书名等不应使用专名号"。

17. 分隔号

这是新标准增加的符号，其实也是当今出版物中常见的符号之一。

标准给出了五种基本用法。除了前两种用于诗歌外，后三种都可能在《中华医学百科全书》中用到。

四、国家标准之外的标点符号

除了标准规定的标点符号，人们日常用到的标点符号还有一些。其中有些在百科全书中也可能用到。

1. 代字号

代字号又称隐讳号，曾有过多种形式，目前一般用一个叉（×）代替一个字。

代字号用来代替不便写出来的字。这些字不写出来，有的是为了保密，有的是有所忌讳。比如姓名、组织机构、日期、数字等，有的是污秽的字眼，有时也代替不定指的字。

2. 虚缺号

虚缺号表示文中缺字，一个方框（□）代替一个字。

古籍整理时常用虚缺号表示缺损、难以辨认的字。例如：

臂少阳温（脉）：出中指循臂上骨下兼（廉），奏（凑）耳。其病：产聋，□痛，（《马王堆汉墓医书释文》）

代字号对应的是知道而不写的字，虚缺号对应的是不知道而写不出来的字。

3. 示亡号

示亡号是长方框（▢），套在近期逝世的人的名字上。例如：

中国大百科全书总编辑委员会

主　任　胡乔木

副主任　（按姓氏笔画顺序）

于光远　贝时璋　卢嘉锡　华罗庚　刘瑞龙　严济慈

吴阶平　沈　鸿　宋时轮　张友渔　陈翰伯　陈翰笙

武　衡　茅以升　周　扬　周培源　姜椿芳　夏征农

钱学森　梅　益　裴丽生

———《中国大百科全书·现代医学》（1993.7）

某人去世已久，读者一般已经知道或容易查知的，就不再加示亡号了。

4. 缩写号

缩写号是高撇点（'），又称省字号。

缩写号来自英语。汉语中缩写号用在年份的左上角。例如：

'09 北美医疗展

（2012-06-01）

关于图题书名号的意见

《红树双猿》

1919～1924年间任北京美术专门学校（见国立北平艺术专科学校）中国画系主任、教授。传人有王雪涛、王羽仪。1929年应邀赴日本介绍中国艺术，在东京、大阪两地曾举办个人画展。出版有《王梦白画册》。

Wang Mian
王冕 （1287～1359） 中国元代画家。字元章，号老村、煮石山农、梅花屋主等。会

干，用笔遒劲，顿挫得宜，富有质感。画花瓣，或用浓淡水墨点染的点花法，或用双线勾勒的圈花法，或点、圈兼施，变化多端，都能生动地表现出梅花的特有形态，并通过对梅花神韵的刻画，抒写自身的情怀和抱负。存世代表作有《墨梅图》(藏故宫博物院)（见图）、《南枝早春图》(藏台北"故宫博物院")等。《墨梅图》属疏梅类型，绘早春梅花一枝，横斜的长枝挺秀坚韧，枝梢露出笔的尖锋，更显得清新峭拔。数丛梅花用淡墨点染花瓣，浓墨勾点蕊萼，清润皎洁。自题诗云："吾家洗砚池头树，个个花开淡墨痕；不要人夸好颜色，只留清气满乾坤。"抒写他清高孤洁的情操。《南枝早春图》则为繁梅类型，在倒垂的老干上，繁枝参差，密蕊交叠；以圈花法勾出花瓣，淡墨烘染绢地，生动表现出寒梅怒放、绚烂如玉的神韵和风骨。他还兼擅竹石，长于篆刻，有《梅谱》传世，为早期画梅理论著述。另著有《竹斋诗集》。

Wang Ming
王明 （1904～1974-03-27）中国共产党早期领导人之一。机会主义者。原名陈绍禹。生于安徽金寨，卒于苏联莫斯科。

1924年进武昌商科大学预科，开始著文谈社会主义。1925年赴莫斯科中山大学学习。同年加入中国共产党。1929年春回到上海。从1929年9月至1930年5月期间，在党内报刊上发表了近60篇宣传"左"倾观点的文章。

1930年9月中共六届三中全会后，王明在"反对立三路线"、"反对调和主义"的旗帜下，从宗派主义立场出发，反对当时的中央，并起草《两条路线》的小册子，提出一个新的"左"倾机会主义纲领。在

《墨梅图》

上面的书影中，"王冕"条插图图题为"《墨梅图》"。如果插图图题无误，按道理，别处提及此图时要给图题加书名号，即为

"《〈墨梅图〉》"。事实上，本条目释文中就提到"存世代表作有《墨梅图》（藏故宫博物院）（见图）"。似乎，并没有再给图题加书名号。显然，释文的写法是正确无误的。那么，错的就是图题了。在这里，书影的插图展示的是图本身，图题是不应加书名号的。

　　类似的，有图，图题为"《1813 年出征法国》"。原画是一幅油画。释文中说"包括《1813 年出征法国》"，用书名号当然没问题。可插图把图题加上书名号，就有点好像一本书，封面上书名加了书名号的感觉。

　　有插图，题为"《马莱娜公主》剧照"。这里含书名号，与上面的情况不同。当然，应该不会有人把图题写成"《〈马莱娜公主〉剧照》"。

　　试想，如果介绍本书，我们可以写："书中有插图《〈马莱娜公主〉剧照》"，不会写"书中有插图《〈1813 年出征法国〉》"吧？

图注可以分为图元注和整图注 ^①

一、图注位置需要规范

插图是图书和期刊文章的常见组成部分，通常由图号、图题、图片和图注构成。近些年来，在文字规范广受关注的情况下，图号、图题的位置在图片之下，已是人们的共识，成为行业的惯例。图注的位置，却还一直处于随意，甚至混乱的状态。不同出版单位的书刊，图注的位置自然可能不同；同一出版单位的不同书刊，图注的位置也可能不同；乃至同一本书中的不同插图，图注位置也往往不同。虽然已有人提出了规范图注位置的问题，解决效果却并不理想。

《中国大百科全书》（第二版）中，有些图注放在图题之下（图 1）[1] 6-265，有些图注放在图题之上（图 2）[1] 17-347，也有些图注括注在图题之后（图 3）[1] 17-105。

① 本文原载《出版与印刷》2017 年第 4 期。

百科全书编辑 丛稿

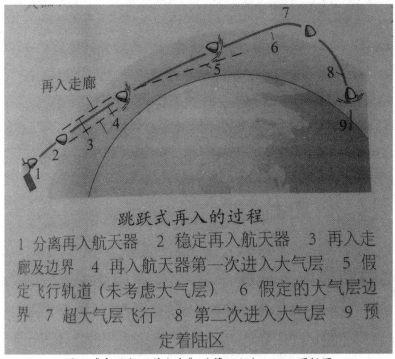

跳跃式再入的过程

1 分离再入航天器　2 稳定再入航天器　3 再入走廊及边界　4 再入航天器第一次进入大气层　5 假定飞行轨道（未考虑大气层）　6 假定的大气层边界　7 超大气层飞行　8 第二次进入大气层　9 预定着陆区

图1《中国大百科全书》（第二版）6-265 页插图

1 机座　2 移动支架的手轮　3 左支承架　4 转子
5 右支承架　6 万向联轴节　7 电测箱

图 1　通用卧式平衡机

图 2《中国大百科全书》（第二版）17-347 页插图

图1　诺贝尔奖金质奖章（1905年德国R.科赫
荣获生理学或医学奖的金质奖章，左为
正面，右为反面，直径约6.5厘米）

图3　《中国大百科全书》（第二版）17-105页插图

《中国大百科全书》是一向注重体例统一的。图注的这种情况，缘于早期的《中国大百科全书》体例文件，包括《〈中国大百科全书〉整体设计中有关版面设计的规定》（1980年5月）、《〈中国大百科全书〉正文版面设计的补充规定》（1983年6月）、《〈中国大百科全书〉编写条例》（1983年9月修订本）、《〈中国大百科全书〉成书编辑体例》（1986年3月），乃至《〈中国大百科全书〉（第二版）编写条例》（2002年1月）都没有关于图注位置的明确规定。《〈中国大百科全书〉第二版编写条例实施细则（试行）》（2003年3月）有"图注置于图题之下"的说法，但显然并未得到全面执行。

系统讲解出版规范的出版专业技术人员职业资格考试辅导教材也没有关于这个问题的明确说明。在《出版专业实务·初级》（2015年版）中写道："图注的位置或在图片下方的图题之上、之下，或在与图题对称的图片另一侧。"[2] 这里只是客观地介绍了业界目前常见的几种做法，没有提出倾向性的意见。《出版专业实务·中级》（2015年版）也没有明确说图题与图注的相对位置。书中插图有的图注在图题之下（如209页），有的图注在图题之上（如267页）。[3]

在英语世界影响广泛的《芝加哥手册——写作、编辑和出版指南》（第16版）中，是将图注和图题统称为"图片说明"的："插图的标题不论是单独出现还是出现在图片说明中……"（图4）[4] 这也意味着，其图注是在图题之后的。

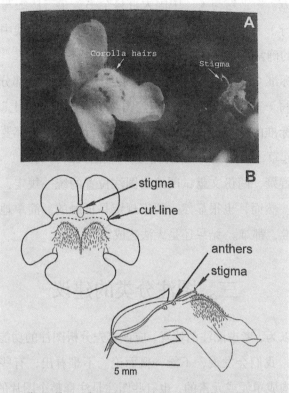

图4 《芝加哥手册——写作、编辑和出版指南》（第16版）插图

二、统一规范的困难

科学出版社是较早关注出版标准化的单位。1964年曾编印《著译审校手册》，内容涉及撰稿时图表、公式、计量单位、数字、标点符号等的规范要求和版式处理方法等，1978年修改补充，重新付

印后，曾被一些出版社参照使用。在此基础上编纂的《科学出版社作者编辑手册》（2004）8.4 节"图题和图注"写到："图注通常排在图题下方。"[5] 这与《〈中国大百科全书〉第二版编写条例实施细则（试行）》（2003 年 3 月）的看法是一致的。实践中许多图书和期刊也的确常常是这样做的。

国家标准 GB/T 1.1—2009《标准化工作导则 第 1 部分：标准的结构和编写》7.3.8 条则明确规定"图注应置于图题之上"[6]。此标准号称"标准的标准"，其他国家标准、行业标准等都要按照它给出的规则起草，因此这个规定目前具有相当大的影响。

毋庸置疑，两份文献试图给出图注位置的统一规定，自然各自有其道理。然而，也很显然，两家规定是抵触的。简单地一刀切，让谁服从谁，都难。结果还是无法达成统一。

三、图注分类的建议

笔者以为，考虑图注的位置，应该首先分析图注的功能和性质。分析下来，我们会发现，不能一概而论。不难看出，有些图注是注释图片的构成单元或元素的，也有些图注是注释整个图片的。前者，可以视为图片内容的一部分，归图题管，应该置于图题之前；后者，可以理解为图题的延伸，应该置于图题之后或之下。前者，我们可以命名为"图元注"；后者，可以命名为"整图注"。

四、图元注

图元注包括分散标注、引线标注和集中排列的图片单元（部件）名称，也包括汇集图片元素名称的图例。

分散标注的文字直接标注在图片单元（部件）旁边，有些引线标注也直接标注文字（图 5）。这些自然是在图题上方。

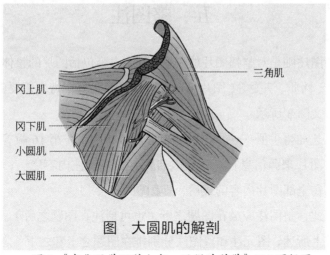

图　大圆肌的解剖

图5《中华医学百科全书·显微外科学》190页插图

需要考虑位置的是集中排列的图元注。需要明确，居中排在图题之上。可如本文图2所示。

图例可以理解为图元注的一个特殊类别。它不是确指图片中的某个部件或元素，而是以符号或色彩标识某类部件或元素。地图通常都使用图例，统计图、工程技术图等也常使用图例。图例一般放在图片中适当的空白处（图6），自然也在图题上方。

图6《中国军事百科全书·军事后勤》308页插图局部

五、整图注

整图注则是对整幅图片的说明。所注内容包括图片的整体情况，如背景、性质、演变等，图片来源注可以理解为其中特别重要的一种。例如本文图 3 所示。

《芝加哥手册——写作、编辑和出版指南》（第 16 版）专门列出的"图片来源信息行"，给人启发。它是图注内容之一，但显然应该列在全部图片内容的最后，即图题之下。

因此，整图注应放在图题之下（也可括注在图题之后）。

综上所述，图元注和整图注分别排在图题之上和之下（之后），是否可以形成图注位置的统一规范呢？谨此求教于方家。

新闻出版行业标准《学术出版规范 插图》正在制定之中。笔者在起草会上提出了把图注细化分类，分别处理的意见，被起草组同仁认可。两个新词"图元注""整图注"也被采纳。标准稿经行业内征求意见和专家组审定，现已形成报批稿。[①] 该行业标准，会推动形成图注位置的统一规范，提高书刊插图的规范性。

参考文献

[1]《中国大百科全书》总编委会 . 中国大百科全书：第二版 [M]. 北京：中国大百科全书出版社，2009.

[2] 国家新闻出版广电总局出版专业资格考试办公室 . 出版专业实务·初级：2015 版 [M]. 武汉：崇文书局，2015：231.

[3] 国家新闻出版广电总局出版专业资格考试办公室 . 出版专业实务·中级：2015 版 [M]. 北京：商务印书馆，2015.

[4] 吴波，余慧明，郑起，王丽译 . 美国芝加哥大学出版社 . 芝

[①] 此标准已正式发布：《学术出版规范 插图》（CY/T 171—2019），北京：中国书籍出版社，2019.

加哥手册——写作、编辑和出版指南：第 16 版 [M]．北京：高等教育出版社，2014：98-112.

[5] 汪继祥．科学出版社作者编辑手册 [M]．北京：科学出版社，2004：118.

[6] 中国国家标准化管理委员会．标准化工作导则 第 1 部分：标准的结构和编写：GB/T 1.1—2009[S]．北京：中国标准出版社，2009：18.

谈谈索引①

工具书，必备索引。百科全书，当然不能没有索引。2012 年 6 月全国新闻出版标准化技术委员会成立大会和随后的座谈会上，时任新闻出版总署副署长、全国新闻出版标准化技术委员会主任的邬书林一再讲到索引。中国科技图书走向世界遇到的一大障碍就是标准化的欠缺，其中一个突出问题就是缺少索引。解决办法就是像国外科技图书那样也配索引。近期负责同志多次在重要会议上提出，"将在中国出版政府奖、国家出版基金和'三个一百'原创出版工程的评审标准中增加一条：凡是索引、注释不规范的图书一律取消评审资格"。

一、索引概述

索引，顾名思义，是"检索的指引"。清以前有"韵编""索隐""检目""便检""备检"等名目，清代称为"通检"。民国初年曾由英文"index"音译为"引得"。

全国出版专业职业资格考试辅导教材《出版专业实务·中级》定义索引"是将图书正文中的专项或多项内容加以摘录、标明所在页码、按一定次序编排的检索工具"。新闻出版行业标准《出版术语》（CY/T 50—2008）定义索引为"汇集书刊中包含的字词、语句、名词、事件、编号等主题，以适当方式编排，指引读者查找的检索工具"。国家标准《索引编制规则（总则）》（GB/T 22466—2008）定义：

---

① 本文为 2013 年出版社编辑业务培训讲稿。

"指向文献或文献集合中的概念、语词及其他项目等的信息检索工具，由一系列款目及参照组成，索引款目不按照文献或文献集合自身的次序排列，而是按照字顺的或其他可检的顺序编排。"

定义是"对于一种事物的本质特征或一个概念的内涵和外延的确切而简要的说明"。前述索引定义附带有某些并非本质特征的说明，未免显得啰唆。笔者认为，可以简单理解为：指引文献中有用信息位置的检索工具。好的索引应该是款目齐全、简明，编排科学、规范，易于检索的。

明末傅山的《两汉书姓名韵》，将《汉书》《后汉书》中的人名分韵编排，详注出处，是我国最早的人名索引。清嘉庆年间阮元组织编成的《经籍籑诂》，依韵排列，相当于一部群经索引。晚清以古典文献的整理与考订为己任的考据学占据了学术的主流，与此相适应的索引编制方法和理论应运而生，其中尤以章学诚（1738～1803）提出别裁、互见以及索引分类方法为要。1917年，林语堂提议创设汉字索引。1925年杜定友首创"书后索引"，中华图书馆协会下设索引委员会，对索引事业起到了重要作用。1991年中国索引学会成立。2003年《中国索引》杂志创刊。

国外13世纪已有《圣经》的索引，1737年出版体例完备的《圣经索引》。19世纪初，英国有人建议图书出版必须附有索引，否则不予版权登记，还要罚款。1848年美国普尔编制了世界上第一本多种杂志的论文索引。[①]

20世纪70年代以来国际标准化组织制定了多个索引国际标准。例如ISO999：1975《文献工作 出版物索引》、ISO/TC 46/WG46：1987《文献工作 索引的编制》、ISO999：1996《文献工作 索引的内容、组织和表示准则》。英国、美国、葡萄牙、比利时、印度、德国也相继在20世纪70~90年代制定了索引编制的国家标准。

---

① 太湖永清. 索引发展史 .http://blog.sina.com.cn/s/blog_49496314010004er.html

我国台湾地区 1993 年发布"中华民国国家标准 CNS 13223《索引编制标准》"，2003 年发布了这个标准的修订版。

中华人民共和国国家标准《索引编制规则（总则）》（GB/T 22466—2008）于 2008 年 11 月 3 日颁布，2009 年 4 月 1 日起实施。

说实话，开始读到标准感觉不大适应。怀疑标准是不是由图书馆学专家制定的，考虑问题的方式和表达方式与图书编辑不完全相同。后来看到台湾标准才明白，与台湾地区的标准相比，两个标准的术语体系基本一致。本来两岸专业术语多有不同：军事，远程导弹—长程飞弹；计算机，软件—软体，项目—专案；生物，熊猫—猫熊。是不是台湾标准先入为主了？毕竟标准是摆在这里了。

目前中外百科全书普遍配有多种索引。一部没有索引的百科全书，不能认为是健全的百科全书（遗憾的是，国内的确有没有索引而名为百科全书的）。

学术著作亦应配有索引，这在外国图书中已经习见了。

例如，《医学地质学——对公共健康的影响》（*Essentials of Medical Geology—Impacts of the Natural Environment on Public Health*, 科学出版社，2009），1338 千字，目录列有四个部分，31 章（无节），3 个附录，总共不到 40 个检索单元。书后设有三个索引：元素索引、国家与地区索引、人物索引，计有 1100 多个检索点。

有的翻译书，索引翻译后，页码没变，对不上了，导致索引失效；有的原文本来有索引，译成中文时，却为了省事而把索引舍弃了。这不能不说是一种遗憾。

国内的学术著作编制索引的还很少见。无疑，这是一片值得开发的土地。

二、索引的标目与款目

索引词，表示图书信息内容的词语，是索引的核心要素。通称为标目。

在有些索引中，单单看标目，还不能确定信息内容。例如一些人名，作品名，多有同名的问题，需要加以区分。这可以通过添加说明项来解决。《索引编制规则（总则）》（GB/T 22466—2008）中有关于术语"注释""限义词"的规定。

当然，信息的具体位置，通常是卷册、页码及页面区位，即出处项，是绝对不能少的。

曾有百科全书编辑将标目、说明项、出处项称为索引三要素。

一个标目（必要时加上其说明项）与其出处项，构成一个款目。款目是索引的基本结构单元。

三、索引分类

索引按其在文献检索中的功用分，可分为文献内容索引、文献篇目索引；按编制形式有简式索引和复式索引之别；按索引词的知识属性可分为主题索引、人名索引、地名索引、名词术语索引、代码索引、作者索引、文献索引、综合索引、引文索引等；按索引的编排和组织方式分，可分为字顺索引、分类索引、分类－字顺索引等；按索引发表、出版方式分，可分为附录式索引（书后索引）、单行索引（单卷索引）、索引期刊等；按索引的载体分，可分为印刷型索引、缩微型索引、电子索引等。

1. 文献内容索引、文献篇目索引

《索引编制规则（总则）》（GB/T 22466—2008）称："按索引在文献检索中的功用分，可分为文献内容索引、文献篇目索引。""文献内容索引是指直接检索事实情报的索引。以文献中的局部内容主题（及主题因素）及其他索引项为标引对象，例如图书内容索引（或称书后索引）、学位论文内容索引、专利内容索引等。""文献篇目索引，又称文献源索引、题录索引。标引的对象是文献的整体主题及局部主题，或者是文献的外部特征，检索的结果是相关主题文献的线索。例如分类索引、书名索引、报刊索引等。"

所称文献内容索引，百科全书编辑习称内容分析索引；文献篇目索引，可以理解为文献结构单元索引。

我们知道，人们日常最常用的索引是在辞书之中。辞书之中，字典的基本结构单元是字条，词典的基本结构单元是词条，百科全书的基本结构单元是条目。图书的基本结构单元是则是章节。字条的字、词条的词、百科全书条目名、图书章节的题目，都可以作为索引的标目。

索引是辞书的必备结构部件。例如人们查字典的单字，查词典的词目，查百科全书的条目，有人习惯按汉语拼音查，有人习惯按部首笔画查，但一本辞书的结构单元只能按一种顺序编排，为了适应不同查阅习惯的读者，需要配备相应的检索渠道。索引就满足了这种需求。例如，《辞海》正文单字按部首顺序排列，字头之下列词目，配有笔画索引、汉语拼音索引、四角号码索引和词目外文索引。字、词、词组，甚至短句，总之是以文献基本结构单元的标题为基础编制索引。应注意所言"篇目"不只包括篇，还包括作为文献基本结构单元题目的字、词。所以似乎可以称之为内容结构单元索引。

对于结构单元较大的学术著作、论文和百科全书，结构单元索引就不够用了。要了解图书的内容，人们会查看目录。然而，目录中的一个章节、小节之内仍可能含有许多可供检索的信息。百科全书的一个条目之内也可能含有许多可供检索的信息。例如，《大美百科全书》（外文出版社、光复书局，1994）有5000万字，6万个条目，而它的释文中有检索价值的资料有35万条。利用这些资料编制索引，就成为"内容分析索引"，又称"主题索引"，通常简称为索引。也就是说，我们日常所说的索引，很多指的就是内容分析索引。《中国大百科全书》第一版总计74卷（含总索引卷）、79541条、13070万字，其索引总量约40万条。除内容分析索引外，它还有条目汉字笔画索引、条目外文索引。它是按学科分卷，每卷的条目按汉语拼音顺序编排，而其条目分类目录实际也是一种索引。

如此来理解，可以认为内容分析索引和结构单元索引的区分源于提取索引词的位置的差异。

2. 简式索引与复式索引

这是传统的分类。简式索引中，所有索引词（标目）的地位是平等的，按照统一的规则编排。这是我们常使用的索引。

复式索引中，索引词之下还列有细分的相关的索引词。也就是说，有标目和子标目。一个索引词可能既在一处列为标目，同时又在另一处列为子标目，这也是这种索引被称为“复式”的缘故。

我们在翻译成中文的《大美百科全书》《阶梯新世纪百科全书》中可以看到复式索引。见图 1、图 2。

20-459 460
太阳舞 SUN DANCE (Amerind)
8-200; 26-12
太阳崇拜 26-13
平原区印第安人 15-20
雷鸟 26-476
太阳勋章 Sun, Order of (Peru)
8-309
太阳历书 Solar ephemeris (astron.)
26-511
太阳灯 SUNLAMP 26-21
太阳辐射 Solar radiation (phys.)
25-153; 26-11
大气 2-400, 401
天文学 2-370
生态学 9-290
空气污染 1-227
风 29-18
气候 6-481 484
气象 28-429
紫外线辐射 27-265
温室效应 13-151; 28-429
电离层 15-232
热 13-460
太阳虫 Heliozoans (zool.) 22-474
太阳炉 Solar furnace (phys.) 25-154
太阳摄谱仪 Spectroheliograph
(astron.) 2-375, 379
太极拳 Tai chi (martial art) 18-216,
217
冥想 18-372
太甫绥鲁 Tafsir (Koran commentary)
15-323
太和河。太加斯河 TAGUS, riv., Sp.-
Port. 22-313; 26-162
图 17-349
太营特 Taishet, USSR 24-524
太空人 (航天员)ASTRONAUTS 2-361,
362;25-268, 274

太空侦测与监视系统 Space Detection
and Tracking System (SPADATS)
(NORAD) 1-222
太空动力学 Astrodynamics (sci.)
2-360
太空探测 SPACE EXPLORATION
22-155, 25-265
人造卫星 24-194
土星 24-199
不明飞行物体(幽浮) 27-277
天文台 20-458
天文物理学 2-377
天文学 2-370
天体力学 5-465
航天员 2-362
外层空间法 25-288
太空学 2-360
太阳 26-11
日本 15-522
月球 19-277
木星 16-157
水星 18-422
火星 2-370; 18-203
火箭 23-364
卡纳维拉尔角 5-230
外太空生物 10-377, 378
宇宙 27-538
宇宙辐射 7-454
法国 11-333
金星 28-80
阿波罗计划 25-275
美国国家航空和宇宙航行局 19-471
范艾伦辐射带 28-19
降落伞 21-262
飞机 1-247
气球 3-71
航天工业 1-124
国际地球物理年 15-200
望远镜 26-282

月球 19-277
火星 18-204
地图 18-161
金星 28-80
太学 Imperial University, anc. school,
China 6-252, 254
太初巨人 YMIR (myth.) 24-223;
29-418
太原 TAIYUAN, China:
山西省 24-432
太宰治 Dazai Osamu (Jap. au.)
15-520
太宰春台 Shundai, Dazai (Jap. philos.)
15-468
太濡蛇 Taipan (zool.) 2-448
犬心虫症 Heartworm (vet. med.)
28-119
狗 9-72
蚊 19-318
犬牙石首鱼(*Cynoscion macdonaldi*) Totuava (fish) 9-185
犬亚科 Caninae (dog subfamily)
9-74
犬舍 Doghouse 9-63
犬科 DOG FAMILY (zool.) 9-73
亚洲豺犬 8-435
狗 9-60
狐 11-303
胡狼 15-418
狼 29-59
貉 23-74
游戏 22-192
澳洲野犬 8-483
聊狐 10-474
丛林犬 4-519
丛林狼 8-13
濒临绝种的物种 10-374
兽医学 28-117
犬科 Canidae (zool.) 5-205

图 1 《大美百科全书》63 页索引局部

这里，索引标目"太空探测"之下，列有"人造卫星""土星""天文台""太阳""月球""火星"等41个子标目。

图 13－245
榴弹炮 14－223
弹道学 3－68
筑城 11－270
火炮：炮兵 ARTILLERY (mil.) 2－263
　大炮 13－249
　反炮兵火力 7－484
　火箭 23－364, 369
　步兵 15－95, 97
　弩炮 3－68
　南北战争 6－419
　炸弹 4－124
　迫击炮 19－305
　射击学 13－251
　炮兵连 3－226
　第一次世界大战 29－135, 142, 150
　第二次世界大战 29－248
　野战炮兵 10－513
　陆军 2－223
　围攻 24－532
　裁减军备 9－11
　黑火药 13－253
　图 1－449
　榴弹炮 14－223
　弹道学 3－68
　弹幕 3－167
　弹药 1－448; 5－333
　导向飞弹 13－221
　战术 26－157
　筑城 11－270
　骑兵 5－448
　识别徽章 15－148
火迹地杂草 FIREWEED (bot.) 11－27

9－220
火蚁 Fire ant (entom) 2－13
火星 MARS (planet) 18－203, 22－154
　小行星 2－354
　天文学 2－370
　太空探测 25－268, 272, 273, 277
　太空学 2－361
　太阳系 25－155, 156, 157
　火卫 22－33
　卡西尼 5－349
　外太空生物 10－377
　生命 17－272, 275
　地图 18－204
　坎贝尔 5－118
　刻卜勒 16－277
　重力 25－268
　斯基亚帕雷利 24－232
　运河 18－204
　雷达天文学 23－85
　电离层 15－232
火星 Mars (Soviet spacecraft)
　　18－203, 204; 25－273
火星报 Iskra (Russ. news) 4－120
　列宁 17－125, 126
火星塞 SPARK PLUG (auto) 2－516,
　　519　522, 15－193, 25－333
火流星 Bolide (astron.) 18－462
火泵 Fire piston (instru) 11－14
　图 11－14
火盆 Brazier (stove) 11－25; 25－515
火柴 MATCH 18－278
火 11－15
火烤法 Fire-curing (tobacco
　　processing) 26－539, 540

烹饪 7－371
火腿鲣节虫 (Dermestes lardarius)
　　Larder beetle (entom) 8－400
火箭 ROCKET (aero) 23－364
　人造卫星 24－194, 195
　反炮兵火力 7－484
　太空探测 25－266, 267, 268, 269
　太空梭 25－288, 289
　太空学 2－360
　戈达德 12－391
　日本 15－522
　火炮：炮兵 1－264
　火箭筒 3－244
　火药 10－367
　布劳恩 28－234
　步兵 15－95
　科罗廖夫 16－381
　飞机 1－245, 248; 13－492
　航空器 1－237
　康格里夫 7－278
　探空火箭 25－199
　第二次世界大战 29－248
　野战炮兵 10－513
　发明 15－217
　奥伯特 20－448
　电力推进 9－464
　遥测 26－273
　喷射引擎 16－29, 32
　弹道学 3－68
　弹药 1－448
　潜艇 25－554
　润滑 17－526
　导引系统 13－219
　导向飞弹 13－221, 226

图 2　《大美百科全书》105 页索引局部

在 105 页标目"火星"之下，则列有"小行星""太空探测""太阳系"等 17 个子标目。

显然，复式索引更便于读者全面、细致地了解知识主题的知识。然而它的编制要比简式索引复杂得多，因而国内使用较少。见图 3。

K

ka

咖啡　2:225;9:611
咖啡代用品　9:620
咖啡碱
　　含于茶中　2:227
　　含于可可豆中　13:39
　　含于食品中　14:814
　　以重结晶法拆分的光学活性碱　6:309
咖啡酸 [331-39-5]
　　存在于植物中　16:16
　　含于葵花籽中　4:327
咖啡酸胺　16:17
咖啡因 [58-08-2]　14:425,480;16:10;18:80
　　含于咖啡中的强力兴奋作用成分　9:614
　　过量引起中毒　14:797
　　以醋酐为原料生产　2:709
　　用超临界 CO_2 从咖啡豆中去除　2:333
　　用以治疗水肿　10:322,343
　　用作中枢兴奋药　18:562
　　用作重氮复印的助溶剂　5:302
咖坡林 [478-14-8]　14:449
卡巴胆碱 [51-83-2]
　　用作药物　2:877,880
卡巴多司

用作抗阿米巴原虫药　9:878
卡拜铢类配合物　10:218
卡比沙明 [486-16-8]
　　用作组胺 H_1 受体拮抗药　19:1121
卡必醇 [111-90-0]　11:633
卡宾插入反应　19:155
卡宾铢类配合物　10:218
卡波卡因　11:324　见甲哌卡因盐酸盐
卡波醌 [24279-91-2]
　　用作抗肿瘤药　9:908
卡波霉素　9:771
卡铂 [41575-94-4]
　　金属类抗肿瘤药　9:931
卡氮芥 [154-93-8]
　　用作抗肿瘤药　9:909
卡德特反应　14:176
卡尔-费休法
　　用以测定微量水　17:1098
卡尔·费休试剂
　　用于测定尿素中的水含量　12:387
卡尔曼滤波器　8:9
卡耳酸 [486-54-4]　12:225
卡介苗　11:747;18:941
卡拉胶　14:1046
　　从海藻工业生产制得　19:264

图 3　《化工百科全书》索引卷 456 页

可以看到，"咖啡碱"之下分列"含于茶中 2：227""含于可可豆中 13:39"等。不过，巡检"茶""可可"之下并没有"咖啡碱"之类的内容。跟《大美百科全书》和《阶梯新世纪百科全书》的复式索引比起来，《化工百科全书》的索引只能算是"半复式索引"。《中国出版年鉴》《中国—东盟年鉴》的索引与此类似，在一级标目之下列有二级标目。

在国家标准《索引编制规则（总则）》和台湾的《索引编制标准》中没有简式索引和复式索引的说法。但在标准中有"副标目""次副标目"的提法。《索引编制规则（总则）》："索引副标目 subheading 从属于主标目、用来表示从属或限定关系的标目，使标目含义更为专指。CNS 13223：2003《索引编制标准》："索引副标目（index subheading）在某一标目之下，用以指示与该标目有附属或修饰的关系。副标目之下可以再行复分为若干个附属的标目。"

可以看出，复式索引就是标准中具有副标目的索引。

但在笔者看来，标目与副标目不像是正副关系，更像父子关系，所以这里仍使用"子标目"的提法，使用了复式索引的概念。

四、索引规模

索引规模通常与被标引文献的规模、索引项的类型和数量、标引深度、索引语言词汇的数量和专指度、索引出处项的类型、索引版式等因素直接相关。

1. 标引深度

索引的标引深度，又称穷举度。标引深度越大，给出标引词越多，意味着索引款目数量越大，对文献（或文献集合）的揭示就越细致、全面，提供的检索途径就越多。

2. 百科全书的内容分析索引规模

百科全书条目条目长短不同，释文中含有丰富信息，要用分析索引揭示其中的有用信息，索引应该具有一定的数量。如果索引数量偏少，势必难以充分展示有用信息。但也并非越多越好。一方面涉及编制索引和出版过程需要的人力、财力，另一方面篇幅过大，读者查找内容所花时间也会增加。因此需要设计适当的索引规模。

曾有专家比较过《中国大百科全书》第一版若干卷条目数与索引数的比例：《中国文学》，1：5.2；《电子学与计算机》，1：5.6；《气·海·水》1：5.5；《力学》，1：5.02；《体育》，1：5.7。

不同百科全书条目的平均字数差异很大。例如，《中国大百科全书》第一版平均每条约 1600 字，第二版平均每条约 1000 字；《中国资源科学百科全书》2 卷、2589 条、328 万字，平均每条近 1300 字；

《不列颠百科全书》（国际中文版）20 卷、8.16 万条、4350 万字，平均每条约 530 字；《中国百科大辞典》10 卷、5.5 万条、1873 万字，平均每条约 340 字；《辞海》（1999 年版）字头及其下词目 122 835 条，字数 1708 万，平均每条 140 字。因此，单纯考查条目数与索引数的比例也许有时难以说明问题，考查索引数量，笔者更愿意拿索引数量跟字数作比较。

几种百科全书索引数量的比较表

书　名	条目数	字　数	索引数	字　数 / 索　引
不列颠百科全书（国际中文版）	81600	4350 万	（原版）172400（指向 475105 处）	256
大美百科全书	6 万	5000 万	35 万	142
中国大百科全书（第一版）	7.8 万	12600 万	40 万	315
中国大百科全书（第二版）	6000	6000 万	36 万	167
新世界大百科事典	9 万	4000 万（合汉 6200 万）	30 万	133（210）
彩色图解环球百科全书		289 万	1.6 万	181

从以上几种百科全书的情况来看，平均每个索引的正文字数一般在 200 个字上下。

五、索引词

索引词是能够表达条目和条目之中具有检索价值的隐含主题的词语。这个检索价值的大小，具体体现在多个方面。

1. 携带信息

检索价值主要体现在具有的信息量上。各种概念、术语、理论、命题、人名、地名、机构名、书刊名、事件、数据资料等携带一定信息的主题均可作为索引词。

当然，百科全书条目的标题因其携带本条目的信息而天然地成为索引词。

2. 围绕图书主题

百科全书有综合性百科全书，也有专业百科全书、地区百科全书，还有面向不同人群的百科全书。学术著作，就更有确定的主题了。显然，选择索引词时，应该围绕图书的主题来选取。

《中国大百科全书·中国文学》"老舍"条目提到英国文学家狄更斯，这卷并不取"狄更斯"为索引，《中国大百科全书·外国文学》"日本汉诗文"条目谈到中国白居易，这卷也并不取"白居易"为索引。同样，《中国烹饪百科全书》收"苏轼"为索引，却不收"宋徽宗"为索引。

3. 主次比较

常有一系列同类词语并列的情况。往往不便都取为索引，需要分辨主次，适当选择。

例如，《中国大百科全书·考古学》"集安高句丽壁画墓"条："已发现的壁画墓近20座，重要的有角抵墓、通沟12号墓、长川1号墓、舞蹈墓、三室墓、四神墓、五盔坟4号和5号墓等。"这里提到八座墓的名字，其中"角抵墓""长川1号墓""三室墓""五盔坟5号墓"四个做了索引。

4. 出现频次

一个词语，在一部百科全书中出现许多次，甚至在同一个条目中出现许多次，显然不可能都划为索引词。一般来说，在一个条目中只能划为一次，在一部书中，可以视其带有的不同信息而选划若干次。携带相似信息的，只能选择其中信息比较丰满的、有代表性的一个。

一个词语，也许仅仅在某一个条目中"露了一面"，并没有较多信息，也可能需要列为索引词。

5. 概括性

索引词是正文中某个主题信息的概括，并不一定必须是正文中出现的词语。

例如，根据条目释文"徐霞客（1587~1641）明代散文家，地理学家。名弘祖，字振之，号霞客"，可以做出索引词"徐宏祖""徐振之"。

6. 索引词与关键词、主题词

索引词（标目）跟通常所说的关键词、主题词是不同的。

关键词，是科技期刊常常要求提出的。一个关键词，往往表示一个学科、一个领域，或一个较大的概念。一篇论文，由几个关键词的交叉，揭示其主题的所在。

例如：某医学期刊《一种新型智能胰岛素注射笔的研制》一文，标有四个关键词：糖尿病、胰岛素注射、步进电机、光电反馈。

可以看出，把关键词当作索引词可能大而无当，通常并不能确切揭示检索信息。

主题词，作为在标引和检索中用以表达文献主题的规范化的词或词组，选取原则包括实用性和通用性。《国务院公文主题词表》共有 1049 个主题。《医学主题词表》有 1.6 万多个主题词。而《中华医学百科全书》预计 20 万条的索引。《汉语主题词表》是我国第一部大型的综合性的叙词表，全表收录主题词 108568 个。其中正式主题词 91158 个，非正式主题词 17410 个，而《中国大百科全书》第一版索引有 40 万条。显然，以主题词做索引是远远不够的。

因此，索引词，就是索引词。

六、索引参照系统

索引的参照系统一般包括为同义标目和相关标目编制的参照，通常分为见参照（用"见"表示）和参见参照（用"参见"表示）。建立参照系统的目的在于增加相关标目之间的关联度，避免同义标目间信息分散或产生歧义。

1. 见参照

见参照常用来从非规范词语的同义标目或被替换标目，指向选用的规范词语标目。

示例1：镭射　见　激光器

2. 参见参照

常用于大概念词与小概念词之间或含义密切关联的词之间。

示例1：公共图书馆　参见　上海图书馆

示例2：二十一条　参见　五四运动

七、索引款目排序法

索引款目的编排主要说的是汉字的编排，通常采用汉语拼音排序、笔画笔形排序、分类或主题排序等。实践中，单单使用某一种排序方法总是不够的。一般都是在首选某种排序方法的基础上辅以其他排序方法。此外，索引款目的编排也常常涉及数码、外文字母等多种字符。排序时先比较标目首字符，首字符相同时比较第二个字符，依次类推。

《索引编制规则（总则）》（GB/T 22466—2008）推荐汉语拼音排序、笔画排序和四角号码排序三种排序规则。

1. 汉语拼音排序

汉语拼音排序法汉字属性比较的优先顺序：汉语拼音—音调—总笔画数—起笔至末笔各笔笔形序值—字符集编码。

汉语拼音。首先按照汉语拼音字母表的顺序排列。

音调。汉语拼音相同的，比较音调。按阴平、阳平、上声、去声、轻声的次序排列。

总笔画数。拼音及音调相同的，比较汉字的总笔画数，从少到多排列。

起笔至末笔各笔笔形序值。总笔画数仍相同的，比较汉字的起笔至末笔各笔笔形，依“横、竖、撇、点、折”的顺序排列。

字符集编码。如果起笔至末笔各笔笔形序值仍然相同，则按照汉字在国家标准汉字编码字符集中的编码值由小到大排列。

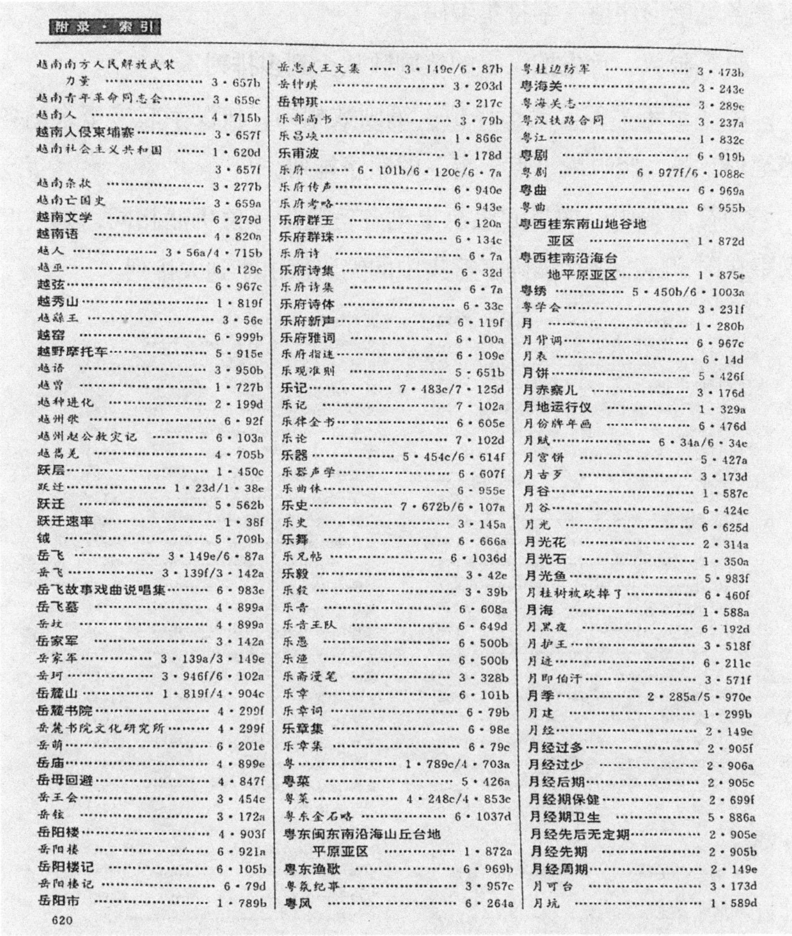

附录·索引

越南南方人民解放武装力量 …… 3·657b
越南青年革命同志会 …… 3·659c
越南人 …… 4·715b
越南人侵柬埔寨 …… 3·657f
越南社会主义共和国 …… 1·620d 3·657f
越南条款 …… 3·277b
越南亡国史 …… 3·659a
越南文学 …… 6·279d
越南语 …… 4·820a
越人 …… 3·56a/4·715b
越巫 …… 6·129c
越弦 …… 6·967c
越秀山 …… 1·819f
越繇王 …… 3·56e
越窑 …… 6·999b
越野摩托车 …… 5·915e
越语 …… 3·950b
越胥 …… 1·727b
越种进化 …… 2·199d
越州歌 …… 6·92f
越州赵公救灾记 …… 6·103a
越嶲羌 …… 4·705b
跃层 …… 1·450c
跃迁 …… 1·23d/1·38e
跃迁 …… 5·562b
跃迁速率 …… 1·38f
钺 …… 5·709b
岳飞 …… 3·149e/6·87a
岳飞 …… 3·139f/3·142a
岳飞故事戏曲说唱集 …… 6·983e
岳飞墓 …… 4·899a
岳坟 …… 4·899a
岳家军 …… 3·142a
岳家军 …… 3·139a/3·149e
岳珂 …… 3·946f/6·102a
岳麓山 …… 1·819f/4·904c
岳麓书院 …… 4·299f
岳麓书院文化研究所 …… 4·299f
岳萌 …… 6·201e
岳庙 …… 4·899e
岳母回避 …… 4·847f
岳王会 …… 3·454e
岳铉 …… 3·172a
岳阳楼 …… 4·903f
岳阳楼 …… 6·921a
岳阳楼记 …… 6·105b
岳阳楼记 …… 6·79d
岳阳市 …… 1·789b
岳忠武王文集 …… 3·149c/6·87b
岳钟琪 …… 3·203d
岳钟琪 …… 3·217c
乐部尚书 …… 3·79b
乐昌峡 …… 1·866c
乐甫波 …… 1·178d
乐府 …… 6·101b/6·120c/6·7a
乐府传声 …… 6·940e
乐府考略 …… 6·943e
乐府群玉 …… 6·120a
乐府群珠 …… 6·134c
乐府诗 …… 6·7a
乐府诗集 …… 6·32d
乐府诗集 …… 6·7a
乐府诗体 …… 6·33c
乐府新声 …… 6·119f
乐府雅词 …… 6·100a
乐府指迷 …… 6·109e
乐观准则 …… 5·651b
乐记 …… 7·483c/7·125d
乐记 …… 7·102a
乐律全书 …… 6·605e
乐论 …… 7·102d
乐器 …… 5·454c/6·614f
乐器声学 …… 6·607f
乐曲体 …… 6·955e
乐史 …… 7·672b/6·107a
乐史 …… 3·145a
乐舞 …… 6·666a
乐兄帖 …… 6·1036d
乐毅 …… 3·42e
乐毅 …… 3·39b
乐音 …… 6·608a
乐音王队 …… 6·649d
乐思 …… 6·500b
乐涟 …… 6·500b
乐斋漫笔 …… 3·328b
乐章 …… 6·101b
乐章词 …… 6·79b
乐章集 …… 6·98e
乐章集 …… 6·79c
粤 …… 1·789c/4·703a
粤菜 …… 5·426a
粤菜 …… 4·248c/4·853c
粤东金石略 …… 6·1037d
粤东闽东南沿海山丘台地平原亚区 …… 1·872a
粤东渔歌 …… 6·969b
粤氛纪事 …… 3·957c
粤风 …… 6·264a
粤桂边防军 …… 3·473b
粤海关 …… 3·243e
粤海关志 …… 3·289e
粤汉铁路合同 …… 3·237a
粤江 …… 1·832c
粤剧 …… 6·919b
粤剧 …… 6·977f/6·1088c
粤曲 …… 6·969a
粤曲 …… 6·955b
粤西桂东南山地谷地亚区 …… 1·872d
粤西桂南沿海台地平原亚区 …… 1·875e
粤绣 …… 5·450b/6·1003a
粤学会 …… 3·231f
月 …… 1·280b
月背调 …… 6·967c
月表 …… 6·14d
月饼 …… 5·426f
月赤察儿 …… 3·176d
月地运行仪 …… 1·329a
月份牌年画 …… 6·476d
月赋 …… 6·34a/6·34e
月宫饼 …… 5·427a
月古歹 …… 3·173d
月谷 …… 1·587c
月谷 …… 6·424c
月光 …… 6·625d
月光花 …… 2·314a
月光石 …… 1·350a
月光鱼 …… 5·983f
月桂树被砍掉了 …… 6·460f
月海 …… 1·588a
月黑夜 …… 6·192d
月护王 …… 3·518f
月迹 …… 6·211c
月即伯汗 …… 3·571f
月季 …… 2·285a/5·970e
月建 …… 1·299b
月经 …… 2·149e
月经过多 …… 2·905f
月经过少 …… 2·906a
月经后期 …… 2·905c
月经期保健 …… 2·699f
月经期卫生 …… 5·886a
月经先后无定期 …… 2·905e
月经先期 …… 2·905b
月经周期 …… 2·149e
月可台 …… 3·173d
月坑 …… 1·589d

620

图 4 《中国小百科全书》（团结出版社，1994）索引 620 页

图 4 标目的首字排序为：越、跃、钺、岳、乐、粤、月。汉语拼音相同（yue），音调相同（去声）。那就应该按总笔画数排序，月（4）、乐（5）、岳（8）、钺（10）、跃（11）、越（12）、粤（12）。笔画数相同的越和粤，起笔为横的“越”排在起笔为撇的“粤”之前。

标目首字相同，应按第二个字的顺序排列。首字越之下，“越窑

（yáo,11画）" "越繇（yáo,17画）王"应排在"越隽（juàn）羌"之后。

2. 汉字笔画笔形排序

笔画笔形排序法汉字属性比较的优先顺序：总笔画数—起笔至末笔各笔笔形序值—字符集编码。

总笔画数。首先按汉字的笔画数从少到多排列。

起笔至末笔各笔笔形序值。笔画数相同，按汉字起笔至末笔各笔笔形"横、竖、撇、点、折"的顺序排列。

字符集编码。如果起笔至末笔各笔笔形序值仍然相同，则按照汉字在国家标准汉字编码字符集中的编码值由小到大排列。

图 5 《中国老年百科全书》（宁夏人民出版社，1994）
"文化、教育、修养"索引 7 页

图 5 索引是首字 4 画，起笔为撇和为点的一部分。考虑第二笔的笔形，在起笔撇的部分，首字为"反（撇、撇）"的 13 条应移到首字为"公（撇、点）"各条之前。在起笔点的部分，首字原顺序为：认、六、文、方、火、为、心，应改为：六、文、方、火、为、认、心。

首字相同的应按第二字顺序排列。"文心（4 画，点、折）雕龙"应排在"文化（4 画，撇、竖）馆"之后，而"文丑（4 画，折、竖）"应排在"文心雕龙"之后。"文字（6 画，点）"应排在"文阳（6 画，折）"和"文何（7 画）"之前。

3. 非汉字字符排序

（1）数字，包括阿拉伯数字、罗马数字，按数字的数值从小到大排列。

（2）年代，按年代先后顺序排列。

（3）字母，按字母表的顺序排列。

（4）标点符号，一般情况下，标点符号属于非排序单元。

4. 汉字字符与非汉字字符混合出现的排序规则

遇到汉字字符与非汉字字符混合出现时，国家标准 GB/T 13418—1992 推荐采用《信息交换用汉字编码字符集　基本集》（GB 2312—1980）采用的次序：

空格—序号—阿拉伯数码—拉丁字母（大写、小写）—日文假名（平假名、片假名）—希腊字母—俄文字母—汉字。

实践中，一些大型辞书，如《中国大百科全书》《辞海》《现代汉语词典》都采用了自拟的顺序。

八、索引编制工作

小型图书的索引有时由作者完成，但有经验的编辑或其他有关的出版工作人员可以将此项工作做得更好。大型工具书的索引内容复杂、篇幅大，通常由多人分工合作完成。整个工作包括多个环节。

1. 索引词的初选

索引词，最初可以由作者提出。毕竟，作者是对作品内容最熟悉的人。对于作品中具有检索价值的知识点，作者应具有一定的发言权。所以，作品准备编制索引时，可以先请作者对可作为索引的词语做出标记。

2. 索引词的复选

一般对于百科全书，编辑部会对索引的编制做出总体设计，包括索引的大致数量、种类等。学科编辑、责任编辑在编辑加工过程中，对作品会有比较深入的了解。作为作者和读者的中介，编辑对于哪些内容具有检索价值有较强的发言权。因此，对索引词做复选，综合平衡，初步确定索引词的职责主要在编辑身上。

3. 索引编排

索引词汇拢之后，编排次序是一项复杂的工作。目前一般通过计算机来做。但计算机只能初步成型，还需专门的索引编辑进行细部调整。

通常也要借助计算机来做，由专门的索引编辑来完成。核对是个麻烦事。见图6、图7。

图6中，依照同音同调字应按笔画笔顺编排的规则，"灾（7画）""甾（8画）"应排在"栽（10画）"之前。

多音字"载"，这里应读 zài，而非 zǎi，因此应排到下一页去。多音字必须由人工进行核对的。

zai

栽德 …… 4·790d
栽德派 …… 4·790d
栽德派 …… 7·657f
栽培制度 …… 4·231d
灾变 …… 7·850a
灾变变星 …… 1·248d
灾变论 …… 1·382c/7·1063b
灾变说 …… 1·325c
灾变说 …… 7·854e
灾难的标记 …… 6·320a
灾难的岁月 …… 6·180a
灾祥 …… 7·676c
灾异 …… 7·676c
甾体口服避孕药 …… 2·789f
甾体内酯式 …… 2·784e
甾族化合物 …… 1·82b
甾族化合物 …… 2·55e
宰牲节 …… 4·796d
宰牲节 …… 4·846b
宰相 …… 3·69d/3·115a
宰执 …… 3·168f
载湉 …… 3·311c
载波电报 …… 5·320c
载波频率的准确度和稳
　定度 …… 5·334d
载波通信系统 …… 5·312e
载驳船 …… 5·290f
载淳 …… 3·295f
载淳 …… 3·227a/3·290d
载沣 …… 3·333a
载沣 …… 3·263f/3·265b/3·312a
载荷 …… 5·110a
载货汽车 …… 5·284a
载冷剂 …… 5·845a
载流子 …… 1·148f
载人轨道站 …… 5·673e
载人航天 …… 5·810e
载人航天 …… 5·689b
载人航天舱外活动 …… 5·810f
载人航天器生命保障
　系统 …… 5·812e
载人航天网 …… 5·808f
载人航天系统 …… 4·554c
载人机动装置 …… 5·680d
载人宇宙飞船 …… 5·67[illegible]
载芟 …… 6·2c
载体学说 …… 2·103d
载瓦语 …… 4·831c
载瓦语 …… 4·828c
载侨 …… 4·709c
载漪 …… 3·234c
载垣 …… 3·227a/3·290d
载泽 …… 3·237f/3·264d/3·267f
载重汽车 …… 5·284a
载重型自行车 …… 5·913c
再保险 …… 4·187f
再别康桥 …… 6·185b
再代理 …… 4·419d
再发新星 …… 1·248c
再和我接个吻 …… 6·273a
再婚 …… 4·45b
再见,越南 …… 3·897f
再见吧,爱情 …… 6·415e
再见吧妈妈 …… 6·651c
再醮 …… 4·838c
再结晶 …… 1·146d
再结晶孪晶 …… 1·141d
再经胡城县 …… 6·58d
再乱出城慕奔石里问渡 …… 6·134a
再论问题与主义 …… 3·442c
再认 …… 2·951d
再入段热控制 …… 7·1009c
再入轨道 …… 5·673b
再审程序 …… 4·461d
再审程序 …… 4·402a
再审的程序 …… 4·461e
再生 …… 2·549a/3·815a
再生蛋白质纤维 …… 5·350f
再生激光放大器 …… 5·569d
再生加大胶结 …… 1·367a
再生胶 …… 5·350c
再生人 …… 3·517c
再生社 …… 3·467f
再生橡胶 …… 5·350c
再生有色金属 …… 5·94a
再生缘 …… 6·972c/6·972f
再生障碍性贫血 …… 2·613e
再生障碍性贫血 …… 2·613e
再生制动 …… 5·112d
再输出贸易 …… 4·200d
再洗礼派 …… 3·581f
[illegible] …… 6·1044
再葬 …… 4·842
再造 …… 6·184
再造散 …… 2·858
再造想象 …… 2·956
再造性想象 …… 7·448
再制酒 …… 5·419
在阿尔泰山 …… 6·268
在安蒂奥亚种植玉米的
　回忆 …… 6·444
在北方 …… 6·182
在滨海湖上 …… 6·405
在裁判所 …… 6·362
在朝党 …… 4·94
在朝之日 …… 4·795d
在城崎 …… 6·278c
在城崎 …… 6·272d
在城市里 …… 6·203a
在大门外 …… 6·345b
在德国公寓里 …… 6·362f
在底层 …… 6·328e
在底层的人们 …… 6·435b
　6·437b/6·438a
在钉子上 …… 6·314f
在风暴中 …… 6·442d
在格伦加里的日子 …… 6·421b
在官法戒录 …… 7·630d
在海岬上 …… 6·181a
在海湾 …… 6·362f
在和平的日子里 …… 6·207b
在黑暗中 …… 6·202a
在黑名单上的人 …… 6·869a
在洪水边缘 …… 6·437c/6·438
在花枝招展的少女们身
　旁 …… 6·385b
在坏伙伴中 …… 6·314
在混乱里面 …… 6·247
在激变中 …… 6·248
在激流之间 …… 6·335
在教堂歌唱的人 …… 6·248
在街垒上 …… 6·317
在劫难逃 …… 6·415
在金字塔下 …… 6·415
在镜泊湖边 …… 6·253
在军登城楼 …… 6·47
在苦役营 …… 6·350
在懒人的乐园里 …… 6·342

624

图 6《中国小百科全书》索引 624 页

图 7 中“重光葵”“重过磷酸钙”的“重”读 zhòng，而非 chóng, 所以排在这里是错的，需要人工校正。

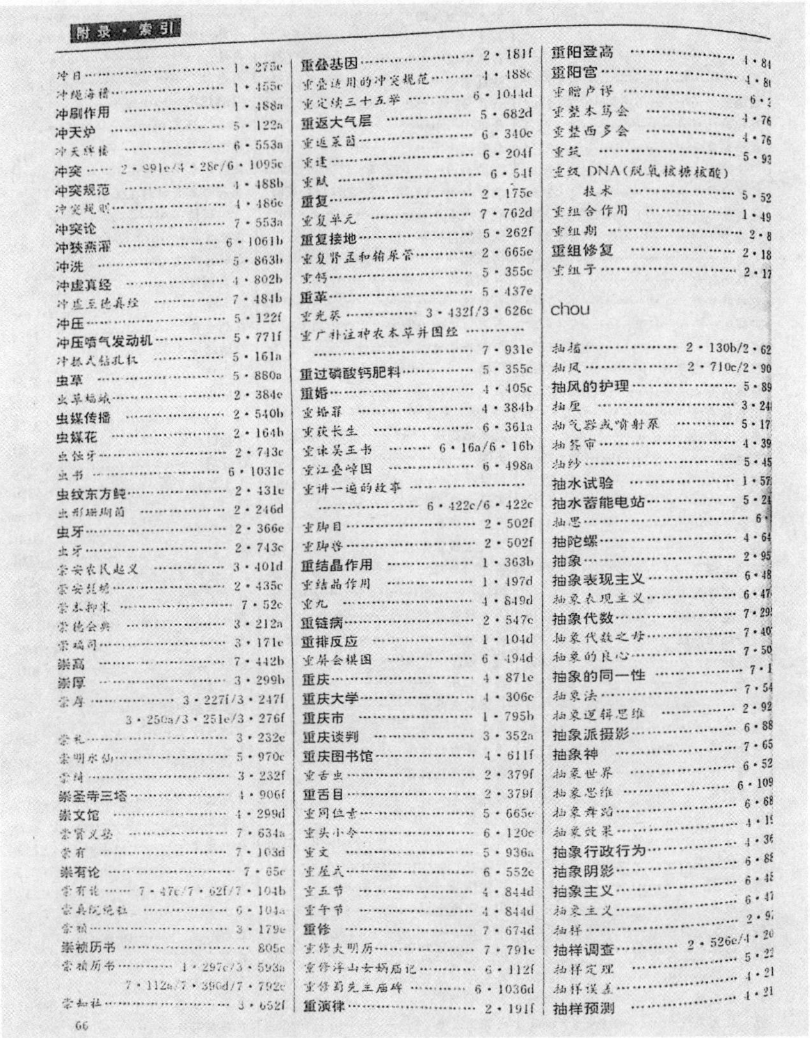

附录·索引

冲日……………………1·275c
冲绳海槽……………………1·455c
冲刷作用……………………1·488a
冲天炉……………………5·122a
冲天辫楼……………………6·553a
冲突…… 2·891e/4·28c/6·1095c
冲突规范……………………4·488b
冲突规则……………………4·486c
冲突论……………………7·553a
冲狭燕濯……………………6·1061b
冲洗……………………5·863b
冲虚真经……………………4·802b
冲虚至德真经……………………7·484b
冲压……………………5·122f
冲压喷气发动机……………………5·771f
冲击式钻孔机……………………5·161a
虫草……………………5·880a
虫草蝙蛾……………………2·384e
虫媒传播……………………2·540b
虫媒花……………………2·164b
虫蚀牙……………………2·743c
虫书……………………6·1031c
虫纹东方鲀……………………2·431e
虫形珊瑚菌……………………2·246d
虫牙……………………2·366e
虫牙……………………2·743c
崇安农民起义……………………3·401d
崇安琵琶……………………2·435c
崇本抑末……………………7·52c
崇德会典……………………3·212a
崇福司……………………3·171e
崇高……………………7·442b
崇厚……………………3·299b
崇厚……………… 3·227f/3·247f
3·250a/3·251e/3·276f
崇礼……………………3·232e
崇明水仙……………………5·970c
崇绮……………………3·232f
崇圣寺三塔……………………4·906f
崇文馆……………………4·299d
崇贤义塾……………………7·634a
崇有……………………7·103d
崇有论……………………7·65c
崇有论…… 7·47c/7·62f/7·104b
崇真院绝社……………………6·104a
崇祯……………………3·179e
崇祯历书……………………805c
崇祯历书………… 1·297c/3·593a
7·112a/7·390d/7·792c
崇正社……………………3·652f
66

重叠基因……………………2·181f
重叠适用的冲突规范……………………4·488c
重定续三十五举……………………6·1044d
重返大气层……………………5·682d
重返莱茵……………………6·340c
重建……………………6·204f
重赋……………………6·54f
重复……………………2·175e
重复单元……………………7·762d
重复接地……………………5·262f
重复肾盂和输尿管……………………2·665e
重钙……………………5·355c
重革……………………5·437e
重光葵……………… 3·432f/3·626c
重广补注神农本草并图经……………………
……………………7·931e
重过磷酸钙肥料……………………5·355c
重婚……………………4·405c
重婚罪……………………4·384b
重获长生……………………6·361a
重谏吴王书……………… 6·16a/6·16b
重江叠嶂图……………………6·498a
重讲一遍的故事……………………
……………………6·422c/6·422c
重脚目……………………2·502f
重脚兽……………………2·502f
重结晶作用……………………1·363b
重结晶作用……………………1·497d
重九……………………4·849d
重链病……………………2·547c
重排反应……………………1·104d
重屏会棋图……………………6·494d
重庆……………………4·871e
重庆大学……………………4·306c
重庆市……………………1·795b
重庆谈判……………………3·352a
重庆图书馆……………………4·611f
重舌虫……………………2·379f
重舌目……………………2·379f
重同位素……………………5·665e
重头小令……………………6·120c
重文……………………5·936a
重屋式……………………6·552e
重五节……………………4·844d
重午节……………………4·844d
重修……………………7·674d
重修大明历……………………7·791e
重修浮山女娲庙记……………………6·112f
重修蜀先主庙碑……………………6·1036d
重演律……………………2·191f

重阳登高……………………4·8
重阳宫……………………4·8
重瞳卢谔……………………6·
重整本笃会……………………4·76
重整西多会……………………4·76
重茧……………………5·93
重组 DNA(脱氧核糖核酸)
技术……………………5·52
重组合作用……………………1·49
重组期……………………2·8
重组修复……………………2·18
重组子……………………2·17

chou

抽搐……………… 2·130b/2·62
抽风……………… 2·710c/2·90
抽风的护理……………………5·89
抽屉……………………3·24
抽气器或喷射泵……………………5·17
抽签审……………………4·39
抽纱……………………5·45
抽水试验……………………1·57
抽水蓄能电站……………………5·2
抽思……………………6·
抽陀螺……………………4·6
抽象……………………2·95
抽象表现主义……………………6·48
抽象表现主义……………………6·47
抽象代数……………………7·29
抽象代数之母……………………7·40
抽象的良心……………………7·50
抽象的同一性……………………7·1
抽象法……………………7·54
抽象逻辑思维……………………2·92
抽象派摄影……………………6·88
抽象神……………………7·65
抽象世界……………………6·52
抽象思维……………………6·109
抽象舞蹈……………………6·68
抽象效果……………………4·1
抽象行政行为……………………4·3
抽象阴影……………………6·8
抽象主义……………………6·4
抽象主义……………………6·47
抽样……………………2·9
抽样调查……………… 2·526e/4·20
抽样定理……………………5·2
抽样误差……………………4·21
抽样预测……………………4·21

图 7 《中国小百科全书》索引 660 页

4. 索引词的复核

索引词汇拢之后，甄选、归并、分辨等一系列工作也需要索引编辑来做。

（1）甄选

一些索引词因种种原因发生错误，需要改正。例如：

“张作梅”条中，“球磨铸铁”应为“球墨铸铁”。

"和平式蛙泳"，据原文"波浪式蛙泳和平式蛙泳"，应改为"平
式蛙泳"。

（2）归并

常常发生同一个事物被提取为不同索引词的情况。需要选择、
归并。例如：

国际目录学会，国际目录学协会

秘鲁 - 智利海沟，秘鲁—智利海沟

《何梅协定》，"何梅协定"

《红楼梦辨》，《红楼梦辩》

（3）分辨

一个相同的索引词，作为多个标目提取了出来。需要辨别，是
一个主题，多处出现，还是同名的不同主题。

在《中国大百科全书》第二版索引编制过程中，见到从不同条
目提出的 6 条标目 "《湖畔》"，查对原文发现分别是苏联影片，
日本油画，中国诗集：

格拉西莫夫　苏联电影演员、导演和编剧。…… 此后，他
摄制的主要影片有《静静的顿河》（1957~1958）、《人与兽》
（1962）、《记者》（1967）、《湖畔》（1970）……

黑田清辉　日本油画家。……其代表作还有……《湖畔》
（1897）。

湖畔诗社　1922 年 3 月，冯雪峰、应修人、潘谟华、汪静
之出版了他们的合集《湖畔》。

对于相同主题，要比较其信息含量，确定保留几处。对于同名
的不同主题，显然，需要分设为不同的索引。实践中，常给标目加
上限定性括注，即说明项。

5. 说明项的编制

（1）分辨同名标目

确定同名的标目是不同的主题，需要根据释文内容，分别配置

不同的说明项（学科、国别、体裁、作者等）。

在《中国大百科全书》第二版索引编制过程中，遇到 8 条标目"《黄昏》"，竟然是中外 8 个作者的不同作品：

维尔哈伦，É 诗集

阿赫马托娃，A.A. 苏联女诗人。……1912 年出版诗集《黄昏》

阿西莫夫，I 美国科幻、科普作家。……21 岁发表科幻短篇《黄昏》

比尔德狄克，晚年著有……《黄昏》（1828）等 12 部诗集

韩雪野，朝鲜小说家……发表了《黄昏》（1936）

赫里斯蒂奇，S. 南斯拉夫作曲家、指挥家。…… 音乐剧《黄昏》

乔孔奈依，V．M． 匈牙利诗人。…… 诗歌《黄昏》

塞甘蒂尼，G 意大利画家。……《黄昏》……为其代表作

采用了分别注明作者名的说明项。

又如：

《土地》（埃及小说）、《土地》（哥伦比亚音乐）、《土地》（韩国小说）、《土地》（墨西哥小说）、《土地》（苏联电影）、《土地》（中国电影）、《土地》（中国绘画）、《土地》（中国散文说）

《创世纪》（波斯石刻）、《创世纪》（《旧约》）、《创世纪》（音乐）、《创世纪》（白族史诗）、《创世纪》（独龙族史诗）、《创世纪》（傈僳族史诗）、《创世纪》（毛南族古歌）、《创世纪》（舞蹈）

《春江花月夜》（秦鹏章）、《春江花月夜》（桑桐）、《春江花月夜》（杨广）、《春江花月夜》（张若虚）

（2）附加说明

人物的国别、朝代、生卒年、性别等。见图 8。

6. 出处项的配置

（1）结构

出处项一般由卷名（序号）、页码、区位构成。

页码是基本内容。简单的学术著作索引有页码就够了。

对于多卷本的百科全书来说，索引出处项中卷名就不可缺少了。有时卷名字数太多，为了节省篇幅，出处项的卷名可以使用缩略词。

小江盐场 **651b**	新华书局 598a	熊长卿（清末民初）631f
小金门水道 673a	**新加坡潮安会馆 655f**	熊雄（1893~1927）251f
小课 149c	**新加坡潮阳会馆 656a**	虚云（清末以后）446c, 173c
小锣戏 34f	**新加坡潮州八邑会馆 656a**	徐琛（1904~1927）660c, 698b
小曲 644b	**新加坡澄海会馆 656b**	徐光英（1899~1984）661a
小戏之乡 651c	新加坡韩江青年励志社 242b	徐国良（1928~ ）661b
小香迳 146c	**新加坡惠来同乡会 656c**	徐国声（1904~1934）661c, 143f, 737c
鞋底鱼 651c	**新加坡揭阳会馆 656d**	徐海（1907~1931）391f
谢大民（民国以后）653a	**新津河 656d**	徐景唐（民国）145c
谢大目（1885~1976）400f	**新津街道 656e**	徐名鸿（1897~1934）661c
谢国民（1939~ ）653a	新津水厂 534a	徐派荪 632a
谢海若（1901~1981）651f	新井顶 297b	徐树屏（1899~1984）661a
谢海燕（1910~ ）652a	新龙尾村 355d	徐特立（1877~1968）305e, 349a, 233b
谢汉光（民国）230c	新妈宫 351d	徐维国（美国）122d
谢惠聪（人民共和国）515f	**新梅街道 656f**	徐向前（1901~1992）232c, 232b, 117f, 120c, 147a
谢慧如（1913~ ）652a, 46a	新民主主义青年团潮汕工委 187f	**徐扬（1916~ ）662a, 481c**
谢慧如潮剧艺术中心 652d	**新坡村 657a**	徐英毅（1916~ ）662a
谢过张（1896~1983）652f	新铺 722b	许阿梅起义 662c
谢觉哉（1883~1971）233c	新牛幻女救养所 177b	许柏星（民国）465c
谢翱（民国）40c	**新石器时代遗址 657b**	**许包野（1900~1935）662c**
谢南石（1899~1980）652d, 738c	**新塘乡 657d**	许宝如（1900~1935）662c
谢钦漋（1905~1973）555c	新塘圩 657d	许壁（明代）441d
谢素贞（女 1935~ ）195b	新天葛班 602c	许冰（女 1908~1932）668a
谢士 298c	新西河 280d	许朝光（? ~1564）663d, 621b
谢五娘（明代）652c	**新西河水库 657e**	许朝镇（1922~ ）586a
谢仲南（1899~1980）652d	**新溪镇 658a**	许崇清（人民共和国）507f
谢易初（1896~1983）652f	新巷 123d	许崇智（1886~1956）269f, 150d, 507f, 583a
谢逸光（1910~ ）652a	**新兴宾馆 658b**	
谢吟（1904~1983）653a, 322f	**新兴街炒粿粿 658c**	**许德立（1945~ ）663c**
谢育才（1904~1977）653c, 223d, 522b	**新兴街道（汕头）658d**	许保林（1924~ ）656d
谢镇军（民国）737c	**新兴街道 658c**	**许涤新（1906~1988）663f**
谢正蒙（1562~1631）653c	新兴渔业工总合作社 518b	

图8 《潮汕百科全书》874页索引

一些百科全书开本较大，字号较小，每面字数较多。例如，《中国大百科全书》第一版每面2500字，第二版每面3192字。这样索引出处单有页码查找起来仍感困难。这就需要在出处项的页码之外加上页面区位。

《中国大百科全书》（第一版）、《中国水利百科全书》（第一版）、《中国农业百科全书》正文双栏排，页面分为a、b、c，d、e、f六个区位。

《中国大百科全书》（第二版）、《中国水利百科全书》（第二版）、《不列颠百科全书》（国际中文版）正文三栏排，页面分为a、b，c，d，e、f六个区位。

《中国水利百科全书》（分册）正文通栏排，页面分为 a、b、c 三个区位。

（2）使用

一个索引款目可以有多个出处项。见图9。

图9 《中国水利百科全书》（第二版）1924 页

"导淮局 1655e"："1913 年，民国政府在北平设立导淮局，次年改为全国水利局，由张謇兼任总裁。""导淮局 191b"："1913 年，设置导淮局，以张謇为督办。"可见两个"导淮局"是一回事，应作为一条索引，设两个出处项。

（3）制作

出处项需要由计算机处理，自动配置，但对多音字，还需人工校核。

九、Word 的编制索引功能

常用的文字处理软件 Word 具有编制索引的功能。

先在文档中标记索引项并生成索引。按 Alt+Shift+X。若要编制主索引项，在"主索引项"框中键入或编辑文本。还可以通过编制次索引项或编制到另一个索引项的交叉引用来自定义索引项。

在标记好了所有的索引项之后，接下来要做的事就是选择一种设计好的索引格式并生成最终的索引。Word 会收集索引项，将它们按字母顺序排序，引用其页码，找到并且删除同一页上的重复索引。

单击常用工具栏上的"显示／隐藏编辑标记"，单击要插入完成的索引的位置。在文档中显示该索引。

这为学术著作作者自己编制索引提供了工具，值得推荐使用。

十、索引与目录

索引与目录是两种辅文，功能与编排方式虽有近似之处，却又有质的差异，不应混淆。有的图书，名为"索引"，实为目录，应该辨明。

例如，《文心雕龙辞典》（增订本）正文之前列有"词目分类索引"和"目录"。这里的"目录"是总目录，"词目分类索引"实际是"词目分类目录"。

《反义成语词典》（增订本）：正文前有"目录"和"分组音序索引"。这"分组音序索引"实际也是词目目录。

十一、翻译书的索引

翻译书的索引应该译出。有些图书翻译时舍弃了原书的索引，实际上损伤了原书的完整性。

款目可以考虑按中文方式标目重新编排。出处项的原有页码已经失效的，需要重新配置页码。款目也可保留原书页码，此时须在译本页边标注原书页码。

有的为了读者便于查找，还要把页面分区。

款目保持原有的排序和原书页码，却不在译本页边标注有原书页码，是不行的。

关于索引的三个问题

索引编辑处理《环境卫生学》时提出了三个问题。看来索引编辑很用心，琢磨问题很深入。

问题一：两个索引实质内容相同，如何处理？见图 1、图 2。

次氯酸　164d
次氯酸　（HOC1）　164a

图 1　索引：次氯酸

多环芳烃　295f
多环芳烃　（PAH）　52f
多环芳烃　（polycyclic aromatic hydrocarbons, PAH）319d

图 2　索引：多环芳烃

考虑到索引几条款目所指的实质内容是一致的，因而可以考虑删掉括号里的内容，合并为一条款目，页码也就合到一起了。合并后如果页码较多，可能看到索引内容实际有些重复，那么可以删去部分页码，乃至建议责任编辑删节条目释文中过多的重复内容。

问题二：汉字标题笔画索引中有多音字的，要不要考虑读音？见图 3。

重大油污染事件（major oil pollution events）　483
重庆开县井喷事伯（the oilwell-blewing event in Kai County of Chongqing）476
重污染企业环境污染（environmental pollution from heavy pollutanl enterprises）259

图 3　索引："重"字头

这里，首字是同一个字，笔画笔形自然相同而读音不同。如果考虑读音，就需要考虑将夹在"重（zhòng）大油污染事件"和"重

（zhòng）污染企业环境污染"之间的"重（chóng）庆开县井喷事件"前移。如果不考虑读音，自然就像现在这样转而按照第二个字排列了。

查"条目标题汉字笔画索引"的"说明"。并没有提及读音的事。既然如此，就没有必要考虑读音了。否则倒是另生枝节了。

顺便说一句，《中国大百科全书》（第二版）中也遇到相同的问题，也是这样处理的。在其"条目标题汉字笔画索引"九画部分有：重工业……重心……重庆大学……重阳节……重金属……重奏……重载铁路……重婚……重量分析……

问题三：条目外文标题索引中，两个条目英文标题完全相同的，如何排序？

两个条目英文相同排列在一起，可依中文区分前后。考虑到中文标题索引采取的是"条目标题笔画索引"，这里亦可按笔画分前后。

（2016-12-02）

正确使用中国标准书号^①

2005 年 11 月初，笔者进行出版物格式国家标准实施情况调研，在新华书店总店北京发行所随机采录 100 家出版社的 100 种当年出版新书的资料，作为样本，进行了分析。与每年出版的十几万种新书相比，区区 100 种图书的情况或许很难说有多大代表性，但考虑到全国总共 570 家出版社，同一出版社的图书格式有一定相似性，从这 100 种书上看到的出版物格式国家标准实施不到位的问题还是令人感到吃惊。

因此，这里不避管窥蠡测之嫌，就中国标准书号问题做一点讨论。

一、书号的更替

正式出版的图书要编书号，这在出版界早已是人所共知的事。但对所用书号的更替演变，人们却并非都注意到了和清楚。

1956 年，我国在全国各出版社使用"统一书号"。1972 年修订了《全国图书统一编号方案》。

1986 年，国家标准《中国标准书号》（GB 5795—1986，）发布。中国标准书号的推行，是中国标准化事业的一件大事。在有关方面的推动下，标准得到广泛执行。

2002 年 1 月 4 日，国家质量监督检验检疫总局批准《中国标准书号》（GB/T 5795—2002），规定 2002 年 8 月 1 日实施。修订后

---

① 本文原载《全国新书目》2005 年第 22 期。

的标准对中国标准书号的结构做了重大调整。

遗憾的是，新标准发布三年多了，还有一些书在使用旧的中国标准书号，涉及的出版社为数不少。

二、中国标准书号的结构

我们知道，统一书号由按照《中国人民大学图书馆图书分类法》确定的大类号、出版社代号和此出版社同类书的序号三部分组成。

1986年的《中国标准书号》规定："一个中国标准书号由一个国际标准书号和一个图书分类——种次号两部分组成。"其中的国际标准书号部分，包括组号、出版社号、书序号和校验码四段十位数字，按照国际标准化组织提出的国际标准《文献工作——国际标准书号（ISBN）》（ISO 2108—1978）确定的方法编制，由出版社在国家标准书号中心分配的范围内确定。图书分类——种次号中的图书分类号，按照《中国图书馆图书分类法》的基本大类给出。种次号则为同一出版社所出版的同一类不同图书的流水编号。图书分类——种次号由出版社自行给出。

1990年7月1日国家标准《图书在版编目数据》批准发布（1991年3月1日实施）。在版编目数据中列有图书分类号。这里的图书分类号是由专业的在版编目数据编制机构中国版本图书馆CIP数据中心统一编制的，是详尽的、唯一的。相形之下，由出版社自行给出的分类号只有粗略的大类号，且有一定的随意性。这两个分类号，通常都是不同的，有时，连大类号都不同。一本书，一方列在历史、地理（K）类，另一方可能编入综合（Z）类或社会科学总论（C）类。这种歧异就印在同一本书的同一页上，让人看了无所适从。

同时，从事书刊发行的书店、邮局系统还使用着另外的图书分类方法。显然，种种不同的分类会给读者造成疑惑和不便。

2002年新标准规定"采用国际标准书号作为中国标准书号"。

在标准《前言》中明确指出："这次修订的主要内容是删除了 GB/T 5795—1986 中的'分类及分类种次号'部分"。这既可避免原来图书分类的混乱，更是使图书编号方法彻底与国际接轨，是出版物格式标准化的重要举措。2002 年 4 月，新闻出版总署特别发出《关于实施〈中国标准书号〉等 5 项国家标准的通知》，要求各有关单位实施经修订的标准。

然而，在这次调研采录的 100 种图书中，约有半数还在使用旧的中国标准书号，即在中国标准书号后面赘着"分类——种次号"。这样做的既有社会科学图书，也有科学技术图书，还有词典类工具书。例如：《政党差异性研究》（中国经济出版社，2005.5）、《奥林匹克营销》（人民体育出版社，2005.11）、《建安七子集》（中华书局，2005.6）、《弦外之音——中国建筑园林文化象征》（四川人民出版社，2005.5）、《现代汉语词典》（商务印书馆，2005.6）。甚至还有在书上印着统一书号的。这样显然是不符合标准规定的。

因此，有必要重申：现在的中国标准书号就是国际标准书号。

三、避免一号多用

国家标准规定"出版者应为出版的每一种图书"分配一个书号。因为书号有限，以往有人为了牟利而用一个书号出版几种、几十种图书。这种行为一经发现，便会受到查处。

需要注意的是，图书的不同版本视为不同品种，应使用不同的书号。现在许多出版社在图书再版时已注意到使用新的书号，但有些出版社还没有注意到这一点，或者图省事，或者为"节约"书号而沿用原来的书号。

四、中国标准书号的印刷位置

《中国标准书号》（GB/T 5795—2002）对印刷位置做了具体规定：中国标准书号应印刷在图书封底（或护封）右下角和图书在版编目数据中，其他介质出版物应印在显著位置上。

按从前的习惯，人们都在版本记录页（又称版权页）的版本记录项目之下排印书号。在推行在版编目数据之前，这应该是没有问题的。

问题是，现在有了在版编目数据，数据中就包括中国标准书号和图书分类号，在版编目数据就印在版本记录页上，再在同一页的版本记录项目之下重复印书号又有什么意义呢？徒然浪费版面，还增加出错的可能。

所以，我们主张，中国标准书号印在图书封底（或护封）和图书在版编目数据两处就可以了。

出版社应正确使用图书
在版编目数据 ①

　　图书在版编目数据是在图书出版过程中编制，并印制在图书上的书目数据。有了它，可以免去成千上万家图书馆得到图书后各自编制书目数据的重复劳动。1990年7月国家标准《图书在版编目数据》（GB 12451—1990）推出，经过试点，在版编目数据现已在全国出版社得到推广。

　　图书在版编目数据是在出版社填报的图书在版编目（CIP）数据工作单的基础上，由中国版本图书馆专业人员统一编制，排出版样交给出版社的。这种工作程序，有利于保证数据的规范和唯一性。然而，从笔者最近随机采录100家出版社的100种图书的情况看，还有一些问题需要注意。

一、在版编目数据的出版时间应与
版本记录的出版时间一致

　　在版编目数据中有出版时间的记录，版本记录中也有出版时间的记录。两个出版时间说的是一件事，应该完全一致。出版社填报在版编目数据工作单时填的是计划的出版时间。或许是"计划跟不上变化"，后来实际的出版时间往往会发生变化。推迟几个月，或者推迟到下个年度出版是常有的事。在这种情况下，在版编目数据

---

① 本文原载《全国新书目》2005年第23期。

中的出版时间就应该随之改变。这是数据本身的性质决定的，也是中国版本图书馆认可的。如果没有作相应改变，便会在同一页上出现两个不同的出版时间。

采录的 100 种书中，在版编目数据的出版时间早于实际出版时间的有 22 种，其中实际出版在 2005 年，在版编目数据出版时间 2004 年的有 11 种（见图 1）。在版编目数据的出版时间晚于实际出版时间的有 1 种（见图 2）。

图书在版编目 (CIP) 数据

我的爱似水年华/刘奇琦编配. - 北京:蓝天出版社,
2005.5
ISBN 7 - 80158 - 664 - 6
Ⅰ. 我…
Ⅱ. 刘…
Ⅲ. 钢琴 - 改编曲 - 中国 - 选集
Ⅳ. J647.41

中国版本图书馆 CIP 数据核字(2005)第 039795 号

蓝天出版社出版发行
(北京市复兴路 14 号)
(邮政编码:100843)
电话:66983715
新华书店经销
北京柯蓝博泰印务有限公司印刷

880 毫米×1230 毫米　　16 开本　　9.5 印张　　192 千字
2005 年 7 月第 1 版　　2005 年 7 月第 1 次印刷
印数:1—12000 册
定价:19.80 元(赠送 1CD)

图 1 《我的爱似水年华》书影

图书在版编目（CIP）数据

进出口业务单证操作手册 / 王莉，陈琳，刘琳，陈云编
著．—广州：广东经济出版社，2005.8
ISBN 7-80728-087-5

Ⅰ．进… Ⅱ．①王…②陈…③刘…④陈… Ⅲ．进出口
贸易-原始凭证-手册 Ⅳ．F740.44-62

中国版本图书馆 CIP 数据核字（2005）第 092104 号

出版 发行	广东经济出版社（广州市环市东路水荫路 11 号 5 楼）
经销	广东新华发行集团
印刷	佛山市浩文彩色印刷有限公司 （南海区狮山科技工业园 A 区）
开本	889 毫米×1194 毫米　1/16
印张	14.5　2 插页
字数	459 000 字
版次	2005 年 7 月第 1 版
印次	2005 年 7 月第 1 次
印数	1～6 000 册
书号	ISBN 7-80728-087-5 / F・1274
定价	28.00 元

如发现印装质量问题，影响阅读，请与承印厂联系调换。
发行部地址：广州市合群一马路 111 号省图批 107 号
电话：(020) 83780718　83790316　邮政编码：510100
邮购地址：广州市东湖西路永胜中沙 4-5 号 6 楼　邮政编码：510100
（广东经世图书发行中心）电话：(020) 83781210
营销网址：http：//www.gebook.com
・版权所有　翻印必究・

图 2 《进出口业务单证操作手册》书影

二、在版编目数据的出版时间应有年有月

版本记录的出版时间有年有月，在版编目数据的出版时间当然
也应有年有月。但可能是申报在版编目数据时还不知道将要几月出

版，为了避免出现前面提到的两个出版时间不同的问题，于是出现了在版编目数据的出版时间有年无月的情况。采录的 100 种书里，出现这种情况的有 20 种（见图 3）。其实，还是不同，还是错误的。

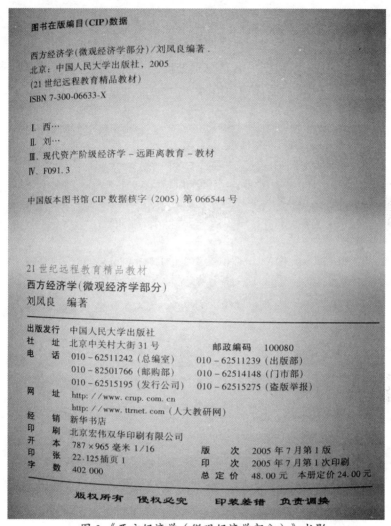

图书在版编目（CIP）数据

西方经济学(微观经济学部分)/刘凤良编著．

北京：中国人民大学出版社，2005
(21 世纪远程教育精品教材)
ISBN 7-300-06633-X

I. 西…
II. 刘…
III. 现代资产阶级经济学 – 远距离教育 – 教材
IV. F091.3

中国版本图书馆 CIP 数据核字（2005）第 066544 号

21 世纪远程教育精品教材

西方经济学(微观经济学部分)

刘凤良　编著

出版发行	中国人民大学出版社		
社　　址	北京中关村大街 31 号	邮政编码	100080
电　　话	010 – 62511242（总编室）	010 – 62511239（出版部）	
	010 – 82501766（邮购部）	010 – 62514148（门市部）	
	010 – 62515195（发行公司）	010 – 62515275（盗版举报）	
网　　址	http：//www.crup.com.cn		
	http：//www.ttrnet.com（人大教研网）		
经　　销	新华书店		
印　　刷	北京宏伟双华印刷有限公司		
开　　本	787×965 毫米 1/16	版　次	2005 年 7 月第 1 版
印　　张	22.125 插页 1	印　次	2005 年 7 月第 1 次印刷
字　　数	402 000	总定价 48.00 元	本册定价 24.00 元

版权所有　侵权必究　印装差错　负责调换

图 3 《西方经济学（微观经济学部分）》书影

三、项目标识符不是标点符号

在版编目数据的一些项目之前，标有不同的项目标识符。有些标识符样子与标点符号相同，但并不是标点符号。它们只是提示其后特定项目含义的"项目标识符"。注意，它们都放在相应项目的前面。

有人看到在版编目数据中副书名前面用了"："，以为搞错了，给改成"——"，结果才是真的错了（见图4）。普通行文时，主书名和副书名连用，其间是习惯使用破折号的。这没错。而在在版编目数据中，主书名和副书名是分别处理的。副书名，属于"其他书名信息"，它的前面应使用标识符"："，而不是标点符号"——"。

图书在版编目(CIP)数据

教育大变革——全体·全面·全程的阳光教育/周洪宇,邹伦海等著.—济南:山东教育出版社,2005
ISBN 7－5328－4921－X

Ⅰ.教... Ⅱ.①周...②邹... Ⅲ.素质教育
Ⅳ.G40－012

中国版本图书馆 CIP 数据核字(2005)第 014908 号

教育大变革——全体·全面·全程的阳光教育
周洪宇,邹伦海等著

出版者:山东教育出版社
　　　　(济南市纬一路 321 号　邮编:250001)
电　话: (0531)2092663　传真: (0531)2092661
网　址: http://www.sjs.com.cn
发行者:山东教育出版社
印　刷:山东新华印刷厂
版　次: 2005 年 3 月第 1 版第 1 次印刷
印　数: 1—3000
规　格: 787mm×1092mm　16 开本
印　张: 31.75 印张
插　页: 5 插页
字　数: 437 千字
书　号: ISBN 7－5328－4921－X
定　价: 36.00 元

(如印装质量有问题,请与印刷厂联系调换)

图 4 《教育大变革——全体、全面、全程的阳光教育》书影

四、不要改变给定的印刷格式

为了便于识别，标准《图书在版编目数据》中专设"印刷格式"一节，对数据的分段、回行、空格、空行，乃至字体，都做了具体规定。"图书在版编目数据由 4 个部分组成，依次为：图书在版编目数据标题、著录数据、检索数据、其他注记。各部分之间空一行。"各项检索数据，最早是分别另行起排的，现在为节省篇幅已改为接排。

版本图书馆统一编制、提供给出版社的图书在版编目数据既是文字规范，也是格式规范，是不应随意改动的。

采录的 100 种书里，存在这种问题的有 14 种。有的是各部分之间没有空行，有的是应单独起行的未按规范退格，也有的是检索数据仍然分别另行起排（见图 1、图 3）。

正确编制图书书名页 [①]

"图书书名页"是引进年代不算久远的概念。传统上，中国出版界习惯于使用扉页、版权页等术语，没有书名页的概念。出版总署和文化部曾制定"图书版本记录"的规定，涉及书名页的一部分内容。

国际标准化组织 1972 年提出《图书书名页》推荐标准，1975年正式批准为国际标准 ISO 1086：75E。该标准规定了图书书名页的内容和编排格式。

该标准制定十多年后，由于在版编目计划的实施，对书名页提出了新的要求，为此，1987 年国际标准化组织又提出了书名页标准的修订稿。在这种情况下，我国将制定书名页国家标准的工作正式提上了日程。

1990 年 7 月 31 日，国家技术监督局发出技监国标发（1990）117 号文，批准《图书书名页》和《图书在版编目数据》国家标准，自 1991 年 3 月 1 日起实施。2001 年 12 月 19 日国家质量监督检验检疫总局批准发布修订后的《图书书名页》国家标准 GB/T 12450—2001 和《图书在版编目数据》国家标准 GB/T 12451—2001，2002年 8 月 1 日实施。

书名页，是指"图书正文之前载有完整书名信息的书页，包括主书名页和附书名页"。其中主书名页是指："载有本册图书书名、作者、出版者、版权说明、图书在版编目数据、版本记录等内容的书页。包括扉页和版本记录页。"而附书名页是指："载有多卷书、丛书、

---

① 本文原载《全国新书目》2005 年第 24 期。

翻译书等有关书名信息的书页，位于主书名页之前。”

图书书名页包含的内容很多，编制时稍不留神便容易出错。在笔者最近所做的100家出版社的100种图书的抽样调查中，发现问题便有不少。关于其中中国标准书号和在版编目数据的问题，笔者已有专文讨论，这里就版本记录事项中发现的其他问题谈一些看法。

一、幅面尺寸的单位

以往习惯用“开本”表示。即列载全张纸的长宽尺寸和开数。例如：850毫米 ×1168毫米　1/32。现在推荐直接列载图书成品的幅面尺寸的方法。例如：148mm×210mm。这里的两个“毫米”或两个“mm”，有时可以都省略。但如果只用一个单位，写成“850×1168毫米”，面积变成长度，就错了。

采录的100种书里，存在这种问题的竟有十余种（见图1）。

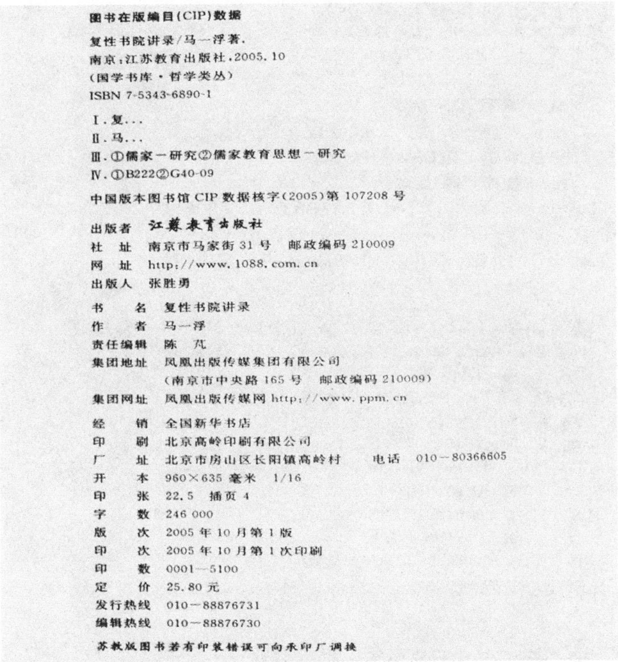
图书在版编目(CIP)数据

复性书院讲录/马一浮著.
南京:江苏教育出版社,2005.10
(国学书库·哲学类丛)
ISBN 7-5343-6890-1

Ⅰ.复...
Ⅱ.马...
Ⅲ.①儒家－研究②儒家教育思想－研究
Ⅳ.①B222②G40-09

中国版本图书馆CIP数据核字(2005)第107208号

出版者　江苏教育出版社
社　址　南京市马家街31号　邮政编码210009
网　址　http://www.1088.com.cn
出版人　张胜勇

书　　名　复性书院讲录
作　　者　马一浮
责任编辑　陈　芃
集团地址　凤凰出版传媒集团有限公司
　　　　　(南京市中央路165号　邮政编码210009)
集团网址　凤凰出版传媒网 http://www.ppm.cn

经　　销　全国新华书店
印　　刷　北京高岭印刷有限公司
厂　　址　北京市房山区长阳镇高岭村　　电话　010－80366605
开　　本　960×635毫米　1/16
印　　张　22.5　插页4
字　　数　246 000
版　　次　2005年10月第1版
印　　次　2005年10月第1次印刷
印　　数　0001—5100
定　　价　25.80元
发行热线　010－88876731
编辑热线　010－88876730

苏教版图书若有印装错误可向承印厂调换

图1 《复性书院讲录》书影

有的书只标出开数，如"16开"或"A5"，没有标明全纸尺寸。这显然并没有说清楚图书幅面的大小。

二、版次和印次应分写

标准《图书书名页》要求在印刷发行记录中"列载第1版、本版、本次印刷的时间"。《现代汉语词典》（第5版）把每个版次的时间都列出，让人可以清晰看到图书演变的轨迹。然而现在发现有的

图书在版编目(CIP)数据

影响孩子一生的101个知识童话. 水星卷/李树芬选编.
—北京：同心出版社，2004
　ISBN 7-80593-807-5

Ⅰ.影... Ⅱ.李... Ⅲ.童话—作品集—世界 Ⅳ.I18

中国版本图书馆CIP数据核字(2004)第008258号

图书策划　　禹田文化 YUTIAN CIVILIZATION

策　　划/安洪民
编　　著/禹田
文字编写/李树芬
绘　　画/王芷玄　闫晓磊　刘洋　高宇楠
责任编辑/宛振文　桂丽芳
设计制作/禹田文化
发行服务电话/(010) 88383323　88385022
E—mail/yutianwenhua@sohu.com
常年法律顾问/共和律师事务所　王学林律师

影响孩子一生的101个知识童话——水星卷

出　　版/同心出版社
地　　址/北京市建国门内大街20号
邮　　编/100734
电　　话/(010) 84279112
E—mail/txcbszbs@bjd.com.cn
印　　刷/北京印刷一厂
经　　销/各地新华书店
版　　次/2005年1月第1版　第5次印刷
开　　本/787×1092　1/16
印　　张/15印张
字　　数/64千字
定　　价/29.00元
同心版图书　版权所有　侵权必究

图2 《影响孩子一生的101个知识童话》书影

项目不齐全。在"× 年 × 月第 1 版第 1 次印刷"的情况下，倒也可以理解。而在版次、印次不同的情况下，就麻烦了。有的再版书不列载第 1 版的时间，重印书不列载本版时间。导致本次印刷时间与在版编目数据的出版时间无法照应。

图 2 中，"版次 /2005 年 1 月第 1 版 第 5 次印刷"，就让人含糊。如果是 2005 年 1 月第 2 次印刷，那么显然就不是"2005 年 1 月第 1 版"。似乎应该是"2004 年 × 月第 1 版"。"第 5 次印刷"也不是"版次"的事。

三、印数

印数的记录是问题较多的项目。有不记载印数的，有只记当次印数的（按以往规定应列载累计数）。

需要质疑的是，有些书使用"0001 — 5100"之类的写法（见图 1）。

首先是开头的 3 个零没有意义，应删去。其次，为避免与减号混淆，表达数字范围一般用浪纹线。因此，上面的例子宜写为"1~5000"。

四、著作权合同登记号的位置

有关方面规定，通过版权贸易引进的图书，要在书上印出著作权合同登记号。在标准《图书书名页》中，这属于"版权说明"的内容，要求排印在版本记录页的上部位置。

现在有的书将版权说明排印在版本记录页中部，在版编目数据之下。有的也不标明"著作权合同登记号"，直接排"图字：0×-××××-××××"；有的只有说明，根本没有著作权合同登记号；还有著作权合同登记号与说明分家的（见图 3）。

一些图书有"版权所有，侵权必纠"之类的声明。这也可归为版权说明，排在版本记录页的上部。

图书在版编目（CIP）数据

自制健康果蔬汁／（日）井上由香理著；邱璐译.
上海：上海世界图书出版公司，2005.5
（世图生活资讯库）

I. 自… II. ①井… ②邱… III. ①果汁饮料—制作
②蔬菜—饮料—制作 IV. TS275.5

中国版本图书馆CIP数据核字(2005)第 024620 号

TITLE:《おいしい健康フレッシュジュース》
by "井上由香理"

Copyright © SEIBIDO SHUPPAN 2004 published in JAPAN
Original Japanese language edition published by SEIBIDO SHUPPAN Co.,Ltd.
All rights reserved,including the right to reproduce this book or portions thereof in
any form without the written permission of the publisher.
Chinese translation rights arranged with SEIBIDO SHUPPAN Co.,Ltd., Tokyo
through Nippon Shuppan Hanbai Inc.

自制健康果蔬汁

[日] 井上由香理 著　　邱璐 译

上海世界图书出版公司出版发行
上海市尚文路 185 号 B 楼
邮政编码　200010
上海场南印刷厂印刷
如发现印装质量问题，请与印刷厂联系
（质检科电话：56680797）
各地新华书店经销

开本：889 × 1194　1/24　印张：6.5　字数：60 000
2005 年 5 月第 1 版　2005 年 5 月第 1 次印刷
印数：1 - 8 000
ISBN 7-5062-7481-7/T · 113
图字：09-2004-719 号
定价：28.50 元
http://www.wpcsh.com.cn

图 3 《自制健康果蔬汁》书影

五、书名与作者

传统上在版本记录之前显著位置，以较大字号列载书名和作者。但在推行在版编目数据之后，因数据中一开头就是书名和作者，版本记录前的书名和作者就重复了。因此，建议版本记录前不再列载书名和作者。

六、出版责任人记录与出版发行者说明

责任编辑、装帧设计、责任校对等出版责任人记录是传统的著录项目。现在一些出版社有策划人、出版人名义，可理解为"其他有关责任人"列载。

出版社名下信息较多。地址和邮政编码已成为传统项目，电话号码、电子信箱、网址等则体现了人们联络方式演进。一些出版社更具体列出发行部门的联系方式，明显具有实用价值，应是允许的。但格式、位置的安排，看来还有待规范。

三 书稿审读报告

百锻为字，千炼成句，
虽不追躅太白，亦后来之佳作也。

——唐·皮日休

《中国大百科全书》（精粹本）发稿报告

《中国大百科全书》（精粹本）是在《中国大百科全书》（简明版）基础上，删除图片，压缩字数，更换少量条目，全面更新数据资料而成的单卷本大型百科全书。将由简明版的2080万字变为1500万字，仍排3栏，改用六号字。

2001年2月拟订实施方案，3月确定人员分工。为了保证质量，较快出书，在经过几次修订的"简明版"的基础上，组织了30名编辑分学科进行审读。其中部分学科聘请有关专业专家进行处理。新增条目根据不同情况，由本社编辑或社外专家撰写、审定。

例如笔者审读数学、航空航天、食品、轻工、纺织学科的条目。其中航空航天221条，删18条，转移3条，请专家补写5条，改写17条（另有6条未采用，转由二版考虑），修改102条。

具体做了以下几类工作。

改错别字 如"腈纶"条，改"可仿性"为"可纺性"。"威士忌"条，改"密不外传"为"秘不外传"。

改数字用法 如"食盐"条，改"100/100万"为"1/10000"。

改正符号错误 如"插值"条，改$f[x_0]$为$f(x_0)$。"宇航员"条，改"过载高达8克"为"过载高达8g"（这里g是自由落体加速度符号，而非质量单位符号）。

改正概念错误 如"非欧几里得几何学"条，改"一般指罗巴切夫斯基几何学（又称双曲几何和黎曼椭圆几何）"为"一般指罗巴切夫斯基几何学（又称双曲几何）和黎曼椭圆几何"。

补充数据 如"奥伯特"条，改"1894~ "为"1894-06-25，奥匈帝国大赛本 ~1989-12-29，纽伦堡"。

更新数据 如"绿色食品"条，"1993 年年底，已有 200 多家企业，400 多种食品获绿色证书"，根据"中国绿色食品网"更新为"1998 年年底，已有数百家企业，1018 种……"。这里，各种信息网站，如"中国统计信息网"、地方人民政府网站等，给数据资料的更新提供了很大便利，应尽量利用。

改正不规范术语 如"激光地球动力学卫星"条，改"0.2 毫微秒"为"0.2 纳秒"。

改病句 包括删节文字。

经处理，像"航空航天"原有的"截至 1984 年"如何，"将于 1986 年"如何〔《中国大百科全书》（简明版）1996 年 1 月出版〕一类问题已基本得到解决。

"计算机"学科，由王海涛利用清华大学出版社出版的《计算机科学技术百科全书》缩编部分条目。

农业、民族、经济学、戏剧、教育、电影、政治等学科门类也成批增补了新条目。

分科编辑后，经查，感觉资料陈旧问题还需要进一步解决。于是由左步青、于瑞玺、丁日昕参考 1999~2000 年《世界知识年鉴》对国家条做了修改。孙志敏、王琰、范宝新参照《中华人民共和国年鉴》2000 年版、2001 年版和《中国统计年鉴》2001 年版对省、自治区、直辖市、副省级市、特区市条目进行了修改。王慧霖根据中国统计信息网更新了中国县和县级市的人口数据。笔者根据各地政府网站核对、更新了地区和地级市的人口、面积数据。例如，"衡水市……1990 年人口 32.98 万，……面积 591 平方千米"，改为"衡水市……人口 407 万（2000），……面积 8815 平方千米"。

笔者又整理了一遍。删除大部分插图，根据新浪网、YAHOO、Google 网查补了白寿彝、卞之琳、阿什顿等一批近几十年逝世的中外人物的卒年。

又发现一些设条问题。如"侯赛因"与"萨达姆·侯赛因"两个实条，实际是同一个人，删前者。

为节省篇幅，决定调整人物条目中生卒时间和地点的书写格式。为避免稿面太乱，已经与出版部商妥，由出版部统一修改。具体说明见另纸。

据说，年底将公布新一批 2000 年第五次人口普查数据（如少数民族人口）。发稿后还可作少量更新。

现拟发稿，出版部改回后再组织二审（交叉审稿和专项审核）。请审定。

（2001-10-17）

《中国大百科全书》（精粹本）
图文光盘发稿报告

我社《中国大百科全书》光盘1.1版和1.2版上市以来，以其内容权威且携带方便、价格低廉受到读者的广泛欢迎。2002年4月《中国大百科全书》（精粹本）面世后，以其资料较新、便于检索的优点，获得读者的欢迎，一再重印。2002年9月，术语中心申报《中国大百科全书》（精粹本）图文光盘选题，得到批准。修订、编制工作随即开始。

光盘文字1650万字。以《精粹本》第二次印刷本为基础，又作了相当数量的内容增补（如2002年诺贝尔奖获得者名单，十六届一中全会选出胡锦涛为首的中共中央新领导集体等），增写条目"中国共产党第十六次全国代表大会""李昌镐""姚明"等，数据更新和文字订正600余处。受光盘技术的限制，部分数学公式、化学结构式较多的条目作了压缩。

图片总计约10000幅，主要选自我社已出版的综合性百科全书、专业百科全书和地区百科全书，个别选自其他书刊画报。

保留《精粹本》原有的大事年表。

光盘保留释文关键词的参见链接，采用全文检索方式，略去了文后的条目汉字笔画索引。

计划印制普通盘和采用特殊包装材料的礼品装。

经过中心全体人员半年多的紧张工作，修订、编制工作已基本完成。拟发稿，请审定。

（2003-03-26）

二版大事年表审读意见

读过《中国大百科全书》（第二版）的《世界大事年表》稿，有以下几点意见。

1. 总量

二版现有《世界大事年表》约 4200 条、25 万字，相对于《中国大百科全书》（简明版）《中外大事年表》的约 2400 条、12 万字，或有压缩余地。

> 1974 年 · 6 月 28 日，中国与委内瑞拉建交
>
> · 7 月 17 日，中国毛泽东首次指出党内存在"四人帮"
>
> 2003 年 · 中国宁波杭州湾跨海大桥奠基
>
> 2004 年 · 1 月 6 日，中国第 13 亿个公民在北京妇产医院问世

这些能否算得上具有世界影响的大事？

2003 年录有 63 条，2006 年录有 58 条，是否可以压缩？

2. 拼合

> 距今 45 亿～25 亿年 · ……期间出现生命，进而出现细菌……
>
> 距今约 38 亿年 · 地球上出现生命
>
> …………
>
> 距今 33 亿年～32 亿年 · 地球上形成细菌
>
> …………
>
> 距今 33 亿年～32 亿年 · ……鸟类和哺乳动物、被子植物出现
>
> 距今 2 亿～1.8 亿年 · ……出现哺乳动物

………………

距今 1.5 亿 ~ 1.4 亿年·……出现鸟类动物

距今约 1.3 亿年·……出现被子植物

多渠道搜集来的内容，需要进行整合。

3. 平衡

事项的选择，要考虑可比性，达到平衡。

2004 年·中国启动探月工程

日本"月亮女神"号探月卫星于 2007 年 9 月 14 日进行发射并未提到。中国似应取标志性成就，而非"启动"。

4. 查证

1966 年·5 月 16 日，中共中央政治局扩大会议通过《五·一通知》

应为《五·一六通知》。

1975 年·锡兰并入印度

国家错误，应是锡金被印度吞并。

2005 年·7 月 21 日，中国人民币开始实行浮动汇率制

实际是"实行以市场供求为基础、参考一篮子货币进行调节、有管理的浮动汇率制度"，与一般市场经济中的浮动汇率制还不完全相同。宜取完整提法。

5. 文字

1959 年·苏联探测器首次在月亮表面硬着陆

可否补月份?

2006 年 3 月 6 日，第 78 届奥斯卡金像奖评选，中国台湾导演李安获最佳导演奖

不是"评选"，是评选揭晓，使其获奖的作品（《断背山》）应提及。

2006 年 10 月，中国农业大学找到自由调控植物发育的"钥匙"

"钥匙"是文学语言，让人摸不着头脑。还是应该使用白描的、科学的语言。

　　2007年5月17日，中断56年后，朝韩铁路今天首次通车。不必再说"今天"。

6. 反查

将是十分繁重的任务。

（2007-10-12）

《中国少年儿童万年事典》框架商榷

（一）

本选题创意新颖，篇幅适中。有可能编成一部受欢迎的书。

按书名理解，本书有以下特征：①读者为少年儿童；②各卷（篇）条目按年代顺序排；③条目着眼点以事件为主；④内容顾及中外、古今和各科的完备与平衡。据此，就框架提出以下商榷意见。

1. 卷篇设置

《环境》卷名称难以涵盖"医学"和"心理"。《环境》卷与"七、环境"有父子同名之弊。

人称当代三大课题的"人口、资源、环保"如何体现？

《农业》列在哪里？

《政治》是否单列？

《经济》不能不列。

2. 设条欠完备

《中国文学》，近30年空白，金庸、琼瑶、王朔都无。

《影视》，无当代人物。中华人民共和国成立前的"胡蝶""阮玲玉"有条，当代的谢晋、张艺谋、巩俐无介绍。

《中国音乐》，设条到1814年为止。

这样，离今日少年儿童的生活就太远了。

3. 导向

配合学校思想品德教育,著名科学家,如千方百计回国的钱学森、隐姓埋名的两弹元勋邓稼先,英雄人物,如董存瑞、黄继光、邱少云等似应收录。

毛主席为刘胡兰题词"生的伟大,死的光荣",题写"向雷锋同志学习"都可设条。

4. 平衡

各科之间的平衡问题较大,学科内部也有平衡问题。

《历史》有"朱熹",却无"孟子";有"谭嗣同"条,却无"康有为""梁启超";有"李大钊",却无"毛泽东""邓小平"专条。

《体育》有"纪政",却无"王军霞"。

《戏剧》有"1994 年 12 月 27 日江泽民发表'弘扬民族艺术,振奋民族精神'讲话"条。毛泽东发表《在延安文艺座谈会上的讲话》还没设条!

5. 归属

《宗教》中所列"洪秀全创立太平天国",应归"历史"。

《产业技术》下的"青霉素""断肢再植"似应归"医学"。

《物理》中的"门捷列夫创立元素周期律"应属"化学"。

《法律》中的"七君子之狱",若设条,应属"历史"。

6. 设条时间

众多人物条设在人物的生年(物理 26,化学 20,中国戏剧 36)。部分条目以事带人,按事件时间排。还是统一按后者的排法好。如居里夫人,"出生"这一事件,就不如提炼出镭和获得诺贝尔奖两件事影响大。

部分条目无年代(产业技术),须补。

7. 定位

《法律》中中华人民共和国部分总共设了两条:"1949 年—1999 年新中国宪政之路""1949 年—1999 年新中国部门法建设回眸",

太大了。

《教育》中"宋元明时期蒙养教材的编写与使用"，也像是给学者看的，不像是给少年儿童看的。倒不如列"百家姓""三字经""千家诗"。

《哲学》《宗教》《法律》等篇也有一些内容偏专、偏深的条目。

《历史》中所设"三顾茅庐"并无历史价值，只能算是文学典故。要设还不如设"赤壁之战"。

8. 重复

"哥白尼《天体运行论》""牛顿""开普勒"：列于《天文》《物理》。

"哥白尼""伽利略"：列于《历史》《物理》。

"玻意耳"：列于《物理》，"波意耳"列于《化学》。

"孔子"：列于《历史》《教育》《哲学》。

"曹操"：列于《历史》《语言文学》。

第一颗人造卫星、第一颗载人卫星：列于"物理""天文"，但提法不同。

9. 文字

有的条头措辞不当，有一些错别字。

（2000-9-16）

（二）

第二次收到框架：《文化》、《社会》、《环境》三卷，科技暂缺。意见如下。

1. 反馈

9月《框架商榷》中提出的意见大部分没有反馈。

2. 框架

部分学科框架一字未动，如《体育》《戏剧》《宗教》《哲学》《天文》等。

实际上并非没的可动。如《体育》，国际象棋、围棋、中国象棋只字未提，可补；27届奥运会、国际体育界反禁药活动亦可补。"中国女子长跑崛起"，提法不准确（近乎"昙花一现"）。

《哲学》的"世界哲学"部分列"毛泽东诞生""邓小平诞生"，不妥。

框架中有明显的错别字，都没改。

3. 协调

新补了《经济》学科。但其中"约18000年前山顶洞人""1978年十一届三中全会"等条目表明它尚未与《历史》等学科协调。

4. 归属

"《考工记》对金属铜锡物性及化学特性之认识"似不属地学。"两河流域文明的大地观"等6个"××××大地观"的条目似偏泛。

"1069年王安石变法"，恐怕不是法律问题。

《民族》的"中国民族"部分增加了约1/3。但"羯人石勒建后赵王朝""1279年蒙古族统一全国"列在这里是否合适，值得商讨。

5. 年代

《地理》改成了《地学》，却把不少条目的年代改掉了。

框架中条目多带年代，而"参考条"的条头都不带年代。到底带不带？

建议：在审稿之前先仔细调整框架。

框架确定后，再处理条目，或删、或补、或改，才不至于做太多无用功。

（2000-12-11）

《新概念自然百科全书》审读报告

这是一套难得的好书。海燕出版社 2004 年 1 月出版，精装 5 册，分别为《地球的经历》《自然的传奇》《动物的王国》《人体的奥秘》《海洋的故事》。出版社准备再版，应约为其审读一下。身边几个见到这套书的人都爱不释手，倒吸引我要琢磨一下它招人喜爱的缘由。

一、特色

主要可列出以下四项。

1. 选材广博精当

在有限的篇幅里，这套书选取了地球、自然、动物、人体、海洋几方面的题材，涵盖了天文学、地理学、动物学、植物学、生理学、环境科学的知识，萃集了时间、地域和学科跨度都相当大的，与人们关系最密切的、最能吸引人的、人们最好奇的问题，给我们展示出了万花筒般五彩斑斓的大世界。

2. 内容新奇有趣

本书内容不乏各学科前沿新知。像大爆炸宇宙学说、艾滋病、埃博拉病毒、DNA 和 SARS、海洋污染和保护等，显然都是十分新的、重要的知识。看得出来，作者选取内容特别注重了趣味性。诸如鸟兽的忠诚伴侣、能放电的鱼、没有生命的死海、食虫的植物等，肯定会引起读者的兴趣。

3. 文字生动活泼

"被其他动物当作食物吃掉，这在自然界是很平常的事。但你想得到吗？雄螳螂竟会被自己的新婚妻子吃掉！""河狸是动物世界中最伟大的建筑家，……"在本书简练的文字中，像这样采用拟人写法的，并不少见。作者娴熟地使用白描、比喻、排比等各种修辞手法，在轻松的笔调中抖落出满篇的生动活泼。

4. 彩图艳丽大方

说图文并茂，怕是委屈这套书了。图片实际占了本书的多半篇幅。看得出来，它的许多创意凝聚了作者和编辑的更多心血。每一对开面通常有一幅跨页的"主打图"。版面构图讲究，显得匀称、大气，有韵律感。加上照片精美、手绘图片传神、页面色彩艳丽，确实有夺人心目的功效。

二、问题

当然，从编辑的角度，部分篇目也可找出一些问题，如以下几种。

1. 知识性欠严谨

例1

　　150多亿年前，宇宙还处在一片混沌状态之中。随着一次猛烈的大爆炸，漂浮着的星云聚集成了密度较大的原恒星。（《地球的经历》第3页）

　　当温度和密度在浓缩的过程中增大到了极点，之后发生了大爆炸。（《地球的经历》第6页）

　　宇宙最初的模样像一个豌豆大小的物体，它悬浮在一片没有时间的真空中。大爆炸之后……宇宙诞生。（《地球的经历》第7页）

　　创世大爆炸（《地球的经历》第7页）

这里对大爆炸之前的状态有4种说法：混沌（星云）、浓缩、豌豆、创世（虚无？）。大爆炸有红移和3K背景辐射为依据，书中没有交代；4种说法不过是猜测，也没有说明。

例 2

　　"哥哥浑身皮肤白皙，妹妹浑身漆黑。……这种情况就是通常所说的龙凤胎。"（《人体的奥秘》第 29 页）

其实，只要双胞胎一男一女就是龙凤胎了。

例 3

　　"动物为了适应环境，不断地改变自己，形成了许多奇怪的特性。"（《动物的王国》第 38 页）

这似乎是拉马克的生物进化"目的论"。而从达尔文开始的唯物主义的角度来看，似乎更倾向于把生物进化的结果归因于生物本身的变异加自然选择。

2. 文字失误导致知识性错误

这里有的可能是排校失误，有的则像是下笔随意了。

例 1

　　"4200K"（《地球的经历》第 17 页）

应为"1500K"。

　　"新月"（《地球的经历》第 21 页，月相图）

应为"满月"。

例 2

　　"100 次的闪电……是由两千个雷云在同一瞬间产生的。"（《自然的传奇》第 14 页）

一次闪电是由两个雷云产生的吧？

例 3

　　"大部分动物不能活到生命的结束。"（《自然的传奇》第 50 页）

"结束"前应加"自然"二字。

例 4

　　"……左右两个半心，每个半心又被室中隔分为左右两个心室。"（《人体的奥秘》第 43 页）

"被室中隔分为左右两个心室"应为"被分为在上的心房和在下的心室"。

例5

"海洋表层的海水，沿着一定方向做大规模的流动，成为洋流。"（《海洋的故事》第8页）

按此定义，下文的深层洋流怎么办？

例6

"海山经过雨、风、浪的削磨……"（《海洋的故事》第13页）。海山浸没在海水中，如何受雨的削磨？

3. 名词、数字不统一

例1

"伊利诺斯州"（《地球的经历》第65页）

"伊利诺伊州"（《自然的传奇》第8页）

例2

"小肠……长度6米至7米"（《人体的奥秘》第53页，文）

"小肠……但有5米多长"（《人体的奥秘》第53页，图注）

4. 文字差错

"生起"（《地球的经历》第33页）。应为"升起"。

"毛端"（《自然的传奇》第11页）。应为"尾端"。

"栏杆式建筑"（《人体的奥秘》第71页）。应为"干栏式建筑"。

5. 语病

"并非是"（《地球的经历》第73页）。应为"并不是"或"并非"。

"蜂的蜂巢其造型之奇特，……巧夺天工。"（《动物的王国》第76页）啰唆。

6. 图的问题

侧看银河系（《地球的经历》第15页）。文提到"红点"，图中没有。

（《自然的传奇》第 11 页）。图中热空气箭头方向有误。

（《人体的奥秘》第 39 页）。图指示线错位。

7. 参见问题

"（见第 50 页）"（《自然的传奇》第 48 页）。应为"（见第 51 页）"。

"（见第 44 页）"（《地球的经历》第 44 页）。本页，不需要。

8. 索引问题

"百慕大三角区"（《海洋的故事》第 80 页）。内文无"区"字。

"鲸 51，57"（《海洋的故事》第 80 页）。页码中的"57"应为"56"。

（2004-04-16）

《中国军事百科全书·总领条、门类领条》审读意见

（一）

这里看的是《中国军事百科全书·总领条、门类领条》的前半部分。稿件文字通顺，显然经过认真加工，质量较好。

现存的突出问题是，有些从整个世界抽象出来的概念"××""××××"，被当成"中国××""中国××××"来解说，脱离了百科全书的视角和笔法。须知，有些概念不但用于中国，也用于"资本主义"，乃至用于"法西斯"。应注意百科全书视野开阔，概念解释"中性""超脱"的特点。

阿拉伯数字和拉丁字母，部分条目用全角字符排，应改用半角。

以下就各条的少量文字修改做些说明。

1. 军事

定义："军事，指一切与战争和国防直接相关的事项，主要包括战争准备与战争实施、国防和军队建设等活动。"

为便于参照，这里引述两种影响较广的辞书的定义。

《现代汉语词典》（2005）："【军事】与军队或战争有关的事情。"

《辞海》（1999）："军事 一切与战争和军队相关的事项的统称。主要包括国防与军队建设，战争准备与战争实施等。"

稿件定义的前半句，是指出"军事"内涵的定性之语。并非"一切"不可。"国防"，难以与"战争"并列。二者相较，"战争"是中性的、

全面的概念，既包括正义战争，也包括非正义战争；既包括进攻战，也包括防御战。"国防"，则只是"攻""防"这一对范畴的一个侧面。美苏"核威慑"那副架势是否已超出"防"的范围？此处单说"国防"似乎不全面。百科全书，通常取客观、超脱的视角看待和解说名词术语，避免站在矛盾的某一方。建议将此处"国防"一词换为"军队"，与《现代汉语词典》和《辞海》一致，读者容易接受。"直接"一词用得好，这是本定义比《现代汉语词典》和《辞海》所给定义高明的地方。

定义后半句，是揭示"军事"外延的列举之语。说"国防"则是必要的，这是我军要务，未提及的其他事项有"等"字管着。

（P3）"阶级、民族、国家或政治集团"，似可按由大到小的顺序排列为"国家、民族、阶级或政治集团"

（P15）"近代前期军事发展"，从"14~15世纪……"说起，容易产生误解。"军事科学"条明确提到"世界近代前期的军事科学（1640~1900）"。

（P15）"铜铁替代了传统的木材成为新的造舰材料"，应为"钢铁替代了传统的木材成为新的造舰材料"。

（P22）"海、地、空、天、电"，按出现次序统一为"陆、海、空、天、电"。

2. 军事科学

定义："军事科学亦称军事学，是反映战争和国防的本质与规律，并用于指导战争和国防的准备与实施的科学。"

关于定义，理由同上条。前半句"国防"改为"军队"，"规律"改为"活动规律"。后半句改为"并用于指导战争准备与实施、国防和军队建设的科学"。

（P36）"黄帝、蚩尤民族部落间的战争"，改为"黄帝、蚩尤部落联盟间的战争"。当时尚未形成民族。

（P44）"清政府继续奉行'国体西用'政策"，应为"清政府继续奉行'中体西用'政策"。

3. 军事思想

"惟一"，改为"唯一"。按 2005 年 6 月新出的《现代汉语词典》（第 5 版）。

4. 战略

（P77）"归宿点"，删"点"。

（P78）"切实可行的方法和步骤"，删"切实可行的"。留出错误的空间。

（P83）"战略……也指导遏制和防止战争，维护和平……"这是说"战略"，还是说"当代中国的战略"？此说法是否适用于美国的"先发制人战略"？秦始皇的战略怕也并非如此。类似笔法（如P102）值得注意。

（P86）"马基雅维里"、（P65）"马基雅维利"，须统一。

（P88）"中学为体""西学为用"，应为"中学为体、西学为用"。

（P94）"1987 年出版的《中国大百科全书·军事》，专门设立了《战争、战略》分册"，应为"1989 年出版的《中国大百科全书·军事》，专门设立了《战争、战略》分支"。

5. 作战

（P98）"作战行动能否结束的标准就是作战目的是否已经达成。"不确切。作战往往有一方目的没有达到，作战行动却总是要结束的。

（P101）"透明或半状态"，应为"透明或半透明状态"。

（P116）"信息资源全元共享"，似应为"信息资源全员共享"。

6. 国防建设

（P126）"抵防"，应为"提防"（dī fang）。

7. 军事工作

（P139、140）"……性是……工作系统（步骤，作用，秘密）"，似乎不通。改"是"为"体现在"。

（P143）"国王集政治、军事权力于一体"，应为"国王集政治、

（P143、146、148、150、154）"进入到"，删"到"。

（P148）"开办船政和水师学堂"，还是该说"开办船政学堂和水师学堂"。

（P151）"21世纪前后"，词不达意。

8. 中国人民解放军政治工作

（P160）"各级"，可删。

（2005-12-30）

（二）

这里看的是《总领条、门类领条》的后半部分。

稿件文字通顺，质量很好。以下就各条的少量文字修改和遗留问题做些说明。

9. 军事后勤

"军事后勤是人类社会经济交往的手段"，帽子太大，删。

"立体多维"，"立体"是三维，重复。

10. 军事装备

（P207）"自从1916年第一次投入战场后，在"二战"期间得到迅速发展"，不通。

11. 军事技术

（P222）"更受限制……"，不顺。

（P228、240）"吉赫兹"，无误，不改。

（P237）"1985年以后，中国利用多种运载火箭共发射了各种卫星23颗。"有误。据新华网2005年11月22日电，国防科工委副主任、国家航天局局长孙来燕在第二次民用航天工作会议上说，"十五"期间，我国共实施了24次航天发射，将23颗卫星和5艘飞船送入预定轨道，续写了自 1996 年 10 月以来连续 46 次发射成功的纪录。

12. 国际军事

（P262）"北大西洋公约组织"，（P274）"北大西洋条约组织"，国际军事门类条目表中有"北大西洋条约组织"和"北大西洋公约"，应统一。

（P274）"1937 年抗日战争爆发"。应是"1931 年"。2005 年 9 月 3 日胡锦涛在纪念抗日战争胜利 60 周年大会上讲话："1931 年九一八事变是中国抗日战争的起点，中国人民不屈不挠的局部抗战揭开了世界反法西斯战争的序幕。"

13. 军事历史

（P282）"稳定凝结了的现实"，删"稳定"。

14. 军事人物

（P301）"3 个学科单元"，删"单元"。

15. 军事著作

（P328）"从 1927 年 8 月 1 日至新中国建立是中国现代军事著作的产生与形成时期"，似不妥。

16. 军事环境

（P332）"军事环境……简言之就是军事环境。"可删。

（P335）"军事地理"，条目表为"军事地理总论"。

（2006-01-06）

《中国军事百科全书·中国军事著作》三审意见

三审把书稿全部翻了一遍，细读了部分条目。

感觉本分册信息高度密集，问题相对较多，其中包括几个明显的，需要给予"严重"注意的问题。

第一，引文问题。

引文多，是本分册的特点。自然带来引文核对的问题。《共和国军事家和解放军领导人》一册中，"毛泽东"条提到收录《毛泽东选集》的两篇著名文章的题目也有错。可见引文的核对工作做得还很不够。相应的引文的标点符号也需要规范。与此相关的，许多不带引号的文字其实是来自原著，体现原著思想的，也不宜随意改动。这也是需要考虑的问题。

第二，署名问题。

本分册提到大量图书。许多条目就是介绍某一本书的。个别书名有错误，一些作者姓名有错误，而著作方式记载错误比比皆是，这是不能容忍的。

图书署名一般应以封面所载为准。部分条目所附的书影封面上（三审在网上也查到一些图书封面照片）写着"著"，条目释文却说"主编"。有的图书封面写着"主编"，条目释文却说"著"。有些封面上只写某组织编，而条目只说某某人编，对该组织并未提及。这些明显都不妥。

若认定释文是准确的，那么与释文矛盾的封面书影就不能用了。无论如何，条目里释文跟插图不能"打架"。如果认为封面上署名不完整，释文当然可以补齐，但若封面上原来的署名反而不见了，读者也难免生疑。

第三，用语问题。

百科全书讲究用语规范、统一。

试看《战略·作战》一册中的一个用语：

"中国人民解放军军事科研'九五'规划重点研究课题之一"（P10）

"中国人民解放军军事科研'七五'规划军事学重点科研项目之一"（P33）

"全军军事科研工作'八五'计划的研究课题"（P59）

"全军军事科研工作'八五'计划课题"（P65）

"全军军事科研工作'十五'计划课题之一"（P69）

"全军军事科研工作'八五'计划课题之一"（P1、6）

"全军军事科研工作'九五'计划重点课题之一"（P8）

"全军军事科研 '九五'计划课题之一"（P16）

"全军军事科研工作'十五'计划重大课题之一"（P33）

"全军军事科研 '十五'计划重大课题之一"（P34）

"全军军事科研工作 '十五'重大课题"（P34图片）……

同一件事，除开"七五""八五""九五""十五"的不同不算，上述用语至少有8种不同："中国人民解放军"，还是"全军"；"军事科研"，还是"军事科研工作"；"规划"，还是"计划"；"课题"，还是"项目"；"重点"，还是"重大"；有无"研究"；有无"重点"；有无"之一"。

这个用语，在其他几册同样存在，如"全军'七五'规划重点课题"（军事历史，P42）。应该查找文件，拟订规范、统一的提法。

又如，许多条目用到"第1至第4章"的说法。偶有"第1至4章"出现，补一个"第"就是必要的。但有少数分支学科，部分条目二审加了"章"，成为"第1章至第4章"，这就成问题了。从局部看，加"章"本无不可。但问题在于，必须从全书看。要加，得全书一起加，否则只好不加。

第四，条目次序问题。

本分册按学科内容又分为 8 册，包括学科领条和 18 个分支学科。各分支学科的条目次序有些让人看不懂。有的像是按照成书出版年代次序排列，有的像是按照知识分类体系排列，有的是按照条头汉语拼音次序排列，有些似乎是随意放的。还是应该有个统一的、有层次的排列法。

此外，汉语拼音应统一改用等线体。不只是 a、g 两个字母的问题。

一、学科领条

P1 "兵书……分为《谋》、《言》、《兵》三类"，删书名号。

"中国国家图书馆 1999 年颁布的中国图书馆分类法（第 4 版）"，改为"1999 年出版的《中国图书馆分类法》（第 4 版）"。本书多个单位合编，谈不上"颁布"。某个图书馆也无权"颁布"。

P3 "一切"，改为"各种"。

P7 "春秋战国……是'百家争鸣、百家（花）齐放'的时代"，删"、百家（花）齐放"。

P10 "'中学为体'、'西学为用'"，改为"'中学为体、西学为用'"。一个原则，不是两个。

P12 "称作是"，删"是"。

P17 "中国军事著作是以……，这是……"删前"是"。

P18 "《中国图书分类法》，北京图书馆出版社，北京，1999。"《中国图书馆分类法》，与本文主题关系不大，删。

古代军事著作

P5、31、33、38 "涉及到"，删"到"。

P9　"《左传》提出……。指出'强以克弱而安之，强不义也。不义而强，其毙必速'，'夫以强取，不义而克，必以为道。道以淫虐，弗可久已矣'。"引文是多个完整的句子，建议调整相关标点。改为："《左传》提出……，指出：'强以克弱而安之，强不义也。不义而强，其毙必速。''夫以强取，不义而克，必以为道。道以淫虐，弗可久已矣。'"

P11　"诸如：'……'。"改为"诸如：'……。'"

P21　"认为战争有 3 种胜利"，改为"认为战争有三种胜利"。

P23　"不下三十多种"，"不下"与"多"重复。删"多"，或将"不下"改为"有"。

P38　"指出'仁义者，所以修政者也。正修则民亲其上，乐其君，而轻为之死'。"订正引文，改标点。"指出：'仁义者，所以修政者也。政修则民亲其上，乐其君，而轻为之死。'"

P76　"第一部"，不改成"第 1 部"。

P85　"建康（今南京）"，引文不必加注。

"盱眙（今江苏盱眙）""合肥（今安徽合肥）""江陵（今湖北江陵）""长沙（今湖南长沙）"；地名不变，无须注。

P136　"《车营百八说》第七十四说"，不改成"《车营百八说》第 74 说"。

近代军事著作

P3　"反映了……思想，以及……关心爱护群众的本质"，后半句似不通，删。

P5　"清代王鑫撰。……清末湖南湘乡人"，重复，改为"清末王鑫撰。……湖南湘乡人"。

P35　"廉让"，无误，不改成"礼让"。

P40　曹刿论战原文不必详录。

P50　"1926 年月 1 月"，删前"月"。

P58 "蒋百里著。字百里，名方震。……作者……"不衔接。改为"蒋百里著。作者字百里，名方震。……作者……"。

存疑

P43 "病源体"，此处应以原书为准，不能随意改。

二、共和国军事家和解放军领导人

P2 "《在中国共产党中央委员会第二次全体会议上的报告》"，按原著，改为"《在中国共产党第七届中央委员会第二次全体会议上的报告》"。

P3 "亡国""速胜"，按原文，不加引号。

"《中国人民解放军总部重行颁布三大纪律八项注意的训令》"，按原著，改为"《中国人民解放军总部关于重行颁布三大纪律八项注意的训令》"。

P4 "总结了解放战争 3 个月中……"，不止 3 个月。仅第二篇是 3 个月（1946 年 7 月 ~ 1946 年 10 月），《向全国进军的命令》已是 1949 年 4 月了。删"3 个月中"。

P16 "亡国""速胜"，按原著，不加引号。

"最后胜利是中国的"，按原著，不加"属于"。

"一个决死的战争"，按原著，不改成"一场决死的战争"。

P7 "游击战……一是辅助正规战，二是把自己也发展为正规战"，按原著，不改成"游击战……一是辅助正规战，二是把游击战发展为正规战"。

P20 "而战争和战略的理论则是一切的骨干"，按原著，不改。

P27 "官兵互教，兵兵互教"，按原著，不改。

P36 "持久致胜"，不改成"持久制胜"。

P72 "养成艰苦奋斗的作风，实事求是的作风，群众路线的作风"，按原著，不改。

P77、78 "1993年10月人民出版社出版的《邓小平文选》第2卷",改为"1993年10月人民出版社出版的《邓小平文选》第3卷"。

P110、130、136、139、154、176、201、209、260 逗号不改成顿号。

P225 "有些官兵面临部队精减整编……",按原著,改为"有些官兵面临部队调整精简……"。

存疑

P190、191 "《目前抗战的政略与战略的中心问题》",是否为"《目前抗战的政略和战略的中心问题》"?请核。

三、军事思想

P1 "全军军事科研工作'八五'计划","工作"不删。

P15 "《毛泽东军事谋略论》 主编牛力",改为"《毛泽东军事谋略论》牛力著"。

P20 "《毛泽东军事思想论》 主编姜思毅",改为"《毛泽东军事思想论》姜思毅著"。

P23 "《毛泽东军事哲学思想初探》 主编高体乾、邓光荣",改为"《毛泽东军事哲学思想初探》高体乾、邓光荣著"。

P33 "《邓小平新时期军队建设思想》主编潘瑞吉",改为"《邓小平新时期军队建设思想》潘瑞吉著"。

P55 逗号不改成顿号。

P79 "《军事科学研究教程》主编刘继贤",改为"《军事科学研究教程》 刘继贤著"。

P83 "《军事理论与战争实践》 主编李际均",改为"《军事理论与战争实践》 李际均著"。

P106 不加顿号。

存疑

P5 《论叶剑英的革命理论与实践》封面署名似与条目释文不同。

P32 "负责人孙绍先",放在主编前面,与著作权什么关系?封面未列。

四、 战略

P11 "在分析了……基础上,提出了……",删前"了"。

P14 "2000-2001",这里连接号用半字线不妥。应统一。

P18 "《第四种战争:中外心理战评说》杨旭华、郝玉庆编",改为"《第四种战争:中外心理战评说》杨旭华、郝玉庆编著"。

P22 "《高技术与世界格局》主编潘湘庭、弓志毅",改为"《高技术与世界格局》潘湘庭、弓志毅编著"。

P23 "《高技术与现代海军》主编李杰",改为"《高技术与现代海军》李杰著"。

P27 "《核战略纵横》主编徐光裕",改为"《核战略纵横》徐光裕著"。

P39 "《明天的战争与战法》主编王普丰",改为"《明天的战争与战法》王普丰著"。

P46 "《网络战争》主编张召忠",改为"《网络战争》张召忠著"。

P49 "《威慑战略》主编陈崇北、寿晓松、梁晓秋",改为"《威慑战略》陈崇北、寿晓松、梁晓秋著"。

P52 "《信息战争与军事革命》主编王普丰",改为"《信息战争与军事革命》王普丰著"。

P59 "《海洋战略环境与对策研究》主编刘继贤",改为"《海洋战略环境与对策研究》主编刘继贤、徐锡康"。

P74 "《远离战火的沉思》主编袁玉勇",改为"《远离战火的沉思》袁玉勇著"。

存疑

P41 "《世纪至高点：高技术武器与战争理论导引》主编王勇、李杰"，封面无"主编"二字。是否"编著"或"著"？

作战

P13 "主要有《分布……》……主要有：《……》……"，统一不用冒号。

P19 "《军事系统工程》 主编郭俊义"，改为"《军事系统工程》 郭俊义编著"。

P21 "《军事系统决策研究》 主编于长海"，改为"《军事系统决策研究》 于长海著"。

P34 "《计算机网络战综述》 戴清明"，按书影改为"《计算机网络战综论》 戴清民"。

P37 "《电子防御导论》戴清明"，按书影改为"《电子防御导论》戴清民"。

P38 "《电子战原理与技术》主编周一宇、徐晖、安玮"，改为"《电子战原理与技术》周一宇、徐晖、安玮编著"。

P41 "《空军作战研究》 主编滕连富、姜富生"，改为"《空军作战研究》滕连富、姜富生著"。

P44 "《陆空协同作战概论》主编刘进军，陈伯江"，改为"《陆空协同作战概论》刘进军，陈伯江著"。

P55 "《数字化战场环境研究》 胡丹露编著"，按书影为"《数字化战场环境研究》 胡丹露著"。

P71 "《战区与战区战役》主编黄彬"，改为"《战区与战区战役》黄彬著"。

P107 "《心战策》 主编杨旭华"，按书影为"《心战策》 杨旭华著"。

五、国防建设

P4、5、13、57、59、87 "该书认为"，改成"该书作者认为"笨重。可改为"作者认为"。

P9 "所收集文"，改成"所收集论文"笨重。"集"改为"论"即可。

P18、33 "作者认为"，不必加"该书"。

P36 "……宗教等对国民国防心理的影响"，不加"信仰"。

P47 "（1950.11.25~1951.1.8）"，不将"~"改成"至"。

P64 "该书指出"，改成"该书作者指出"，笨重。可改为"作者指出"。

P69 "《世界新军事变革中的中国国防和军队建设》 主编黄宏、洪保秀"，按书影改为"《世界新军事变革中的中国国防和军队建设》黄宏、洪保秀著"。

P77 封面设计，汉语拼音不必苛求。

存疑

P33 "《国防探微》主编杨志华"，疑为"杨志华著"。

军事工作

P12 "《军事方法学》主编梁必骎"，按书影删"主编"，后加"著"。

P24 "军事译文出版社"，改为"军事谊文出版社"。

P33、37、42、59、70 "该书认为"，不改成"该书作者认为"，改为"作者认为"。

P67 "王安著"，按书影改为"王安编著"。

P84 "《科技练兵的聚焦点—新'三打三防'》"，应为"《科技练兵的聚焦点——新'三打三防'》"。

P86、94 "书中指出"，改成"该书作者指出"，不如改为"作者指出"。

存疑

P6　"《军事科研管理教程》主编刘继贤、王益民。……1999年12月出版"，书影为"刘继贤著"，网上有刘继贤著《军事科研管理教程》，2002年7月出版。

P50　《当代中国军队的军事工作》，分为9"编"，还是9"篇"？应查核统一。

P70　"《新时期军队基层建设概论》主编姜普敏"，书影无"主编"。

六、军事后勤

这里收有《后勤管理丛书》中的七种：

P2　"《军队后勤概览》编委会主任徐根初，副主任杨澄宇、李之云；主编……。《后勤管理丛书》之一。"

P25 "《后勤部（分）队 管理》编委会主任徐根初，副主任杨澄宇、李之云、王宏运、孙承军、马国惠；主编……。《后勤管理丛书》之八。"

P27　"《后勤管理教学训练法》编委会主任徐根初；主编……。《后勤管理丛书》之一。"

P28　"《后勤管理史通论》编委会主任徐根初，副主任杨澄宇、李之云、王宏运、孙承军；主编……。《后勤管理丛书》之十三。"

P29　"《后勤宏观管理》编委会主任徐根初，副主任杨澄宇、李之云、王宏运、孙承军；主编……。《后勤管理丛书》之三。"

P30 "《后勤教育训练与管理》主编……。"（三审：从书影看到，这也是本丛书的一种）

P32　"《后勤领导概论》编委会主任徐根初，副主任杨澄宇、李之云、王宏运、孙承军；主编……。《后勤管理丛书》之五。"

在这七种书中，有两个"之一"，有一种没有提及丛书。"编委会"有的列副主任，有的不列副主任。不知所列编委会是整个丛书的编委会，还是丛书中各册自己的编委会。如果是前者，像条目这样列在"主编"前面就不对了。

P3、5、24、26、28、40、41、44、49、51 "作者指出"，不必改。

P19、29 "作者认为"，不必改。

P40 "《新武器伤的防治》 主编王正国"，改为"《新武器伤的防治》 王正国编"。集体编和个人编不同。

P45 "古今中外，概莫能违"，改为"古今中外，概莫能外"。

P58 "会……了"，删"了"。

P59 主编"赵连壁"，改为"赵连璧"。

存疑

P7 "军事学列入国家哲学社会科学'七五'规划的重点课题。"想说什么意思？

P35、36 篇数对不上。

政治工作

P31 "军人道德和人民解放军革命化建设紧密相联"，不必改。

P41 "发挥知识分子在'四化'中的作用"，在"四化"前加"干部"不妥。此四化非彼四化。

P43 "作者指出"，不必改。

P58 "第1篇'主体篇'……第2篇'任务篇'……"，改成"第1为'主体篇'……第2为'任务篇'……"不必。

P86 "服从国家……的需要"，"国家"改成"中央"，不妥。

存疑

P15 "《军队政治工作基础理论》主编……"书影封面署为"国防大学党史党建政工教研室"。是否在释文"主编"前加"国防大学党史党建政工教研室编"？

P44 "《新时期民兵政治工作讲话》 中国人民解放军陆军指挥学院编"，书影封面署名为"白石栋、赵生玉、黄溶江"。

P46 "《新世纪思想政治工作纵横谈》侯志刚、储士龙等编"，书影封面署为"主编"。

七、军事装备

二审将一些条目中"第×至第×章"，改成"第×章至第×章"，这涉及全书体例，不能仅本册的部分条目改。同时，二审给几个条目加了"条头叙述语"，例如，"《军事装备学》"条开头加了"论述军事装备及管理的专著"。这同样涉及全书体例，不能仅本册的部分条目加。从另一个角度看，如此加一句话，其实并没有增加信息量，所说乃不言自明的话。似不必拘泥于百科全书条目加定性语的惯例。

P3 "第1至6章"，改为"第1至第6章"。

P4、7、8、、9、10、11、12、13、14、12、15、16、19、20、21、22、24、25、26、27、29、30、31、32、35、38、39、40、41、43、44、45、48不加"章"等文字。

P7 "国防科技大学出版"，改为"国防科技大学出版社出版"。

P48 "《新概念武器》主编李传胪"，按书影改为"《新概念武器》李传胪编著"。

存疑

P7 "《航空个人防护装备》张立藩、李瑞乾、周至善、李瑞康、刘洪湛、贾思光、顾定等编著"，书影封面署为"南京航空学院，北京航空学院等编"。

P50 "《综合保障工程》马绍民、章国栋、刘用权……等编"，书影封面署为"主编马绍民 副主编章国栋"。

军事技术

P1、2、3、5、6、7、9、10、11、12、13、17、18、19、20、

21、22、23、24、25、26、27、31、34、35、36、37、39、40、42、43、44、45、46、47、50、51、54、55、56、57、58、59、63、64、65、67、68、69、76、79、80、81、84、86 不加"章"、"专题"等文字。

P8 "《军用激光技术》主编陆彦文、陆启生",按书影改为"《军用激光技术》陆彦文、陆启生编著"。

P8、16、83 "作者认为",不必改成"编著者认为"。

P19 "副主编成求表",改为"副主编成求青"。

P48、61、71 连接号不必改成半字线。

P63 "《国防科学技术论》主编温熙森、匡兴华",按书影改为"《国防科学技术论》温熙森、匡兴华著"。

P82 "《夜视技术》主编谭吉春",按书影改为"《夜视技术》谭吉春编著"。

P83 "《隐身技术》主编钟华、李自力",按书影改为"《夜视技术》钟华、李自力编著"。

存疑

P21 "《地下核爆炸及其应用》郝保田编著",书影署名为"中国人民解放军总装备部军事训练教材编辑工作委员会"。

P28 "《航空人体工程导论》陈与椐、陆惠民、贾司光等编著",书影署为"陈与椐、陆惠民选编,贾司光审"。

P77 "《试验数据的统计分析》阎章更、魏振军编著",书影署名不同。

P81 "《信息作战技术学》主编……"书影署名不同。

P86 "《再入物理》主编……"书影署名不同。

军事法

P1 "军事法学……做出阐述,还揭示……",不加"了"。

P2、3、4、6 不加"章"等文字。

P4 "法制建设"，不改成"法治建设"。

P9 "《法到军营》主编陈发祥，副主编张立民、李绍增"，按书影改为"《法到军营》陈发祥，副主编张立民、李绍增编"。

"收入文稿"，改为"收入文章"。

国际军事

P2 "当前……针对……美国和苏联（俄罗斯）"，改为"当前……针对……美国和俄罗斯"。既然"当前"，就没有"苏联"了。

P4、6、9、10 不加"章"等文字。

P8 "作者"，不必改成"编者"。

八、军事历史

P1 开头不加文字。

P2 "写纪实的"，改为"写成纪实的"。

P4、11、13、15、16、18、22、30、31、36、54、55、58、61、68、71、73、78、86、90、91、96、97、98、103、109、110、111、112、120、122、129、132、143 不加"章""该"等字。

P9 "两汉时期、三国两晋南北朝时代、唐朝时期"，"时代"改为"时期"，可取。

P12 "宏伟的奠基礼—中国疆域的初步形成"，中间不是连接号，尤其不能改成半字线，应该是破折号。

P27 "总结了建国作战中积累的历史经验"，改为"总结了历史经验"。70 年，不止是建国；建国前，不止是作战。

"70 年"，这里不可改成"80 年"。

P28 "泰基伟"，改为"秦基伟"。

P81 "《抗美援朝战争纪事》主编……"，书影署名不同。"主编"前加"中国军事博物馆编写"。

P87 "《神秘的事业》主编于庆田、苏扩善",按书影改为"《神秘的事业》于庆田、苏扩善编"。

P92 "蔡仁照、张治平著",按书影改为"蔡仁照、张治平编著"。

P93 "到抗战胜利时主力部队发展到 21 万余人,地方武装 9.7 万余人……",改为"到抗战胜利时发展到主力部队 21 万余人,地方武装 9.7 万余人……"。

P110 "《合同战斗发展史》主编郭安华,副主编曾苏南",书影称"郭安华、曾苏南等著"。

P130 "授降通牒",应为"受降通牒"。

P141 "《制服杀人恶魔—禁止化学武器谈判纪实》",中间连接号改为破折号。

存疑

P18《中国军事史·兵制》是 P19《中国军事史》的一部分(是其第三卷),如此两条并列不妥。

P63 "副主编辉野、喻开东、席柏松",书影次序不同。

P64 "《海军史》编委张连忠、杨国宇……解放军出版社 1989 年 9 月出版"。编委有没有"头儿"?网上查到《海军史》(张连忠),是"解放军文艺出版社 1989 年 9 月出版"。

P93 "21 万余人";P94 "21.5 万余人"。应统一。

P124 "明代 16 朝 270 余年"。明代实有 17 位皇帝。建文帝干了 4 年,朱棣不承认,我们似乎不该不承认。

军事人物

P1、2、4、5、7、8、9、10、11、12、13、14、15、20、21、22、23、24、25 不加"章""该"等字。

P2 "有利维护了",改为"有力维护了"。"付之东流",改为"付诸东流"。

P3 "《周恩来传(1989～1949)》",改为"《周恩来传

（1898～1949）》"。

"回忆"，改为"回顾"。

P7　"……直到……直至……"，删"直到"。

P17　"截止1995年7月"，改为"截至1995年7月"。

P21　"调北京任中央部政治保卫局局长和中央公安部副部长"，改为"调北京任中央人民政府公安部政治保卫局局长和公安部副部长"。"中央"通常人们会理解为"党中央"。

P26　"主编王辅一"，书影为"王辅一著"。

P27　"主编王辅一"，书影为"王辅一著"。

军事环境

P1、2、4、5、6不加"章""该"等字。

P6　"《航天气象学》……编。主编……，副主编……。《国防科研试验工程技术系列教材·试验气象系统》之一（编审委员会主任委员尚学琨，副主任委员李钢、胡广隆、赵树海）"。括注的丛书人员可删。否则应移"之一"前。

军事工具书

P1　"《中国大百科全书·军事》编辑委员会……"，当时称"学科编辑委员会"，另有"总编辑委员会。

"《军事卷》作为其中的一个分支"，改为"《军事》作为其中的一卷"。"分支"是"卷"下的层次。

"总领条"，在《中国大百科全书》中称为"概观文章"。

"化学、生物武器、三防装备"，按原著，不另加"武器"二字。

P4、17不加"章""该"等字。

P19　"《中国人民解放军事件人物传》主编邵维正、王普、刘建英"，据书影改为"《中国人民解放军事件人物传》邵维正、王普、刘建英编"。

P36 "核、化学、生物武器"，不另加"武器"。

P49 "引信与火工品"，不改成"引信与火工器"。

P53 "海洋测绘词典"，删。

P73 "主编王国正"，按书影改为"主编王正国"。

（2007-09-10）

《广西大百科全书·文化》
读样记录 ①

文中尚有一些存疑的问题，最好请作者处理。

概述

P1 层次标题"远古文化""古代文化"改用黑体，为三级标题；"文化发散发展期"为四级标题。P2"近代文化"、P3"当代文化"也改黑体。

"古人类学家裴文中"，作为北京猿人第一个头盖骨的发掘者，裴文中是中国古人类学的重要创始人，称"古人类学家"应无问题。至于"故人类学家裴文中"，似乎应该是"已故（古）人类学家裴文中"。若将"故"理解为"所以"，即认定裴为"人类学家"，显然不对。人类学家与古人类学家是两码事。

P2 "汉代时"，删"时"。"代"含"时"意。

"唐末"，改为"晚唐"。

"唐末……成长……在晚唐……产生影响"。时间顺序合

---

① 1994 年 12 月，中国大百科全书出版社曾出版单卷本《广西百科全书》。这部百科全书收有条目 5000 多条，插图 700 幅，共约 250 万字。为庆祝广西壮族自治区成立 50 周年，2008 年 11 月又推出了 13 卷《广西大百科全书》，分为历史、地理（含海洋）、民族、文化、政治、法制、军事、经济、科学、教育、体育、卫生、社会、当代人物等 15 个地方知识门类，收入概述文章 12 篇、条目 3.5 万条、图照 1.2 万幅，全书 2100 多万字。为本书的编辑出版，2007~2008 年曾组织中国大百科全书出版社编审组驻南宁工作。笔者审读加工过地理卷、文化卷、政治·法制·军事卷、科学·教育卷、体育·卫生卷。

理吗？

P4　"截至××××年"，非累计数字，删"截至"。

"大型山水实景《印象·刘三姐》"，统一为"大型山水实景演出《印象·刘三姐》"。

P4　"年代时"，删"时"。

P7　"至××××年"，非累计数字，删"至"。

P8　"世居有……12个世居民族"，重复，删前"世居"。

"事象"？

"种类不外乎……等数类"，改为"种类有……等"。

P9　"外国来华朝贡或通商过合浦"，改为"外国来华朝贡或通商者过合浦"。

"形成了具有……开拓性为特性的"，删"为"。

"惟一"，改为"唯一"。

P11　"世居民族现有12个民族组成"，改为"世居民族有12个"。

总论

P14　"（参见古器物）"，按体例，删"参"字。

表最好加表题、表头。

P19　"（见下表）"，删"下"。

表最好加表题、表头。

P25　删"边境"。

"②"之下拉丁字母a、b圈码及标题删，c圈码改为"③"。

P27　"壮家……绯桃……"这是两首诗。

P28　"大型山水实景《印象·刘三姐》"，统一为"大型山水实景演出《印象·刘三姐》"。

P29　"广西自治区文学艺术界联合会"，释文加"简称自治区文联"。多个条目用到此简称。

P30　"2006年1月1日实行"，改为"2006年1月1日起施行"。

"政治……法制军事卷"，改为"政治……法制……军事卷"。

P31　"（见附表）"，不改成"（见下表）"，改为"（见表）"。

P38　"民间工作者"，改为"民间文艺工作者"。

P39　"交流流动"，改为"交流活动"。

P40　"广西文艺家与越南文艺界"，改为"广西文艺家与越南文艺家"。对等。

文化事业·新闻

P43　"成立初期"，改为"建国初期"。

P44、49、53　"见下表"，改为"见表"。

P46　"12届社长"，改为"12任社长"。

"至1949年11月底的中华民国时期"？

P51　"肇于"，改为"肇始于"。

P52　"主办单位或派别"，改为"主办者"。其中一些既非单位也非派别。

P53　"主办单位"，改为"主办者"。

P57　图题"中宣部长"，改为"中宣部部长"。

P58　"日发行量为6万多份"，删"为"。

P59、60　日报，"期发行量"，统一为"日发行量"。

P60　《玉林晚报》，A刊、B刊，怎么回事，应交代。

P65　"分AB刊"，改为"分A、B刊"。

P66　删重复的图。

P68　"以为如何"，"如何"手迹中没有，删。

P70　"三地域沿海的"，删"域"。

文化事业·出版

P74　"落实中央提出'照相排字……'的十六字方针"，改为"落实中央提出的'照相排字……'十六字方针"。

P75 "广西壮族自治区新闻出版局前身。见广西壮族自治区新闻出版局。"重复。改为"广西壮族自治区新闻出版局前身。"

P76 "试贴",改为"试帖"。

P83 "教育厅、主管",改为"教育厅主管"。

P84 "发行540万张（盒），销售额1.2万元",为免读者疑问，中间加"多数用作赠品"。

　　"张鸣歧",改为"张鸣岐"。应出自"凤鸣岐山"。

P87 "1979～2005",改为"1979～2006"。

P92 阿拉伯数字圈码可删。

P93、121 "（见附表）",改为"（见表）"。

P94 表题加"表"。

　　"以……举办的……",改为"由……举办的……"

P95 "订货码洋 单位：万元",改为"订货码洋（万元）"。

　　"新闻出版部署",改为"新闻出版总署"。

P96 表中书刊名加书名号。

P98 "见下表",改为"见表"。

P100、104、121 图题加"书影"。

P101 丛书名用书名号，建议不用引号。

P103 "陈原在该书序言：……"改为"陈原在该书序言中说：……"

P106、108、112、113、119 删"输出版"。业绩，非定性。与"引进版"不同。引进版在我们出版时就已经是引进的了。

P107 "不幸遇难",改为"遭遇不幸"。

P108 "邓小平老一辈革命家",改为"邓小平等老一辈革命家"。

P112 "增加的",跟谁比？

P113 "托勒玫",改为"托勒玫"。现通译"托勒密"。

　　"李迪生编",改为"李迪主编"。

P114 "生物、物理",改为"生物物理"。

P120 "增设",删"增"。

P122 "人民银行"，前加"中国"。

P123 《汉语方言志》承编单位"自治区语委"，被改成"自治区少数民族语言文字工作委员会"，有误，经请改者再次查证，恢复。"《少数民族语言志》"与此类同。

P125、126、127、128、129、130、131 "主管主办"，统一为"主管、主办"。

P127 "……转载，仅1992年……"，改为"……转载。1992年……"。

P129、138 "辟……等主要栏目"，删"主要"。

P131 "2001年……新闻出版署"，不改成"总署"。

"1972年12复刊"，改为"1972年12月复刊"。

P136 "特点是侧重刊载"，删"特点是"。

P142 "1.13多万人"，删"多"。

P146 "遂即"，改为"随即"。

文化事业·广播电影电视（后补）
文化事业·群众文化

P233、258 "到××××年"，非累计数字，删"到"。

P234 "'广西……大纲'"，改为"《广西……大纲》"。

P235 "有计划的建立"，改为"有计划地建立"。

"卡拉ok厅"，改为"卡拉OK厅"。

P235、236 "千平方米"，换算为"万平方米"。

P235、267、268 "至××××年"，非累计数字，删"至"。

P236 "……健身室等休闲、娱乐等配套设施"，删后"等"。

"接待……430位农民工……"，删"430位"。

P237 "见经济下卷"，改为"见经济卷"。

P240 "制定……方案"，改为"制订……方案"。

"比赛项目较为单一"，前加"最初"。

"参加人数逾千"，删。与后面"逾千人"重复。

P241　删"等"。

P242　"为选拔剧（节）目为参加……做准备"，删前"为"。

P243　"（见附表）"，与条末一句重复，删。

P244　元宵节、重阳节已列在"全自治区流行的节日"中，又说主要流行地区为 4 个地方，似有矛盾。

"壮族传统节日见壮族传统节日表"，啰唆。

P247　"见下表"，改为"见苗族传统节日表"。

P250　"月也"，不懂。

P252　拉丁字母圈码可删。

"红族"，改为"红旗"。

P255　附表加表题。

P256　"2~3 年举办 1 届。""至 2007 年举办 1 届。"删。只2002 年举办 1 次。

P257　"见诸"，改为"见于"。

P258　通知名用书名号，不用引号。

P259　"在编 183 人"，改为"在编职工 183 人"。

P260　"富有……特点的馆藏特色"，删"特色"。

P264　阿拉伯数字圈码撤销，相应标题改为层次标题。拉丁字母圈码改为阿拉伯数字圈码。

P270　"新民主革命时期"，改为"新民主主义革命时期"。

"20 多种"，改为"20 多种著作"。

P271　"李宗仁文物陈列馆""桂林市李宗仁文物管理处"。"八路军桂林办事处纪念馆""八路军桂林办事处旧址纪念馆"。统一？

P272　"提写馆名"，改为"题写馆名"。

P275　"1929~1949"，"1949"？

"建筑面积 100 平方米，库房面积 100 平方米。"难道陈列厅面积是 0？

P276　"主要业务为致力于"，不搭配。

"所作的记《高州石屏记》"，前"记"可删。

P277　"烈士陵园"，像通名，不像专名。"名南宁雕塑园。"如何理解？可否理解为"南宁市烈士陵园……又名南宁雕塑园"？

P279　"（见附表1）"，改为"（见表1）"。

"42处（460处地点）""42处482个地点"，P282表42处470个地点。应统一。

P280　"（见附表2）"，改为"（见表2）"。

P282　表1中单位名称与国家公布的不同——前头加了地址。有的可能产生歧义。例如："中国工农红军第七军、第八军军部旧址"，成了"百色中国工农红军第七军、龙州县第八军军部旧址"，一处像两处了。

P283　"（见附表1）"，改为"（见表1）"。

P284　"附表2"，改为"表2"。

P285　"龙州红八军司令部旧址"，与P282名称不统一。

文化事业·档案

P285、294　"视作"，改为"视为"。

P286、294　"制订"，改为"制定"。

P287　"罗城仫佬自治县"，改为"罗城仫佬族自治县"。

P288　"广西档案馆发展情况见上表"，改为"见广西档案馆发展情况表"。

P289　"广西设区的市档案馆最早的是"，改为"广西最早的市档案馆是"。

P290　"广西县（自治县、市、市辖区）档案馆最早建立于1958年11月容县档案馆。"改为"广西最早建立的县（自治县、市、市辖区）档案馆是1958年11月建立的容县档案馆。"

P293　"至2006年底，点击人次为2.7万人，月均点击人次900

多人。"人次≠人。改为"至 2006 年底，累计点击 2.7 万人次，月均点击 900 多人次。"

P293、297　"至××××年"，非累计数字，删"至"。

P296　拉丁字母圈码，删。

P299　"展版"，改为"展板"。

文化产业（后补）
语言文字

P321　图中，人口单位何在？？

P322　"西南官话"是什么，此前未交代。

P322、325、327、335、338、339　"见下表"，改为"见表"。

P323　图与前页表内容矛盾。普通话、西南官话、官话、贵柳官话等，术语体系不明。

P324　"官平壮白"，改为"官平壮白"。参见条不作参见。

P333、335、337、338　"见下图"，改为"见图"。

P335　"贵柳片／贵柳片"，改为"贵柳片／贵柳片合计"。

　　　　"百分比 0.113"，若百分比，似应是 11.3%。

P337　"下郭街官话分布图（图中阴影部分为官话分布区 2004）"，改为"邕州官话分布图（图中阴影部分为邕州官话分布区 2004）"。

P341　"使用文字"，改为"使用的文字"。

P343　拉丁字母圈码，删。

　　　　"成份"，改为"成分"。

　　　　"（见历史卷龙启瑞条）"，删"条"。

P344　图题《桂北平话与推广普通话研究丛书》，改为"《桂北平话与推广普通话研究丛书》书影"。

P345　"（见当代人物卷王力条）"，删"条"。

　　　　"（见当代人物卷岑麒祥条）"，删"条"。

P346 "广西师大出版社"，改为"广西师范大学出版社"。

"《……<……>……》"，改为"《……〈……〉……》"。

文学

P349 "隶属广西师范大学。"与条头、"设在"重复。

"广西作家协会 ……隶属……"，"隶属"不科学（顶多算"中国特色"，让世界笑话），最好不提。改用"团体会员"提法。

P350 "注销"，改为"注销登记"。

P351 "'自行车'（创作群体）"，括注与定性语重复，可删。作索引时加注即可。否则作为条头的一部分，须改为黑体。

作家文学，层次过于烦琐。减少。

P352 "伏羲兄妹……也是……盘瓠……"？

P353 "有……仍有……"，删后"有"。

P354 "但……则……"，删"则"。

P356 引文加引号。

P357 "字经约 1.5 厘米"，改为"字径约 1.5 厘米"。

"一千二百九十米"，改为"1290 米"。

P360 "本书 8 卷，收入袁枚：……"，改为"本书 8 卷。袁枚称：……"

"留下约 300 多首编成此集……收诗 334 首"，删"留下约 300 多首"。

"黎健三""黎建三"，统一为后者。

"宦官生活"，改为"宦居生活"。

P361 "广西桂林图书馆"，删"广西"。

P362 "有其自序"，删"其"。

P363 "曾德珪，事迹不详。"删。当代人物。

"书中所写之人，不人云亦云"，改为"书中写人，不人云亦云"。

P365 "向……梅曾亮学习古文,古文创作得到梅曾亮直接指导",重复。

"……的又称",改为"……的别称"。"又称"用在名前。

P368 "《百鸟衣》(长篇叙事诗)",改为"《百鸟衣》长篇叙事诗"。

P374 "将……经……重新统一包装",删"经"。

P375 "盘据",改为"盘踞"。

P376 "从基本单一走向愈益多样",删"愈益"。

P379、398 "见下表",改为"见表"。

P381 "主要有①……②……③……",改为"主要有:①……②……③……"

"五、六十年代",改为"50、60年代"。

P383、385 拉丁字母圈码,可删。

P384 "对……得以确认,并对……",改为"对……加以确认,并对……"。

P387 "(见附录)……附:",改为"(见附录)……附录:"。

P391 "满灌油",改为"满罐油"。

P392 "壮族民间故事《神童甘罗》等故事8篇",改为"《神童甘罗》等壮族民间故事8篇"。

"民间故事集。萧甘牛编著。"删"著"。

P393 "流传于桂西。",前加"故事"。前一句主语是图书。

P394 "兼有……传授生活知识的歌谣",改为"兼有……传授生活知识功能的歌谣"。

P395 "歌缠体"?

"抗战必赢",改为"抗战必胜"。

P397 "评文",改为"评论"。

P400 "均附……歇后语"?

P402　论文题目加书名号。

　　　　　　"成份"，改为"成分"。

音乐

　　P435　"《赶圩归来阿哩哩》"，改为"《赶圩归来啊哩哩》"。与P32、33、139、438、458统一。

　　P436　"2006年底设……社会活动6个委员会"，改为"2007年底设……社会活动、音乐权益保护7个委员会"。

　　P440　"祭阵亡将士谏乐"，改为"祭阵亡将士谏乐"。

　　　　　　"抒缓"，改为"舒缓"。

　　P443　"不同时期学生"，改为"不同时期的学生"。

　　P444　"人数（人）　第1届（1998）名，第2届3000多名"，改为"人数（人）　第1届1998，第2届3000多"。

　　P451、455　拉丁字母圈码，可删。

　　P453　"丰满而明——亮"，改为"丰满而明亮"。

　　P454　"经改革后的"，删"经"。

　　P457　"符又仁（执笔）"，改为"符又仁执笔"。

　　P458　"《赶圩归来啊哩哩》歌曲　古笛……"，改为"《赶圩归来啊哩哩》　歌曲。古笛……"。做索引时为"《赶圩归来啊哩哩》（歌曲）"。

　　P459　"随之在全国流传"，改为"随即在全国流传"。

　　P461　"呢的呀"，改为"尼的呀"，与P445、464一致。

　　P462　阿拉伯数字圈码，可删。

　　P463　"乐曲之前均有各乐种述略"，删"各"。

　　P464　"清朝画家"，改为"清代画家"。

　　　　　　"艺师班（后更名为广西省立艺术专科学校）与榕门美专合并为广西省立艺术专科学校"，删括号及其内文字。

　　　　　　"（见附表）"，改为"（见表）"。

P465、467、475、476、477、478、479、480、481、482 图题不必整个加书名号。

P466 "获国际奖"，删"获"。

P467 调整文字次序。

P468 "属全国各省份第 6 位"，改为"居全国各省份第 6 位"。

P469、470 表题保留"表"字。

P470、472 "（见附表）"，不改成"（见下表）"，改为"（见表）"。

P471 "围洲岛"，改为"涠洲岛"。

P472、473、474 "观众……万人"，改为"观众……万人次"。

P481 "铜鼓获"，改为"铜鼓奖"。

P483 "（见下表）"，改为"（见表）"。

P484 表题"……情况"，统一为"……情况表"。

P486 "隶属自治区文联。"删。

"称之为"，改为"被称为"。

P487 "见附表"，改为"见表"。

P488 "李宗仁题"，改为"李宗仁题词"。

"昆仑关碑林——"，合适否？请斟酌。

"字径 0.2 厘米见方"，太小了吧？

P489、491 完整句子的引文，句末句号应在引号内。

P489 "字径 0.3 厘米见方"，太小了吧？参照图片，将"0.3"改为"3"。

"字径 0.6 厘米见方"，太小了吧？参照图片，将"0.6"改为"6"。

"黄庭坚：书五君咏"，改为"黄庭坚书：五君咏"。

"《五君咏》"，改为"《五君咏》碑"。

P491 "详见当代人物卷黄云"，改为"（见当代人物卷黄云）"。

"魏碑"，改为"其魏碑"。

P492　"（参见书法）"，删。

舞蹈

P493　拉丁字母圈码，可删。

P493、494、502、索 537　"《赶圩归来阿哩哩》"，改为"《赶圩归来啊哩哩》"。与 P32、33、139、438、458 统一。

P497　"（见表 1）""（见表 2）"，改为"（见表）"。

P498　"（表 1）""（表 2）"，删。

P505　"汉族舞种 18"，改为"汉族舞 18 种"。

　　　　"瑶族舞种 14"，改为"瑶族舞 14 种"。

摄影

P508　"大型摄影艺术展"，改为"摄影艺术作品展"，据照片。

P509　"征收"，改为"征集"。

P512　表文字移位。

杂技

P514　"隶属自治区文联。"删。

　　　　"'牌技'①（林彬表演）"，删"①"。

P515　"'牌技'②（黄铮表演）"，删"②"。

P515、516　图题不必加书名号。

P517　"（参见杂技）"，可删。

P518　"椅子造"，改为"椅子造型"。

P519　"扔飞出"，改为"扔出"。

曲艺

P520　"起源和形成"，改为"起源和形成期"。

P522　"自治区文联主管"，删。

标题加"表"字。

P524 "捶"？"棰"？"槌"？

P527 "自中华人民共和国建立后首次亮相舞台"，删"自"。

民间艺术

P529 "根据……达成《……计划》"，改为"根据……达成的《……计划》"。

P533 完整句子的引文，句末句号应在引号内。

P534 "写字作色"，改为"写字作画"。

文化研究

P537 "第5广西文艺创作铜鼓奖"，改为"第5届广西文艺创作铜鼓奖"。

P540 "呢的呀"，改为"尼的呀"。与P445、464一致。

P542 "1979~2006年是发展阶段。1979年以来，进入活跃阶段。"重复，删首句。

P544、546、548 部分拉丁字母圈码，可删。

P548 "三个时期。兴起阶段……繁荣时期"，改为"三个时期。兴起时期……繁荣时期"。

P458、553 拉丁字母下一级的圈码，可删。

P551 "中华人民共和国"，改为"中华人民共和国时期"。

P552 阿拉伯数字圈码"②"改为拉丁字母圈码。

P555 分项用分号，项内不能用句号。

P560 "《广西文化发展新探索》"，网上有2007年2月版的，是否为2006卷？删"已出版3卷"。

P564、565 "七五"加引号。与P558、565用法统一。

P567 "文学显形时间与隐性时间"，"形"，"性"？

P568 "年初"，删。2008年版9月出版。

"已出 2005、2006、2007 年共 3 册……使读者对当年……",改为"已出 2005、2006、2007、2008 年共 4 册……使读者对前一年……"

P570 "碳十四",改为"碳 -14"。

文化事业·广播电影电视

P148 "146 182 杆千米",删"杆"。

"20 世纪初……",重复,删。

"迁来的是",删"是"。

P148、150、151、152、187、211、215 "至 ×××× 年",非累计的,删"至"。

P156 "每周一至六……播出 120 分钟",改为"每周一至六每天……播出 120 分钟"。

P160 报道题目用书名号。

P162 "经验流会",改为"经验交流会"。

P169 "候得富",改为"侯得富"?

P171、183、186、217 "到 ×××× 年",非累计的,删"到"。

P173 "广西……",与下一条重复过多,删。

P174、212、231 "见下表",删"下"。

P175 "班禅额尔德尼·帕拉巴",应是两个人。1959 年底、1960 年初全国人大常委会副委员长班禅额尔德尼·却吉坚赞和全国政协副主席帕巴拉·格列朗杰访问广西。

P177 "老字号",改为"老品牌"。

P178 "1986 年获前苏联",删"前"。

P180 "倍受……宠爱",改为"备受……宠爱"。

P182、184 "同年",改为"当年"。

P183 "1984 年……",与下一条重复过多,删一点。

P186 "建台以来",删。

P188、197 "分"，统一为"分钟"。

P189 "扩版每期 25 分钟"，改为"扩版为每期 25 分钟"。

"列入为"，删"为"。

"每周一至六"，改为"每周一至六每天"。

P190 "版块"，改为"板块"。

"吸收观众参与"，改为"吸引观众参与"。

P192 "杧果"，按本书体例，不改成"芒果"。

P193 "陈立新等"，改为"作者陈立新等"。

P196 "揽胜"，改为"览胜"。

P198 "嘎纳国际影视节"，改为"戛纳国际影视节"。

"先遗人员"，改为"先遣人员"。

左栏"美国第十四航空联队 308 轰炸机大队 375 轰炸分队"，右栏"飞虎队"，不统一。

P201 "展现出最具……特色，又极赋时代特征"，改为"展现出……特色，又极富时代特征"。

P205 "一批……少年群像体形象"，删"群像体"。

"倍感钦佩"，改为"备感钦佩"。

P210 表双栏，隔双线。

P212 删"目录"。

P217 表题加"表"。

P218、223 "（见附表）"，删"附"。

P230 "《三月三歌节》"、P231 "《声波连结万里情》"等，有条目吗？不见条目表，无法核对参见。

文化产业

P301 "2002……法人单位 1.53 万家，从业人员 5.83 万；其中国有 2.15 万家，从业人员 1.63 万；集体 36 家，从业 113 人；个体 147 家，从业 531 人；其他 1.29 万家，从业人员 4.14 万"。2.15 万

家 +36 家 +147 家 +1.29 万家 =34583 家，与总数相差何其大？

"2004……全自治区……总资产 274.22 亿元……'外围层'……资产 9317 亿元……"，部分比总体多？

"2004……法人单位 9808 家，……从业人员 19.58 万，……内资单位……从业人员 17.53 万，占 88.3%……"。17.53 万 /19.58 万 =89.5% ？

建议请作者将数字全面核对一下。

P303 "共有"，改为"共办"。

P305、309、319 "至××××年"，非累计的，删"至"。

P306 "主要是……"，重复，删。

表头加"（家）"。

P306、308 "见下表"，删"下"。

P309 "演出总收入 1331.6 万元，其中，国有剧团演出收入 238.1 万元；自治区级剧团演出收入 358.2 万元，地级市剧团演出收入 655.2 万元，县（市）级剧团演出收入 381.2 万元。"数字合不拢？

P310 表题加"表"。

P311 "《咕里美》"，改为"《咕哩美》"。

P315 "（参见……条）"，删"参""条"。

"76 多万元"，改为"76 万多元"。

P317、318 "从业……人"，统一为"从业人员……人"。

艺术

P403 "70 年代以后，……从'三突出'模式中解脱出来"，改为"70 年代末以后，……从'三突出'模式中解脱出来"。

P407 图题"周恩来总理彩调演员傅锦华"，改为"周恩来总理与彩调演员傅锦华"。

P408、409、411 表题加"表"。

P410 "见附表"，删"附"。

"10个剧目获……54个奖项（见附表）"，表中是8个剧目，56个奖项？

"高级演职员"，如前，统一为"高级职称演职员"。

P412 "专业演出团体"，前面都只是"演出团体"。

P413 "女附马"，改为"女驸马"。

"民间戏剧"条，简化层次。

P413、414、415 "××又名"，改为"××的别名"。"又名""又称"，用在名前。

P420 "坐落"，不改成"座落"。

P421 图题加"剧照"。

P422 "〔西南剧展（见历史卷西南剧展）〕"，改为"（见历史卷西南剧展）"。

P425 "《哪嗬依嗬嗨——阿三哥情泪》"，改为"《哪嗬咿嗬嗨——阿三哥情泪》"。

P426 "侗戏"，统一为"侗剧"，见P403、417。

P429 "提示……主题"，改为"揭示……主题"。

"附马"，改为"驸马"。

P433 "占踞"，改为"占据"。

P434 "记事上始远古"，改为"记事上自远古"。

大事记

P572 "《廉州龙眼质味殊绝可敌荔枝》"，有此条目吗？未见条目表，难以判定参见。前后类似情况还有一些。

P573 "张鸣歧"，改为"张鸣岐"。

P574、575、576、577、578、580、581、582、583、586 587、588 删条。

P577、579、583 接见、汇报演出是否列？

（2008-09-27）

《上海百科全书·概述》审读记录①

《概述》36 页，约 61 千字。

导语和"一、历史变迁""二、社会主义建设前 30 年"部分是1999 年版的文字，内容明显陈旧，数据与其他条目多不一致，需要更新。试着改了一下。"三、改革开放 30 年"部分文字改动很少。

P1 "有 1300 多万人口。" 1999 年版数字。现在户籍人口因负增长已不到此数，常住人口则远超此数，似应分别交代。

"南北长约 120 公里，东西宽约 100 公里"，因为市域并非矩形，这里说的只是两个方向的最大数据，所以宜改为"南北最长约 120千米，东西最宽约 100 千米"。

"总面积 7823.5 平方公里，其中陆域面积 6340.5 平方公里。"《自然地理》条称"面积 8239 平方公里，其中陆域面积 6241 平方公里。"

"16 个区……4 个县"。2010 年已经是 18 个区、1 个县了。

"上海北面"，改为"上海北部"。

"九段沙新岛屿，至此，上海市所属海岛共 14 个。"《岛屿》条提到冲积沙岛 12 个、基岩岛 4 个、人工岛 1 个，合计就有 17 个了。

"长江流域……人口 4.4 亿。"10 年前的数字。

P2"至 1997 年，上海人均……突破 3000 美元……"，改为"2008年……人均 GDP 达到 10529 美元。"

---

① 1999 年 9 月上海科学技术出版社曾出版《上海百科全书》。为向 2010 年世界博览会献礼，决定做全面修订，出版 2010 年版《上海百科全书》。应上海科学技术出版社之邀，2010 年 1~2 月笔者在上海参与审稿和编辑加工。

P3 "日本九洲"，疑为"日本九州"。

P4 "30~35万"，改为"30万~35万"。

明初一段，在明中叶一段之后，换位。

航运与棉花是两回事，另起一段。

接下来的"上海7万余户"并非18世纪的事，加"元代"。

P6 "中国最大的出版机构"，无时间限定，难以确信。

P8 "1927年7月7日，南京国民政府将上海定为特别市"，《上海特别市成立》条称"1927年5月7日，南京国民政府决定设上海特别市，7月7日正式成立上海特别市政府"。《上海特别市政府》条称"1925年1月29日，上海建制改为特别市"。

P9 "5万人举行请愿"，"'六二三'反内战请愿"条称"11人为请愿代表"。

P10 删"至"。

P11 "'文革'时高校受到严重干扰"，停课、停止招生，说"干扰"太轻了。

P12 "3方面"，改为"三方面"。

补《梁祝小提琴协奏曲》。

P13、14、15、17、20、22、25、35 "党的""党"，改为"中共"。

P15、22 "进入到"，删"到"。

P16、31、33 "截止"，改为"截至"。

P17 "九十年代"，改为"90年代"。

P18 "3.7：60.8"，比例号，非冒号。

P20 "长江遂桥"，改为"长江隧桥"。

P21 "荣获"，删"荣"，"达"字一般不用，客观陈述，淡化感情色彩。

"2000年至今"，不用"今"。

P29 "田径男子110米跨栏"，前加"刘翔在"。

"我国"，改为"中国"。

P30 "制订……法"，改为"制定……法"。

P31 "增加工作透明度"，改为"提高工作透明度"。

P32 "《解放日报》等单位"，改为"解放日报社等单位"。

"'七不'规范"，不设脚注，设参见。条目"遵守'七不'规范"，删"遵守。

P33 "七建之城"，不设脚注，设参见。"七建之城"若无条，最好补。

P34 "百分之五十、六十、七十……"，改为"50%、60%、70%……"。

P36 "竖年"，改为"翌年"。

"在世纪之交"，改为"在新世纪"。

（2010-01-12）

《中华医学百科全书·消化病学》
概观条目意见

接到《消化病学》修改样 PDF 文件。与半年前相比，稿件做了修改，明显前进了一步。前次所提意见，有几处未见处理，有机会再沟通一下。

这次着重看了一下文字表述。就概观条目《消化病学》看，需要推敲的地方还有不少。下面举 12 个片段为例，与编辑组商讨。

消化病学（gastroenterology） 研究消化系统及其相关疾病的临床学科。又称胃肠病学。消化系统解剖学上包括消化管和消化腺以及腹膜、网膜和肠系膜。消化管包括口腔、咽、食管、胃、小肠、大肠、肛管；消化腺包括肝、胆、胰及唾液腺。传统上将口腔与唾液腺疾病列为口腔医学，咽疾病列属耳鼻咽喉头颈外科。消化病学的任务是研究上述器官疾病的流行病学、病因、发病机制、病理、临床表现、实验室与特殊检查、诊断、鉴别诊断、预防、治疗和预后，以及本学科与基础医学相关的问题。……20 世纪 80 年代后，消化病学又有广义和狭义之分，前者包括肝脏病学，后者不包括。因肝脏病学有独立条目，故重点介绍狭义的消化病学。

定义像是对应广义消化病学，而"又称胃肠病学"像是对应狭义的消化病学。是否有点含糊？

"上述器官"有问题。消化病学不包括"上述"的口腔与唾液腺疾病和咽疾病。倒像是"其余器官"。

让我这外行读来，倒觉得像是有三个消化病学：广义的、传统的、狭义的。整个消化系统——广义；去掉口腔、唾液腺、咽——传统的；肝独立出去后——狭义的。"又称胃肠病学。"一句可移到狭义后。

关于"故重点介绍狭义的消化病学"，上次意见曾提到："这样说，好像不是统领全卷的首条了。肝脏病可是本卷一系列条目。卷首条应涵盖全卷。" 有独立条目，不能成为不覆盖的充分理由，因为有独立条目的并不止肝脏病学。消化管病、消化腺病也有独立条目，不是也要覆盖吗？ 当然，在有"肝脏病学"条的情况下，本条中有关内容可以适当简略并把握较高层次。

1825 年起美国生理学家威廉·博蒙特（William Beaumont）对 1 名枪伤所致胃外瘘患者的胃黏膜和胃液分泌进行了长期系统的观察。

这里的"1 名"应该用"一名"，因其无统计意义。

俄国生理学家伊万·巴甫洛夫（Ivan Pavlov） 于 1849 ～ 1936 年研究了胃的神经调控， 阐述了条件反射和精神因素对消化过程的影响， 开创了大脑及神经对胃分泌调节的理论。

有误。"1849 ～ 1936 年"是其生卒年。他不可能一出生就研究。可删"于"字，将生卒年移到括号内外文后。

后来又把这些激素统称为"脑—肠肽"。

"脑—肠肽"可做索引。

1962 年， 美国科学家詹姆斯·沃森（James Watson）、英国科学家弗朗西斯·克里克（Francis Crick） 和新西兰科学家莫里斯·威尔金斯（Mau-rice Wilkins） 因发现染色体上调控遗传信息的脱氧核糖核酸（DNA）的双螺旋结构而被授予诺贝尔奖，揭开了分子医学研究的序幕。

时间不当。揭开序幕的，应是发现 DNA 的时间，比如双螺旋模型提出的 1953 年，而非获奖时间。

20 世纪 60 年代后 B 超普遍进入医院。近代， 加上多普勒技术可显示腹腔的血管和血流。

似非"B超普遍进入医院"。只有一个B超，应为"医院普遍引进了B超"。"近代"，是20世纪60年代的某个时代吗？有疑问。

1971年10月计算机体层扫描（computed tomography, CT）问世。20世纪70年代后期被引进中国，广泛用于消化系疾病的诊断。以后又利用静脉注射造影剂做增强CT，形成更明显的密度差，使病变显影更为清楚。螺旋CT、薄层扫描、CT血管造影及CT仿真内镜成像术等，是近代发展起来使CT运转速度加快、效率增高、观察血管及腹腔器官内部结构更清晰的方法。

"近代"，似指20世纪70年代后的时代，与人们通常的理解有异。

按人们通常的理解，就世界史而言，1640年英国资产阶级革命前是古代，1640年英国资产阶级革命到1917年俄国十月革命是近代，1917年之后为现代。就中国历史而言，1840年鸦片战争之前为古代，1840年鸦片战争到1919年"五四"运动为近代，1917年"五四"运动之后为现代。也常有1949年之后为当代史的说法。当然这是通常的划分。不同专业允许有自己的分法。但只要有所不同，就必须交代清楚。

早期胃癌的诊断是在20世纪70年代纤维胃镜问世后。

语义不明。是说开展早期胃癌诊断活动的时间吗？

21世纪初胰腺癌的患病率有所增高，早期诊断十分困难，预后差。肿瘤标志物有CA19-9、CA242等。肿瘤家族史、吸烟、反复胰腺炎史、糖尿病史等为高危因素，对上述人群应每年做B超和体检。

某人群应做体检，这不是学科概观条需要说的事。

幽门螺杆菌研究……两位医生因其突出贡献而荣获2005年诺贝尔生理学或医学奖。

获奖，这也不是本学科概观条必说的事。

一级层次标题"研究进展"下二级层次标题"胃肠激素研究"

等之后列"中国消化病学会"似乎并不妥当。上次意见曾提到过"中国消化病学会"做层次标题的问题。或许,作者想讲的不只是作为学科的研究进展,而是作为行业的专业队伍建设问题。作为临床学科,这似乎可以理解。那么,如何联系和过渡,就需要斟酌一下。专业队伍建设,也不只是学会的问题。

学术刊物《中华消化杂志》于 1981 年创刊, 江绍基任首届总编辑。

总编辑论"届"吗?可否改成"江绍基为首任总编辑"?

必须指出, 中国消化病学的进展不止于此, 这里介绍的只是几个大的方面。

综上所述, 消化病学的发展是医学发展的重要组成部分,发展过程始终贯穿着变革与创新。本文记述中有 9 项重大成果获诺贝尔医学或生理学奖, 还有许多科技的创新, 是众多科学家和探索者智慧和心血的结晶。这些进展推动着人类文明的发展, 不断创造新的历史。

条目末尾如此总结概括,似乎把本条当成了"消化病学史",可是这就不像概观全卷的条目了。

（2015-04-19）

关于《〈中国大百科全书〉第三版农业工程学科条目表审读报告》的意见

见到《〈中国大百科全书〉第三版农业工程学科条目表审读报告》（以下称《报告》）。

《报告》57页，纯字数33856字，版面字数7.6万字，洋洋洒洒，条分缕析，足见编辑用功之巨、用心之细。

对照《报告》粗略翻阅了条目表，有以下几个问题与编辑商讨。

条头单义性问题

《〈中国大百科全书〉第三版网络版撰稿手册（草案）》"条目的设计原则"有"单义性"的要求，通常忌用"和字条""与字条"。目前《农业工程条目表第四稿》中条头非单义性的却不少。五个一级条目，"农业机械化与装备工程""农业水土工程""农业生物环境与能源工程""农业电气化与信息化工程""农业生物系统工程"，非单义的就占了三个。再去掉"农业生物系统工程"不写，就只剩一个"农业水土工程"算单义的了。

"农业机械化与装备工程"之下，二级条目又有"〔耕整地机械〕""〔种植施肥机械〕"等非单义提示标题。

作者这样列，似乎是出于教学习惯。编教科书，或给学生讲课，把紧密联系的概念和知识捆绑在一起或打包，当然很方便，甚至很有必要。

然而，百科全书条目的标题却需要"单义性"。这是由百科全书条目的检索属性决定的。条目是供读者检索，为其释疑解惑的。

而读者产生的疑问，一般都是单义的。即使同时对两个事物产生疑问，一般也会想着一个一个查询。所以，如同所有工具书一样，百科全书的检索单元——条目也应该是单义性的。

对于非单义性的命题，一般会考虑做拆分处理。

其实，"〔耕整地机械〕"之下设有三级条目"耕地机械""整地机械"，分别带有一组四级条目。如果不设"〔耕整地机械〕"，体系仍然是完整无缺的。

条头又名问题

条目表中部分条目标题括注了又称，如"鼠道犁（又名暗沟犁）""挖藕机（又名起藕机）""籽棉烘干机（又名皮棉烘干机）""茶叶炒干机（又名茶叶烘干机）""剥壳机械（又名去皮机械）""贮奶罐（又名冷藏罐）"等。

这种方式在正式的条目表中是不行的。如果所注的又称有很高的检索性、重要性，可以设为参见条；如果所注的又称没有很高的检索性、重要性，那么只要在释文中提及即可，无须在条头括注。

参见条问题

参见条是"仅设标题或附有简要解释"的条目。《〈中国大百科全书〉编写条例》（1983 年 9 月修订本）提到："同一概念的异称，或释文内的某一概念可能为读者常常寻检查阅的应另设参见条目。"这里讲到了设置参见条的两种情况，并非参见条的"两种含义"。当然设置参见条的前提是有足够的检索需求。

据"表 2.1-1 三版农业工程学科各一级框架条目数量及比例"统计，条目表四稿有参见条 89 个。

从条目表看，"秸秆压块机"之后有"秸秆压粒机（见秸秆压块机）"，这个"秸秆压粒机"即"参见条"，见的是"秸秆压块机"条。"秸秆压块机"条是实条。

条目表中还有许多类似如下的表述："渔船，参见条，参见水产""挖掘机械，参见机械工程"，"农用内燃机"条下列有"柴油机""汽油机""电动机""风力机""水轮机"，后面分别标注"参见机械工程 参见条"。其实，这些并不是"参见条"，而是"实条"，不过是另外在"水产学科撰写""机械工程学科撰写"。

框架问题

《报告》"学科框架体系结构分析"中有"学科一级框架体系结构""学科二级框架体系结构""学科三级框架体系结构"的提法。

根据学科框架构造的原则，条目依领属关系由上往下依次排列。不同分支之间的同级条目无须具有可比关系。不宜要求"保持各分支条目层级横向可比性"。

学科框架是一个整体，就研究方法而言，原则上不存在"一级框架""二级框架""三级框架"的问题。

条目长短

《中国大百科全书》奉行"中小条目主义"。《体例》规定"采用大中小条目相结合、以中小条目为主的条目结构"，并且设计："中条目：700～1500字，平均1000字；约占全书总条目数的50%。短条目：700字以下，平均500字；约占全书总条目数的41%。"这应该是就全书而言的，作者理解就好。具体到某个学科、某个分支，是不宜硬性地用这个比例来卡的，需要从实际出发，依条目主题的需要来确定。

如果"在撰写过程中将部分短条合并为一个中条、长条等，以保持条目长短比例均衡"，就有削足适履的嫌疑了。

虚条问题

据"表 2.1-1 三版农业工程学科各一级框架条目数量及比例"

统计，条目表四稿有虚条73个。例如"〔农业机械化社会团体〕"
"〔农业机械化其他相关内容〕"等。

感觉似乎数量有点多。

主要疑问在于，这个叫"虚条"，那么相对应的"实条"是什么？
参见条是实条吗？

以往，是把实际撰写的，与参见条相对应的条目称为实条的。
而把参见条当作虚条。参见条具有条目的形态（"外壳"），却不
具备实实在在的释文，称为虚条合乎逻辑。

这里的虚条，具备条目的形态吗？完全不具备。它不过是提示
其下一组条目共性的一个词或词组罢了。也曾有人称其为"提示词"
或"提示语"。《〈中国大百科全书〉成书编辑体例》（1986年3月）
称其为"提示标题"。

原则上，提示标题应该尽量少用。

（2016-12-08）

《农林经济管理》条目表意见

收到经过编辑查重处理的三版《农林经济管理》学科条目表。约 2745 条，18 个分支。条目表初具形态。有些细节，尚值得讨论。涉及框架构建、条目设置、条头拟订等不同层次的问题。具体意见分述如下。

框架结构

框架结构，体现学科知识体系，包括分支体系和层级排列纵横两个方面。

18 个分支："农产品国际贸易""农业经济史""农业经济思想史""农垦""农业生态区划""畜牧业""乡村工业""农村社会保障""林业经济管理""农村产业结构""农业物质要素投入""农业统计与核算""农业科学技术""种植业""市场流通价格""消费、农产品质量与安全""农业资源环境""农业法规"。

分支次序应考虑逻辑关系。一般从基础到上层，从古老到高新，从核心到边缘。依此，"农产品国际贸易"应排在后面；"种植业""畜牧业"应排到"农垦"之前；"农村社会保障"亦应排到具体产业之后。

多数分支 1 级条起始，有的分支（如"农业经济史"）却无 1 级条。"农垦"分支开门就是 3 级的"〔屯垦史〕"，"畜牧业"分支开门就是 3 级条目"牧区"。"农村社会保障"分支首条"农村社会保障"被列为 2 级。"农业法规"分支首条"农业法规"被列为 2 级。

层级"断层"，这也是违背层级设置基本原则的。

"农业统计与核算"分支下列 8 个 1 级条目："农村社会经济

统计"农业统计"农业生产要素统计"农产品生产统计"农村经济调查"价格统计"农业产出统计"农业经济效益统计"。这里有几点疑问。一是：8个1级条目是否并列？"农业统计"似乎含义较广。二是：先后次序是否最佳逻辑顺序？三是：从8个1级条目看不到"核算"，为何分支名称要有"核算"？

本分支2级条目"农业全要素生产率统计"之下有三级条目"所有制"农地产权"及"承包权"均田制"官田"屯田制"等条目，似乎主题游离。

这样框架就显得乱了。

分支首条

这个问题实际也是框架问题。

通常分支名称会是分支首条（1级）。这里情况有些不同。

"农产品国际贸易"分支首条为"农产品贸易、贸易理论和方法"。

"农业经济史"分支无1级条，首条是2级的中国原始农业。

"农业经济思想史"分支首条为1级条"中国农业思想史"，其上有条目"农业经济思想史"，未标层级，难道0级？这是为何？

"农业物质要素投入"分支首条是2级条目"农业土地"。

"农业统计与核算"分支首条是1级条目"农村社会经济统计"。但名称与分支名称不同。

"农业科学技术"分支首条是1级的"农业科研"，名称与分支名称不同。

"种植业"分支的首条"粮食经济"条是1级，名称与分支名称不同。下面还有1级条目"棉花经济"麻类经济"油料经济"糖料经济"蔬菜经济"果品经济"茶叶经济"。分支又是0级？

"市场流通价格"分支首条是1级的"农村产业经济"，下有1级条目"农产品市场与流通"。之下大多数条目并非价格，如"乡村工业"农产品加工"农产品加工企业"合作经营工业"等。

是分支名称问题，还是条目设置问题？或许可以考虑移除部分条目后改为"市场流通"分支。

相关学科条目

条目设置中，重要的问题是相关学科条目交叉重复的处理问题。

有些条目并非本学科特有的知识，或非本学科核心知识，可能属于其他学科。例如："最优关税""特定产品""产业链""财务包干"等。

有些条目，学科属性不很明显，例如"公益性服务""经营性服务""定岗服务模式""委托服务模式""生产性服务外包""服务网络型""政府引导型""龙头带动型""创业平台"等，但显然并非本学科独有。应否列在本学科是有疑问的。

有些条目，学科属性相对很明显——其他学科属性较重。例如："三来一补""专业市场"应是经济学中的必要知识主题。"小儿营养不良"似为医学（儿科学）核心内容。"人口抚养比率"似为社会学基本知识，"秘鲁养老保障制度""新加坡养老保障制度""日本养老保险制度"等亦宜归属社会学。"以药补医""异地就医""医疗转诊制度""大病统筹模式""药品报销目录"等应归属卫生管理学。"中国农业银行""中国邮政储蓄"似应属于金融。"杂交优势""转基因新品种""基因漂移"应属生物学。相应学科不写不合道理。未见查重信息不等于没有问题。

"康熙帝""乾隆帝"已经知道在"大历史"中会写，会有专条，还在本学科"撰写"，不知道理何在。本来，其作用在相关综述条目中提及即可。

"忽必烈"，在"历史"和"民族"中的地位都比在农经管中重要，"洛伦茨曲线"属于统计学基本知识，"暂缓"也无意义，本学科就不应设条。

"毛泽东""邓小平"等，"列而不写"亦无必要。就不必列。

否则，怕可以列到上百个学科吧？"世界卫生组织""世界银行""都江堰""灵渠""一条鞭法"亦属此类。

分支间重复的条目，也应考虑取舍。

隐性重复条目

学科条目查重往往难以发现隐性重复条目，需要特别关注。

"农业物质要素投入"分支的"土壤耕作机械"与"农业工程"学科"农业机械化与装备工程"分支的"耕地机械"便值得辨析。

学科内部也有同类问题。

"农村社会保障"分支的"留守儿童"与"农业物质要素投入"分支的"农村留守儿童"就应该是一个主题。

"和"字条

"农产品国际贸易"首条"农产品贸易、贸易理论和方法"含有顿号与"和"字，行内习称为"和"字条，实际是三项内容。这种形式可用于教材，却不能用于百科全书的条目标题。百科全书的条目标题必须保证单义性，才便于检索。

标点

"《人畜两旺》方针""《三不两利》政策""《三包一奖》制""《两定一奖》制"等条目中的书名号应该为引号。

人称

"农业科学技术"分支有条目"世界农业的推广方式""我国农业的推广方式"条。"的"字条，显示条目主题松散，需要考虑是否两条合并为"农业推广方式"。"我国"应改为"中国"。按《体例》要求，第一人称词是不能出现在释文中的，自然更不能出现在条头中。

结语

一个学科，内容一般分为几个板块，落到条目表中就是几个分支。分支次序应体现逻辑性。板块名，即分支名，宜作为分支首条，1 级条目。

各分支，内容往往还会分为若干块。相应条目有 2 级条目、3 级条目……条目层级从上往下，依次排列，不能有断层。至于排到几级，则不作要求。不要求不同分支相似内容的层级可比性。

条目设置应坚守本学科属性。属于本学科核心内容的，可以多设、详设；非本学科核心内容，就要少设。其他学科的核心内容，不要在本学科设条。要理解，三版是综合性百科全书，现在只是分学科撰稿，完成后是要汇聚到一起，统一显示和检索的。如果各学科都过分求全，导致大量重复撰写，许多将成无用功。

（2017-01-31）

《兽医传染病学》条意见

《兽医传染病学》，三版《兽医学》分支学科条目，3013 字。概述段之后设有五个一级层次标题："发展简史""基本内容""学术机构及刊物""学科意义""展望"。意见分述如下。

一、条头

兽医传染病学（Veterinary infectious diseases） 是研究动物传染病发生和发展规律以及预防和消灭这些传染病的方法的科学。家畜、家禽、伴侣动物（如犬、猫等）、经济动物、野生动物、实验动物、经济昆虫（如蜜蜂、蚕等）和鱼类的传染性疾病防治工作均属兽医传染病学范畴。

作为外行，笔者对本条目的标题"兽医传染病学"感到疑惑。

兽医学，最初本义大概是"畜医学"，关于家畜的医学。而后逐渐扩展到鸟、兽、虫、鱼全覆盖，又从人工饲养动物扩展到野生动物，如今实际已成为"动物医学"，只是沿用兽医学的名称而已。当然，如同火车由烧劈柴、烧煤、烧油到用电，如今不用火，仍沿用火车的名字一样，实际的动物医学沿用兽医学这个名字并没有问题。

然而，在这中间，"家畜传染病学"既非沿用原名，也不是扩展成"动物传染病学"，而是变成"兽医传染病学"，"家畜"不是扩展成"动物"，而是变成"兽医"，这就令人费解了。

或许因为"对不同动物传染病的研究和防治分别由兽医、蜂业、蚕业和水产业科学研究机构执行"，想把动物划出去一部分。可是毕竟也说了"家畜、家禽、伴侣动物（如犬、猫等）、经济动物、野生动物、实验动物、经济昆虫（如蜜蜂、蚕等）和鱼类的传染性疾病防治工作均属兽医传染病学范畴"。依此范畴，叫"动物传染病学"好像还是可以的。学科体系是虚的，构建成一个，并不影响行业实体分属几家，分头进行研究。

在兽医学的分支学科中，除"中兽医学"外，目前有的冠名"家畜"（"家畜解剖学与组织胚胎学"），有的冠名"动物"（"动物生理学与生物化学""实验动物学"），其余冠名"兽医"（"兽医寄生虫学""兽医外科学与兽医产科学"）等。在外行看来，统一冠名"动物"有何不可呢？

说了这么多，其实我也知道，人们都希望孩子有个好名字。而说到底，给孩子起名是孩子父母的权利，他人说什么都不管用。所以本学科到底叫什么，只要专家深思熟虑过，当会得到尊重。

二、定义与概述

首句作为百科全书条目的定义，不必保留系词"是"。落脚点"科学"偏大了，远了些。从释文看，作为"学科"或者"分支学科"可能更合适。至于"家畜、家禽、伴侣动物（如犬、猫等）……"一句，在"兽医学"已有交代，就不必在这里重复了，可用参见链接的方式处理。

就此，这一段可以变为：

动物传染病学（Veterinary infectious diseases） 研究动物传染病发生发展规律及其防治方法的学科。是兽医学的分支。

本段末尾提到"兽医传染病学与兽医流行病学、兽医微生物学、兽医免疫学、兽医病理学和兽医药理学等有密切联系"。说到"密切"，具体如何密切，其实可以展开一些介绍。这对于读者理解本学科大有裨益。

三、关于"发展简史"

一般学科简史都涉及学科萌芽、形成、发展，乃至现状，甚至发展趋向，所以这里层次标题用"简史"即可，不必带"发展"。

条目稿中用许多文字写了作为本学科形成和发展基础的其他学科的里程碑式的人、物和学说，诸如巴斯德与微生物、柯赫与传染病学说，以及电子显微镜、DNA 分子双螺旋结构模型等，谈到这些对"家畜传染病学科的进步也起到了极大的推动作用"。然而，推动者，毕竟是其他学科，而非本学科的。那些推动的结果，也就是本学科进步的里程碑在哪里呢？反倒不见说明。

写西方毕竟有人有物，写中国则只有一个名单。这些人对学科的具体贡献是什么，完全阙如。这样写，产生的作用只能游离于百科全书的目的，百科全书条目也就难以站立起来了。

文中有三处出现"我国"一词，因为百科全书行文采用第三人称而应改为"中国"。

四、关于"基本内容"

在这个一级层次标题之下，设有六个二级层次标题："兽医传染病发生和流行的三要素""兽医传染病的种类""兽医传染病的流行形式""病原微生物的传播途径""兽医传染病的防治""基本法规制度"。各标题之下分别进行解说，介绍了本学科的一些研究成果和结论。感觉似乎像是下级条目。

问题在于，学科条的基本内容与学派条的基本内容是不同的。学派条的基本内容或许可以是已经确定的理论、定律、规则之类。学科，本质上是要不断研究、不断创新的。用来界定学科的根本应该是在哪儿研究、如何研究，也就是说其基本内容应该是研究对象、研究领域、研究方法之类，而不是研究得出了哪些结论。事实上，学科条目可以把基本内容具体化为研究对象、研究领域、研究方法，作为一级层次标题来介绍。

五、关于"学术机构及刊物"

条目稿只是列了四个学术机构和八个刊物的名称。至于它们的创办、发展，它们在学科架构中的地位、作用，没有一点儿分析。

仿佛不是作者自己想写这部分内容，而是勉强填空的。

六、关于"学科意义"

第一个感觉是"意义"这个内容不必设标题。百科全书重在客观描述事实，一般不做褒贬，自然也不必突出意义之类。因此，谈意义的文字可以考虑压缩篇幅，并入概述。

另一个感觉是内容狭窄了。

畜牧业是国民经济的重要组成部分，畜牧业的持续性健康发展在提高人民的生活水平和维护社会稳定等方面具有重要作用。兽医传染病的有效预防与控制则是保障养殖业健康发展的前提。因此，提高对兽医传染病发生、发展规律的认识，掌握传染病的流行特点，研制有效的疫苗和治疗性生物制品，提升兽医传染病学的研究水平对于推动畜牧业健康发展、提高人民生活质量，稳定社会和经济秩序等具有重要意义。

通看整个释文，从畜牧业开始，又归结到畜牧业，似乎只讲了对畜牧业的意义。然而本学科的研究不仅服务于畜牧业，还服务于蜂业、蚕业和水产业，而且包括野生动物。显然，其意义不能局限于畜牧业。

七、关于"展望"

同样是因为百科全书重在客观描述事实的缘故，也不宜突出猜想之类的东西。"展望"不必设为标题。不妨考虑压缩之后放在简史末尾或放在条目末尾。

（2016-11-29 ）

《兽医学·实验动物学》条目意见

收到三版《兽医学·实验动物学》9个条目。

感觉有点共性的问题在条目分类编写提纲方面。全书原来提供参考的提纲难以适用于具体学科具体条目，需要根据本学科情况进行拟订。

"猴结核病"和"鼠支原体病"条目都列入"事实、现象类"，撰写内容相差很大。可能缘于所依据的提纲过于笼统。建议细分，例如设"兽病类"。

《〈中国大百科全书〉第三版网络版编写条例》（试行）中的体例部分已经完成，请参照有关约定处理。

关于具体条目文字的零星外行意见，分述如下，供参考。

猴结核病（Monkey tuberculosis） 由分枝杆菌属（Mycobacterium）的三种分枝杆菌引起的人畜共患慢性消耗性传染病。其特征是动物逐渐消瘦，在组织器官内形成结核结节和干酪样坏死。

定义揭示了三种特征（分枝杆菌引起、人畜共患、慢性消耗性传染病），却把最本质的特征（形成结核结节和干酪样坏死）放到了定义之外。建议参考学者给出的另一个定义：

由结核分枝杆菌引起的，以在猴的多种组织器官中形成结核性结节肉芽肿和干酪样钙化结节病灶为特征的人兽共患性慢性传染病。［王彭军.猴结核病 // 中国人兽共患病杂志.2000.16（3）:89］

这里"分枝杆菌""结核分枝杆菌"，抑或"结核杆菌"，还请作者核定。

防治部分，只写了预防，完全没写治疗，似有欠缺。

小鼠遗传学发展史（Review of Mouse Genetics） 以小鼠为对象，

讲述遗传规律在小鼠中的再发现、实验小鼠的培育、通过小鼠遗传研究发现重要生命机制及小鼠遗传修饰手段等重要历史进程，反映实验小鼠在生命科学研究中的支撑及引领作用。

条目名为"发展史"，似乎太大了。"史"或"简史"就够了吧？

首句应该是定义。这里不是。定义需要回答"是什么"，而非"做什么"的问题。

6000万年前，鼠属（Mus）在地球上开始出现。

追溯过远了。本条目写的是小鼠遗传学史，不是小鼠史。

实验动物设施　按微生物控制程度可分为：①普通环境、②屏障环境、③隔离环境。

设施……分为……环境。句子不通。

实验动物学（Laboratory Animal Science）　以实验动物为主要研究对象，研究实验动物标准化及动物实验规范化的学科。

实验动物学包括实验动物和动物实验两大部分。前者是以实验动物本身为对象，研究它的遗传，繁殖，饲养管理，微生物检测，兽医监护，以保证实验动物质量的标准化，生产、使用的规范化。后者是在动物实验中，研究实验动物的选择，试验的方法，动物模型的制备，试验中对动物反应的观察、对比，以保证试验质量和实验的可重复性。

…………

研究内容

实验动物学包括实验动物、实验动物医学、比较医学和动物实验技术四个部分。

释文第二段的"两大部分"与下文的"四个部分"，不协调。

似乎释文第二段可以考虑并入下文。末尾的一段可以压缩，前移作为第二段。

实验动物质量等级（Laboratory Animal Quality Level）　根据相关标准对实验动物质量差别程度作出的划分。

定义似乎没有充分挖掘出本质特征。"相关标准""质量差别"说了近乎没说。

实验动物寄生虫学等级、微生物学等级的区分要否明确？

释文内容建议重新组织：划分依据、等级设定、适用动物等。

"展望"非百科全书特长，不必设为层次标题。

实验小鼠（Laboratory mice） 专门用于科学研究、教学、生产和药品检定的小鼠种群。……

 1. 成熟早，繁殖力强　6～7 周性成熟……

 2. 体形小，易于饲养管理　出生重 1.5 克……

层次标题不用序号。

小鼠转基因技术

 ①（1）当外源打靶基因载体未能整合在内源基因组 DNA 上时，细胞中无 neo 和 tk 基因表达（即 neo-/tk-），由于培养液中的 G418 对细胞的毒性作用而将 ES 细胞杀死。②（2）当外源打靶基因载体随机整合到基因组上时，……

段落内列项说明可以使用圈码编号。"（1）""（2）"重复了。

"客观评价"见于提纲，内容宜简略，不必显示为层次标题。

循环系统疾病动物模型（Animal model of circulatory system disease）各种医学科学研究中建立的具有人类循环系统疾病模拟表现的动物。

 沿革……

 影响……

模型是动物，建立动物，令人费解。利用动物与人体生理和疾病表现的相似性建立的研究模型？

"沿革"不确切。下面讲的是建模简史。

建模原理用不用做介绍？

"影响"这部分也不必设标题。一句话，放在定义后就可以了。

（2017-03-14）

《兽医微生物学》样条意见

收到三版《兽医微生物学》等 5 个样条，意见如下。

兽医微生物学（Veterinary microbiology） 研究动物微生物的生物学性状、致病特性以及在一定条件下与动物机体相互作用关系的一门学科。

…………

  重要学术机构与学术刊物

  国际上最著名的微生物学相关学术机构是美国微生物学会（American Society for Microbiologists, ASM），创立于 1899 年，是生命科学领域中全球最大且历史最悠久的会员组织。中国微生物学会（Chinese Society for Microbiology, CSM）成立于 1952 年，下设 18 个专业委员会，其中兽医微生物学专业委员会成立于 1979 年，1992 年以前挂靠于江西省科学院，1992 年后挂靠于中国兽医药品监察所，首任主任委员程绍迥先生。至 2016 年，在中国大陆 22 个省、4 个直辖市、5 个自治区均设立了地方微生物学会，有的地方学会还专门设立了兽医微生物学专业委员会，如北京、上海、江苏等微生物学会。

国内外有关微生物学方面的学术刊物很多，……

  发展趋向

定义不必说"一门"。

机构和刊物部分行文明显感觉是介绍"微生物学"而非"兽医微生物学"。着眼点需挪正。

"国际上最著名的微生物学相关学术机构是美国微生物学会

（American Society for Microbiologists, ASM），创立于 1899 年，是生命科学领域中全球最大且历史最悠久的会员组织。"这就离题了。没有说国际上的兽医微生物学机构如何。"中国微生物学会（Chinese Society for Microbiology, CSM）成立于 1952 年"，亦属离题。

可以考虑说："国内有 1979 年设立于中国微生物学会之下的兽医微生物学专业委员会，是其 18 个专业委员会之一……""国内外专门的兽医微生物学刊物不多，著名的只有 1 种，即荷兰的 Veterinary Microbiology，专门刊载家畜和家禽等动物微生物疾病的病原、免疫、传染、预防等方面论文，是兽医微生物学领域公认的权威期刊。而《微生物学报》《病毒学报》等相关期刊则刊载兽医微生物学论文。"

考虑到百科全书以客观描述为己任，不长于猜想推测之类。建议撤销"发展趋向"层次标题，具体内容可压缩并入简史。

毒力岛（pathogenicity island，PAI） 病原菌的某个或某些毒力基因群，分子结构和功能有别于细菌基因组，但通常位于细菌基因组上，像岛屿一样存在，又称致病岛。

大小通常为 20 ~ 100kb。

定义句式宜调整，剥离又称：病原菌中，分子结构和功能有别于细菌基因组，但通常位于细菌基因组上，像岛屿一样存在的某个或某些毒力基因群。又称致病岛。

鉴于《中国大百科全书》的综合性，鉴于读者的非专业设定，《体例》22.2："释文中的计量单位一般用单位的中文符号或中文名称，如米、千克、瓦（瓦特）、牛（牛顿）、安（安培）、赫（赫兹）等。"这里"kb"是否应该用"千碱基"？

脑心肌炎病毒（Encephalomyocarditis virus，EMCV） 微 RNA 病毒目（Picornavirales）、微 RNA 病毒科（Picornaviridae）、心病毒属（Cardiovirus）的唯一成员，可引起以脑炎、心肌炎或心肌周围炎为主要特征的急性传染病。

前半句不可用顿号，应删。目、科、属，非并列关系。"成员"，是否为"种"？

后半句有疑问。脑炎、心肌炎或心肌周围炎，本身都是急性传染病吧？如何"为主要特征"？

鸭疫里氏杆菌（Riemerella anatipestifer，RA） 雏鸭传染性浆膜炎的病原菌，隶属黄杆菌科（Flavobacteriaceae）、里氏杆菌属（Riemerella）。

"科""属"非并列关系，删顿号。

（2017-06-30）

《生物学》条目复审意见

收到三版《生物学》39条，包括综论人物和古生物学两部分。
需要说明的，有以下几个问题。

1. 中性词语

《〈中国大百科全书〉第三版网络版编写体例》"6.8"：释文秉持客观性，尊重客观事实。一般不做简单的褒贬。尽可能用中性词语，不用颂扬性词语（例如"伟大""英明""著名""杰出"等），也不用贬抑性词语（例如"愚蠢""卑鄙""罪大恶极"等）。

"曹天钦"条："1973年他对马王堆汉墓古尸的保存状态和条件进行了研究，对生化考古学做出了杰出的贡献，为国际学术界瞩目。"删"杰出"二字。

"钮经义"条："在氨基酸的制取、合成方案的设计、肽段的合成及最终产物的分离等方面都做出了重大贡献。"可删"重大"二字。

2. 外文期刊名

"邹承鲁"条："历任一些国内外重要科学期刊编委，包括《中国科学》和《科学通报》副主编，Analyticai Biochemistry 及 Biochimica et Biophysica Acta 编委，美国 Biochemistry 及 FASEB Journal 顾问编委等。"

外文应译为中文（括注外文），外文书名用斜体。试改为：

历任一些国内外重要科学期刊编委，包括《中国科学》和《科学通报》副主编，《分析生物化学》（*Analyticai Biochemistry*）及《生物嵌合体》（*Biochimica et Biophysica Acta*）编委，美国《生物化学》（*Biochemistry*）及《美国实验生物学学会会刊》（*FASEB Journal*）

顾问编委等。

3. 定性适度

"杨福愉　中国膜生物学家。"

定性语似过于狭窄了。删"膜"。

4. 名词

"周廷冲"条："为中国部队培养了第一批军事防化毒理学专业人才。"改"中国部队"为"中国人民解放军"。

5. 参见

"化石"条："参见'微化石''超微化石'。"

按《〈中国大百科全书〉第三版网络版编写体例》"29.8 参见链接"的安排，所参见的条目名称不必加引号，可改字体。

6. 笔误

"有孔虫"条："不同深度、不同纬度的海域有不同的种类，因此成为海参、海温的指示生物。"改"海参"为"海深"。

"其它"改为"其他"。

（2019-09-28）

《植物学》"根"条意见

收到三版《植物学》条目稿"根"。

这是个长条目。下设四个一级层次标题:"定义和定性叙述""发育""结构特征""功能"。

"定义和定性叙述"自然是无须作为层次标题的。现在的主要问题在于,"定义和定性叙述"之下设四个二级层次标题:"主根""侧根""不定根""根系"。"根系"之下又设有五个三级层次标题:zw00084 主根系或直根系(tap root system)、zw00169 须根系(fibrous root system)、zw00098 支柱根(prop root)、zw00109 呼吸根(resporatory root)、zw00258 根托(rhizophore)。"zw"是植物学条目代号。显然,这里的五个三级层次标题都是下级条目的标题。

"发育"之下设层次标题:根尖(root tip)、zw00259 根冠(root cap)、分生区(meristematic zone)、zw00121 根冠原、zw00330 伸长区(elongation zone)、成熟区等。

"结构特征"之下设层次标题:zw00260 根毛、zw00164 内皮层(endodermis)、zw00313 凯氏带(Casparian strip)、zw00313 凯氏点、zw00387 中柱鞘(pericycle)等。

总之,在"根"这个条目之中,至少有十三个层次标题是下级条目的题目。其下的释文显然跟有关条目是重复的。这无疑是全书篇幅的浪费。

大量下级条目的题目作为本条的层次标题,也造成本条目结构的混乱。

不同层级的条目,释文着眼的角度应该是不同的。上级条目应该在上级条目的层次上着眼，横向设置层次标题。就本条而言，根的"发育""结构特征""功能"自然是合适的，也可以考虑设类似于"根的构成"的层次标题，介绍其有"主根""侧根""不定根""根系""主根系""直根系""须根系""支柱根""呼吸根""根托""根冠""根冠原""伸长区"等。但应仅就其关系点到而已，不必具体展开介绍。当然建立链接是必要的。读者需要时可以过去查就是了。

修订的《〈中国大百科全书〉第三版网络版编写体例》将明确规定："下级条目的条头不做本条目的层次标题。"

（2016-12-28）

《社科词条库·宗教》词条意见

（一）

复审处理百科编辑平台上《社科词条库·宗教》词条首批 51 条。提交 36 条，打回 15 条。

词条总体质量尚好。主要问题是，部分词条的部分释文（这里说的是引文之外的释文）明显是作者从古籍中直接"搬"来的，并非现代人的口气，当然更不符合社科词条库的立场。也有些事项交代不清，需要请作者查证、补充。

打回的词条，有的随手修改了，有些没有修改，只是提了质疑的问题。

具体意见，按词条择要胪列如下。

《西藏民族政教史》

藏传佛教史籍。

法尊著。作者系进藏学习藏传佛教的汉僧，曾获最高格西学位——拉然巴。

内容欠完整。应写明写作时代（不等于出版年代）。作者是清代人，还是民国时人？

黄崖教

中国民间宗教教派。

周太谷在清嘉庆（1796～1820）、道光（1821～1850）年间所创立的太谷学派，是一个"发往圣所未发，释先儒所莫释"，与当政者保持一定距离的学术派别。

"发往圣所未发，释先儒所莫释"，不宜作为百科全书的评论。试改为："……太谷学派，号称'发往圣所未发，释先儒所莫释'，是一个与当政者保持一定距离的学术派别。"

"弟子数以万记"，改为"弟子数以万计"。

> 幸有弟子朱玉川侥幸得活，成为北宗残留弟子的领袖，倾全力设立"养蒙堂"以养遗孤。

删"幸有"。客观陈述，百科不要站到黄崖教的立场上去。

南七真

> 中国道教全真道尊奉的南宗七位真人，即张伯端、刘永年、石泰、薛道光、陈楠、白玉蟾和彭耜。

"真"解释为"真人"，不够明白。建议指明为"祖师"。

张国祥

> ……上许之，御书宗传字额赐之，并锡以宗传之印，即元坛印。命祈雪以占丰年，果应时雪降，上大悦，赐金冠玉带，并赐隆宗门外直房。

部分句子非引文，却直接抄古书，口气不合适。例如"上"，乃封建臣民称皇帝，用于百科不妥。

三皇派

> 家有三皇文，……

加书名号。

> 鲍靓所得之经即道教所称"大有《三皇文》"，帛和所传之经被道教称为"小有《三皇文》"。

既然"称为"，那么称为后面的就是书名了。是否为《大有三皇文》《小有三皇文》？网上有"简介《今文尚书》"的说法。

洞渊派

> 该派道士受洞渊三昧法箓，其法上辟飞天之魔，中治五气，下绝万妖。

此话不宜作为百科全书的评论。试改为：该派道士受洞渊三昧法箓，其法号称"上辟飞天之魔，中治五气，下绝万妖"。

张宇初

……八年，羽化。张宇初幼时聪颖持重，长而学识渊博，为历代天师中最博学者之一。有"道门硕儒"之称。其志于文二十余载，博通诸子之学，为方内、方外之士所敬重。并擅画墨竹，精于兰蕙，兼长山水……

"羽化"为道教徒口气，可改为"卒"。行文嫌啰唆，删节。试改为：

张宇初 ……八年，卒。张宇初幼时聪颖持重，长而博通诸子之学。为历代天师中最博学者之一，有"道门硕儒"之称。并擅画墨竹，精于兰蕙，兼长山水……

金山派

中国道教全真道龙门派的支派。

支派定性语可比性如何？

混元派

中国道教教派。南宋时期雷默庵创立，为天心派支派之一。

支派定性语可比性如何？（"金山派"定性语中指明"支派"，这里称"教派"）

"豫章人（今江西南昌）"，改为"豫章（今江西南昌）"人。

一贯道

一贯道 ……

创始人王觉一生平好道，学贯三教，曾任算卦师。27岁时，蒙云南刘万春引荐，于西乾堂拜山西证恩级传道师姚鹤天为师，……教内订立严格的九品教阶制，即一品众生、二品天恩、三品证恩、四品引恩、六品顶行、七品十果、八品十地、九品莲台。……中华人民共和国建立后，人民政府正式宣布一贯道为反动会道门，明令取缔。……直到1987年，台湾当局才解除对一贯道的禁令。……历史证明，任何宗教随着社会的进步，都要不断地改善自身，以便适应社会，谋求生存和发展。

"生平好道"可删。"蒙"，改为"经"。缺五品（各品名目须查证）。取缔缘由宜有说明。"直到""才"，宜删。"历史"句，可删。

翁仲

孔武威严，具有守护殿堂陵墓之神力。翁仲历史上实有其人，原为秦始皇时一名力士勇将，名阮翁仲。相传他身高1丈3尺，勇武异常。秦始皇派翁仲镇守临洮，威震匈奴。于是在翁仲死后，皇帝为其铸铜像，蠹立于咸阳宫司马门外。

"具有守护殿堂陵墓之神力"，不科学，删。"勇将"，重复，删。"于是"，删。"这"，删。"了"，改为"有"。

长生教

浙江西安县（今浙江衢州）人汪长生所创立。

加"明代"。以与"今"相应。

刘沅

中国民间宗教刘门教的创始人。……刘沅的槐轩之学代有传人，至今不衰。

"至今不衰"，说法可疑。

李向善

中国民间宗教九宫道的创教祖师。直隶宁晋县（今河北宁晋）人。

"直隶"前加"清代"。

王森

中国民间宗教东大乘教的创教人。

类似条目"创教人""创教祖师""创始人"提法不同的考虑是什么？

噶玛巴

藏传佛教活佛转世系统之一。藏传佛教史上历史最悠久、转世最多的活佛系统。……第十七世噶玛巴邬金钦列多杰……成为第十七世噶玛巴。

定性语重复。头衔重复。

萨班·贡噶坚赞

被称为"萨迦班智达（大学者）"。

改为：被称为"萨迦班智达"（大学者）。

蔡巴·贡噶多吉

中国元代藏传佛教学者。西藏十三万户中最后一任蔡巴万户长。出家为僧后，取法名格微罗追。曾来内地向元朝朝贡。以编纂藏文大藏经甘珠尔部目录知名，与西藏佛学大师布敦·仁钦朱有过往来。元至正六年（1346）撰《红史》一书，系研究藏族古代历史的重要著作。曾联合萨迦、雅桑等地方势力与帕竹·绛曲坚赞作战失败，领地尽为帕竹夺占，蔡巴实力从此衰竭。

从释文看，他作为学者知名是肯定的，但其主要身份、基本身份，似乎并非学者。

《中华珍本宝卷》

中国民间宗教丛书。

马西沙主编，韩秉方副主编，第二辑起又增加周启晋为副主编。截至目前共出版3辑，每辑10册。

何年代出版的？

《众喜粗言宝卷》

中国民间宗教长生教的经典宝卷。又称《众喜粗言》，简称《众喜宝卷》。

清道光（1821～1850）年间长生教首陈众喜撰述，全书5卷，共108分。该宝卷属三屉楼制版印刷，顶层只有简单扼要的标注文字，书眉用小号字载《二十四孝》《功过格》等劝善文字，甚至还有治病药方之类。下层约占五分之三，是大字的宝卷内容。

定性语不宜再用书名中的"宝卷"二字。可否将"经典宝卷"改为"典籍"？

"共108分"的"分"是何意？

"顶层""下层"，从网上查到的书影看，实际是书页的上部、下部。说"层"易使读者误解。

（2017.10.10）

（二）

再读平台《社科词条库·宗教》词条。主要是道教和犹太教词条。总体质量尚可，具备加工基础。具体词条，有些直接修改了，有些修改还请责编审核是否得当，也有些问题需要责编与作者商讨解决，词条做退回处理。

大量插图，看图片内容，不像百科全书作的图，应是取自古代典籍。考虑原图出处亦有知识性，应予揭示，所以准确图题应为"《……》插图'……'"。

于吉

东汉末方士。一作干吉、干室。

生平不详。琅琊（今山东临沂北）人。建安（196～220）初，有道士自称于吉，避乱江东吴郡（今江苏苏州）者，疑为其弟子冒名。

释文过于空洞。反倒不明为何有人要冒其名。史载《太平经》及孙策事何不提及并辨析一二？

张陵

沛国丰（今江苏丰县）人。传为汉留侯张良后裔。少即研读《老子》及天文地理、河洛图纬之书，曾入太学，通达五经，举"贤良方正直言极谏科"。东汉明帝时，曾为巴郡江州（今重庆市）

令，……

是否应将下文的"东汉"提到首句"沛国丰（今江苏丰县）人"前？否则首句交代何地人却不知何时人。

葛洪

东晋著名道士、道教学者、炼丹家、医学家。

百科定性语无须用"著名"二字。

吕洞宾

唐末、五代著名道士。

删定性语"著名"。

插图缺图题。此图是某道观的吕洞宾塑像，并不适用"人物条目中的人物肖像、与条头名称相同的实物的图片、音频和视频可省略图题"的规定。

阿亚图拉

伊斯兰教什叶派十二伊玛目派高级宗教职衔和荣誉称号。

译为真主的迹象。

"译"改为"意"。

至 20 世纪，又用阿亚图拉称呼其中最杰出的宗教学者，一位穆智台希德只有凭个人的虔诚品德和宗教学识赢得广泛的追随者，并被现有的阿亚图拉承认后才能获此称号。

这是两句话，中间逗号改为句号。

穆智台希德

什叶派则认为，这样的知识精英普遍存在于各时代，是"隐遁"伊玛目在人世间的代理，服从他们的召唤，其判决和发表的"法特瓦"具有法律效力。

谁"服从他们的召唤"？一句话中主语有变？

伊斯兰教历

其中回历和波斯历最为有名，并且一直沿用至今。中国称回历或回回历。

看前一句，"回历"和"波斯历"不同；看后一句，"回历""回回历"又是二者的统称。是吗？看现在的释文，基本沿用二版条目，多处交代不清，不如一版同名条目写得具体。可否做补充处理？多个条目提到具体月份名称，这里应予交代。

开斋节

伊斯兰教宗教节日之一。

定性语无须"之一"。

圣纪

穆罕默德出生于 570 年，即阿拉伯太阴历象年的 3 月 12 日（此年因阿比西尼亚军队乘大象出征麦加，故称象年），逝世于阿拉伯太阴历 11 年 3 月 12 日（公元 632 年 6 月 8 日）。因此，穆斯林将两个纪念日合并举行，称圣纪或圣忌，俗称办圣会。

补明"与诞生的月、日相同"。"穆斯林将两个纪念日合并举行"不通（活动可举行，日子不能举行），改为"穆斯林的这个纪念日具有双重意义"。

盖德尔夜

伊斯兰教节日。意为高贵的夜晚、珍贵之夜。

原第二句不通，换一版一句："盖德尔"意为"前定"或"高贵"。

麦加

现在，每年前往麦加朝觐的世界各地穆斯林人数逐渐增多，最多曾达 250 万人以上。

一版《宗教》卷即称"每逢朝觐季节，世界各地穆斯林来此拜谒，最多曾达 250 万人以上"，30 年后再说"现在"不妥。

麦地那伊斯兰大学

首任校长是沙特已故总穆夫提伊本·巴兹（Abd al-Aziz ibn Baz，1910 ~ 1999）长老。

"已故"不通。现在已故，当校长时肯定是活人。不知任校长时是不是总穆夫提。

路得

后波阿斯与她结婚，路得生下俄备得，即就是日后以色列王大卫的祖父，而路得也就成为大卫的曾祖母。

"即"与"就是"重复。建议删后者。

拉比库克

著名的拉比权威和思想家。

对此定性语有两点疑问：一是"著名"二字在百科条目定性语中没有必要，二是"拉比权威"一般读者仍不懂是什么。可否将定性语改为"犹太教思想家"？

释文首段出现"拉比"应设热链接。

世界进步犹太教联盟

由改革派、自由派、进步犹太教以及重建主义运动等组成的国际性联合组织。……1990年，与世界进步犹太教联盟拥有不同哲学观念的重建主义者以观察员身份加入，成为其第一个也是唯一的非改革派成员。

定性语与释文的说法似乎矛盾。定性语说重建主义是联盟的构成部分，释文说重建主义者与联盟哲学观念不同。观察员并非正式成员。

可否寻找更概括的定性语？

流散

犹太人历史上的一大特点是长期处于有族群而无国家的流散状态，这其中凝聚着犹太人独特的历史际遇与思想观念。希伯来语中描述"流散"最重要的词是"加路特"（תול.ג.）。该词最早出现于《希伯来圣经》，指被掳为"巴比伦之囚"的犹大人。随着历史的前进，它不仅有"流放""流散"之意，而且发展出丰富的神学思想，其基点在于强调作为特选子民的犹太人与上帝应许的以色列地之间的分离。因此，严格说来，这一概念特别适用的时间段是公元70年第二圣殿被毁至1948年以色列建国。在这段漫长的时间里，"加路特"的观念也呈现出许多变化。

……其二，犹太思想家持续丰富"加路特"的内容，使之朝着多元化的方向发展。总体说来，正统的拉比犹太教对流散依然保持相当的乐观态度。例如，迈蒙尼德便认为"加路特"的作用在于通过试炼保存最纯洁的犹太人。中世纪后期，更多现实层面的因素，比如朴素的民族主义、人文主义以及重商主义等纷纷融入"加路特"的思想中。

看释文，怀疑此条目标题应为"加路特"。

阿什肯纳兹犹太人

对源自法德地区犹太人的称谓。

谁来称谓？如果是特定群体，应该明示；如果是所有公众（含全书自身），则似乎不必说"对……称谓"。

大卫之星

犹太教和犹太人的标志。

由一个正三角和一个倒三角组成的六角星。

感觉下面一句话可以提到文首。先回答什么是大卫之星，再说大卫之星是做什么用的。

希律王

大兴土木是其统治生涯的重要特色，不仅在巴勒斯坦之外捐赠建造了大量希腊式建筑，资助奥林匹克运动会，还在巴勒斯坦建造了凯撒利亚港和以马萨达为代表的一系列防御性军事堡垒，但所有建筑工事中最重要的仍是对耶路撒冷圣殿的重修。在其统治后期处死了多位妻儿，后宫一片血腥。公元前9年，未经罗马许可对奈巴提人开战，引起罗马猜忌。在其于公元前4年死后，王国就被罗马一分为三，由他幸存的三个儿子分别继承。

首句"但"前逗号可改为句号。"但"似可删。"仍"疑为"乃"。

末句"就"可删。

五旬节

由于两个节期间隔共计 50 天，故称五旬节。

"共计"的提法容易导致误解。还以为这 50 天都是五旬节呢。其实五旬节只是一天（或两天），只是距逾越节 50 天。

赎罪日

犹太民族的主要节日之一。

犹太民族最神圣的节日，中心主题为赎罪和忏悔。

显得重复。首句分量轻于次句。

亚伯拉罕

暴露后并未受到惩罚，反而带领法老赏赐的大批财物离开。

犹太教、基督宗教和伊斯兰教被统称为亚伯拉罕诸教，……基督宗教……是基督宗教中"因信称义"的典范。

"带领"应否改为"带着"？

"基督宗教"可否改为"基督教"？

摩西十诫

又称十诫。

可否改为"简称十诫"？

十条诫命的完整条文在《圣经》中出现了两次……

建议承接条目标题，改为"摩西十诫的完整条文在《圣经》中出现了两次……"

革马拉

拉比犹太教经典《塔木德》的两个主要组成部分之一，《塔木德》时代拉比犹太教贤哲们（阿摩拉）对《密释纳》经文所进行的讨论、争辩、解说和发挥的集成式经典。

可否将后半句独立，前移作为定义，前半句亦独立，另外作为定性说明？

西奥多·赫茨尔

出生于匈牙利布达佩斯。父亲雅各·赫茨尔是一位犹太富商，曾经担任过匈牙利银行的总裁。自幼接受了良好的教育……

中间一句似乎不换主语较好：曾经担任匈牙利银行总裁的犹太富商雅各·赫茨尔之子。

积极筹办第一次犹太复国主义代表大会。

在其号召与组织下，第一届犹太复国主义代表大会于 1897 年 8 月 29 日至 31 日在瑞士的巴塞尔举行。

"第一次""第一届"可否统一？

亚伯拉罕·盖革

犹太教改革派中杰出的理论家、语言学家和历史学家。

建议删"杰出的"。

盖一生著述颇丰，《〈圣经〉的原本和译本》是其代表作。

补"革"字？

张继先

5 岁不言，一日，闻鸡鸣，忽笑而赋诗。

"呜"，似应改为"鸣"。

精于神霄雷法与内丹学，著有《大道歌》《心说》等传世，明代天师张宇初编次其书文、诗词歌颂等 200 余篇而成《虚静真君语录》7 卷，内容多论述其修道理论和修道方法。

"明代"前逗号宜改为句号。分为两句话，主语不同。

左慈

擅六甲神术，明五经，通星相，能役使鬼神，会变化、辟谷、坐致行厨，又擅房中补导之术。曾与曹操同席，曹操环视众宾，欲得松江鲈鱼。左慈以铜盘贮水，钓而得之。后曹操欲杀之，乃逃入墙壁之中。后复见左慈于阳城山头，再欲杀之，则隐入羊群，卒不可得。后又遭刘表、孙策忌杀，皆遁去。

役使鬼神、铜盆钓鱼，乃至隐遁之事，皆传说，并不可信。按释文的叙述，成了百科全书确认的史实，不妥。

张衡

白日飞升。

只能是传说，不可能作为百科全书认可的史实。

胡慧超

身材高大，喜谈论《博物志》，时人其为"胡长仙"。

"其"之前似缺一"称"字。

谢自然

白日飞升。

道家语，非百科语。

马钰

插图缺图题。补图题"马钰画像"，感觉仍不确切。看布局，并非单人画像。图中有三人，并非马钰一人。疑为某著作插图。

莫月鼎

可召雷雨，破鬼魅，动与天合，因此名重当时。

今日百科如此认定，不当。

插图缺图题。

道教养生学

对此条目的名称存疑：学科，还是方术？

按百科全书惯例，学科条目要介绍其研究范围、方法，介绍其与相关学科的关系，显然这些并非本条目的内容。作为学科，自然要在今后继续探索研究，发展进步的，这显然也非本条意旨。

从释文一级层次标题"道教养生学的发展阶段"之下的内容看，也并非讲一个学科的发展阶段，实际是讲道家养生方术（理论）的发展阶段。

其后几个一级层次标题"道教养生方法""道教养生理论""道教养生学的现代意义"显然也并非是讲学科。

感觉上，此条目释文对应的题目似乎应该是"道家养生方术"，或者就叫"道家养生"。

道教科仪

道教科仪常与"斋醮"一词连用，称为"斋醮科仪"，用来笼统地指称道教的宗教仪式。

此言差矣。明明说"斋醮科仪"，乃"斋醮"与"科仪"连用嘛。下文分释"斋""醮""科""仪"，次序亦应对应。

道教善书

宋代以来出现的一类专门劝人积善成仙、积善获福的通俗教化文献。又称道教劝善书。

定义中宜剔除年代。年代并非本质特征，可放定义后介绍。

"形成阶段"的提法不确切。实际不是"形成"，而是"出现"。

"发展阶段"，应该有较多代表作吧？可否提及一二？

阳台观

因地处阳台而得名。

语意不明。"阳台"是什么地名？似为专名，通名呢？也许并非专名，而只是因为位在山峰南麓（阳）的台地之上而得名。

指南宫

1991 年，在不改变殿宇本貌的原则下，进行了为时 7 年的重建本殿工程。

不通。一年之中如何有 7 年，不知是否为"1991 年起"？

插图缺图题。图中似指南宫的某个殿。

无量观

传说刘太琳、王太祥来居此山洞内修炼……

"来居此"，是否为"曾居此"？

西山万寿宫

晋宁康二年（374）八月初一，净明道祖许逊得道成仙，携全家 42 口"拔宅飞升"，族民乡绅立许仙祠祀之。

"拔宅飞升"，应指明是传说。修改稿没解决此问题。建议将"初名许仙祠"改为"传说"。

南北朝时，许仙祠迭改名为游仙观。

这里"迭"字何意？可否删？

规模之大，为中国最大的道教圣地之一。

文字重复。

无图号。图 1 无图题。

《历世真仙体道通鉴续篇》

中国道教传记，《历世真仙体道通鉴》的续篇。

定性语后半句无意义，重复。

阎祖派

从湖北武当至江苏句曲山乾元观。茅山古名句曲山，相传东汉茅盈与其弟固、衷修道于此，后人遂改句曲山为茅山。

语义不连贯。第一个"句曲山"似应改为"茅山"。

《塔纳赫》

同时也是人类文化的宝贵遗产，对提升道德的呼吁和对公平正义的追求几千年来激励着为数众多的仁人志士为建立美好和谐的理想社会而奋斗。

此语有无必要？

妙峰山庙会

始于明朝，距今已有 400 多年的历史，在每年四月初一至十五日半月时间，日以万计的男女香客络绎不绝于途，有的一步一揖，三步一叩首；有的甚至以背鞍、驼砖、耳箭、悬灯等方式进香，对娘娘无比虔诚。同时，尚有各种花会边走边练，幡旗飘扬，鼓乐齐鸣，沿途观者如潮，热闹非凡。庙会期间，京都万人空巷，其规模堪称华北之首，故号称"香火甲天下"。

此段所言盛况并非 400 年不变，夸张且与下文重复。可否并到下文之中？

《皇极金丹九莲正信皈真还乡宝卷》

先天教经典宝卷。

"宝卷"似可删。"宝卷"是一类道教经典的通名。定性语已称其为"经典"，感觉就不必重复已见于书名的这两个字了。

正所谓"皇极宝卷初展开，三世诸佛满空排。……无生眼中频流泪，使碎真心稍信来。……老母灵山亲吩咐，度尽残灵赴瑶台。……接引大地诸男女，早认收源把号排，末后一着龙华会，诸佛诸祖见当来。"

可否删？

《林子全集》

三一教教主主林兆恩一生著作的汇编合集。

多一个"主"字？"汇编"与"合集"重复。

此书"依先师在日亲笔归稿，无半字更易，所谓不衍不忘，率由归章也。"

"归"，似应为"旧"。

以赛亚

希伯来伟大先知之一，希伯来文含义为"上帝拯救"。

"伟大"可否删？"之一"后逗号可改为句号。句后补句号。

他满怀着对西伯来人的国家和犹太教的忠诚……

"西"，疑为"希"。

阿摩司

犹大王国的牧羊人和果农，受上帝感召而为先知，非职业先知，主要预言对象为以色列王国，传道活动时间约在前 780—前 750 年间，具体的时间在"大地震前二年"，故一般认为传道时间较短，或一、二星期，或二年，主要行迹记录在《阿摩司书》中。希伯来统一王国分裂时以色列王国本占据了大部分疆土，其时国势较为强盛，经济的发展导致了文化交往的多元，其宗教难免融入异邦元素。这势必要引起宗教人士的不满和干预。阿摩司在此背景下而奔赴北方传达神谕，可谓盛世危言。他不畏只身异国传道的凶险与艰难，对各种亵渎宗教的行为均直言不讳、不遗余力的批判。

首句偏长。"主要"前逗号可改为句号。"一、二星期"，删顿号。"势必要"，可删"要"。"对……不遗余力的批判"，应为"对……不遗余力地批判"。

美国正统派犹太教公会联盟

发行……等多种期刊杂志。

"期刊"与"杂志"重复。

犹太解放运动

18 世纪 80 年代以来欧洲国家改善犹太人生存状况，从法律上赋予犹太人以平等公民权的一场运动。

到 1871 年，随着德意志宪法的颁布，德国犹太人获得政治上完全的公民权，至此，中西欧范围内犹太人已基本获得解放。

"以来"，是到如今，与下一段说法似乎有矛盾。

拉比犹太教

重视口传律法，以拉比为宗教权威、公元 70 年后逐步形成的规范犹太教。

"公元 70 年后逐步形成"，特征非本质，应剔出定义。

不同的场合有不同的祈祷文，和不同的仪式。

逗号应删。

谢克特

美国拉比、学者，曾任美国犹太神学院院长。

曾任什么不必放入定性语。"拉比"之前似宜加"犹太教"。"拉比"对于普通读者显得生疏。

财神

不知为何，此条目已经过三审，又到了二审。

插图缺图题。

宫观

道士修道、祀神和举行宗教仪节的处所，道宫和道观的合称。

定义似乎是两句话。逗号可改为句号。后句为补充说明。据此，道宫和道观是不同的，下文却不见具体界定。

释文又有"其中大道观则称宫"的说法，道宫和道观看来又不是并列关系。"宫观形式皆仿古制。……规模虽有大小，形式大致一律，……"也看不出宫与观的不同。

既然"其中大道观则称宫"，道宫即道观，就不存在道宫与道观"合"称了（"合"用于并列概念，不能用于包含概念）。似乎应该是"通称道观或观，其中大道观称宫"。

药王

因各地民俗不同，故信奉的药王也不止一个，其中著名的还有神农、扁鹊、三国的华佗，唐代三韦（韦慈藏、韦善俊、韦古道），河北安国祭邳彤。

这段话插在直接介绍孙思邈的文字中间，感觉不顺畅。可移前或移后。

永乐宫

各方天神、地祇朝谒"三清"的图像，内含 286 为神仙。

"为"，位？

《犹太古史》

为希腊语世界的大众讲述了希伯来语圣经中的主要事件和犹太人的信仰，其中许多记载为希伯来语圣经所无，为研究早期犹太历史和文化乃至早期基督教的兴起所不可或缺。第一到十卷复述了希伯来语圣经，……

"希伯来语圣经"，是不是"《希伯来圣经》"？

《中华珍本宝卷》

《中华珍本宝卷》丛书的整理出版，对于中国古代文化遗产保护来说，其价值不容低估。出版后已受到国内外学术界的好评。

文末空泛赞扬，似无必要。

先知书

编入《圣经》的时间仅次于律法书，在犹太教中的重要性也仅次于律法书。

这里《圣经》用全称《希伯来圣经》较好。

按内容可进一步分为"前先知书"与"后先知书"，前者记载的主要是……犹太教的后先知书中，三位大先知的著作《以赛亚书》《耶利米书》和《以西结书》以及《十二小先知书》被基督宗教归为先知书，其中后者被分为 12 卷……

这里"后者"有歧义，似宜写明"《十二小先知书》"。

先知文学划分为"散文"与"诗歌"两大类，……后者则包括审判神谕、祸哉神谕、诉讼案件、哀歌、）赞美诗、歌曲、寓言和离合诗等。

多个后括号？

今天人们所见的先知书卷，已是"正典化"过程完成之后的"最后形式"。

"最后形式"不必用引号。

临水夫人

陈靖姑是生有灵异的奇女子，能降妖伏魔，扶危济困。后嫁刘姓易为秦。

"能降妖伏魔"，不应是百科认定。"嫁刘姓易为秦"，不懂。

台湾的临水宫庙也有十余处之多。

《百度百科》称："台湾临水夫人宫观数以千计。"不知为何相差如此之大。

张紫阳

插图图题"张紫阳像"不确切。图上二人，坐而论道状，不知原为何书插图。

紫霄宫

　　1982 年被定为全国重点宫观。2000 年被定为世界文化遗产。

　　道教全国重点宫观，是 1982 年由中国道教协会提出、国家宗教事务局确定并于 1983 年 4 月获中华人民共和国国务院审批同意的 21 间道教宫观。

　　另有说法：1982 年被国务院公布为第二批全国重点文物保护单位。1994 年作为武当山古建筑群的一部分被联合国教科文组织列入《世界文化遗产名录》。

道教学

　　以道教为研究对象的社会科学。按照中国学者朱越利的说法，道教学的任务是……

　　定义落脚到"社会科学"，太大了。建议后加"学科"。

　　紧接着"按照"某个人的"说法"，似乎回避了百科全书自己的判断，会显得权威性不足。可否直接亮出百科全书自己的观点呢？（当然可以与朱越利观点相同）

　　还有一些年轻学者进入道教研究的领域，日后也多成为著名学者。如刘师培、陈国符、翁独健、刘鉴泉、许地山、陈寅恪、汤用彤、蒙文通、陈撄宁、王明、陈教友、傅勤家、陈垣、陈槃、吕思勉、浦江清、许道龄、王珑、张子高、曹元宇、劳干、蒋维乔、丁福保等都为道教学留下了重要的作品。

　　列一堆人名怕不合适，日后著名，当日算啥？有下文的以文带人就够了。

　　未见"道教"条，不知两条内容是否协调？

祈祷

　　基督教指信仰者与上帝（天主）和耶稣基督之间的心灵交流行为。主要内容有交谈……

　　说"交流"，有疑问。不是单向的吗？真能听到上帝的声音？

算命

算命这门学问博大精深，在我国源远流长，属古典哲学中易学、阴阳五行学说的分支，民间多用于对未来事物的推测，以求探知命运发展的轨迹。当然，作为预测学，……这是一门科学。……然而，中华文化博大精深，就预测算命之术而言，它是古代人民经过千百年的实践总结而成的智慧结晶，历代均有高人大师，留下了宝贵的典籍遗产和比较完整的理论系统。

如此肯定，无法认同。

《销释真空宝卷》

中国民间宗教古本手抄宝卷。

名称叫"宝卷"，定性语就不必再叫"宝卷"了。

释文只讨论面世时间，狭窄了。末句"本条目撰写者，曾认真研读过"云云更是离题。

以赛亚

希伯来伟大先知之一，希伯来文含义为"上帝拯救"

句子无句号，且不通顺。"伟大"也不该是百科的评价。还不如百度百科的"通常被人认为"。

宗教基布兹运动

在以色列独立之前获得较充分发展。宗教基布兹的经营结构与其它基布兹无异，但是其成员必须遵守犹太教教规。宗教基布兹运动的成员最初参加东方工人党，后来属于全国宗教党。宗教基布兹运动是 20 年代产生的一些思想团体——基布兹协会、统一基布兹和全国基布兹经过多次分化改组而形成的一种基布兹组织。宗教基布兹运动于 1935 年由来自德国和波兰的 4 个哈鲁茨小组建立。它的成员包含 19 个社团，其中 16 个是传统基布兹，另外 3 个属于莫沙夫适多菲（生产集体化的合作制，介于基布兹和莫沙夫之间）类型。

似前三句后移读起来较顺。

圣经犹太教

希伯来《圣经》（Tanakh）所讲述的古代希伯来文明。

"希伯来《圣经》"，有些条目叫"《希伯来圣经》"。哪个规范？

1492 年大驱逐

西班牙统治者费迪南德国王与伊莎贝拉女王 1492 年颁布诏令将王国境内所有犹太人驱逐出境的事件，导致 20 万左右以上的犹太人被迫离开西班牙。

"左右"与"以上"不相容。后半句多余，可删。

挪亚

在挪亚生活的时代，因为人类在地上的罪恶甚大，上帝后悔自己创造了人，要把他自己创造的人和走兽、昆虫、飞鸟都消灭，于是发动了滔天的洪水。……挪亚在洪水后 350 年，本人 950 岁时逝世。

这些不应作为百科全书的陈述，只能是《圣经》的说法。

约拿单

非利士人离去后，基列雅比的居民的尸体取下，带到雅比火葬……

第二个"的"是"把"？

潘师正

唐代道士。……隋大业（605～618）年间，道士刘爱道劝其师事王远知，得受道门隐诀及符箓。

隋已入道，单说唐代道士，妥否？

林灵素

插图图题"林灵素为宋徽宗讲道"。看图片内容，不像百科全书作的图，应是取自古代典籍。考虑原图出处亦有知识性，应予揭示，所以准确图题应为"《……》插图'林灵素为宋徽宗讲道'"。

常道观

1982 年，被定为全国重点宫观。

道教全国重点宫观，是 1982 年由中国道教协会提出、国家宗教事务局确定并于 1983 年 4 月获中华人民共和国国务院审批同意的 21 间道教宫观。

玉泉道院

现为道教全真道十方丛林，全国重点宫观。

最好交代咋"为"的。

黄大仙祠

香火极鼎。

不解。鼎盛之"鼎"是"正在"的意思。

东岳庙

1957 年被定为北京市文物保护单位。……据史书记载，正院中立有 100 余通碑碣，……

百度百科：东岳庙的各院落内都立有石碑，最多时达 160 多块，数量居京城之冠。……1995 年年底东岳庙被朝阳区文化文物局收归时，完好的碑仅存 18 通。……1997 年年底石碑修复工程开始，历时一年，基本上按原来的位置归位，中路正院东西碑林共有石碑 89 通……

释文北京市文物保护单位，未提到全国重点文物保护单位：1996 年北京东岳庙被中华人民共和国国务院公布为第四批全国重点文物保护单位。

1997 年 6 月，北京民俗博物馆正式成立。民俗活动是这里重要特色，综合百科应有反映。

龙虎山天师府

府中保留有众多历代道教文物古迹、古树，为世所稀贵。

"为世所稀贵"，似可删。

宜补"1983 年被列为道教全国重点宫观"，与其他道教全国重点宫观平衡（21 家都列）。

冲虚古观

1982 年，被定为全国重点宫观。

国务院定，1983 年。"道教全国重点宫观"？非"全国重点宫观"。

八仙宫

现成为道教全真教十方丛林，全国重点宫观，也是西安市旅游胜地。

最好交代咋"为"的。

太和宫

1982 年被定为全国重点宫观。

改为"1983 年被定为道教全国重点宫观"。

重阳宫

重阳宫被列为全国重点文物保护单位。

实际是"2001 年重阳宫祖庵碑林被列为全国重点文物保护单位"。

元符宫

位于江苏句容县茅山积金峰下。……日本侵华期间被毁。

21 所"道教全国重点宫观"中有"句容市茅山道院"，包含九霄万福宫和元符万宁宫。元符万宁宫在 20 世纪 80、90 年代有修复、重建，并非日本侵华期间被毁就没了。

白云观

21 个"道教全国重点宫观"之首，何不提及？

葛岭抱朴道院

后人为纪念葛洪，称宝石山以西的山岭为葛岭，并建葛仙祠祀之。……清代始改今名。

"宝石山以西的"，太泛了，应是"他住过的"。今名来由葛洪道号"抱朴子"而改称"抱朴道院"亦应交代明白。

"称其曾经居住过的宝石山以西的山岭为葛岭。"

"以西"山岭恐怕很多。建议再改为：

称宝石山以西他曾经居住过的山岭为葛岭。

道教文学

道教文学作品的内容主要有 5 各方面。

"五个方面"。

诗词部分标点调整。

蚕神

中国古代神话中的司蚕神，又称蚕女、马头娘。

"又称"应移至定性语句外。

土地

中国古代神话传说中的村社守护神。

似乎不只是"中国古代神话传说中的"。"道教尊奉的"，是否也在前面提及？

四御

插图缺图题。

道教医药学

道教为追求长生成仙，继承和汲取中国传统医学的成果，在内修外养过程中，积累的医药学知识和技术。

定义中，"继承和汲取中国传统医学的成果"并非本质特征，似可删节，下文提到"与中国的传统医学既有联系又有区别，其医学与药物学的精华，也是中国传统医学的组成部分"就够了。

（2018-03-01）

明教

到 240 年他 24 岁时忽受神的启示和点化，派他为最后时代的一位先知……

我们信奉无神论，不宜说"他 24 岁时忽受神的启示"，只承认"他 24 岁时称受神的启示"。

摩尼教创教于公元三世纪中业，特别重视向世界传布，其东方印度西亚早就受到波及。

"中业"，"中叶"？"印度西亚"，"印度、西亚"？与前一段重复，可删。

东大乘教

王森以教主之尊，广揽信徒，所献根基钱香金致富，在东平、北京等地广置田产，父子们一妻数妾，奴婢成群，住深宅大院，过上富贵加王侯的生活。

"所献"，应是"以所收"。"富贵加王侯"，应是"富贵如王侯"。

西大乘教

尔后，英宗大军在土木堡兵败被俘。历史上称"土木堡之变"。英宗皇帝被俘。受苦之时，似有吕尼维护照顾，送饭掘泉，保其免苦得生。至英宗获释回京途中，又暗自叮嘱帝"闭口藏舌"。待英宗重新复位重登大宝之后，为报吕尼救护之恩，特封吕牛为皇姑，并奉勅为其建立保明寺——皇姑寺。至今仍在原寺址找到《勅建保明寺》大理石寺额。想当年保明皇姑寺为明代京西最辉煌的寺庙。（现今仍以《显应寺》名保存着）。此故事为西大乘教创教，奠定了神圣的根基。

试改，请审核：

尔后，英宗大军在土木堡兵败。历史上称"土木堡之变"。英宗皇帝被俘受苦之时，似有吕尼维护照顾，送饭掘泉，保其免苦得生。至英宗获释回京途中，又暗自叮嘱帝"闭口藏舌"。待英宗复位重登大宝之后，为报吕尼救护之恩，特封吕牛为皇姑，并为其建立保明寺——皇姑寺。至今原寺址仍存《勅建保明寺》大理石寺额。

天帝教

缘李玉阶本是天德教祖肖昌明的首座弟子，1937 年曾隐居西岳华山。据传他曾在冥冥中受天帝的启示，号称天人教主，将来必创教救世，行道教化世人。1949 年，李氏来到台湾后，开初仍以图弘传天德教为己任，并以办报为业。到 1978 年遂萌生创立天帝教之念，到 1980 年 12 月 21 日正式成立，两年后，才得到台湾当局批准，成为合法的宗教团体。

试改，请审核：

李玉阶本是天德教祖肖昌明的首座弟子，1937 年曾隐居西岳华山。据传他曾在冥冥中受天帝的启示，号称天人教主，将来必创教救世，行道教化世人。1949 年，李氏到台湾，开初仍以弘传天德教为己任，并以办报为业。1978 年萌生创立天帝教之念，到 1980 年12 月 21 日正式成立，两年后，得到台湾当局批准，成为合法的宗教团体。

舍金纳

舍金纳与神的关系被隐喻性的理解为光照与光源的关系。

"隐喻性的"，改为"隐喻性地"。

亚当

插图无题（至少可提供图片来源）。

夏娃

插图无题（至少可提供图片来源）。

门柱经卷

插图无题（至少可提供图片来源）。

神的名

条目标题令人疑惑："神的名"是"术语和通用的词或固化了的名词性词组"吗？倒是作为层次标题的"雅威""上帝"符合要求。

圣经联合阵线

目前在以色列国会占有 6 至 7 席。

"目前"，何年？

忏悔

犹太教教义和律法的重要组成部分。

这是定性叙述，能否前面再提供定义？类似于承认错误与罪行，祈求神的宽恕的活动什么的？

532
（2018-03-17）

《渔业》部分学科条目意见

三版《渔业》学科编委会第七次工作会议 2017 年 9 月 25~26 日在甘肃张掖召开。主编唐启升院士与各分支主编、副主编 36 人到会。发聘书后，审议了学科条目"渔业"和分支学科概述条目"渔业资源""渔业环境""渔业捕捞"等共 15 个条目。会上，看到各位专家字斟句酌，反复推敲，确保稿件出新、高水平。专家们的学术责任感、严谨的学风和奉献精神让我感动，要向专家们表示感谢。

作为外行，参加会议是个学习机会，感觉很有收获。这里也就几个问题谈点意见，供专家参考。

一、条目设置

条目表是否还可以做些微调？

1. 条目位置

"水产养殖业"条列在"中国渔业"条之下，似乎要专门讲中国的事。然而从标题字面上看，却是应该涵盖中外水产的。这是个矛盾。

"省级水产学会"条与"中国水产学会"条并列，有必要吗？不知可否作为"中国水产学会"条目的附表。二者并非没有关系。查《中国水产学会章程》，地方水产学会是其单位会员。

2. 条目重复

"摄食率"三处出现。分别在 63 页"滤食性贝类摄食生理生态"条下（周毅撰）、66 页"营养生理代谢"条下"摄食与摄食率"中

（杜绶启撰）、68页"饲料投喂"条下（寒冬撰）。三人撰写三份，如何处理？

3. 条目标题

"非法、不报告、不受管制捕捞"（条目表110页）

这是一个条目。

百科全书条目标题中通常是不能使用点号的，以免引用时被误以为是几个条目。

从字面上看，这里实际包含三种情形、三个概念：非法捕捞、不报告捕捞、不受管制捕捞。不知放在一起如何下定义。

或许，行业内习惯于三者一起说。这从讲授者的立场出发是没有问题的。在教科书、学术报告里都可以这样写。

然而百科全书是给外行人查阅用的。从外行读者的检索需求出发，恐怕一般会查检"非法捕捞"，或"不报告捕捞"，或"不受管制捕捞"。百科全书设条，需要考虑读者的立场。

其实，类似的问题在各个学科都有。百科全书通常的处理方式有两种。一种是几个概念关系较松散的情况：独立的概念、独立的检索需求，可以独立设条。也就是说，可以分设为几个实条，分别写，可以设参见互相联系。另一种方式是几个概念关系很紧密，需要放在一个条目里写的，就分设为一个实条（例如"非法捕捞"）和若干参见条（相应的如"不报告捕捞""不受管制捕捞"）。在实条中把几个概念一起写清楚。参见条则只写"见非法捕捞"，读者可以链接过去。这样，既照顾到本行业的习惯，也照顾到外行人的需求。

4. 学科属性

条目表中，列有"投入控制""产出控制""应激反应""蛋白质""氧氮比""环境容量""排泄率""生理响应""环境胁迫"等条目。这些条目是渔业学科特有的吗？从字面上看，学科特色不明显。其他学科也要写吧？日后条目上线之前，会有不同学科提交的同名条目需要处理，可能面临合并乃至废弃的问题。

如果读者对这些概念产生检索需求，会趋向查检哪个学科撰写的条目？百科全书与教材内容安排的根本差别就在于 "他会找我查什么" 与 "我该给他讲什么"。

二、定义

百科全书的条目是供查阅，用来释疑解惑的。百科全书是接着词典说下去的。首先回答 "是什么" 的问题，所以一般要有定义。

《〈中国大百科全书〉第三版网络版编写条例》（试行）约定：

8.1 定义是对于条头的事物本质特征或概念内涵、外延的确切而简要的说明。

8.2 定义放在释文开端，其书写应遵从主语承前省略原则。"是""指"之类系词亦应省略。又称、俗称等异名一般放在定义之后。

1. 定义并非归类

值得注意的是，定义不是定性的，归类的，关于怎么样的说明。定义是要解决 "这一个" 问题的。符合定义的，是这一个；不符合的，就不是这一个。

渔业资源　渔业资源是一种生物资源，是指在天然水域中具有捕捞、开采或养殖价值的水生生物资源，可分为三部分：①群体资源，为可供采捕的生物个体与群体；②遗传资源，为可供增养殖开发利用的基因、细胞、个体生物学遗传材料；③产物资源，为可供水产养殖、农业、医药和化工开发利用的微生物分子、细胞等生物活性物质和化合物以及可供精深加工的海洋生物。

这是释文第一个句号之前的文字。作为定义就过于冗长了。"渔业资源是一种生物资源"不是定义，而是归类说明。"可分三部分……"也不是定义，而是展开解说。只剩下："天然水域中具有捕捞、开采或养殖价值的水生生物资源。"这里落脚点"资源"重复标题用词，说明似乎不是很完整。有人定义为"经济动植物的总体"，是否合适？

渔业捕捞 渔业部门主要组成之一。是使用捕捞工具直接捕获鱼类等水生经济动植物的生产活动。

这里首句并非定义，也是归类说明，可算定性叙述。定性叙述应放在定义之后。第二句话讲渔业捕捞是什么，应该是定义。当然按照定义的约定，开头是无须用"是"字的。这里一个突出的问题是，关于"渔业捕捞"的两句话落脚点不同：是部门，还是活动？定义不清，后文展开便基础不稳。

渔业信息 是渔业科学与信息科学之间相互交叉融合而形成的一个新的学科领域，是以渔业生产、经营、管理、科研及相关活动信息为对象，以信息技术为支撑，进行渔业信息采集、处理、分析、存储、传输等研究，从而为渔业生产经营、管理决策和科研教育提供有效的信息服务。

本条与前一条问题类似。

2. 定义放首句

渔业，亦称水产业，是指对水生生物资源进行开发利用及其相关经济活动的产业。

亦称应移到定义之后。定义开头按惯例要省略"是指"二字。释文开头将渔业定性为产业，这是当然的。有点疑问的是，释文后面一级层次标题有"渔业科学知识体系"，似乎渔业的"学科"属性亦应在释文前部提及，以免后面出现时让读者感觉突然。

3. 定义应是百科全书的

百科全书控制引文的使用。下定义时，不建议简单引述其他参考文献的定义而不亮明自己的看法。

水产养殖 ……作为技术的含义，联合国粮农组织（FAO）将其定义为在控制条件下，为了增加产量而饲养或栽培水生生物。

对 FAO 定义的评价或态度，应该有个说法（认可其作为本书的定义也算一种）。

三、层次标题

通常教材，乃至论文，都采用篇章节结构。百科全书的条目受辞书版面紧凑的限制，不可能那么"铺张"。另外，现代百科全书普遍奉行中小条目主义，条目通常字数不是很多，结构不是很复杂。因此，以特定形式的层次标题表达其内容结构，成为不二之选。

《〈中国大百科全书〉第三版网络版编写条例》（试行）中关于层次标题有 11 条具体约定。从条目的情况看，有以下几点意见要说明。

1. "定义"不列为层次标题

《体例》约定定义作为条目首句，紧随条目标题，无须加层次标题"定义"。

2. 层次标题不加序号

层次标题讲次序，但不加序号。这是百科全书惯例。

3. "趋势"不列为层次标题

趋势、展望、未来发展、发展方向等原则上不作为层次标题。

百科全书长于客观陈述现实，而非主观推测未来。这也与百科全书一个版本一般要使用十年甚至更久的特点有关。时效较短的报告、论文等才长于展望、推测。

当然也不是说百科全书完全不做展望，只是说不以层次标题的形式突出它。事实上，条目中所写的趋势一般都可以理解为现状的一部分，可在相关部分提及。

4. "成就"不列为层次标题

鉴于百科全书"秉持客观性"，用第三人称陈述，所以不宜用"成就"（"水产遗传育种"条）作层次标题。

5. 原则上不用下级条目名称做上级条目的层次标题

在有专条的情况下，在上级条目中设置为层次标题，其后的文字必然重复专条的内容，且不可能像专条那样讲得充分。这种重复是不必要的，应该避免。当然，在上级条目之中，下级条目是可以提及，而且往往是有必要提及的。但提及的方式应该是概述式的。主编讲到"横向"，很重要。这里就涉及百科全书的一个特色之处：文内参见——在网络版就是"热链接"。在上级条目中提及下级条目时，下级条目的标题可以改变字体，建立链接，读者点到时即可跳转到下级条目的页面。这比纸质版参见相应下级条目更加便捷。

"渔业捕捞"条下一级层次标题有"渔船渔具""渔法""渔场"等，都有专条。似可横向设置"渔业捕捞要素"之类的层次标题，提及渔场渔具、渔法、渔场等，说明其各自在渔业捕捞中的地位。同时将"渔场渔具""渔法""渔场"等设为链接，便于读者参见。

渔业信息

一、定义

二、国外发展情况

三、国内发展情况

四、学科内涵及发展趋势

"渔业信息"条一级层次标题涉及上述 1、2、3 项问题。此外，百科全书一般也不用"国内""国外"的提法。

四、内容配置

《〈中国大百科全书〉第三版网络版编写条例》（试行）约定：条目释文须具有独立性和完整性。

既不要把一个完整的知识主题切割开作为多个条目，也不要把多个具有检索价值的知识主题堆在一个条目之中，形成所谓的"口袋条"。

内容在横向相关条目之间的分配需要注意，在上下级相关条目之间的安排更需要注意。

"水产品质量安全"条。一级标题"水产品质量安全管理体系"之下，不是总括地介绍体系的构成，而是分设二级标题分别介绍体系的构成部分："良好农业规范（GAP）""食品良好操作规范（GMP）""食品卫生标准操作程序（SSOP）""食品安全控制体系（HACCP）""食品安全管理体系（ISO 22000：2005，GB/T 22000—2006）"。

一级标题"水产品质量安全典型案例"之下，分设二级标题5个："欧盟对中国贝类产品闭关""2001年输欧对虾检出氯霉素事件"" '多宝鱼' 事件"，就更像口袋了。

上下级条目，应该各在各的层次上讲。不宜上级条目包办下级条目的事。

五、学科类条目提纲

《〈中国大百科全书〉第三版网络版编写条例》（试行）"4.3"节提出： 各学科应根据本学科条目类型实际情况，参照出版社提供的常用条目分类编写提纲示例，选择或拟订出适合本学科的各类条目分类编写提纲，提供本学科撰稿人参考。

学科类条目是各个学科都会有的一个重要类型题目。

学科类条目，需要把握成为学科的关键属性。《〈中国大百科全书〉第三版网络版编写条例》（试行）在《体例》（草案）的基础上有修改，约定的学科类条目提纲包括6条内容：

（1）定义和定性叙述；

（2）简史（起源、发展和现状）；

（3）研究领域和对象；

（4）研究方法；

（5）与邻近学科或分支学科的相互关系；

（6）主要学术争议，有待解决的重要课题。

其中，"定义和定性叙述"是一般条目共有的项目；"简史"是大型概述类条目共有的；"研究领域和对象""研究方法""与邻近学科或分支学科的相互关系"就是学科条目特有的项目，也是关键的项目了；第 6 项"主要学术争议，有待解决的重要课题"可以包含有关发展趋势的内容。

各个学科的学科类条目数量不等。少的，可能只有一条。作为分支统领条目的可能是概念类、技术类、活动类、生物类或其他任何类型的条目。在渔业学科中，"水产品加工""水产品质量安全"就不是学科类条目，不按学科类提纲写是对的。

（2017-10-11）

《矿冶》条目复审意见

收到三版《矿冶》学科 30 个条目的稿件。看得出来，初审在稿上做了认真的工作。此次复审只做了少量修改。

其中有 9 个机构条目。编辑提到机构定义的问题。事实上，对于机构、人物类等条目，是无须定义的。我们没办法用简单的文字确定"这一个"。只能给出"定性语"，将其归类，指明其重要特征，说明是哪类机构（人）。

有几个小问题值得拿出来说一下。

谁的秘书处？

"冶金工业信息标准研究院"条：

> 承担着全国钢标准化技术委员会等众多标准化秘书处和国际标准化组织秘书处工作。

这里一句话，就让人疑窦丛生。

首先，"标准化秘书处"不通。只有委员会秘书处。其次，是否多个标准化技术委员会秘书处，需要查证。至于说"国际标准化组织秘书处"，感觉亦无可能。

经查，冶金工业信息标准研究院下设冶金标准化研究所，是冶金行业标准化技术归口单位，承担 SAC/TC183 全国钢标准化技术委员会秘书处工作，还承担该技术委员会下属的 SAC/TC183/SC2 全国钢标准化技术委员会基础分技术委员会秘书处、SAC/TC183/SC3 全国钢标准化技术委员会盘条钢丝分技术委员会秘书处、SAC/TC183/SC17 全国钢标准化技术委员会冶金非金属矿产品分技术委员会秘书处等十二个分技术委员会秘书处的工作，也承担 SAC/TC317 全国铁矿石与直接还原铁标准化技术委员会秘书处、SAC/TC318 全国生铁及铁合金标准化技术委员会秘书处、SAC/TC193/SC1 全国耐标委基础分技术委员会秘书处等的工作。

研究所组织参与国际标准化活动，承担 ISO/TC5 金属管及管件技术委员会秘书处、ISO/TC17/SC15 钢轨及其紧固件分技术委员会秘书处、ISO/TC17/SC17 盘条与钢丝产品分技术委员会秘书处、ISO/TC132 铁合金技术委员会秘书处、ISO/TC156 金属和合金的腐蚀技术委员会秘书处的工作。显然，并不是国际标准化组织秘书处，而是国际标准化组织下属若干技术委员会及分技术委员会秘书处。

因此，上面一句话应改为：

承担着全国钢标准化技术委员会等多个标准化技术委员会及其分技术委员会秘书处和国际标准组织（ISO）下属多个技术委员会及分技术委员会秘书处的工作。

何时建院？

"中钢集团鞍山热能研究院有限公司"条：

1976 年，建院于辽宁鞍山。成立之初为冶金工业部鞍山热能研究所，是中国第一个国家级的冶金燃料和热能应用研究机构。1989 年，更名为冶金工业部鞍山热能研究院；1999 年，改制进入中国钢铁工贸集团公司；2004 年更名为中钢集团鞍山热能研究院；2008 年，更名为中钢集团鞍山热能研究院有限公司。

显然，首句不能成立——第二句就把它否定了。1976 年建立的不是"院"，而是"所"。1989 年才成为"院"，而使用条目标题所用的名称是在 2008 年。所以开头两句应该合为一句：1976 年，在辽宁鞍山建立冶金工业部鞍山热能研究所，这是中国第一个国家级的冶金燃料和热能应用研究机构。

类似问题在机构条目中多处出现，是需要留意的。

"中国钢研科技集团有限公司"条，"1952 年，建院于北京，当时称为钢铁工业试验所……"，亦不妥。可改为"1952 年，在北京建立钢铁工业试验所……"。

信息的完整、准确

"中钢集团洛阳耐火材料研究院有限公司"条：

1963 年，始建于河南洛阳，为原冶金工业部直属重点科研院所；1999 年，转制为高科技企业，现隶属于中国中钢集团公司。

几十年沧桑变化，始建名称与现名已有不同。这里应该给出始建名称。

编辑出版有全国中文核心期刊《耐火材料》、英文版《中国耐火材料》和《耐火材料信息》等刊物。

该院编辑出版英文版期刊，名称译为中文是好的，但将英文原名（*China's Refractories*）删掉就不好了，还是从信息完整性考虑，保留英文原名好。

"中钢集团马鞍山矿山研究院有限公司"条：

中国非煤固体矿山及其相关学科专业的大型综合性科研机构。简称中钢马矿院。

1963 年 8 月，创建于安徽省马鞍山市，是原国家冶金工业部直属重点科研院所；1999 年 7 月，改制为科技型企业，现隶属中国中钢集团公司。

这里也应该给出始建名称。

进而我们应该想到，从百科全书的知识性出发，具有知识性的信息在可能的情况下还是要完备些好。完备胜过残缺。

当然，也须考虑到，信息并非越多越好。要考虑贴近条目主题的需要，还要考虑篇幅的承受力，考虑读者的关注需求。信息量要适度，筛选是必要的。

"冶金工业信息标准研究院"条中，"有几百项科研成果获得国家和省部级奖项。……获得国家人社部授予的'全国钢铁工业先进集体'、国家质监局和国标委联合颁发的'中国标准创新贡献奖'、中央国家机关颁发的中央精神文明建设单位等荣誉。"后三项荣誉是可以考虑删节的。类似荣誉，其他机构也可能有。类似内容，其他机构条目都没有列，如果要列，其他条目是否需要补？

"中国矿冶教育"条，"1923年，东北大学创立，设有采矿学系、冶金学系，爱国将领张学良将军曾任校长。"看不出张学良跟矿冶有何直接关系，"爱国将领张学良将军曾任校长"可删。本条用80%的篇幅讲院校兴办、名称变换，只用20%的篇幅（最后一段）讲到专业设置、科研、教育层次设置，却既没提及本专业硕士、博士教育，也没提及矿冶行业职工在职继续教育。

连续式的效能

"连续式退火"条：

连续式退火使变形晶粒重新转变为均匀等轴晶粒，同时消除加工硬化和残留内应力，使钢的组织和性能均匀稳定。

这里讲的实际是"退火"的效能，跟"连续式"毫无关系。连续式的优势在于生产效率高、产品质量好（稳定）和生产成本低等特点。可把释文最后讲到这点的一段提到前面来。

涂镀≠涂＋镀

"涂镀"条：

利用特殊方法手段在基板上涂敷一层或多层液态涂料，并利用化学或电化学方法在金属或合金表面沉积一层致密的镀层的工艺过程。

定义落脚到"工艺过程"，好。看定义，似乎是先涂后镀，这倒有点令人生疑。

查原稿："涂镀"是一个统称。"涂"即利用特殊方法手段在基板上涂敷一层或多层液态涂料的过程，"镀"即利用化学或电化学方法在金属或合金表面沉积一层致密的镀层的工艺过程。

显然，"涂"是一种工艺，"镀"是一种工艺。只是因为它们都能"提高产品的抗腐蚀能力，延长使用寿命，兼具美观的效果"而并提而已。

释文关于"涂层板"和"镀层板"的解说，也印证两种工艺的不同。定义错改，应引为教训。首段可改为：

"涂"和"镀"两种板材加工工艺的统称。"涂"即利用特殊方法手段在基板上涂敷一层或多层液态涂料的工艺，"镀"即利用化学或电化学方法在金属或合金表面沉积一层致密的镀层的工艺。二者都能提高产品的抗腐蚀能力，延长使用寿命，兼具美观的效果。

汉字数字

"彩涂板生产"条：

> 彩涂机组的布置形式通常由入口段、工艺段和出口段 3 个主要部分组成，……按涂装方式分类，彩涂板生产工艺主要分为 3 种，即辊涂法、幕流法及粉涂法……

这里的两个"3"，原稿用的是"三"。将"三"改为"3"，不妥。

1995 年版国家标准《出版物上数字用法的规定》提出："要求凡是可以使用阿拉伯数字而且又很得体的地方，特别是当所表示的数目比较精确时，均应使用阿拉伯数字。"一些人注意了其中的"均应"，忽视了其中的"得体"，招致"滥用阿拉伯数字"的批评。2011 年版国家标准《出版物上数字用法的规定》已没有"均应"的说法。

《〈出版物上数字用法〉解读》就具体指出："10 月革命""第3 世界""这 3 者之间"的写法不规范。根据尊重传统原则，已定型的词语若包含汉字数字，则不应采用阿拉伯数字形式。上述例子分别应写作"十月革命""第三世界""这三者之间"。[①]

"全浮动芯棒连续轧管机"条：

> 这种机组仅能生产直径小于 177.8 毫米以下的钢管。

"小于"跟"以下"重复。删一个。

（2018-10-18）

---

① 教育部语言文字信息管理司组编，詹卫东主编.《出版物上数字用法》解读. 北京：语文出版社，2012：31.

《作物学》复审意见

收到三版《作物学》25 条。经编辑处理，大体符合体例规范。这里有少量修改。

无须"享年"

"邹秉文"条：

> 1893 年 12 月 3 日生于广东省广州市，1985 年 6 月 11 日病逝北京，享年 92 岁。

既已说明了出生年月日和逝世年月日，就没有必要计算"享年"了。"享年"带有尊崇的感情色彩，感觉偏离"尽可能用中性词语"的要求。如果此条写"享年"，也有与其他条目不平衡的问题。

"病逝"后加"于"字。

差了百年

"黄耀祥"条：

> 在导师丁颖的指导下 1838 年发表毕业论文《云南省稻田深耕法之考察》。

黄耀祥生卒年为"1916～2004"。条目释文提到"1939 年毕业于中山大学农学系"。可见发表毕业论文的时间不可能是"1838年"，而应该是 1938 年。

无须"重要"

"赵洪璋"条：

> 发表的重要论文有《西农碧蚂 1 号小麦选育经过》《碧蚂 1 号小麦选育经过》……。

如同能在百科全书在设条的人物自然是"重要人物"，能在条目释文中列出的论文自然是重要论文。所以释文中无须再说"重要"。如果此条写"重要"，也有与其他条目不平衡的问题。

无须"代表性"

"卢良恕"条：

> "发表学术论文 200 多篇，代表性专著有：《农业区域开发技术对策》《中国西部农业综合开发与展望》《21 世纪农业科技展望》《中国立体农业概论》《农学基础科学发展战略》《中国中长期食物发展战略》《中国农业持续发展和综合生产力研究》《中国农业现代化理论、道路和模式》《卢良恕文选》等 10 余部，其中《中国农业现代化理论、道路和模式》获得 1997 年中国国家图书奖。

所说"代表性专著有：《农业区域开发技术对策》……《卢良恕文选》等 10 余部"，不实。应该说"专著共有：《农业区域开发技术对策》……《卢良恕文选》等 10 余部"，或者说"代表性专著《中国农业现代化理论、道路和模式》获得 1997 年中国国家图书奖"。

补简历。

"非盈利"与"非营利"

"国际热带农业研究所"条：

> 服务于亚撒哈拉非洲地区的一个国际非盈利农业研究机构。……研究经费由世界银行和 15 个国家（澳大利亚、比利时、加拿大、丹麦、欧盟、法国、爱尔兰、日本、荷兰、尼日利亚、挪威、塞拉利昂、瑞典、瑞士、美国）资助。

"非盈利"，应为"非营利"。

"欧盟"不是一个国家，与法国并列称为国家不妥。

理事长

"中国作物学会"条，历届理事长介绍占用篇幅偏大，可压缩，与"中国农学会"平衡。

层次标题序号

"中国农学会""中国农业科学院"层次标题序号，应删除。

董事会成员

"国际作物学会"条：

学会当前董事会成员有：Suk-Ha Lee，Ronald Phillips，Sui K. Yau，John R. Porter，Antonio Costa de Oliveira，UshaZehr，Jane Ininda，Tony Fischer。

此内容偏离主题。改为"学会设有董事会"就够了。

投资

"中国水稻研究所"条：

"截至 2016 年年底，是中华人民共和国成立以来中国一次性投资最大的农业科研机构。

偏离主题，删。

平台

"澳大利亚作物学会"条：

该学会为澳大利亚作物学术研究和应用研究工作者提供了一个信息交流的平台，为从事作物科研、教学、推广、种植、市场营销等的工作者提供了作物信息交流平台——事实上是为所有对作物和作物生产感兴趣的工作者提供了相互交流的平台。该作物学会为成员间及所有的农业相关组织间提供互相思想交流的平台。

四个"平台"，重复了。

外文

"欧洲种子协会"条：

ESA 的组织机构包括董事会、委员会、部门（Sections），会员大会（General Assembly）。

括注的外文可删。

（2018-11-16）

四 编辑能力提升

玉不琢，不成器。
人不学，不知道。

——礼记·学记

编辑的提高

节前，社领导谈到要办这个班的事，给了我《编辑的提高》这么个题目。我想，这个题目很现实，很有意义。大家每天很忙碌，很辛苦，但不能陷在烦琐的事务之中，还有必要考虑编辑自身的提高问题。这是提高工作质量和工作效率的需要，也是编辑职业规划不能忽视的课题。说起来，我有些忐忑，不知讲些什么能真的有点用。这些天毕竟做了些思考，今天就抛砖引玉吧，希望大家能一起关注这件事，一起探讨。

想分五个小题目来谈。

一、楔子　质量检查

质量检查的事，好像是题外话。但它实际上是一个不可回避的前提。如果质量检查通不过，被罚了，甚至被取消资格了，还谈什么提高呢？所以，这里就想打个楔子，先说说质量检查的事。

1.《关于"质量管理 2016"辞书、教材教辅和地图类编校质量不合格出版物的通报》（2016 年 9 月 28 日）

总局开展了"质量管理 2016"专项工作。其中，2016 年上半年重点围绕辞书、教材教辅和地图类出版物进行了编校质量检查。经检查，共有 19 种出版物编校质量不合格，涉及 16 家出版单位。其中，××教学出版社的《小学生语文知识学习手册》差错率达 12.98/万。总局已依据《出版管理条例》和《图书质量管理规定》对相关出版单位下发了行政处罚决定书，给予警告的行政处罚，并要求相关出版单位在 30 日内全部收回不合格图书。

2.《关于"质量管理 2016"少儿、养生保健和重大选题备案类编校质量不合格出版物的通报》（2017 年 1 月 18 日）

2016 年总局开展出版物"质量管理 2016"专项工作中，下半年重点围绕少儿、养生保健和重大选题备案类出版物进行了编校质量检查。

经检查，共有 22 种出版物编校质量不合格，涉及 18 家出版单位。其中，×× 财富出版社的《龙文鞭影：人物典故中的哲学寓意》差错率达 6.91/ 万。总局依据《出版管理条例》和《图书质量管理规定》对相关出版单位下发了行政处罚决定书，给予警告的行政处罚，并要求相关出版单位在 30 日内全部收回不合格图书。

3. 销毁非法出版物

2017 年 4 月 24 日，全国各地统一举行了"2017 年侵权盗版及非法出版物集中销毁活动"，这是全国"扫黄打非"工作小组连续第 18 年开展此类销毁活动。国家新闻出版广电总局副局长、全国"扫黄打非"工作小组副组长兼办公室主任吴尚之在北京主会场宣布销毁活动，全国 31 个省（区、市）同时启动销毁活动。据统计，今年全国销毁的盗版图书、盗版音像制品、盗版电子出版物及非法报刊共 1730 万件，其中在北京主会场销毁 195 万件。

4.《关于开展出版物"质量管理 2017"专项工作的通知》

通知特别强调"连续 2 年在抽查中有不合格出版物的出版单位或同一批次抽查有 2 种不合格出版物的出版单位不得参加当届中国出版政府奖评奖；对出版不合格出版物差错率较高的出版单位，将进一步抽查其质量保障制度建设和执行情况，对质量保障制度执行不到位的予以通报批评，并责令限期整改，情节严重的，依法给予处罚。造成出版物不合格的责任编辑，2年内不得晋升出版方面职称；对1年内造成3种以上出版物不合格或连续2年造成出版物不合格的直接责任者，责成省级新闻出版广电行政部门注销其出版专业技术人员职业资格，3年内不得从事编辑出版工作。"

5. 处罚出版社

全国580多家出版社，历年来停业整顿如同家常便饭，被撤销的亦不少见。1989年，中国民间文艺出版社、黄河文艺出版社、海南人民出版社、湖南人民出版社、四川省社会科学院出版社等11家出版社被撤销。2000年，改革出版社被撤销。2014年注销7家音像出版单位：中国康艺音像出版社、建设音像出版社、北京北影录音录像有限责任公司、广州音像出版社、广州市新时代影音公司、珠海特区音像出版社、上海尚世影业有限公司。2015年北京青鸟科教电子出版社、中科多媒体电子出版社等4家电子出版物出版单位被注销电子出版物出版业务。

搞不好，饭碗会被砸掉的，就根本谈不上提高了。这是要警惕的。

编辑的提高是一项系统工程。最好有个长远规划，从基础做起，长期积累，才能见到效果。这个提高，可以分为几个层次：素养、能力、业绩、研究。

二、素养的提高

有时候人们会说某某人适合当编辑，是个当编辑的材料，这里说的就是素养。素养对头，工作干起来才容易上路；素养高，工作才容易得心应手，容易出成绩，容易上台阶；否则，就可能困难重重，吃力不讨好。

素养包括性格和知识两方面。这里想谈四点。

1. 政治嗅觉 避开雷区

出版有雷区，不得大意。"文革"时期就不说了，改革开放以来，政府对新闻出版的管理也是不断加大力度的。

2. 细心严谨　火眼金睛

粗枝大叶、马马虎虎肯定不行的。要跑，跑得出；要坐，坐得住。

3. 知识覆盖　一专多能

现在的编辑多为硕士、博士出身，知识容易受限，要有意识地扩展知识面。

全国出版专业技术人员职业资格考试辅导教材《出版专业基础·初级》内容设有：出版、出版物与出版工作，出版业及出版行政管理，著作权知识，出版物的文字规范，汉语语法与修辞知识，形式逻辑常识，古代汉语知识，中国古文化常识。《出版专业基础·中级》内容设有：出版概论，编辑概论，出版历史知识，出版行政管理，出版社经营管理，出版物市场，著作权知识。这些，是任何专业背景的编辑人员都需要掌握的知识。

两本教材，可以看做一批老编辑对编辑素质要求的理解。

教材内容似乎挺简单的，考试及格，中级职称拿到了，这方面的学习就完成了吗？没有完，不能完。同样是及格，每个人掌握的程度可能大不一样。显然，有关领域知识的学习是无止境的。

4. 兴趣广泛　成为杂家

正如有专家指出的"编辑工作需要的是复合性人才。他像导演，他像项目经理，说法很多。无一不是说明编辑工作是一项综合性的管理工作。他是专家，他是杂家，无一不是说明编辑工作是一项涉及面广的学术工作。从创意策划、选择选题、组稿、审稿到加工、传播宣传、发行都需要编辑去实践、去协调。因此编辑应具备的素质是多方面的。"①

---

① lfxxswyh：编辑的基本素质，http://www.doc88.com/p-93677023233.html.2017-5-12.

三、能力的增强

走上编辑岗位并不等于你就是一个合格的编辑。要成为合格的编辑，必须掌握一系列专业技能，才能具有胜任编辑工作的能力。由一个合格的编辑向一个好编辑迈进，由助理编辑、编辑向副编审、编审迈进的过程，也是这个能力不断提高的过程。这个能力，首先是理解和实践有关规程、制度和规定的能力。

1. 质量管理九大制度

强化质量管理措施是"确立并严格执行九大制度"，即资格准入制度、选题论证制度、稿件三审制度、责任编辑制度、责任校对制度、样品检查制度、成品评审制度、业务学习制度、次品召回制度。其中，三级审稿责任制度，是最关键的制度。

2. 质量管理规定

（1）出版产品质量

出版产品质量包括：内容质量、编校质量、印刷复制质量、设计质量、绿色印刷（环保）质量五个方面。

其中，最复杂，也最受人们关注的是编校质量。

（2）《图书编校质量差错认定细则》

中国出版工作者协会校对研究委员会 1998 年 9 月 28 日发布，2005 年 6 月修订。

在九章六十六条的《细则》修订版中，差错分为文字、词语、语法、标点符号、数字、量和单位、版面格式七类。

（3）《图书质量管理规定》

新闻出版总署 2004 年 12 月 24 日发布。具有可操作性。规定明确，图书差错率万分之一以下为合格，期刊万分之三以下为合格。有"附件：图书编校质量差错率计算方法"。具体提到三类差错：文字差错 9 型、标点符号和其他符号差错 6 型，格式差错 7 型。

（4）《图书编校质量差错判定细则记错表》

去年总局出版产品质量监督检验中心和高教出版社制订了一个《图书编校质量差错判定细则记错表》。差错类型划分比较细致，更加便于操作。

A 类，知识性错误，下分 6 型，包括：一般政治性差错，时间年代（年号）差错，取材不真实、不合规律、知识陈旧过时，人名、地名、文本名、机构名等专名与事实不符，引用标准、法律、法规文件有误，概念、定义不明确、有歧义。

B 类，语法、逻辑性错误。

C 类，正文中的文字差错，分 10 型，包括：一般性错字、别字；一般性多字、漏字；前后颠倒字；简化字、繁体字混用；字母大小写、正斜体、黑白体误用，不同文种字母混用，字母与其他符号混用；外文拼写差错，国际音标（包括重音符号）差错，少数民族文字差错；汉语拼音（包括声调）不符合《汉语拼音方案》和《汉语拼音正词法基本规则》（GB/T 16159—2012）规定的；汉语拼音未按分词连写规则拼写的；汉语拼音未按人名和地名拼写规则拼写的；少儿读物"儿化音"未加标注而产生歧义的。

D 类，专有名称、名词术语使用差错，分 6 型，包括：科技术语不符合全国科学技术名词审定委员会公布的规范名词；专业字母词、非通用字母词在文中首次出现能译成中文的未括注中文术语；人名、地名、机构名、作品名等专有名词中的错误；外文人名、地名、机构名、作品名等专有名词译成中文，与原文不符；外文人名、地名、机构名、作品名等专有名词译成中文，未按有关规范使用但不影响理解的；字母词和外文人名、地名、国名、机构名、作品名等专有名词大小写、正斜体不规范。

E 类，标点符号使用差错，分 6 型，包括：标点符号的一般错用、漏用、多用，小数点与间隔号互混，冒号与比例号互混，专名线、着重号的错位、多、漏，浪纹号、破折号、一字线、半字线混用，标点符号误在行首。

F类，行文前后不一致，分8型，包括：上下文对应关系显示内容缺失或重复的；引述文内内容的页码、章节号、位置、序号不正确；相同内容（名称、符号）前后不一致；译文与原文不符；相关文字用法全书不一致；外文字母大小写、正斜体、黑白体不一致。

G类，量和单位、科技符号和数字用法使用差错，分17型，包括：单位的中文名称和中文符号使用差错；单位的国际符号使用差错；SI词头符号使用错误；量的名称使用差错；量符号的书写和使用差错；量值的表达差错；数值（量值）范围表示不当；科技符号的书写或使用差错；量和单位、科技符号的表达形式局部不一致；数理公式分式书写有歧义；数理公式、化学式编排不规范；应用阿拉伯数字形式的用了汉字数字形式，应用汉字数字形式的用了阿拉伯数字形式；阿拉伯数字和汉字数字组合使用错误；含有数字（月日）的专名使用错误；同类别的数字表达形式不一致；日期、时间书写错误；概数使用错误。

H类，计算、解题错误，分7型，包括：数学运算、公式推导、解题过程错误；题目中有科学性、知识性错误；题文不符；题目表述有误，影响做题；题目答案错误；教学参考书的题目与配套教材明显不匹配；数理公式、化学式字符差错，不影响推导、计算结果的。

I类，插图、表格差错，分16型，包括：图、表的内容与说明文字不符；图、表中的科学性错误（含数据计算错误）；正文中引用图、表时未指明图序、表序；正文中排有图、表，应在正文提及却没有；图序、图题、表序、表题与正文不一致；图、表中的文字、数值、符号与正文主体文字相应表述不一致；正文文字叙述中有的字符在图、表中却没有；图、表中应标明单位未标明；图、表中用特定单位表示的量的数值，未用量和单位的比值形式；表格不自明（缺表题、表头栏缺失、栏线划分有误）；表头名称与内容不符，表头缺失；多面续排表，栏目缺失；表格用线不规范；图、表中的外文字母的

（四）编辑能力提升

大小写、正斜体、黑白体与正文不一致；图、表位置与正文描述不一致；图序、表序标注差错。

J类，辅文差错，分13型，包括：封一、书脊、扉页、版权页等处的各项相关文字记录不一致；前言、内容简介与目录或正文相同内容不一致；封一、扉页上的文字差错；辅文（除封一、扉页）上的文字差错；书眉差错；书眉单双页位置互错；编委会名单排序有误；CIP内容或格式错误；正文注码与注文内容不符，有注码而无注文，有注文而无注码；正文注码位置标错；正文注码与注文注码排序差错或遗漏；参考文献内容差错或著录不规范；索引或词汇表排序有误、词条重复，索引词条与正文不一致，索引页码错。

K类，格式、版式差错，分6型，包括：影响文意、不合版式要求的另页、另面、另段、另行、接排、空行、转行，需要空行、空格而未空的；字体错、字号错或字体、字号同时错；同一面上几个同级标题的位置、转行格式不统一且影响理解的，需要空格而未空格的；外文转行差错（外文缩写词拆开转行、外文单词未按音节转行），一组阿拉伯数字拆开转行；外文复合词、外文单词按音节转行，漏排连接号；页码、标题、公式等序号标注差错。

有能力消灭这11类、96型错误，才能确保完成提高编校质量的任务。[①]

3.编辑标准规范

编辑出版标准规范涵盖传统出版和数字出版的各类出版形式，涵盖编辑、印制、发行的全流程，涵盖出版行政管理的各个方面。这种覆盖应该是没有异议的。具体的体系架构如何组织，则可能见仁见智，有所不同。

最近，新闻出版广电总局数字出版司组织人员，在编一部《编

[①] 2018年，此表又进行了修订，成为《图书编校差错判定细则计错表》。差错类型划分为12类，130型。

辑出版标准规范实用手册》。我们提出了下面这样一个架构，这里也请大家提出批评意见（体系图：管理、编、印、发、数）。

（1）出版管理

包括综合管理、人力资源管理、编辑工作规程、重大选题申报、质量管理、著作权管理等。主要有法规、规章、条例、规程等形式。

全国出版专业技术人员职业资格考试学习用书，2016年版《有关出版的法律法规选编》就收有法律、条例、规定、通知、办法等60项。

最常用的，如《图书出版管理规定》《图书质量管理规定》《电子出版物出版管理规定》《音像制品制作管理规定》《图书编辑工作基本规程》《出版专业技术人员职业资格管理规定》等。

（2）出版物标识

包括图书、期刊、报纸、电子出版物等各种出版物的编号。

中国是世界上最早使用图书统一编号的国家之一。1956年2月，文化部出版局颁发《全国图书统一编号方案》（简称"全国统一书号"），并付诸实施。

国际标准化组织（International Standard Organization，简称ISO）1972年制定了ISO 2108《文献工作　国际标准书号（ISBN）》。很快，ISBN在国际上获得了广泛应用。

中国1982年加入国际ISBN组织。

1986年1月16日发布了相应的国家标准《中国标准书号》（GB/T 5795—1986）。1987年1月1日起实施。《中国标准书号》在等效采用《国际标准书号》的基础上，结合我国国情做了适当补充。而后，分别于2002、2006年进行修订，进一步与国际接轨。

随着中国标准书号的推广使用，1991年5月17日颁布了《中国标准书号（ISBN部分）条码》（GB/T 12906—1991）国家标准，1992年1月1日实施。

1988年推出国家标准《中国标准刊号》（GB/T 9999—1988），1989年7月起在全国实施。中国标准刊号由国际标准刊号和国内统一刊号两部分组成，国内统一刊号以中国国别代码"CN"为识别标志，由登记号和分类号两部分组成。2001-11-14本标准等效采用国际标准《国际标准连续出版物号（1SSN）》（ISO 3297：1998），将《中国标准刊号》（GB/T 9999—1988）修订为《中国标准连续出版物号》（GB/T 9999—2001）。

1992年推出了给你《中国标准音像制品编码》（GB 13369—1992），参照采用国际标准《国际标准音像制品编码（International Standard Recording Code-ISRC》（ISO 3901：1986），时称"版号"。

2009年5月6日同时推出音乐作品、视听作品和文本编码的国家标准。

至此，中国出版物的编码体系已经堪称完备了。

2011年发布《MPR出版物》（GB/T 27937—2011）。MPR（Multimedia Print Reader）出版物，即多媒体印刷阅读出版物，是一种以唯一性关联编码为基础，以印刷矩阵式二维码为机读符号，对多种出版载体和表现形式进行整合和精确关联，形成以纸质印刷载体为基础的多媒体复合数字出版形态的出版物。

在国家标准《MPR出版物》基础上，以中国作为提案国，由中国专家作为召集人，由七个国家（中国、法国、美国、瑞典、德国、俄罗斯、肯尼亚）的10位专家组成工作组承担标准编制工作，完成了通用标识符类国际标准《国际标准关联标识符（ISLI）》（ISO 17316:2015）。

《中国标准关联标识符（ISLI》（GB/T 32867—2016）的推出具有特殊的意义。

（3）书刊编排

这里的编排包括书刊辅文和正文的编排。图书书名页、幅面尺寸及版面要求、章节编排、科技报告编写、期刊编排、叙词表编制、索引编制等国家标准和行业标准。

图书书名页、幅面尺寸、章节编排、期刊编排、索引编制等，都是有相应国际标准的。制订国家标准时是尽可能采用国际标准的规定的。

（4）语言文字规范

包括汉字规范、汉语拼音、译写规则、标点符号用法、数字用法等国家标准、行业标准和规范、字表等。

最常用的，如《通用规范汉字表》《简化字总表》《汉语拼音方案》《汉语拼音正词法基本规则》《出版物上数字用法的规定》《标点符号用法》等。

（5）量和单位、符号

主要有《国际单位制及其应用》（GB 3100—1993）、《有关量、单位和符号的一般原则》（GB/T 3101—1993）和《量和单位》（GB/T 3101.1~13—1993）系列国家标准。

（6）图表

包括关于表格和插图的国家标准、新闻出版行业标准和关于制图的国家标准。

《表格》《插图》两个行业标准是《学术出版规范》系列标准第二批中的两个，已经征求意见结束。[①]

有关制图有众多国家标准，如《电气简图用图形符号》《标志用公共信息图形符号》《道路交通标志和标线》《国家基本比例尺地图图式》等。

（7）辞书编纂

包括关于辞书编纂的一般原则与方法、辞书编纂符号、常用汉语缩略语、排序规则的国家标准。

（8）文献著录

包括关于文献著录的一般原则、普通图书著录规则、参考文献

---

① 两个行业标准已于2019年发布实施：《学术出版规范　表格》（CY/T 170—2019）、《学术出版规范　插图》（CY/T 171—2019）。

著录规则、测绘制图资料著录规则、古籍著录规则、检索期刊条目著录规则等国家标准。

（9）学术出版

主要解说《学术出版规范》系列行业标准。

（10）书刊印制

包括关于印前数据交换、印制品分类、纸张、包装印刷材料、印刷技术、印装质量等系列国家标准和行业标准。

大量《印刷技术》类国家标准、行业标准是不要求一般编辑人员熟悉的。

（11）出版物营销

包括出版物分类要求与分类方法选择、出版物发行营销活动规范、图书流通信息交换规则、图书征订代码、出版物发货单、出版物物流作业规范等行业标准。

（12）数字出版

包括数字内容资源标准、数字出版系统标准、数字出版产品标准、数字出版管理标准等国家标准、行业标准和标准化技术性指导文件。

数字出版类标准规范普遍较新，但数量庞大。据不完全统计，近十年制定的数字出版类标准就有近 200 种。[①]

四、业绩的积累

申报晋升专业职称的时候，你的业务自传如何才能写得有分量？基础是业绩必须有分量。这就要看加工书稿、策划选题、责编书刊，拿得出手的有哪些东西了。

---

① 2021 年初本书正式出版，舍弃了"出版管理"一章，书名改为《编辑常用标准规范解说》。

1. 加工书稿

从前编辑上岗会从校对做起。我是从抄稿子开始做编辑的。看了老编辑如何审稿，如何加工稿件，自己逐渐动手做。可以认为，加工书稿是编辑容易较早出业绩的方面。

同时，可以说，加工书稿是编辑的基本功。这方面的业绩当然是不可缺少的。

幸运的是，大家具有一个高平台尽可施展：有高水平作者群完成的书稿，有高难度的百科全书的编辑工作。

《中国大百科全书》一个版本要很多人做十几年。有些人埋头在其中，一直没有什么独立完成的选题，也照样评上副编审、编审。

2. 策划选题

策划选题，需要积累一定的编辑工作经验，积累一定的作者人脉。能够开展策划选题工作，无疑编辑工作已经上了一个层次。有些出版社设有专门的策划编辑岗位，但并非只是策划编辑才策划选题。实际上，每个编辑人员都可以，都应该策划选题。能够策划几本好书，无疑是很亮眼的成绩。

3. 责编书刊

当然，最能够全面反映编辑工作业绩的还是担任责任编辑的作品。责任编辑通常要对选题全面负责，往往从选题策划时期介入，经过组稿、宣贯体例、收稿，审稿、文字加工，到校样处理，乃至出版物营销、宣传，读者意见收集、处理，全面负责。付出最多，辛劳最大，功劳自然也最大。所以一部书上署名的除作者之外，首选的就是责任编辑。

如果能做责任编辑完成几部好书，几部获奖书，无疑是很可观的业绩。

业绩的积累也意味着经验的积累，这也自然成为编辑写作的坚实基础。

五、编辑与写作

编辑匠，还是研究型编辑、学者型编辑？

当然，当个好编辑匠也不容易，也不错。但真到了那个层级，可能就会发现面前打开新的窗户，脚下出现新的道路，广阔前景在迎接你了。

编辑可以写作，编辑应该写作。

中国第一位编辑大师孔子，修订六经，即《诗》《书》《礼》《乐》《易》《春秋》，显然不止是编辑，人们更熟知的是，他是一位思想家、教育家。

西汉刘歆曾与他的父亲刘向同校皇家藏书，继父业，集六艺群书，分类撰为《七略》，为中国第一部图书目录、分类，是具有学术史价值的著作。他成为中国古代编辑理论的奠基人。

叶圣陶，1894年10月28日生于江苏苏州。1916年，进上海商务印书馆附设尚公学校执教，推出第一个童话故事《稻草人》。1917年，应聘到吴县角直吴县第五高等小学任教，1918年，发表第一篇白话小说《春宴琐谭》。1923年，进入商务印书馆从事编辑出版工作，发表了长篇小说《倪焕之》。1930年任开明书店编辑。1949年后，先后出任教育部副部长、人民教育出版社社长和总编。现代作家、教育家、文学出版家和社会活动家，有"优秀的语言艺术家"之称。

孙犁（1913年4月6日~2002年7月11日），现代小说家、散文家、作家，短篇小说大师，被誉为"白洋淀派"创始人。20世纪80年代初，全国进行人口普查，孙犁被叫去登记。工作人员询问职务，他填写"编辑"。他确实是《天津日报》"文艺周刊"的编辑。

说这几位，不是要提倡"不务正业"。

周振甫曾在上海开明书店和中国青年出版社工作多年，著有《文心雕龙注释》《中国修辞学史》等。1957年出版社出版臧克家的《毛主席诗词十八首讲解》一书，当时周振甫担任责编并作注释。在编辑过程中，周振甫发现主席的诗词有两处错字，他直言指出，后被主席认可并予以更正。后该书增订改名为《毛主席诗词讲解》，流传很广。

现在编辑学方面的期刊、报纸有不少，相关学术会议也很多。大家做了工作，进行了思考，有了体会，完全可以写一些东西发表。重要的是要学习、研究、总结、积累。

建议年轻朋友从写好审稿报告开始。

日常记工作笔记是个好习惯。听张之生老师讲过，他积累了一百多本工作笔记。那可就是个宝库了。

当然，平时浏览一下编辑学期刊，了解一下编辑学研究动态，也是有益处的。

勤于写点东西，很有必要。不管是否发表，都该写。日积月累，集腋成裘，很有好处。

2014 年 10 月在这里讲过《编辑写作漫谈》，谈过一点个人经历和感受。新朋友有兴趣的可以找来看看。

谢谢大家！

（2017-06-04）

计算机与百科全书编辑 ①

百科全书这种现代工具书的起步和发展，曾因内容宏富，结构紧密，以致编辑繁难而长期受到限制。20 世纪初年和 20 ～ 30 年代，我国有人策划编纂百科全书，都无果而终。1956 年《国家十二年科学技术发展远景规划 》列入了编辑出版百科全书的内容，也没能实现。《中国大百科全书》74 卷，7.8 万个条目，1.3 亿字，5 万幅图片，作为中国现代第一部大型综合性百科全书，是改革开放后矗立起的一座中华文化的丰碑。为了编纂出版《中国大百科全书》，1978 年11 月建立中国大百科全书出版社，先后组织 2 万多名作者、1300 多名编辑出版人员，到 1994 年 8 月第 74 卷《总索引》出版，历时 16 年。动员人力之多，费时之长，世所罕见。除了项目本身工程浩大的原因之外，技术条件的限制也是很明显的。当年编辑工作完全是手工操作，前 60 卷还是铅字排版的。其后，在各种专业百科全书、地区百科全书和一些综合性百科全书的编纂、修订工作中，则全部采用了计算机排版，编辑工作也逐步采用了计算机。在近些年的编辑实践中，笔者深切感受到计算机在百科全书编辑工作中的实用价值和巨大潜力。

从 1994 年 5 月起，中国大百科全书出版社承担新闻出版署重点科研项目"建立、开发中国百科术语数据库"。9 年间陆续完成了一期、二期、三期工程。一期建立数据库，重点解决百科全书出版后的文本和图像数据的管理问题；二期重点增加百科数据库的 Internet 服务

① 本文原载《多出精品　多出人才——中国编辑学会第八届年会论文集》，北京：清华大学出版社，2004.7.

功能，同时建立中国大百科全书出版社网站；三期则在一期、二期的基础上整合出版流程，实现基于数据库的《中国大百科全书》的制作和跨介质出版，同时结合社内数据库出版流程在门户网站上建立学术著作出版平台。在这期间，编辑人员经过多次培训，大多掌握了中英文录入、文本修改、表格制作、文件打印、上网浏览等初步的计算机技能，熟悉了 Microsoft Word, Microsoft Excel 或金山公司 WPS 等办公软件，熟悉 Internet Explorer, 能够收发 E-mail，了解了计算机病毒的预防、检测和消除的常识。

计算机开始代替纸和笔，在百科全书编辑工作的各个环节显示出强大的效能，明显提高了编辑工作的效率。

一、提取资料

辞书是信息高度密集的图书。辞书编辑过程中时时遇到查证资料、核对数据的问题。有时为一个数据要跑几趟图书馆，不知要查多少本书。大海捞针的苦头谁没吃够呢？使用计算机，从数据库中调用资料或从互联网上搜索资料，难题的解决就容易多了。

1. 从数据库中调用资料

中国百科术语数据库包括百科全书库，其中容纳了已经出版的《中国大百科全书》（第一版）、《中国大百科全书》（简明版）、《简明中华百科全书》和本社出版的数十种专业百科全书和地区百科全书，如《儒学百科全书》《能源百科全书》《武术百科全书》《质量　标准化　计量百科全书》《青海百科全书》等。中国百科术语数据库还包括术语库、名人库、图片库、地名库，数据总量近100万条。在辞书编辑加工过程中，可以方便地调出数据库的资料进行比对、参考，往往可以收到事半功倍的效果。

2. 从互联网上搜索资料

如果说数据库是资料的宝库的话，那么互联网就是资料的海洋了。近乎无限的互联网的作用有时是任何有限的数据库都无法替代的。互联网上超越时空的海量信息可以为辞书编辑和修订提供极有力的支持。

在《中国大百科全书》（精粹本）的编辑和修订重印及相应光盘的编制过程中，笔者就深切感受到了利用互联网查找新资料的便利。《中国大百科全书》中有一批在世人物条目。这些人中有不少是老年人。书出版十几年后进行修订，显然必须查证他们是否已经去世。而此时原来撰写条目的上万名作者大部分已失去联系。况且有的外国人物的现状恐怕连原来条目的作者也不清楚了。寻找原作者来进行查证显然不现实。还是互联网帮了我们。好在这些上书人物都是名人，踪迹往往见诸网上消息报道、传记介绍，甚至有个人的专门网站。Baidu（百度）、Google 等搜索引擎和 Yahoo、sina（新浪）、sohu（搜狐）等网站可以为我们提供需要的资料和线索。例如德国机械工程师 H.P.von 奥海因 1998 年 3 月 13 日卒于美国佛罗里达，俄裔美国经济学家 W. 里昂惕夫 1999 年卒于纽约，中国苏州弹词演员蒋月泉 2001 年 8 月 29 日卒于上海，美籍华人教育家顾毓琇 2002 年 9 月 9 日卒于美国俄克拉荷马等资料就是通过互联网查到的。

类似的，地名（国家、城市），组织机构，行业，事件等许多方面的问题也都可以得到解决。例如，《中国大百科全书》（简明版）"抽水蓄能电站"条目提到中国广州抽水蓄能电站"第一期工程装机 120 万千瓦，计划在 90 年代竣工"。编辑《中国大百科全书》（精粹本）时，经网上搜索，找到相关资料，改为"工程总装机容量 240 万千瓦，2000 年 3 月全部建成投产"。

当然，我们知道，网上瑕瑜互见，查到的东西时有歧异乃至舛讹，是要经过一番比较、分析、鉴别工作才能选用的。例如，关于 2001 年 9 月 11 日美国纽约世界贸易中心双塔等被袭击的事件，网上就有不同名称。按网上搜索所得数量由多到少的次序，依次有"×××事件""×××恐怖事件"和"×××恐怖袭击事件"等。按照百科全书行文严整的传统，我们在设定条目名称时选择了"×××恐怖袭击事件"。事件前面的代号也有不同写法："9.11"和"9·11"。利用几个网站的搜索引擎，搜索结果的数量倾向倒是一致的。新华网："9.11"，655；"9·11"，3 601。新浪网："9.11"，2 642；"9·11"，18 462。Google 中文："9.11"，49 600；"9·11"，2 130 000。Google 中英文："9.11"，616 000；"9·11"，10 700 000。于是我们最后确定条目名称为"9·11恐怖袭击事件"。

二、文字加工

在编辑器中，责任编辑把作者来稿拆分为条目，对图片进行处理，提供给美术编辑，对条目标注属性后，即可进行文字处理。

计算机用于编辑工作，可以把许多简单的、重复性强的，本来十分烦琐的事情变得轻而易举。文字加工中此类事例就不少。

层次标题字体字号的统一，原来需要逐个分辨、标注，现在只要统一设定即可。释文中大小不同的字号，宋、楷、黑、隶等不同字体，符号字母的正体、斜体也都可以方便地选用。

名词术语的统一，可以方便地利用字符串的查找、替换等功能给以保障。条目的"交叉""撞车"问题可以及早发现和解决，条目释文的"暗交叉"也可以利用计算机的相应功能进行检查、处理。当然这方面还期待更强大的软件的开发。

条目结构的调整可以轻松利用"块操作"的剪切、复制、拆分、合并等功能来处理。

因为百科全书加工次数多，加工量大，原来加工中间或发稿前需要抄稿。使用计算机则免去了这一道手续。

三、条目排序

百科全书条目（词条）的排序在原来手工操作时是一件繁难的工作。记得编辑《中国大百科全书》第一版的时候，一卷书千把个条目，几十个分支，加工完毕，进行音序统排，就要摆满整个房间，几个人干几个小时。建立百科术语数据库后，专业技术人员自主编制了排序软件。现在利用计算机，只要选择菜单［工具→排序输出］，在弹出的保存文件对话框中填写文件名，一点回车键，转瞬之间就能排出来了。既可以按笔画笔顺排序，也可以按汉语拼音顺序排序。

目前，由计算机按条目汉语拼音排出的结果还须由编辑进行审核，检查有关多音字的排序是否妥当，进行必要的调整。看来还需要能够处理多音字的更强大的软件问世。

四、索引编制

索引的编制更是一项十分烦琐的工作。在以往的手工操作中，排序自然是个麻烦事，而填页码更是麻烦，且难免出错。百科全书动辄上万条索引的页码返查，一页页翻检，让许多人叫苦不迭。

利用计算机可以在提取索引时将其页码一并带出，不仅可以大大提高速度，还可以极大地降低差错率。

利用计算机可以按汉语拼音排序，也可以按笔画笔顺排序。因为字的笔画数目和笔顺不像拼音那么直观，利用计算机编排笔画索引节省时间的优越性就更大了。

五、编辑管理

编辑管理可分为编辑流程管理、编辑加工管理及其他管理。

1. 流程管理

出版社普遍实行三审制，即责任编辑初审、编辑室主任复审、总编辑终审。一部百科全书动辄收纳成千上万个条目（辞条），可能分成几个、几十个分支，每一个都需要经过三审流程。从选题立项开始，责任编辑要约稿、收稿、审读、退改、加工、送审，二审要审读、加工、退改，三审也有审读、退改或签发等处理。可以称得上头绪繁多，错综复杂了。利用计算机进行流程管理，可以把这些显示得完整、清晰、准确。对数据进行积累、整理、统计、分析是计算机的特长。可以说，也只有利用计算机，才能把这种管理做到完善。

2. 加工管理

书稿修改的记录是有重要保留和查检价值的内容。了解编辑的水平和工作情况，处理文字质量的争议，都需要查阅书稿修改记录。以往手工改稿，一般要求不同的编辑使用不同颜色的笔，改后在稿上签字。改的人多了，改的次数多了，会让人为不知道用什么笔才好而发愁。

利用计算机，可以自动地在每次存盘时把修改情况记录下来。需要检查时，只要在选中条目后选择痕迹按钮，就可以弹出一个新窗口，显示删节、增补、修改的详细情况及修改是何人、何时所做的。

3. 其他管理

这里主要指作者资料管理、稿酬管理、书稿档案管理乃至宣传管理、发行管理等工作。这其中有些事是只能由编辑来管的。如作者只能由编辑来联系，作者资料也就只能由编辑来管理才行。有些事，如稿酬、发行，当然另有财务、发行部门专管，但编辑还是不能不参与、不能不了解。

六、电子信箱

电子信箱可以为百科全书编辑与作者架起一道快捷的桥梁，大大方便编辑与作者的沟通、交流。通过电子邮件传来的文稿又可免去录入的麻烦。不管是利用本社局域网分配给编辑个人的专用信箱，还是使用商业网站提供的免费信箱或收费信箱，电子信箱这个工具是百科全书编辑必须掌握的。

1974年12月世界上第一台个人计算机——MITS的Altair8800问世，1981年8月美国IBM公司推出微型计算机IBM PC，随后推出IBM PC／XT、PC／AT。这些年，Intel公司的CPU迅速升级换代，286、386、486匆匆走过，今天人们常用的已是Pentium 3、Pentium 4和笔记本电脑，任何人都体会得到计算机技术的发展和普及有多么快。如果说十年前许多编辑人员还对计算机感到新鲜、生疏的话，那么今天计算机的应用对编辑人员来说已是很普及的了。随着友好、方便的图形界面的广泛引入，诸多上机任务都可以通过鼠标的简单操作完成，学习和操作计算机对任何人来说都已不是难事，对百科全书编辑来说，更是不成问题。相信随着新软件的不断问世，计算机更多地用于百科全书编辑，展现在读书人面前的百科全书园地必将更加繁荣。

强化编辑标准化意识
促进编辑工作标准化 ①

　　长期以来，人们对编辑的素质要求给予了很大关注，诸如政治素质、思想素质、文化素质和职业素质等，都有过很多讨论。其实，强化编辑的标准化意识，也是一个不应被忽视的问题。熟悉标准，执行标准，研究标准，应该成为编辑的自觉行动。

一、标准化操作是对编辑工作的基本要求

　　人类社会的进步离不开标准化，人们的沟通交流离不开标准化。

　　秦始皇推行"书同文，车同轨"。可以说，正是有了"书同文"，才为中华民族统一大国的形成和发展，以及几千年中华文明绵延不绝打下了坚实的基础。

　　近代社会，标准化逐步走向法规化。1908 年清政府颁布《划一度量权衡制度图说总表及推行章程》是一例证。这无疑与编辑工作密切相关。

　　中华人民共和国成立后，标准化事业纳入了政府的议事日程。

　　1953 年出版总署颁布《关于图书、杂志版本记录的规定》，1956 年，文化部出版局颁布《全国图书统一编号方案》。1958 年国家技术委员会颁布的第一号国家标准 GB1《标准幅面与格式、首页、续页与封面的要求》就是有关出版的。

---

① 　本文原载《中国编辑》2007 年第 2 期。

改革开放后，自 1979 年起，国家陆续组建了 286 个全国专业标准化技术委员会。20 世纪 90 年代，国家标准稳定在两万个左右。当今，面对全球化大潮，任何行业的人都离不开标准化，而新闻出版行业，更是首当其冲，负担着特殊使命。

编辑的案头工作，免不了频繁使用《出版物上数字用法的规定》《标点符号用法》《汉语拼音方案》《汉语拼音正词法基本规则》《简化字总表》《国际单位制》《物理科学和技术中使用的数学符号》等数字、文字、量和单位的规范。图书、期刊编排方面的规范也处处涉及标准。

在现代化、信息化高速发展的新形势下，全球各领域标准化的步伐正在加快。各国纷纷采用国际标准化组织（ISO）、国际电工委员会（IEC）和国际电信联盟（ITU）等权威机构制定的标准作为本国标准的蓝本。中国国家标准也加大了与世界接轨的力度。在这种形势下，作为信息加工、包装、流通的关键操作者的编辑，如果标准化意识不强，就会导致工作不到位，留下不规范的表述，甚至容易使读者产生歧义、误解，而任谬种流传。

二、出版物格式标准实施的问题突出

出版物格式国家标准，作为新闻出版业国家标准的一部分，是国家标准体系的重要门类。20 世纪 80 年代以来，我国陆续制定了《中国标准书号》《图书书名页》《中国标准连续出版物号》《中国标准书号条码》《中国标准音像制品编码》《图书在版编目数据》《图书和杂志开本及其幅面尺寸》等一系列国家标准。然而，这些标准的实施情况怎样呢？

传统上，出版领域缺乏大工业生产的意识。人们崇尚版本的多样化。当前，一些编辑人员对标准化工作仍然采取漠视的态度。不少人对标准缺乏关注。也有人认为国家标准大部分是"推荐标准"，于是合意的就执行，不合意的就不执行。这种态度显然是有害的。

2005年11月初，笔者在新华书店总店北京发行所随机采录了100种当年出版的图书的出版物格式样本。这100种书出自100家出版社。内容涉及哲学社会科学、自然科学、工程技术等不同领域，有学术著作、教材，也有普及读物、少儿读本。出版社类型既有中国出版集团所属出版社、中央部委出版社，也有地方的人民、教育、少儿、科技出版社和大学出版社。与每年出版的十几万种新书相比，区区百种图书的情况或许难以说明什么问题。但因同一出版社的出版物有一定的相似性，因此调查一本图书基本可以反映该出版社存在的问题，而全国出版社不过570余家（2003年统计数据），所以这100家出版社的情况在一定程度上可以帮助我们掌握国内出版社在这一问题上的大致情况。

从这100种图书上看到的出版物格式国家标准实施不到位的问题令人吃惊。试举例如下。

1. 中国标准书号

书号是我国图书合法出版的重要标志。

1956年，我国在全国各出版社使用"统一书号"。1972年《全国图书统一编号方案》修订出台。

1986年，与国际标准接轨的国家标准《中国标准书号》（GB5795—1986，）发布。规定"一个中国标准书号由一个国际标准书号和一个图书分类——种次号两部分组成"。中国标准书号的推行，是中国标准化事业的一件大事。在有关方面的推动下，标准得到广泛执行。

2002年1月4日，国家质量监督检验检疫总局批准GB/T 5795—2002《中国标准书号》，规定2002年8月1日实施。修订后的标准对中国标准书号的结构做了重大调整。在标准《前言》中明确指出："这次修订的主要内容是删除了GB/T 5795—1986中的'分类及分类种次号'部分。"新标准规定"采用国际标准书号作为中国标准书号"。这样既可避免原来多种图书分类并存，多家进行分类操作的混乱局面，更是进一步与国际接轨的重要举措。

遗憾的是，新标准发布三年多之后，一些图书却还在执行旧标准。

在调研采录的 100 种图书中，仍然使用带有分类——种次号的旧的中国标准书号的有近一半。

按照国际标准 ISO2108：2005《信息与文献——国际标准书号（ISBN）》和即将发布的国家标准 GB/T5795—2006《中国标准书号》的规定，2007 年 1 月 1 日起，书号将由 10 位升为 13 位。各出版社能不能及时、准确地采用新的书号呢？

2. 图书在版编目数据

图书在版编目数据是在出版社填报的图书在版编目（CIP）数据工作单的基础上，由中国版本图书馆专业人员统一编制，排出版样交给出版社的。按说，应该不会出什么问题了。然而，情况并非如此。

（1）出版时间错误

在版编目数据中有出版时间的记录，版本记录中也有出版时间的记录。两个出版时间说的是一件事，应该完全一致。然而在现实中，出版社申报在版编目数据时计划了出版时间，后来实际的出版时间往往会发生变化，如果在版编目数据没有相应改变，结果便会在同一页上出现两个不同的出版时间。

采录的 100 种书中，在版编目数据的出版时间早于实际出版时间的有 22 种，其中年份不同的有 11 种。在版编目数据的出版时间晚于实际出版时间的有 1 种。

（2）在版编目数据的出版时间有年无月

在版编目数据的出版时间有年无月，版本记录的出版时间则有年有月，两者不同。出现这种情况似乎是为了避免出现前面提到的两个出版时间不同的问题，其实，还是不同，还是错误的。采录的100 种书里，出现这种情况的有 20 种，其中跨年度的有 4 种。

（3）项目标识符

在版编目数据的一些项目之前，标有不同的项目标识符。有些标识符样子像标点符号，但并不是标点符号。它们只是提示其后特定项目含义的"项目标识符"。注意，它们都放在相应项目的前面。例如，"："放在"其他书名信息，丛书其他书名信息、出版者"之前，"；"放在不同责任方式的作者之前，"，"放在相同责任方式的其他作者之前。

有人看到在版编目数据中副书名前面用了"："，以为搞错了，给改成"——"，结果才是真的错了。普通行文时，主书名和副书名连用，其间是习惯使用破折号的。这没错。而在在版编目数据中，主书名和副书名是分别处理的。副书名，属于"其他书名信息"，它的前面应使用标识符"："，而不是标点符号"——"。

3. 图书书名页

图书书名页包含的内容，除中国标准书号和在版编目数据之外，还有不少。出现问题较多的是版本记录事项。

（1）幅面尺寸

以往习惯用"开本"表示。即列载全张纸的长宽尺寸和开数。例如：890毫米×1240毫米　1/16。这里的两个"毫米"也常用"mm"表示，或都省略。但如果只用一个，写成"890×1240毫米"，面积变成长度，就错了。

（2）版次和印次

标准《图书书名页》要求在印刷发行记录中"列载第1版、本版、本次印刷的时间"。采样发现有的项目不齐全。

（3）印数

印数的记录是问题较多的项目。有不记载印数的，有只记当次印数的（按以往规定应列载累计数）。

需要质疑的是，有些书使用"0001—5100"之类的写法。采录的100种书中这样用的有9种。

此外，出版、印刷、发行单位信息，出版责任人记录等的内容、格式、位置的安排，更是各有不同。

三、促进编辑标准化操作的几项措施

种种芜杂和混乱的情况，不能再继续下去了。必须尽快采取多种措施，进行综合治理。

1. 运用管理导向

在当前的体制之下，充分动用管理手段是十分必要的。事实上，新闻出版总署对出版标准化工作十分重视。在《图书书名页》等标准修订期间，2000 年 3 月 28 日，新闻出版署下发新出技〔2000〕382 号文件《关于征求对〈图书书名页〉和〈图书在版编目〉两项国家标准（征求意见稿）意见的通知》，要求各地组织有关单位和专家对该标准提出意见。2000 年 9 月 29 日，新闻出版署又下发新出技〔2000〕1294 号文件《关于对〈中国标准书号〉等 5 项标准（征求意见稿）征求意见的通知》。5 项标准中包括《图书书名页》《图书在版编目数据》等。当标准正式颁布后，2002 年 4 月 16 日新闻出版总署发出新出印〔2002〕443 号文件《关于实施〈中国标准书号〉等 5 项国家标准的通知》，要求各有关单位遵照执行。所指 5 项标准为《中国标准书号》《图书书名页》《图书在版编目数据》《中国连续出版物号》《中国标准书号条码》。

早在 1997 年 1 月 3 日，以第 210 号"中华人民共和国国务院令"发布、自 1997 年 2 月 1 日起施行的《出版管理条例》，第二十八条就规定："出版物的规格、开本、版式、装帧、校对等必须符合国家标准和规范要求，保证出版物的质量。" 1998 年 2 月 10 日新闻出版署图书管理司颁发的"图管字〔1998〕第 98 号"文件《关于转发〈图书编辑工作基本规程〉的通知》所附的由中国编辑学会、湖北省编辑学会共同编写的《图书编辑工作基本规程》，第六章第三条规定："加工整理应严格遵守国家有关标准，如……《图书书名页》等。中国标准出版社出版的《作者编辑常用标准及规范》，编辑人员应人手一册，以备查检。"[1]

现在的问题是要把工作进一步落到实处。例如，几次会议上，都有专家指出：执行标准的情况要纳入图书评奖之中，严重不符合标准的要一票否决。

2. 加强培训

要使更多的编辑熟悉标准、贯彻标准。近期，信息与文献标准化技术委员会出版物格式分技术委员会连续举办全国出版业标准化培训班，便是一件很有意义的事情。参加培训的各地上百名编辑人员，普遍表示很有收获。但也有人提到，全国编辑来到一地，路途遥远，培训经费负担沉重。显然，培训不仅应该在北京搞，还应在各地搞；不仅应该搞全国性的，还应该搞省市范围、出版社范围的。例如2002年9月，辽宁省新闻出版局图书处和辽宁省出版工作者协会就曾经组织过全省图书出版社编辑，就新修订的《图书书名页》《图书在版编目数据》等标准进行培训，收到了很好的效果。

3. 倡导研究风气

标准化意识最终需要落到每一位编辑的心里。只有了解标准、执行标准、研究标准成为每一位编辑的自觉行动，出版标准化的理想才能逐步实现。

应该承认，目前出版领域的标准化还处于落后状态。许多应该形成标准的操作，还没有制定出标准。有些标准虽出台了，但还未能得到足够广泛的认可。有些似乎并没有争议的标准也并没有得到充分实施。

例如，我们至今没有关于出版术语的标准，直接导致长期以来

---

[1] 原为1993年6月出版的《作者编辑出版常用国家标准》。2003年7月出版第二版，改名为《作者编辑常用标准及规范》，2008年5月出版第三版，2019年9月出版第四版。

存在各说各话、各行其是的现象。20 世纪 90 年代，国家新闻出版署就把研制《出版术语》国家标准的工作提上了日程。也曾成立《出版术语》工作组，利用业余时间开展了一些工作。然而，这样一项大的项目，没有全行业的广泛参与，没有任何经费支撑，只靠少数人业余来做，显然是不行的。[①] 我们有许多从业多年的老编辑，应该从标准化的角度对自己的经验进行总结。近年来，大批新毕业的博士、硕士走上编辑岗位，编辑人员群体的知识层次明显提高，具有一定的研究能力。这个优势应该得到发挥。

希望有更多的编辑来关心、支持、参与出版标准化这件事。

---

① 幸运的是，有中国大百科全书出版社加入进来作了主要起草单位。一年半之后的 2008 年 7 月，新闻出版行业标准《出版术语》（CY/T 50—2008）发布。

出版专业职业资格考试
重在考查编辑基本功 ①

参加全国出版职业资格考试工作，看到每年有上万人参加这项考试，深为出版事业后继有人而高兴。然而，阅卷之后，也往往留下几分担忧，又有几点改进建议。

一、资格考试，重在考查基本功

当编辑，并不易。一名合格的编辑，起码需要具备相当的沟通能力和语言文字素养；一名胜任工作的编辑，应具备选题策划、组稿、审稿、编辑加工和校对的基本功；一名优秀的编辑，更是需要具备研究、创新的能力。

职业资格考试是水平考试。《出版专业初级职业资格考试大纲》规定，考试"着重考核出版专业的'入门性'知识内容和实务技能"[1]，《出版专业中级职业资格考试大纲》强调，"中级职业资格考试，以考生已经具备初级职业资格的必备知识和能力为前提"[2]。或许从某种意义上可以说，初级考试要考查考生是否具备成为一名合格编辑的素养，中级则要考查考生是否能胜任编辑工作。

当出纳，要善点钞；当郎中，要会把脉。做编辑，就必须掌握编辑行当的特殊语言（例如校对符号），掌握各种编辑应用文（诸如选题报告、约稿信、审稿意见、退修信、退稿信、编者按、出版消息、

出版物评论等）的写作，掌握审稿、编辑加工的规范，熟悉与出版行业有关的各种法律、法规、标准、制度。这些基本功，皆属职业资格考试要点。

二、试卷丢分，亏在欠缺基本功

从考察知识和能力的目的出发，初级和中级分别设置基础知识和理论与实务两个科目。就中级理论与实务科目而言，试卷设 65 道选择题和 5 道综合题（其中 2 道为分别面向图书编辑和期刊编辑的两组 2 选 1 的选作题）。综合题常用的题型包括写作、审稿、编辑加工、校对、计算、简答等。在命题时，通常力求考点明确，切近实际业务，避免走偏、过难。然而，大面积的低分卷，暴露出相当部分考生编辑基本功的欠缺。每每看到一些答得离谱的卷子，更让人不禁扼腕叹息。

有的考生，看得出来具有相当文字素养，能发现问题，也似乎知道该改成什么样子，可是表达起来，却往往相去甚远。

相当一部分考生做校对题不能熟练、准确地运用校对符号，有个别考生甚至完全不会使用校对符号。

不少考生弄不明白校对、编辑加工题和审稿题的不同要求。面对仿真程度很高的这类题目，考生答卷往往暴露出对编辑"常规动作"的生疏，甚至无知。

例如，2012 年中级理论与实务科目有一道写作题，要求写一封退修信，题目给出了初审、复审和终审意见，写退修信的素材应该是基本齐备了，写作退修信应该不难。然而许多人写得丢三落四，荒腔走板，甚至有不少人交了白卷。

又如，2013 年中级理论与实务的一道供期刊编辑选作的简答题，涉及期刊转载文章的规定，提到某报纸的文章、某期刊的文章（目次页上标明"本刊编辑部严正声明：本刊中的全部文章和图片，未经编辑部书面许可，任何人不得转载、摘编"）、某企业所办内部期刊的文章、某网站发表的文章。根据国家规定，前两种类型的文章可以转载，后两种类型的文章不能转载。这道题，能够完全判断正确的人就很少，能够讲清判断理由的人更是少之又少。有些人甚至全都判断错误。题目还要求写一封简单的约稿信。有人写下三言两语，连落款也没有；有人洋洋洒洒写下千把字，谈了作者如何优秀、如何付稿酬等关系不大的事，却根本不提稿件字数要求和交稿时间。

这样，要想考出好成绩谈何容易？即使总成绩达到及格标准，在实际工作中，能否胜任恐怕也成问题。

三、两个关键，加快强化基本功

出版专业职业资格考试已经进行了 12 年。在中级考生中，初出校门进入出版单位的硕士、博士和对出版工作有兴趣的非出版单位的人员所占的比例越来越高。他们缺乏系统的、相当时间的实际编辑业务的磨练，考生编辑基本功欠缺的问题也越发凸显出来。但从另一个角度看，现在新走上编辑岗位的年轻人，普遍具有较高学历，素质较高，发展潜力较大。只要措施得法、得力，也完全可能较快地了解、熟悉和掌握编辑的基本功。

首先，近身学习、体会老编辑的工作经验，是加快强化新编辑基本功的关键之一。例如 20 世纪 80 年代初，笔者所在的出版社，本科生、研究生毕业后走上编辑岗位之初的主要工作是抄稿子。那时还没有计算机，发稿之前都要整理、誊抄。抄过之后必须校对。正是在这样的过程中，年轻人可以体会到如何审稿，如何编辑加工，学习到如何校稿子的。这种训练让人受益终身。

其次，中级考生在备考过程中不仅要认真研读中级辅导教材，还要高度重视初级辅导教材，这是加快强化新编辑基本功的另一个关键。按照考试大纲的总体设计要求，在考试辅导教材中，中级教材是初级教材的延伸和提高，许多重要的基础性的内容在初级教材中做了比较完整、细致的介绍，在中级教材中不再做简单的重复。如果中级考生在备考过程中忽视了初级教材，应考时基本功的欠缺也就不可避免了。因此，有必要提个醒：中级考生的辅导教材是四本，而非两本。

注释：

［1］全国出版专业职业资格考试办公室编．出版专业初级职业资格考试大纲 [M]// 全国出版专业职业资格考试考试大纲．上海：上海辞书出版社，2013.

［2］全国出版专业职业资格考试办公室编．出版专业中级职业资格考试大纲 [M]// 全国出版专业职业资格考试考试大纲．上海：上海辞书出版社，2013.

编辑加工题需要引起重视 [1]

编辑加工是编辑的基本功。每年出版专业职业资格考试中级理论与实务科目的 5 道（加选答题为 7 道）综合题中都有 1 道是编辑加工题。从 2011 年中级理论与实务科目的考试结果来看，编辑加工题得分比较低，可能会直接影响考生取得满意的成绩。个中缘由，不得不察。

是不是题目太难了？的确，作为一道大型综合题，其中的一部分考点是具有一定难度的，但绝非都难，而是有难有易的。为什么有些人这道题竟然得了零分？人们看过原题和各个考点的具体内容，也许会做出判断。

原题

编辑加工题：阅读分析短稿，并按照稿件加工整理的规范进行编辑加工。

观光塔

观光塔是一种具有吸引游客作用的高塔，通常建在城市的中心区域。

国人自古就有高瞻远瞩的喜好。唐代李白的诗句"欲穷千里目，更上一层楼"更是成为绵延不绝的千古绝唱。

中国古代的塔多为宝塔，它们与现代观光塔的区别是：宝塔是用以藏舍利和经卷的佛教建筑。而观光塔是现代工程技术的产物，

---

[1] 本文原载《科技与出版》2012 年第 5 期。

至 19 世纪末期才开始陆续兴建。观光塔的塔身通常由钢筋混凝土或钢铁建造。在较高位置有瞭望楼层，供游客登上去俯瞰城市景色。瞭望楼层与地面之间有电梯及楼梯连接。观光塔的观景台上，一般设有可 360 度观赏风景的瞭望楼层，有的还有旋转餐厅。游人要登上观光塔，通常需要购买门票。

观光塔作为一个城市的地标，成为城市景色的一部份，对城市景观起装饰作用。有的观光塔还具有传送无线电信号（包括广播、电视讯号）的作用。一些观光塔，例如澳门旅游塔，还为游客提供跳伞及空中漫步等极限娱乐活动。

中国上海的广播电视塔，又名"东方明珠"塔，坐落在中国上海浦东新区陆家嘴，毗邻黄浦江，与外滩隔江相望。该塔由上海现代建筑设计（集团）有限公司设计，1991 年动工兴建，1994 年竣工，投资总额达 8 亿 3 千万元。塔高 467.9 米，曾位居亚洲第一，世界第三高塔，当时仅次于加拿大的 CN 电视塔（553.3m）及俄罗斯的奥斯坦金诺电视塔（540.1m）。

分析

本题有 12 处需要考生进行编辑加工。

高瞻远瞩的喜好：这是搭配不当的问题。改为"登高远眺的喜好""高瞻远瞩的说法"等都可以使本句通顺。这是属于容易得分的考点。

李白："欲穷千里目，更上一层楼"这句诗无人不知，但作者是王之涣却被很多人忘了。把"李白"改成"孟浩然""白居易"都是错的。

绵延不绝的：用词不当，可删。如果改为"脍炙人口的"，亦可。

而观光塔：谈二者有别。宝塔说的是用途，观光塔转而说技术，文气不顺，不合逻辑。这属于较难的考点。只有少数人能在"而观光塔"之后补写上"用于登高观景……""供人们休闲游览"等。

登上去：啰唆。应删。

观光塔的观景台上：这里单独看似乎无错，但联系上下文分析，就有问题了。这里应该是"瞭望楼层"。

观赏风景的瞭望楼层：与上文衔接，这里应该是"观赏风景的观景台"。

讯号：现在通用"信号"。改对的人还算比较多。

中国上海：连续两个"中国上海"，明显重复。应该删后面的"中国"或"中国上海"。

8亿3千万元：按照数字用法的国家标准，这样用是错的。应改为"8.3亿元"。有些考生改成"八亿三千万元"，这在一般场合下也可以，但是，下文存在"467.9米""553.3m"等必须用阿拉伯数字的情况，这里就应该也用阿拉伯数字表示。

曾位居……世界第三高塔："位居"跟"高塔"不搭配。应删"高塔"。也可改为"曾为……世界第三高塔""曾是……世界第三高塔"或"曾是位居……世界第三的高塔"。

米……cm：计量单位的符号应该统一。这是容易的考点，答对的人相对多一些。

除了需要考生改正错误之外，编辑加工题还有对操作技能的要求，测试考生能否按照编辑加工的操作规范答题。然而，许多考生还不是很清楚编辑加工该如何操作。不作具体修改，只是在版心之外批注哪句不妥的考生，不是一两个。传统上，作编辑加工是强调就地修改的，既不同于处理校样那样要拉到版心之外去改，也不同于审稿那样仅在版心外批注。在计算机打印稿件成为主流的情况下，如果原稿的行距较小，难以再加入一行字，编辑加工可以像校对那样在版心外作修改；如果原稿行距较大，可以再加入一行字，那么，还是应该直接在原稿的字里行间进行修改，避免过多的引线给后续的审读、排版、校对等工作造成干扰和麻烦。[1]

对于编辑加工整理，一直要求贯彻"改必有据，忌无知妄改"[2]的原则。因此对于把正确的内容改错了的情况，是要扣分的。不少人把"坐落"改成了"座落",把"19 世纪"改成"20 世纪",更有甚者把"欲穷千里目,更上一层楼"改成"欲穷千里日,更上一层楼",这些都是会被扣分的。

思考

平心而论,2011 年度中级理论与实务科目的考题与往年并无大的不同。只是考虑到出版工作的实际情况,按照考试大纲关于编辑加工整理的考核要求,命题组有意识地在"消灭差错、润饰提高、规范统一"方面将编辑加工题进一步与校对题、审稿题进行了区分,体现这个模块的特点。2011 年的编辑加工题中没有错别字,也没有标点符号差错、版面格式差错(这些是校对题的常见内容),而是有意识地增加了需要联系上下文进行思考的属于"润饰提高"的内容。然而,有些考生显然没有意识到这一点。读过原题,找不到一个错别字,就不知道在哪里下笔了。这或许是其只能得零分的原因之一。

报考出版专业中级职业资格的考生,按理应该具有较高的业务能力和职业素养。但从答题的实际状况看,有些考生虽然具有一定的语言文字能力,但对编辑工作规范掌握很少,甚至一无所知。如同做校对题却一个校对符号也不会用一样,有的考生做编辑加工题也完全不知道该如何修改。这可能是一些高学历的新人虽具有报考中级的资格,但参加编辑工作时间太短,对编辑工作还很不熟悉的缘故,也可能跟有些非出版单位的"笔杆子"也来参加出版专业职业资格考试有关。

2011 年版的出版专业职业资格考试辅导教材强化了初级和中级的分工。《出版专业基础·中级》和《出版专业实务·中级》对编辑加工的规范讲得较少,有关内容由《出版专业基础·初级》和《出版专业实务·初级》详细讲。《出版专业中级职业资格考试大纲》中明确指出:"所列中级两门科目的考试基本要求和考试内容,是在初级职业资格考试基础上的延伸和提高部分。中级考试的内容,并不限于这些范围，还包括初级职业资格考试大纲中的相关内容，而且考试的要求也有提高。"有些中级应考者只重视学习中级的教材，忽视对于初级教材的学习，从而缺乏编辑工作基本规范方面的学习和训练，导致编辑加工题的得分不高。

无论如何，不了解、不熟悉编辑工作操作规范，编辑加工题就很难得到高分，这是值得中级考生重视的问题。

参考文献

［1］全国出版专业职业资格考试办公室.出版专业实务·初级［M］.武汉：崇文书局，2011:111.

［2］全国出版专业职业资格考试办公室.出版专业实务·初级［M］.武汉：崇文书局，2011:107.

编辑加工题管窥 ①

编辑加工题，在出版专业职业资格考试中占有十分重要的位置。考生要想正常发挥水平，有必要掌握做编辑加工题的基本方法，而要想取得好成绩，则需要研究一下编辑加工题的命题规律和相关答题技巧。

一、必考题型

编辑加工是编辑最基本的业务活动。编辑加工的水平成为考查编辑业务能力的重要指标，因而编辑加工题成为出版专业职业资格考试必考的题型。每年"初级实务""中级基础"和"中级实务"三个科目的综合题中都有编辑加工题。2005 ~ 2013 年这九年间，三个科目编辑加工题计有 29 题，约占综合题总量的五分之一。

通常，题目会提供一篇短稿，要求阅读分析并按照稿件加工整理的规范进行编辑加工。

二、题材范围

看一下历年的考试真题，所用的短稿有关于编辑学的、关于著作权的，也有关于时事政治、文化教育、工业技术、材料科学、医疗保健、历史、地理等方面的，学科内容和体裁都不确定。可以肯

---

① 本文原载《科技与出版》2014 年第 4 期。

定的是，考虑到考生专业背景的不同，为了公平，所用短稿内容不会太专业，通常会兼顾文理，涉及的专业内容限于"常识"层次，以高中文化水平为基础。

职业资格考试辅导教材解说了编辑加工的任务：消灭差错、润饰提高、规范统一和其他工作。[1][2]考试题也会从这几个方面进行设计。

三、答题方法

为体现实际工作中审稿与编辑加工和校对的差异，同为职业资格考试综合题的题型，考试对审稿题与编辑加工题和校对题的答题方法也有所区别。[3]这是考生特别应该留意的。审稿是作出采用、退修、退稿决断的基础，审稿题主要是在页边批注意见，指出稿中存在的错误和疏漏并说明正确的内容应是什么。编辑加工是为发稿做准备，一般是按照书写习惯就地修改加工，使稿件达到"齐""清""定"的标准。校对着眼于发现和消灭校样中的语言文字性差错和排版格式的失误之处，所以校对题要使用专业的校对符号清晰、醒目地标示所做的改动。为了醒目，校对通用"放风筝"的方法，把行间的改动拉到页边标注。编辑加工题则在行间改正即可。为了简明，编辑加工题不可避免地要用到校对符号。

下面试以 2013 年度"中级实务"的编辑加工题《漓江》中的几段文字为例，分别就不同种类考点的解答技巧做些分析。原题请见《科技与出版》2014 年第 4 期第 151 页。

1. 消灭差错

稿件中的错误可能出在任何方面。可能是政治性的，也可能是知识性的、逻辑性的，或者，只是比较简单的错别字。

1892 年，漓江……被国务院批准列入第一批国家级风景名胜区名单。

显然，从句中有"国务院"一词就可发现"1892 年"是错误的。

正确的年代是"1982 年"。考生能够改成正确的年份,当然最好。但是,题中所说的这件事,算不上十分重大,而在考场里又没有查核考证的条件,所以不会苛求考生正确写出这样一个相对比较"冷门"的年份。据此,如果考生在这里批注"年代有误,须查核"或类似的其他文字,也基本予以认可,因为在实际工作实践中,编辑人员只要查找一下有关资料,对该年份是不难改正的。然而,如果考生没有依据地擅改成另一个年份,那就犯了编辑工作的大忌——无知妄改,在编辑工作实践中会造成大错,所以就不能认可。这也体现了考试紧密结合编辑出版工作实际的特点。

   古今中外,不知有多少骚人墨客为漓江的绮丽风光写下了烩灸人口的诗文。唐代大诗人韩愈曾以"江作青罗带,山如碧玉簪"的名句来赞美这条如诗似画的漓江。

这里前一句中,"烩灸"二字应改为"脍炙"。遗憾的是不少人发现了别字,改后写出来的却是错字,结果仍然是错误的。后一句话里并没有错误。然而,有些考生却毫无根据地将"韩愈"改成"李白""王维""白居易""韩俞"等,或将"唐代"改成"宋代"、"元代等。或许是因为注意到 2011 年考试编辑加工题中有"唐代李白的诗句'欲穷千里目,更上一层楼'",需要改为"唐代王之涣的诗句'欲穷千里目,更上一层楼'"的情况,便想当然了吧?按照编辑工作的实际,把原稿中明明正确的内容篡改成明显错误的做法,是不能容忍的。职业资格考试当然也要贯彻这一基本要求。

2. 润饰提高

润饰提高是比较复杂的编辑加工任务,具体包括强化主题、调整结构、理清层次、梳理文字、删削赘文、弥补缺漏等。表述文字的先后顺序不当(包括语序不当、句序不当、段落次序不当等),是日常稿件中常见的不足,所以也成为出版专业职业资格考试的常见考点。如:

   漓江景区游客数量总体呈增长态势。2000 年接待游客 133.6

万人次。2007年接待游客220万人次。2006年游客接待量首次突破200万人次，达218.1万人。

多数考生能够看出来，应该将"2006年……218.1万人。"这一句移到"2007年"之前。遗憾的是，能够用正确的符号标明这种移动的却很少。另外，"218.1万人"须改为"218.1万人次"，这涉及统计单位的统一问题，严格地说，也可以归于纠正错误的范畴，实际上却容易被忽视。

3. 规范统一

规范统一涉及范围很广，诸如科技名词的使用，数字用法，标点符号用法，繁体字、简化字的使用等都是编辑工作中经常遇到的问题。阿拉伯数字与汉字的处理，单位符号和单位中文名称的处理是常见的考点。

河宽枯水时110-260米，洪水时30-200米。……从桂林到阳朔约83 km的河段……

这里在两个数字之间使用了短横线（三开线）形式的连接号（-），不符合规范。国家标准《出版物上数字用法》（GB/T 15835—2011）规定："在表示数值的范围时，可采用浪纹式连接号'~'或一字线连接号'—'。" 国家标准《标点符号用法》（GB/T 1583—2011）中，"标示数值范围（有阿拉伯数字或汉字数字构成）的起止"时，所举两个示例均使用浪纹式连接号。因此，这里的连接号应该按照国家标准的规定修改。稿中的长度单位"米"和"km"分别使用了中文符号和国际符号，应该予以统一，即把"km"改成"千米"或把"米"改成"m"。有人把数字"83 km"改成"八十三千米"，单位用法倒是统一了，但又造成了数字使用的不统一，仍然是错误的。

4. 其他事项

编辑加工的其他工作包括核对引文、查对资料、校订译文、推敲标题、撰写和规范辅文等。这些不易安排考点，真题中少有出现。

值得提醒考生的是，实际的编辑加工中，要求编辑"依据规范，忌滥施刀斧", 即要做到"多就少改""只改非改不可的, 可改可不改的一律不改"。考试中的编辑加工题也有同样的要求, 考点的设置是有限的, 只要求修改那些"非改不可"之处, 并非修改越多越好。有人改得"满脸花", 却改不到点儿上, 照样不能得分。如果"制造"了新的错误, 反而还会被扣分。卷面也须整洁, 字迹不能潦草, 以免难以辨认, 影响计分。

参考文献

［1］全国出版专业职业资格考试办公室. 出版专业实务·中级 [M]. 上海: 上海辞书出版社, 2011: 48-50.

［2］全国出版专业职业资格考试办公室编. 出版专业实务·初级 [M]. 武汉: 崇文书局, 2011: 112-129.

［3］严谨. 审稿题、编辑加工题、校对题的不同答题要求及溯源 [J]. 科技与出版, 2011（4）: 8-11.

编辑应用文写作题琐议 ①

编辑应用文写作是编辑人员日常工作的重要内容。全国出版专业职业资格考试的《考试大纲》要求，编辑应掌握撰写编辑应用文的基本规律和要求，掌握选题报告、审稿意见、约稿信、退修信、退稿信、内容提要、作者简介、出版物简介、出版简讯、出版物评论的撰写要领；熟悉编辑计划、调研报告、日常联系信、出版前言、编者按、出版后记的撰写要领，熟悉关于撰写出版物广告文字应注意问题的知识；了解编辑应用文的概念和特点，了解答读者信、凡例的撰写要领，了解出版物广告文字的类型。[1]

如何答好编辑应用文写作题，是值得出版职业资格考试有关人员认真探讨的问题。

一、了解必考题型

编辑应用文写作水平的高低，是编辑基本功强弱的重要标志。因此，自 2003 年起，编辑应用文写作便理所当然地成为全国出版专业职业资格考试的必考题型。2003 ~ 2006 年，每年有 1 道写作题，出现在中级基础试卷中。2007 ~ 2010 年，4 年间共有 5 道写作题，分别出现在初级实务和中级实务试卷中。2011 ~ 2014 年，4 年间共有 9 道写作题，分别出现在初级实务和中级实务试卷中。考过的应用文种类有有选题报告、网络专题策划方案、约稿信、审稿意见、

---

① 本文原载《科技与出版》2015 年第 4 期。

退修信、退稿信、新书简介等。可以看出，写作题的数量有增无减，范围也不断拓宽，命题者对写作题的重视十分明显。

二、看清题设材料

写作题一般提供的材料较多，要求较明确。考生需要从这些材料出发，按照要求撰写。然而，总有些粗心的考生偏离题干材料和要求。

2014年度中级实务试题66题（原题请见本期第150页）要求："根据审稿意见写一封给作者的信，400~700字，告知出版社对其书稿的处理意见。"应该写什么信？这是需要考生利用题干中的材料根据审稿制度规定判断的。题干中给出的三份审稿意见，有意设计成不同口径：初审认为"基本符合出版要求，可以转入编辑加工程序"，复审提出"建议退作者，进行修改"，而终审意见是"应考虑退稿"。根据审稿制度，对稿件的最终处理应以终审意见为准。因此，需要写的就是退稿信。那么，这信应该写给谁？题干中提到："由担任丛书主编的省科协林宁副主席约请蓝县养鸡大王刘国富编撰。我社曾就该丛书与主编签订约稿合同。"认真审题的人会明白应写给林宁主编，直接写给刘国富并不合适，写给科协当然更不妥。

又如，2014年度中级实务科目第70-C题要求："某读书网站编辑张弘……拟向网站领导建议开设一个以'全民阅读'为主题的专题频道……请以张弘的名义撰写一份700字左右的专题频道策划方案。"有的方案却不足百字；有的方案根本不提"全民阅读"；有的方案落款偏不写张弘而写其他人的名字。

"跑题"之作，怎能得到理想成绩？

三、把握文章体裁

各种应用文，都有比较固定的内容与格式的要求，即有规范性的要求，并表现为相应的要素。这些要素，一般就成为考点。当然，不同的编辑应用文有各不相同的若干要素，在辅导教材中都有明细的解说。

从应试的角度看，最主要的撰写要领，就是要素应该完备。例如，编辑工作书信开头必须有称谓、问候语，结尾应有祝词，最后落款要写明写信人和时间。否则就不称其为"信"了。约稿信不能遗漏交稿时间。退修信必须把问题和修改建议写清楚。退稿信要把结论交代清楚，不能让人误会成退修信。选题报告需要写出选题名称、选题价值、选题酝酿形成过程、选题的内容和形式设想、读者对象、拟请的作者、时间安排、经济效益预测、市场营销建议等。审稿意见应该写明稿件的基本情况、作者介绍、内容概述、稿件价值评估和质量判断、稿件处理意见。出版物简介要写明出版物名、作者、出版社、出版时间、字数、读者对象、开本、定价、内容介绍等。显然，丢三落四是不可能取得好成绩的。

四、依循编辑规程

编辑应用文是用于编辑业务的。它的内容不能脱离编辑规程，更不能与编辑规程相悖。要想真正写好编辑应用文，必须以熟悉编辑规程为基础。是不是讲外行话，实际可以显示出考生是否已是编辑的行家里手。

从 2014 年中级实务试题第 66 题的退稿信写作情况，可以看出有些考生并不熟悉编辑规程。

有考生称"经过三审，一致认为……"，这就莫须有了。题中交代的三种审稿意见明明不同。实际上，按编辑规程，三个审级的意见是可以不同的。这并不妨碍形成出版单位的审稿结论。编辑如果熟悉编辑规程，就应该知道在这种情况下审稿结论是怎样的。有些考生在拟的退稿信中逐个转述三个审级的意见；甚至有人以责任编辑的口气称，本人认为可以出版，但复审表示有问题，终审决定退稿。这些均大为不妥。按编辑规程，退稿信只能以出版单位的名义，而不能以个人名义撰写；信中告知审稿结论，也不该分述三个审级的意见，只能把最终意见告诉作者。

熟悉编辑规程，自然能注意到题目中隐含的事项。例如，上面所说题目中提到出版社曾就作品与主编签过约稿合同，那么就还有退稿费事宜需要说明。

五、注意行文得体

编辑应用文有些是写给本单位同事的，有些是写给读者的，有些是写给作者的。不管是写给谁，编辑都应摆正自己的位置。行文得体，是不能不考虑的问题。这方面，恰恰是众多新编辑的弱项。

写初审审稿意见，呈送复审，结论写"同意接受出版"，就有越权的嫌疑。应改为"建议接受出版"。

给作者写信，开头应该有个敬称，即在姓氏或姓名之后，或加"先生""老师""同志"，或加"教授""研究员""工程师"，或加"主任""院长""总经理"，等等，均无不可。有的考生却只写作者姓名，那怎么行？须知这是极不礼貌的，往往会导致对方反感。

退修信、退稿信需要指出稿件的问题，严重的问题更要十分明确、具体，不能含糊。具体写法却大有讲究。退修信、退稿信"是根据审稿意见写的，但不应是审稿意见的复本，两者在语气上、遣词造句上应有原则不同"[2]。一定要注意"内外有别"。审稿意见中的有些语句是不宜照搬到给作者的退修信和退稿信中去的。给作者的信，语气应该委婉、得体。如果让人觉得过于生硬，盛气凌人，那是十分要不得的。

参考文献

[1] 国家新闻出版广电总局出版专业资格考试办公室.全国出版专业职业资格考试考试大纲 [M].上海：上海辞书出版社，2014.

[2] 全国出版专业职业资格考试办公室.出版专业实务·初级 [M].武汉：崇文书局，2011:399-479.

出版专业职业资格考试 期刊内容备考指南①

　　根据出版专业技术人员职业资格制度规定，非新闻类期刊出版单位中从事编辑、技术编辑、校对工作和新闻类期刊出版单位在从事校对工作的专业技术人员，都应该通过全国出版专业技术人员职业资格考试（以下简称"出版专业职业资格考试"），取得相应级别的职业资格。

　　期刊内容的特点之一是知识分布面广。按照《考试大纲》的要求，辅导教材各章内容在试卷中都分别占有一定比例，其中期刊类试题比重仅次于图书编辑内容占的比重。[1] 如在 2014 年"中级实务"试卷中，单项选择题共 30 题，期刊类占 4 题；多项选择题 35 题，期刊类占 5 题；综合题 9 题，期刊类占 2 题（还有 3 题是面向各类出版专业技术人员的）。从事其他出版物出版工作的技术人员需要熟悉期刊出版的基本知识和技能，而从事期刊出版工作的人员更要注重对于期刊出版工作中一些特殊要求的学习。为了提高复习备考的效果，笔者认为，需要注意以下三个问题。

一、把握期刊内容考试要点

　　出版专业职业资格考试的"基础"和"实务"两个科目，均涉及期刊类的内容。其中，"基础"侧重的是出版通用的各方面知识，

---

① 本文原载《中国编辑》2015 年第 3 期。

自然涵盖期刊；"实务"则侧重各种出版物各个编辑出版环节的操作技能，期刊更成为重点之一。相应地，在"基础"和"实务"的试卷中都有期刊类题目。

以2014年"初级基础"试题第9题为例：

关于期刊出版的说法，错误的是（　　）。

A. 期刊变更名称须按创办新期刊的规定办理审批手续

B. 内部发行的期刊不得转载公开发行期刊的内容

C. 期刊出版单位与境外出版机构开展合作出版项目，须经国务院出版行政主管部门批准

D. 期刊合订本应按原出版顺序装订，不得重新编排

《期刊出版管理规定》（2005年）第二十八条有明确规定："公开发行的期刊不得转载、摘编内部发行出版物的内容。"选项B恰好说反了。因此，答案是B。考生只要不马虎，应该可以判明。

再以2014年"初级实务"试题第14题为例：

期刊封面必须载明的内容不包括（　　）。

A. 刊名　　　　B. 刊号

C. 目次　　　　D. 出版年份、期号

此题涉及《出版专业实务·初级》教材第三章第三节中"期刊的结构部件"小节介绍的内容。教材根据国家标准《期刊编排格式》（GB/T 3179—2009）中有关期刊封面著录项目的规定指出：期刊面封必须载明刊名，包括可能有的副刊名和并列刊名；期刊面封上还必须在明显位置刊载本期刊物的出版年份、卷号、期号（或出版年份、期号）等顺序编号；期刊的刊号应印在每期刊物的显著、固定位置上。因此，A、B、D项都是期刊封面必须载明的项目。有许多期刊在封面载有本期要目，但标准或规范中并没有"必须如此"的规定，且要目并不等于目次。因此，答案是C。

二、熟悉期刊相关法律法规及标准规范

法律法规及标准规范是任何岗位的出版人都必须熟悉的。除了《出版专业基础》和《出版专业实务》，还有《有关出版的法律法规选编》，都是备考期刊题必须熟悉的教材。《中华人民共和国著作权法》《期刊出版管理规定》及国家标准《期刊编排格式》（GB/T 3179—2009 ）、《期刊目次表》（GB/T 13417—2009）等也是考试中经常涉及的，需要引起考生的重视。

以 2014 年"中级基础"试题第 44 题为例：

期刊社变更名称应当办理的手续有（　　）等。

A.依照新设立出版单位的规定报所在地省级出版行政主管部门审核

B.经国务院出版行政主管部门审批同意

C.报中国 ISBN 中心备案

D.报中国期刊协会备案

E.到原登记的工商行政管理部门办理变更登记手续

对期刊出版单位变更名称的管理，属于出版行政管理范畴。《出版专业实务·中级》第三章第二节对此有详细的阐述，其中并无"报中国 ISBN 中心备案"的要求，因为中国 ISBN 中心负责分配中国标准书号中的出版者号，与中国标准连续出版物号的管理毫无关系，这是典型的干扰项，似是而非。中国期刊协会作为社会团体，也无权对期刊出版单位进行行政管理。因此，此题答案应选 ABE。

三、中级考生要重视初级教材
期刊相关内容的学习

出版专业职业资格考试分为初级资格考试和中级资格考试。2011 年版的出版专业职业资格考试辅导教材强化了初级和中级的分

工。不过无论是初级还是中级，均涉及期刊这一内容。需要强调的是，中级考生不能忽视初级教材期刊相关内容的学习。

《出版专业中级职业资格考试大纲》中明确指出："所列中级两门科目的考试基本要求和考试内容，是在初级职业资格考试基础上的延伸和提高部分。中级考试的内容，并不限于这些范围，还包含初级职业资格考试大纲中的相关内容，而且考试的要求也有所提高。"有些考生只重视中级教材的学习，忽视初级教材的学习，无形之中就会导致缺乏期刊工作基本规范方面的知识。

以2014年"中级实务"试题第10为例：

期刊的编辑工作，不包括（　　）。

A. 在初校样上设法减少某篇文章所占版面

B. 写作导引文字

C. 统一全刊各篇文章的一级标题格式

D. 统一全刊各篇文章所附参考文献表的格式

《出版专业实务·中级》第三章第四节中具体讲到了在初校样上处理页面余缺的问题。其中具体讲到了在初校样上处理页面余缺的问题，不过，有关本题内容主要见于《出版专业实务·初级》第二章第四节《编辑加工整理》中的"期刊编辑加工整理的特殊要求"。其中涉及"统一参考文献表格式""写好导引文字"等内容。而在《出版专业实务·中级》第四章第六节中的"标题版式设计特点"里明确指出："期刊中的标题不像图书那样要求全书格式一致，而是活泼多变的，仅在同一个栏目内有相对统一的要求。"因此，答案是C。显然，考生要做对这道题，需要综合理解和掌握初级、中级辅导教材的内容。

注释：

[1] 国家新闻出版广电总局出版专业资格考试办公室. 全国出版专业职业资格考试考试大纲. 上海：上海辞书出版社，2014.

参考文献：

[1] 全国出版专业职业资格考试办公室 . 出版专业基础 · 初级 . 武汉：崇文书局 .2011.

[2] 全国出版专业职业资格考试办公室 . 出版专业实务 · 初级 . 武汉：崇文书局 .2011.

[3] 全国出版专业职业资格考试办公室 . 出版专业基础 · 中级 . 上海：上海辞书出版社 .2011.

[4] 全国出版专业职业资格考试办公室 . 出版专业实务 · 中级 . 上海：上海辞书出版社 .2011.

中级实务选择题琐议 ①

在出版专业理论与实务·中级（以下简称中级实务科目）的试卷中，选择题的题量占到试卷总量的 65/70，分值占到总分的一半，其重要性不言而喻。总体看来，选择题得分情况尚可。但分析不同类型题目的得分情况，也会发现有些题目较多考生都错答，折射出考生备考的漏洞。这里摘出 2015 年度中级实务科目试卷选择题中部分错选率在 30% 以上的题目和选项，对其内容、难点、要点和作答注意事项试作评析，希望能为 2016 年考生备考提供借鉴。

一、基本知识要清楚

选择题通常包括大纲规定的各章内容，覆盖面很广。应试考生需要全面备考。其中，涉及编辑应该了解、熟悉和掌握的基本知识、基本技能的内容占有相当大的比重。

如单选题第 4 题：

关于印刷型工具书的排检法，说法错误的是（　　）。

A. 用笔画笔形法排序，遇到笔画笔形相同的字，要按汉字编码字符集中的顺序排

B. 汉语拼音法采用"字母串法"排序

C. 现行部首法的部首依字形定部

D. 四角号码法将汉字笔形分为十种

---

① 本文原载《科技与出版》2016 年第 4 期。

应选选项是 B。令人吃惊的是，选对的考生只有约 1/6。事实上，国家标准《文字条目通用排序规则》（GB/T 13418—1992）确认的汉语拼音排序规则采用的不是"字母串法"。"字母串法"属于字母法，而汉语拼音法属于音序法，两者分属不同的排序法系统。当然，汉语拼音法借鉴了英文、法文、俄文等字母文字（有时也称"拼音文字"，但不够精确，因存在读音与字母不完全一致的情况）排序的原理，但借用的是"单词法"，而不是"字母串法"，即把与一个汉字对应的完整拼音字母组合作为与上述字母文字中的"单词"（以空格作为限定符号，如 public）相仿的最基本排序单元；如果参与排序的词语不止一个字，则第一级排序先把所有第一个字相同的词语都汇聚在一起，然后再把第二个汉字视为字母文字复词中的第二个"单词"（如 public opinion 的 opinion），并按其字母组合进行第二级排序；以此类推排列有更多汉字的词语。

另外三个选项的说法都是正确的。"按汉字编码字符集中的顺序排"，不仅是用笔画笔形法排序遇到笔画笔形相同的字时要用的方法，它实际也是各种排序法共有的 "最后手段"。原来的部首法有"从义归部"的老传统。现行部首法则改为"以形定部"。四角号码法目前很多人感到陌生。其实，作为国家标准《索引编制规则（总则）》（GB/T 22466—2008）推荐的三种方法之一，它本来是应该为编辑们熟悉的——其基本方法就是将汉字笔形分为十种，分别用 0 ~ 9 十个阿拉伯数字代表。[1] 本题一方面考查了考生阅读教材的细致程度，另一方面也提醒直接报考中级的考生务必注意学习初级教材，因为有关排检方法的知识都在初级实务教材中讲述。

也有的题目粗看并不算难，如单选题第 20 题，问"国际标准录音制品编码的英文缩写"是什么。却只有半数考生能够做到正确选择 C 项"ISRC"，其他人则错误地选择了 A 项"ISBN"（国际标准书号）或 B 项"ISSN"（国际标准连续出版物号）、D 项"ISRN"（国际标准登记号）。

单选题第 58 题，考查"印刷的要素"，要求考生指明不在这个范畴的事物。正确选项为 C，即"整饰材料"，因为整饰材料是印刷完成之后的装订过程中才用的。近半考生选择 B 项（"原稿"）就错了。初级实务辅导教材第 300 页明确写道，"在书刊印刷的主要工艺过程中，原稿、图文载体、承印物、呈色剂 / 色料和印刷机械是必不可少的。因此，它们构成印刷的要素"。

多选题第 63 题，要求判断"书刊装帧加工专业用语的解释"的正误。近四成考生以为选项 C（"钢线指压在面封和底封靠近书脊处的金属线"）正确。其实，这是本题中唯一的错误解释。中级实务辅导教材第六章第一节第二目"书刊装帧的加工相关专业术语"中写道"钢线是书刊面封和底封上在靠近书脊处压出的直线压痕"。

多选题第 65 题，要求判断"明确为某种特定出版物支付的专题会议费"的成本归属。是 A 项"直接成本"，还是 B 项"间接成本"或 C 项"期间费用"？是 D 项"变动成本"，还是 E 项"固定成本"？这里需要注意"明确为某种特定出版物支付"这一限定短语。正确的选择应该是选 A、E 项。如果不能明确具体为哪种出版物支付，则可选 B、E 项。选 C、D 项明显错误。

二、编辑规程要明确

掌握编辑工作规程，是做好编辑工作的基本保证。对这方面的考查，也是选择题的重要内容。

如单选题第 16 题是：

只有在完成"三校一读"之后才进行的校对工序是（　　）。

A. 核红　　　B. 誊样

C. 对片　　　D. 文字技术整理

初级实务辅导教材 268 ~ 271 页提到，校对的基本工序包括需依次进行的校对工序和可穿插进行的校对工序。前者包括初校、二校、三校、通读和对片。后者包括核红、誊样和文字技术整理。正确选项应该是 C，因为必须在"三校一读"之后进行，就意味着是需依次进行的。但只有约四成考生做了正确选择。

又如单选题第 19 题，考查"音像制品编辑工作的要领"，要求考生排除不属于该范畴的内容。正确选项应该是 C 项"把握录音、摄像设备的应用技巧"，这是对录音师、摄像师的工作要求，不是编辑的职责。却有 1/3 的考生选了 D 项"注意信息浓缩"，那恰恰是音像制品编辑工作的要领之一。

多选题第 29 题，考查"三审责任制"。近四成的考生误选了 D 项"复审主要负责从专业的角度对稿件的社会价值和文化学术价值进行审查"。中级实务辅导教材第 45 页指出："复审者亦应通读全部稿件，以对稿件有一个全面的把握。以此为前提，对初审者关于稿件优缺点、价值、质量、效益的审稿意见进行审核与判断，表明自己或认同、或反对、或补充、或存疑的态度。……"显然，复审不能只是从专业角度进行审查。

单选题第 57 题，考查书刊印制过程中印前阶段的工作内容。要求考生指出不在这一阶段进行的工作。正确选项应该是 B 项"搜集整理图文素材"，因为这并不属于"印制过程中的工作"。遗憾的是有近半数考生选了 D 项"图文输出"，而这实际是印前工作的必要环节。

三、设计问题莫忽视

考试大纲规定了需掌握的有关书刊整体设计的内容，诸多出版工作方面的标准、规范也含有书刊整体设计的内容，编辑不可忽视。

如多选题第 43 题：

关于正文版式设计，说法正确的有（　　）。

A.采用双栏排或多栏排时，其栏宽可以不相等

B. 计算版心宽度时应加上栏间空白尺寸

C. 图书标题选用的字号与正文主体文字所用的字号要力求对比强烈，以起到突出的作用

D. 左右居中的图书标题，其长度超过版心宽度的 3/4 时，一般应作转行处理

E. 短句引文的版式一般应与主体文字的版式相同

本题的正确选项为 BDE。

辅导教材明确提到，"无论是双栏排还是多栏排，其栏宽（即每栏字数）必须相等"，"图书标题选用的字号与正文主体文字所用字号的对比，不宜过于强烈"。[2] 因此选项 A、C 是错的。遗憾的是，有约一半考生选了 C 项。以致本题总得分率不到 1/4。

又如单选题第 15 题，考查"字母的基本字体"，要求考生指出不属于这一范畴的字体。正确选项应该是 D 项"花体"，却有 1/3 的考生选了 B 项"等线体"，未注意这是汉语拼音字母通常用的字体。竟然还有选 A 项"正体"或 C 项"斜体"的，恐怕是考前根本没有认真学习教材，考试时便信手而为。

多选题第 64 题，考查"关于印刷设计稿中对细小文字的处理"。近半数考生选择的 C 项"应避免选择笔画粗壮的字体"并不正确。中级实务辅导教材 274 页写道："字形过小的文字应避免选择笔画太细的字体。……如果字形过小，印刷时笔画就容易丢失，导致字迹不全。"

四、法律法规要记清

编辑工作必须依法依规进行，须臾不可轻忽。出版机构开展业务，先要依法办理相关手续；编辑上岗，熟悉和掌握各项有关出版的法律法规实为必要的前提。在中级实务科目试卷中，有关法律法规的题目占了不小的比重。

如多选题第 49 题：

关于音像制品制作，说法正确的有（　　）。

A. 国家对经营音像制品制作业务实行备案制度

B. 依法设立的音像制品制作单位可以接受出版单位委托制作音像制品

C. 音像制作单位不得自行设计、制作音像制品

D. 音像出版单位可以制作音像制品

E. 音像出版单位可以与外国的组织、个人合作制作音像制品

本题正确选项为 BDE。

相关规定见《音像制品出版管理规定》《音像制品复制管理办法》和辅导教材相关章节等。《有关出版的法律法规选编》是单独成册的，需要认真学习。[3] 本题总得分率不到 1/4，说明考生对法律法规的学习不到位带有一定的普遍性。

多选题第 40 题，要求选择"图书的版本记录页必须载有"的项目。超过 1/3 的考生误选了 A 项"出版许可证编号"。实际上，初级实务辅导教材在第 192 页根据国家标准《图书书名页》（GB/T 12450—2001）明确说明，"版本记录页应列载图书的版权说明、图书在版编目数据和版本记录"。分别是选项 BCE 的内容。目前并没有出版许可证编号上书的规定。

多选题第 54 题，是关于著作权贸易的知识点。近半数考生选了 E 项"著作权转让中的受让人未经许可不可将得到的权利授予他人使用"。这涉及对"转让"概念的理解。中级实务辅导教材提到，在著作权转让中"受让人成为相应权利的新的所有人"，"受让人不仅自己可以使用相应权利，还可以将所获得的权利转让给他人或许可第三方使用，并且无须取得原著作权人的同意。"可见，E 项是错的。

五、建议

总括阅卷的印象，愿给考生提几点建议。

1. 大纲和教材要熟悉

考题是严格按照大纲的限定范围命制的，力求体现大纲对考生的要求。辅导教材迭经修订，比较好地体现了大纲的要求。一般地，考题的正确选项都能在教材中找到明确的依据。有些题目实际对应着教材中的一节、一段解说，甚至就是一句话。从实际答题情况看，许多考生显然对大纲和教材都不熟悉，导致面对似是而非的干扰项无所措手足，只好"蒙"。所以考生有必要多看几遍大纲，多看几遍教材，要看熟。

2. 中级涵盖初级要重视

《出版专业中级职业资格考试大纲》中明确规定："所列中级两门科目的考试基本要求和考试内容，是在初级职业资格考试基础上的延伸和提高部分。中级考试的内容，并不限于这些范围，还包括含初级职业资格考试大纲中的相关内容，而且考试的要求也有所提高。"在2015年中级实务科目试卷中，直接对应初级考试大纲的内容近乎1/3。如果中级考生只重视学习中级辅导教材，忽视了初级辅导教材的学习，那么面对试卷中的许多题目摸不着头脑也就不奇怪了。

3. 多选低分陷阱须规避

查看多选题得分情况后发现，就各个选项来说，正确选择的比例往往并不显得很低，而总得分却普遍较低。原因在于按照评分规则，如果没选错项，所选的每个正确项可以得0.5分，而一旦把错项选入，整道题便不得分。这可以视为"多选低分陷阱"。为规避陷阱，面对多选题，需要谨慎选择，没有把握的，不选为好，"少得分"毕竟胜于"不得分"。

参考文献

[1] 国家新闻出版广电总局出版专业资格考试办公室. 出版专业实务·初级 [M]. 武汉：崇文书局，2015：29-37.

[2] 国家新闻出版广电总局出版专业资格考试办公室. 出版专业实务·中级 [M]. 北京：商务印书馆，2015：172-173.

[3] 国家新闻出版广电总局出版专业资格考试办公室. 有关出版的法律法规选编 [M]. 郑州：大象出版社，2014.

与时俱进　守正创新
千锤百炼　精益求精

——2020年版全国出版专业技术人员职业资格考试辅导教材修订回顾 [1]

2020年全国出版专业技术人员职业资格考试于10月举行，相应的2020年版考试用书已经出版，共7种，包括《考试大纲》和5种辅导教材——《出版专业基础·初级》《出版专业实务·初级》《出版专业基础·中级》《出版专业实务·中级》《数字出版基础》，以及学习用书《有关出版的法律法规选编》。商务印书馆、崇文书局、电子工业出版社、大象出版社和中国书籍出版社承担了新版考试用书的出版任务。

这些考试用书中，除了《数字出版基础》之外，其他各书的编写都始于2001年。2002年首次出版了3种考试辅导教材，2003年经修订调整为4种。2003年版教材先后于2004年、2007年、2011年、2015年修订再版，书名也从2007年起改为现名。2015年又增加了《数字出版基础》一书，供初级、中级考生使用。陆嘉琦先生曾对2002年至2019年间出版专业资格考试的状况进行梳理研究，综述考试用书、各门科目试卷结构、考试组织技术工作等方面的沿革，颇具价值。[1]

2020年版教材在2015年版教材基础上修订而成。本文将对2020年版辅导教材的修订情况做个回顾。

---

① 本文原载《出版与印刷》2020年第3期。

一、2020 年版辅导教材修订历程

1. 早早酝酿

随着我国改革开放的推进，社会进步、产业升级，出版业面貌一新。出版管理体制进行了改革，与出版工作相关的法律法规、标准规范都有更新，各种新技术、新知识不断涌现。为适应出版工作实践的不断发展，出版专业技术人员的知识结构需要不断更新，出版专业资格考试用书的修订再版也就成为一种常态。辅导教材最初三个版本的修订间隔期都只有一年。随后的修订间隔期变为三年、四年。2015 年版教材出版五年后，修订再版势在必行。

早在党的十九大闭幕不久的 2017 年 11 月和新闻出版管理转隶中宣部后的 2018 年 8 月，考试办公室就曾在北京召开两次出版专业资格考试工作专家座谈会，邀请长期参与考试工作的专家和部分出版业界、高校出版专业的专家，围绕包括辅导教材修订在内的出版专业资格考试相关议题，进行了开放而深入的热烈讨论。

2019 年 9 月，考试办公室又专门为辅导教材修订召开座谈会。与会专家对修订工作的紧迫性达成了共识。

2. 适时启动

2019 年 10 月，辅导教材修订工作正式启动。辅导教材编辑委员会成员集聚北京，商定了辅导教材修订的原则和办法，研究了各册各章的修订方案，安排了修订执笔人选。

本来本次辅导教材修订的计划为"小修"，然而真正动手改起来，发现修改分量并不小。特别是首次修订的《数字出版基础》，需要重写的部分接近五成。

3. 克难推进

辅导教材修订期间发生新冠肺炎疫情，但参与修订的专家们还是克服种种困难，按计划于 2020 年 1 月中旬提交了修订初稿。各学科编辑组分别进行了细致的统稿。之后进入按册分章初审的程序。

然而，限于疫情防控的要求，预定的集中审稿会议无法举行，只能改用视频会议形式。3月召开了两次初审视频会议，北京、上海、武汉、合肥等地的专家隔空进行了交流、会商，取得了不错的效果。

复审采取专题审核形式。全套辅导教材分为数字出版、出版概论、编辑概论、出版管理、出版物市场、书刊整体设计、书刊校对、书刊印制、著作权与著作权法、音像制品与电子出版物、出版社经营管理、出版物成本与定价、出版史、期刊出版、语言文字规范、信息检索、编辑应用文写作、形式逻辑等专题安排专人审核，重点是处理各册之间的内容分工和表述口径统一问题。其中部分专题专门送有关部门审查。

4月下旬，召开第三次视频会议，交流了复审情况。随后安排了终审。6月初，再次召开视频会议就终审稿进行了讨论。

6月中旬，辅导教材审定委员会召开终审定稿会。审议时讨论热烈，会议最后就有争议的一些问题做出了处理决定。会后辅导教材编辑委员会又多次召开小组会，研究落实审定委员会的决定。有关出版社积极配合，紧张工作，以较短的时间出版了新版辅导教材。

二、2020年版辅导教材修订着力点

辅导教材修订过程中，主管部门以习近平新时代中国特色社会主义思想为指导，工作深入细致。有关专家殚精竭虑，字斟句酌，力求与时俱进、守正创新，体现新形势、新定位，介绍新规范、新知识。辅导教材修订的着力点为新版本带来诸多亮点。对于准备2020年应考的出版专业技术人员来说，亦可将其列入备考学习的要点。

1. 突出阐释党管出版原则

本次修订，在宣讲出版工作的指导思想、方针原则和主要任务时用了新的表述，显示出版管理体制的新形态，展示出版改革新成果，特别用较多笔墨突出阐释了党管出版原则。

在《出版专业基础·初级》"第一章　出版、出版物与出版工作"的"我国出版工作的指导思想、方针原则和主要任务"节特设"坚持党管出版"一目；将"第二章　出版业及出版行政管理"改为"第二章　出版业及出版管理"，将其中的"出版行政管理"节改为"党和国家对出版的管理"。通过架构的调整和内容的更新反映出版体制改革的新形态。[2]24

《出版专业基础·中级》的"第三章　出版历史知识"原设"第六节　近代出版机构""第七节　近代出版物""第八节　近代著作权意识的萌芽与实践"，新版合并为"第六节　近代出版活动"，而将原设于第六节下的"中国共产党领导的近代出版机构"一目扩充并升为独立的"第七节　中国共产党领导的出版活动"。[3]

2. 鲜明反映出版新业态

本次修订，鲜明反映我国出版业改革发展的重要举措，特别是传统出版业态和新兴出版业态融合发展的新形式、新成果。

《出版专业实务·中级》在"第一章出版物选题策划"的"选题策划概述"节增设了"主题出版的选题策划"一目。对主题出版的内涵、主题出版在出版工作中的地位、主题出版选题策划的做法等做了介绍。[4]

《出版专业实务·中级》还在"第三章　期刊出版"的"期刊概述"节增设一目，阐述期刊的数字出版与融合发展；在"国家关于期刊的管理规定"节增设一目，专门介绍国家关于期刊质量的管理规定；在"学术期刊的编辑规范化要求"节增设一目，要求期刊编辑防范学术不端行为。该书"第七章　音像制品出版"增设了"音像制品的审查"一节。

3. 集中介绍编辑工作新规范

本次修订，对近些年更新、发布的有关编辑工作的规范性文件有集中的介绍。

在《出版专业基础·初级》"第一章　出版、出版物与出版工作"

中，对中国标准连续出版物号的介绍按照 2018 年发布的新版国家标准予以更新。在"第四章　出版物的文字规范"中设"夹用英文的中文出版物对标点符号的规范使用"一目，对 2017 年发布的行业标准 CY/T 154—2017 进行介绍。针对部分编辑使用量和单位的困难，还由名词委专家牵头，就"非规范的量名称和规范的量名称"等编制了 5 个表格。

《有关出版的法律法规选编》更新和增补了多项近年发布的文件，其中包括 2020 年 5 月 28 日发布的《报纸期刊质量管理规定》全文。[5]

4.科学调整教材架构

本次修订，初级、中级教材的知识模块都仍按"基础""实务"两个科目划分，各册书中"章"这个层级的设置也与 2015 年版保持一致，而在"章"下的"节""目""子目"层级则有相当数量的调整，使内容的配置更丰满，陈述的角度更合理，从而更符合现实的要求。

例如《出版专业实务·初级》"第一章　信息检索"，原设"第一节　常用工具书"，下设"字典、词典""百科全书""类书和政书"等七目，"第二节　印刷型工具书的排检方法"，下设"排检方法概述""常用排检方法"两目，调整后设"第一节　信息检索概述"，下设"信息与信息检索""信息的甄选"两目，"第二节　常用的工具书检索"，下设"字典、词典""百科全书""工具书的排检方法"等三目。在"第六章　出版物发行"下的"第五节　面向消费者的相关活动"中，原设"出版物直销""引导消费""促进销售"三目，新版改设为"出版单位品牌形象运营""出版物营销活动"两目。[6]

《出版专业基础·中级》"第一章　出版概论"原有"第六节　主要发达国家出版业概况"，分设五目介绍美、英、法、德、日五国出版业，新版改为"第六节　国外出版概况"，增加了两目，介绍俄罗斯、澳大利亚出版业。

《数字出版基础》原有"第五章　数字出版产品设计与内容组织"，下设三节七目；新版改为"第五章　数字出版产品设计"，下设六节十七目。[7] 同时，较大幅度地调整了第二章、第三章、第六章和第八章的结构，使教材的体系设计更符合数字出版业务实际。

5. 强化各册内容的协调统一

《考试大纲》明确说明中级考试的内容是在初级考试基础上的延伸和提高，亦即"中级涵盖初级"。因此，两个级别的教材在总体框架上必然有一部分是共有的，相应内容的交叉、呼应和深浅区分都需要控制。"基础"与"实务"之间也不免交叉重叠。数字出版与传统出版更是枝干相连。关联内容的分工需要调配，繁简需要控制，尤其要避免观点阐述和术语使用的歧义。实际上这在近几版的教材修订中都是重点之一。2020 年版在这方面又进了一步。

6. 力求表述规范准确

辅导教材已是第六次修订。每次从动笔修改，经初审、复审、终审，多少人"横挑鼻子竖挑眼"，字斟句酌，可谓"千锤百炼"。但是，这次也仍然有一些重要的修改。

《出版专业实务·中级》"第三章　期刊出版"的"学术期刊的编辑规范化要求"节，原有"文摘及关键词要求"一目。但是，"文摘"通常指"对文章、著作所作的扼要摘录"，是一种特定的文体，与这里讲述的对论文的提要性介绍并不是一回事。2020 年版把这里的"文摘"改成了"摘要"。

多册教材涉及"未上封面的书册"的概念，原版使用的术语是"书心"。然而，新闻出版行业标准《出版术语》（CY/T 50—2008）、国家标准《印刷技术术语第 9 部分：书刊印刷术语》（GB/T 9851.9—2017）所列术语都是"书芯"。按《现代汉语词典》，"心"的 5 个义项中，有"中心；中央的部分"；"芯"的 2 个义项中，有"泛指某些物体的中心部分"。比较起来，还是"芯"字更合适。因而 2020 年版教材统一使用了"书芯"。

7. 着力增强可实操性

辅导教材历来讲究知识和技能的全覆盖。特别是"实务"科目的教材，更是注重培养出版专业技术人员的实际操作技能。

本次修订，《出版专业实务·初级》"第二章　编辑工作"的"第三节　审稿"中，特别增加了子目"审稿特别要求"，关注了审稿中编辑常遇到的重大选题备案、地图审查、学术不端行为审查等实际问题。

几年前曾有读者反映 2015 年版《数字出版基础》"学院气有点重"。这次修订，专家们提出："着力增加数字出版'实务'技能，不只要会学、会考，还要会用！"新版本从框架的调整到内容的配置，修订动作不小，追求实践性、理论性和学术性的有机统一，读来给人"焕然一新"之感。

而今，2020 年版辅导教材已经摆上人们的案头。毋庸讳言，书中涉及的某些问题的争论还没有结束。当然，学术争论的存在，正是出版学生命力源泉的象征。出版业仍在发展，出版学研究和探讨未有穷期。下一版的修订是否马上就可以开始准备了呢？

参考文献

[1] 陆嘉琦. 与时俱进 结合实际 稳中求新：全国出版专业技术人员职业资格考试的探索、发展历程 [J]. 出版与印刷，2019(4)：6-13.

[2] 国家新闻出版署出版专业资格考试办公室. 出版专业基础·初级 [M]. 2020 年版. 武汉：崇文书局，2020.

[3] 国家新闻出版署出版专业资格考试办公室. 出版专业基础·中级 [M]. 2020 年版. 北京：商务印书馆，2020：145.

[4] 国家新闻出版署出版专业资格考试办公室. 出版专业实务·中级 [M]. 2020 年版. 北京：商务印书馆，2020：7.

[5] 国家新闻出版署出版专业资格考试办公室. 有关出版的法律法规选编 [M]. 2020 年版. 郑州：大象出版社，2020：289.

[6] 国家新闻出版署出版专业资格考试办公室. 出版专业实务·初级 [M]. 2020 年版. 武汉：崇文书局. 北京：中国书籍出版社，

2020:7-42，394-406.

[7] 国家新闻出版署出版专业资格考试办公室. 数字出版基础[M].2020 年版. 北京：电子工业出版社，2020：197-254.

跋

拿到这一沓校样，像是看到来时路上的一串脚印儿。

还记得，1982 年 10 月到中国大百科全书出版社上班，第一次走进社图书馆，看到那一架架百科全书时的震撼：*Encyclopedia Britannica*（《不列颠百科全书》）、*Encyclopedia Americana*（《大美百科全书》）、*Collier's Encyclopedia*（《科利尔百科全书》）、*La Grande Encyclopédie; LAROUSSE*（《拉鲁斯百科全书》）、*Brock Haus Enzyklopädie*（《布鲁克豪斯百科全书》）、*Большая Советская Энциклопедия*（《苏联大百科全书》俄文版）、*Great Soviet Encyclopedia*（《苏联大百科全书》英文版）、《世界大百科事典》（日本平凡社，日文）、《万有百科全书》……百科全书的大海，让人有点眩晕，仿佛要飘起来，变成一片树叶

走出六年大学的校门，工作八年，读研三年，好像都已是前世。跳进辞书的海洋，做一名百科全书编辑，才是今生。

日子是从抄稿子（清稿）和做卡片开始的。那一沓沓被各种色笔改得满篇花的稿件和一屉屉、一柜柜，乃至堆积如山的卡片，让我认识了百科人的艰辛，也体验到了百科人的愉悦。老编辑们日以继夜，孜孜矻矻地工作，展示的"共赴时代召唤，艰苦创业，解放思想，尊重科学，团结奋进，崇尚效率"的"大百科精神"令人感动，也让人成长。

《中国大百科全书》第一版后期，我曾在总编室负责组织发排卷的质量检查，开阔了学科视野。其间研读百科体例文件，获益良多。1992 年起负责科学技术第二编辑部的工作，迎接了 1993 年 8 月的《中

国大百科全书》第一版竣工盛典。其后，参与了《中国大百科全书》（简明版，1996.1）、《中国大百科全书》（青少年版，海燕出版社，1996.6）、《中国大百科全书》（精粹本，2002.4）工作，也一度参与《中国大百科全书》第二版的工作。

这期间也参加了系列专业百科全书、地域百科全书及普通图书的编辑工作。包括《潮汕百科全书》（中国大百科全书出版社，1994.3）、《自然辩证法百科全书》（中国大百科全书出版社，1995.1）、《质量 标准化 计量百科全书》（中国大百科全书出版社，2001.9）、《新世纪百科全书》（光盘系列，中国大百科全书出版社，2004）、《广西大百科全书》（中国大百科全书出版社，2008.11）、《上海百科全书》（2010年版，上海科学技术出版社）、《中华医学百科全书·灾难医学》（中国协和医科大学出版社，2017.1）等。也曾作为《康普顿百科全书·自然科学卷》（商务印书馆，2003.11）、《简明不列颠百科全书》（中国大百科全书出版社，2005.9）的条目译者。

中国大百科全书出版社从一开始就重视名词术语的统一和标准化工作。这也给了我1992年加入全国信息与文献标准化技术委员会出版物格式分技术委员会，参与国家标准、新闻出版行业标准制定、修订工作的机会。先后作为主要起草人的有《图书书名页》（GB/T 12450—2001）、《图书在版编目数据》（GB/T 12451—2001）、《中国标准书号》（GB/T 5795—2006）三项国家标准和《出版术语》（CN/T 50—2008）、《图书、报纸、期刊、音像电子出版物出版和发行统计》（CY/T 99—2013）、《学术出版规范》（CY/T 118、119、121、122、123、124—2015，170、171—2019）等10项新闻出版行业标准。

退休后，在继续参与多种地域百科全书、专业百科全书编辑工作的同时，2008年起参加的全国出版专业技术人员职业资格考试工作对自己是一份特殊的挑战。每年一度的命题、审题、阅卷，2011年版、2015年、2020年版考试辅导教材的修订、编写，时时伴随着研讨、辩难，让人不能不深入钻研，不断为过往的无知而惭愧，也为茅塞顿开而欣喜。

2016年8月，被聘为《中国大百科全书》第三版工作咨询顾问并返聘到编审室，正式参与第三版编纂工作，发愿竭尽绵薄之力。《中国大百科全书》第三版，包括网络版和纸质版，是中国百科史上崭新的宏大工程。重温百科全书的传统，与年轻编辑交流，与新一代百科全书撰稿人沟通，续写百科新的篇章，这份经历中留下的愉快印记，愿与更多朋友分享。

回首往事，分外感念百科全书开拓者姜椿芳、阎明复、梅益、金常政、林盛然、周志成、黄鸿森等前辈的风采和教诲。值此文字付梓之际，更要感谢多年来给过我很多指点、帮助的中国大百科全书出版社的领导和同事刘永芳、刘志荣、王德有、龚莉、刘杭、王渝丽、周茵、过西燕……，绵绵情谊，令人铭感！

承蒙中国书籍出版社王平社长大力支持本书出版，责任编辑杨铠瑞和担任复审的出版文化编辑部庞元主任细心审读书稿，提出宝贵意见，中国大百科全书出版社原社长龚莉拨冗惠赐序言，鼓励作者，推介本书，谨向他们表示衷心的感谢！

这里收录的文字，包括一些培训班讲稿、审读记录，少部分为发表过的文章，均直接或间接与百科全书的编辑工作有关。分为"全书工程探讨""编写体例研究""书稿审读报告""编辑能力提升"四辑。文中所写某些出于当时特定境况的不同想法，或可留作百科全书探索前行的印记。限于笔者水平和能力，文中或有舛误之处，敬请方家指正。

傅祚华

2020 年 8 月 31 日